OS IMPACTOS DA LEI DE
INTRODUÇÃO ÀS NORMAS DO
DIREITO BRASILEIRO NAS AÇÕES DE
IMPROBIDADE ADMINISTRATIVA

CAROLINE MARIA VIEIRA LACERDA

*Prefácio*
Augusto Aras

# OS IMPACTOS DA LEI DE INTRODUÇÃO ÀS NORMAS DO DIREITO BRASILEIRO NAS AÇÕES DE IMPROBIDADE ADMINISTRATIVA

Belo Horizonte
FÓRUM
CONHECIMENTO JURÍDICO
2021

© 2021 Editora Fórum Ltda.

É proibida a reprodução total ou parcial desta obra, por qualquer meio eletrônico, inclusive por processos xerográficos, sem autorização expressa do Editor.

## Conselho Editorial

Adilson Abreu Dallari
Alécia Paolucci Nogueira Bicalho
Alexandre Coutinho Pagliarini
André Ramos Tavares
Carlos Ayres Britto
Carlos Mário da Silva Velloso
Cármen Lúcia Antunes Rocha
Cesar Augusto Guimarães Pereira
Clovis Beznos
Cristiana Fortini
Dinorá Adelaide Musetti Grotti
Diogo de Figueiredo Moreira Neto (*in memoriam*)
Egon Bockmann Moreira
Emerson Gabardo
Fabrício Motta
Fernando Rossi
Flávio Henrique Unes Pereira

Floriano de Azevedo Marques Neto
Gustavo Justino de Oliveira
Inês Virgínia Prado Soares
Jorge Ulisses Jacoby Fernandes
Juarez Freitas
Luciano Ferraz
Lúcio Delfino
Marcia Carla Pereira Ribeiro
Márcio Cammarosano
Marcos Ehrhardt Jr.
Maria Sylvia Zanella Di Pietro
Ney José de Freitas
Oswaldo Othon de Pontes Saraiva Filho
Paulo Modesto
Romeu Felipe Bacellar Filho
Sérgio Guerra
Walber de Moura Agra

## FÓRUM
CONHECIMENTO JURÍDICO

Luís Cláudio Rodrigues Ferreira
Presidente e Editor

Coordenação editorial: Leonardo Eustáquio Siqueira Araújo
Aline Sobreira de Oliveira

Av. Afonso Pena, 2770 – 15º andar – Savassi – CEP 30130-012
Belo Horizonte – Minas Gerais – Tel.: (31) 2121.4900 / 2121.4949
www.editoraforum.com.br – editoraforum@editoraforum.com.br

Técnica. Empenho. Zelo. Esses foram alguns dos cuidados aplicados na edição desta obra. No entanto, podem ocorrer erros de impressão, digitação ou mesmo restar alguma dúvida conceitual. Caso se constate algo assim, solicitamos a gentileza de nos comunicar através do *e-mail* editorial@editoraforum.com.br para que possamos esclarecer, no que couber. A sua contribuição é muito importante para mantermos a excelência editorial. A Editora Fórum agradece a sua contribuição.

Dados Internacionais de Catalogação na Publicação (CIP) de acordo com a AACR2

---

L131i    Lacerda, Caroline Maria Vieira

Os impactos da Lei de Introdução às Normas do Direito Brasileiro nas ações de improbidade administrativa / Caroline Maria Vieira Lacerda.– Belo Horizonte : Fórum, 2021.

273p.; 14,5cm x 21,5cm.
ISBN: 978-65-5518-218-7

1. Direito Administrativo. 2. Direito Constitucional. I. Título.

CDD: 341.3
CDU: 342.9

---

Elaborado por Daniela Lopes Duarte - CRB-6/3500

Informação bibliográfica deste livro, conforme a NBR 6023:2018 da Associação Brasileira de Normas Técnicas (ABNT):

LACERDA, Caroline Maria Vieira. *Os impactos da Lei de Introdução às Normas do Direito Brasileiro nas ações de improbidade administrativa*. Belo Horizonte: Fórum, 2021. 273p. ISBN 978-65-5518-218-7.

*Ao amigo, professor e brilhante jurista, Tarcisio Vieira de Carvalho Neto, por todos os ensinamentos.*

# SUMÁRIO

LISTA DE ABREVIATURAS E SIGLAS ..................................................9

PREFÁCIO
**Augusto Aras** ......................................................................................11

INTRODUÇÃO .....................................................................................15

CAPÍTULO I
NOÇÕES PROPEDÊUTICAS .............................................................21
I.I     Princípios e regras: distinções básicas..........................................24
I.II    Constitucionalização do Direito Administrativo........................37
I.III   Limites necessários à constitucionalização do Direito
        Administrativo................................................................................50
I.IV   Limites necessários à aplicação dos princípios constitucionais.....54
I.V    Legalidade material: juridicidade e legitimidade........................60

CAPÍTULO II
PRINCÍPIO DA MORALIDADE E A LEI DE IMPROBIDADE
ADMINISTRATIVA .............................................................................69
II.I    Conteúdo jurídico pós-constitucional da moralidade
        administrativa.................................................................................76
II.II   Conteúdo jurídico indeterminado?...............................................83
II.III  A moralidade em instrumentalização recíproca com outros
        princípios (notadamente) constitucionais...................................89
II.IV  A Lei de Improbidade Administrativa como concretização do
        princípio da moralidade................................................................93

CAPÍTULO III
PRINCÍPIO DA SEGURANÇA JURÍDICA E A LEI DE
INTRODUÇÃO ÀS NORMAS DO DIREITO BRASILEIRO ...............103
III.I   Conteúdo jurídico da segurança jurídica..................................108
III.II  A segurança jurídica em instrumentalização recíproca
        com outros princípios constitucionais.......................................115
III.III  A nova Lei de Introdução às Normas do Direito Brasileiro
        como concretização do princípio da segurança jurídica...............122

## CAPÍTULO IV
## RELEITURA DA LEI DE IMPROBIDADE ADMINISTRATIVA A PARTIR DOS PARÂMETROS DA NOVA LEI DE INTRODUÇÃO ÀS NORMAS DO DIREITO BRASILEIRO ..................127

| | | |
|---|---|---|
| IV.I | A Lei de Introdução às Normas do Direito Brasileiro como instrumentalizadora de princípios.................................131 |
| IV.II | As alterações da Lei de Introdução às Normas do Direito Brasileiro e sua interferência no Direito Público....................133 |
| IV.II.I | Art. 20..................................................................134 |
| IV.II.II | Art. 21..................................................................137 |
| IV.II.III | Art. 22..................................................................139 |
| IV.II.IV | Art. 23..................................................................141 |
| IV.II.V | Art. 24..................................................................143 |
| IV.II.VI | Art. 26..................................................................145 |
| IV.II.VII | Art. 27..................................................................149 |
| IV.II.VIII | Art. 28..................................................................153 |
| IV.II.IX | Art. 29..................................................................158 |
| IV.II.X | Art. 30..................................................................161 |
| IV.III | A necessidade de releitura da Lei de Improbidade Administrativa à luz da Lei de Introdução às Normas do Direito Brasileiro....................................................163 |
| IV.IV | As interferências práticas da Lei de Introdução às Normas do Direito Brasileiro na Lei de Improbidade Administrativa ...........173 |
| IV.IV.I | A responsabilização por dolo ou erro grosseiro.....................178 |
| IV.IV.II | A consideração das consequências práticas da decisão do administrador para responsabilização................................186 |
| IV.IV.III | A consideração da realidade fática do agente público ................188 |
| IV.IV.IV | A consideração das demais sanções na dosimetria das penas ....192 |
| IV.IV.V | A possibilidade de acordo.............................................198 |
| IV.IV.VI | A possibilidade de compensação dos danos..........................207 |
| IV.IV.VII | A autovinculação das técnicas decisórias............................213 |
| IV.IV.VIII | A implementação da gestão de riscos na administração pública..................................................................219 |
| IV.IV.IX | A tolerabilidade do erro...............................................224 |
| IV.IV.X | A impossibilidade de responsabilização pautada exclusivamente em princípios........................................................231 |

CONCLUSÃO..................................................................247

REFERÊNCIAS................................................................259

# LISTA DE ABREVIATURAS E SIGLAS

CNJ – Conselho Nacional de Justiça
CPC – Código de Processo Civil
LINDB – Lei de Introdução às Normas do Direito Brasileiro
LIA – Lei de Improbidade Administrativa
STF – Supremo Tribunal Federal
STJ – Superior Tribunal de Justiça
TCU – Tribunal de Contas da União

# PREFÁCIO

Recebi o honroso convite da advogada e professora Caroline Maria Vieira Lacerda para prefaciar a sua obra *Os impactos da Lei de Introdução às Normas do Direito Brasileiro nas ações de improbidade administrativa*, resultado da conversão de sua dissertação de mestrado no Instituto Brasileiro de Ensino, Desenvolvimento e Pesquisa (IDP), defendida com esmerado brilho perante banca composta por mim e pelos ilustres Professores Gilmar Mendes, Marilda Silveira e Carlos Vinícius Alves Ribeiro (orientador).

O tema é bastante instigante e atual, notadamente diante dos desafios jurídicos impostos pela Pandemia da COVID-19 e por estarmos às vésperas da edição de uma aguardada e aprimorada nova lei de improbidade administrativa, objeto dos estudos realizados pela doutrina pátria e pela jurisprudência dos tribunais brasileiros.

Desde a primeira leitura do trabalho que tenho em mãos – fruto de impecável pesquisa (legislativa, doutrinária e jurisprudencial) – tive a melhor das impressões. Excessos e exageros em condenações de agentes públicos em processos judiciais e administrativos, por improbidade administrativa, são vistos todos os dias, com afronta à razoabilidade, proporcionalidade e adequação e até mesmo falta de sensibilidade humana. Com rigor excessivo, injustiças têm sido cometidas em nome de uma aplicação cega de uma lei de improbidade administrativa editada no século passado, início dos anos 90, e que, apesar de bem intencionada e (ainda) eficiente em alguns pontos, merece ser revisitada, doutrinária e jurisprudencialmente, à luz dos novos paradigmas de um Direito Público constitucionalizado e democratizado desde sua espinha dorsal.

A diversidade e a complexidade das políticas públicas e das ações administrativas do Século XXI impõem compreensões e exegeses ao mesmo tempo mais sofisticadas e realistas, conectadas com os novos tempos.

O assunto é mesmo latente e, há muito, desejava uma sistematização mais apurada. Encontrou na autora uma pesquisadora capaz de decifrá-lo, por vários ângulos de observação e em suas mais variadas nuances.

A jovem jurista já se apresenta hábil escritora, denotando maturidade acadêmica. Aliando visões teóricas e pragmáticas de grande expressão, é mesmo perceptível no seu estudo simbiose perfeita entre a respeitada profissional da advocacia e a competente docente de ensino jurídico superior. Ressoa cristalina – num texto escorreito que magnetiza e encanta – a aliança entre as duas complementares visões, com evidentes ganhos recíprocos.

É a partir desse rico e privilegiado ângulo de observação que a autora examina a matéria, em texto sofisticado, erudito, profundo e, ao mesmo tempo, claro e preciso.

A partir de um recorte epistemológico bem feito, o trabalho foi estruturado em 4 (quatro) pilares de sustentação, vivificados em capítulos correlatos.

No primeiro capítulo são reveladas algumas indispensáveis ideias de aproximação, os primeiros elos de uma forte corrente. A autora perfaz a distinção princípios/regras e tece necessárias considerações sobre o fenômeno da (excessiva) constitucionalização do Direito Administrativo e seus reflexos positivos e negativos. Na sequência, traça limites, tanto para a constitucionalização do seu objeto de investigação quanto para a aplicação direta e concreta dos princípios constitucionais voltados ao tratamento da matéria de fundo. Finalmente, circunscreve o conceito de legalidade material, argamassa da sua investigação científica.

Nos capítulos segundo e terceiro, a pesquisadora desenvolve um diálogo bastante fértil em dois níveis de instrumentalização recíproca: (a) no nível constitucional, entre moralidade e segurança jurídica; (b) no nível infraconstitucional, entre a Lei de Improbidade Administrativa (LIA) e a Lei de Introdução às Normas do Direito Brasileiro (LINDB), em boa hora revigorada pela chamada Lei Anastasia (Lei nº 13.655/18).

Interessante notar que os capítulos são simétricos, quase siameses. Com método são revelados os conteúdos jurídicos dos dois princípios (moralidade e segurança jurídica), dialogados não só para fins da identificação dos reais valores protegidos por ambos, mas também para a fixação das premissas de que, enquanto a LIA concretiza o primeiro, a (nova) LINDB confere maior densidade ao segundo.

Mercê das premissas lançadas nos capítulos 2 e 3, a autora adentra o pórtico do núcleo do seu trabalho que, no ponto, a meu sentir, diante da originalidade de sua estrutura jurídica, assume o papel de tese de doutorado em sentido material, a ser oportunamente desenvolvida e apresentada formalmente.

O capítulo 4 merece consideração especial. Nele, a advogada e a professora, de mãos dadas, destilam a essência de uma nova e poderosa ideia cujo tempo chegou ("Rien n'est plus fort qu'une idée dont l'heure est venue" – Victor Hugo), a de que a LIA "só pode" ser lida a partir das lentes das novas alterações empreendidas na LINDB pela Lei Anastasia (Lei nº 13.655/18). Enquanto normas de "supra" e de "super" direito, as "novidades da LINDB", em nome da segurança jurídica no trato do Direito Público, condicionam as interpretações jurídicas – administrativas e jurisdicionais (por que não?) – em matéria de improbidade administrativa.

São revistas todas as novidades da LINDB na perspectiva de se demonstrar, em sequência imediata, os impactos dessas mesmas modificações nas normas de Direito Público voltadas à improbidade administrativa. O percurso desenvolvido é riquíssimo, denota achados no atacado e abre espaço para a revelação de que, na dicção da autora, *"diante de todas essas modificações há clara necessidade de revisitação de todo o Direito Público, mas, essencialmente, das matérias que tangem à responsabilização pessoal dos agentes"*.

Em passo seguinte, a pesquisadora comprova, inclusive a partir de trato estatístico, a real e inadiável necessidade de releitura (condicionada) da LIA pela LINDB.

Na releitura indicada, um dos achados mais significativos diz respeito à corajosa e inovadora compreensão de que "não pode haver conceito de improbidade articulado a partir da violação aos tipos abertos da própria Lei nº 8.429/1992", sendo certo que, "no aspecto prático, é possível, inclusive, o questionamento sobre a existência de ação de improbidade administrativa pautada meramente em ofensa a princípios administrativos (art. 11 da LIA)". A autora vaticina: "Diante do tipo sancionador extremamente amplo, constata-se que as alterações da *sobrenorma* de direito impuseram-lhe sua não aplicação".

A autora doutrina que o "poder" que a LINDB exerce sobre a LIA repudia a aplicação exagerada de sanções e penalidades abstrusas (o adjetivo foi bem escolhido pela autora!), à míngua da análise de circunstâncias concretas da ação/omissão administrativa e da consideração dos danos efetivos e da realidade fática de inserção do agente.

Quando o leitor acredita não ser possível ir além, a autora abre mais um importante debate, desta feita acerca das interferências práticas da LINDB na LIA, para livrá-la do seu anacronismo e expiá-la dos seus pecados, ou melhor, dos pecados empreendidos em seu nome, e, com isso, contornar dois males da ("medrosa") Administração Pública contemporânea, a saber: (a) o *apagão das canetas* ("gestores públicos devem decidir, mas não querem assinar atos e contratos por temerem ser pessoalmente responsabilizados..."); (b) o fenômeno denominado *blame games* (ou jogos de culpa, "especialmente estudado pela doutrina estrangeira, que tem por finalidade desviar a responsabilidade do gestor por intermédio de estratégias adrede escolhidas"). Na respeitável óptica da autora, a LINDB não está preocupada com o gestor de má-fé, mas sim com o de boa-fé, "cujo comportamento honesto não é tutelado pelo direito e recebe o mesmo tratamento jurídico do sujeito que age de forma mal intencionada".

Entram em cena, então, as 10 (dez) principais interferências da LINDB revigorada pela Lei Anastasia (Lei nº 13.655/18) na LIA: (i) responsabilização por dolo ou erro grosseiro; (ii) consideração das consequências práticas da decisão do administrador para responsabilização; (iii) consideração da realidade fática do agente público; (iv) consideração das demais sanções na dosimetria das penas; (v) possibilidade de acordo; (vi) possibilidade de compensação dos danos; (vii) autovinculação das técnicas decisórias; (viii) implementação da gestão de riscos na administração pública; (ix) tolerabilidade do erro; (x) impossibilidade de responsabilização pautada exclusivamente em princípios.

No trabalho, cada uma das mencionadas interferências é explicitada em seus pormenores. O decálogo concebido pela autora é útil e necessário. Confere significação ainda maior ao seu esforço de sistematização e, ao mesmo tempo, acena com a esperança de que, doravante, bem compreendidas as inovações, sem preconceitos e objeções vazias, seja encontrado um ponto ótimo de equilíbrio na responsabilização dos agentes administrativos com base na Lei de Improbidade Administrativa.

Que a máxima "dorme tranquilo quem indefere" fique de vez no passado, como produto histórico de um tempo que já se foi. E que carregou consigo todos os entulhos de uma ideologia punitivista de cunho desarrazoado e desproporcional.

Agradeço a você, Caroline, uma vez mais, pela honra de participar da sua banca de mestrado, ao lado de eminentes professores, e pela satisfação de subscrever o prefácio daquele que penso ser o primeiro de muitos livros da sua promissora lavra.

De modo muito especial, parabenizo a Editora Fórum por presentear o mundo do Direito com mais uma obra de vulto, de leitura obrigatória para todos aqueles que vislumbram no Direito Administrativo não um aparato embrutecido a serviço de Estados despóticos e administrações públicas autoritárias, mas sim, um arsenal de direitos e garantias fundamentais em favor do cidadão.

Brasília/DF, fevereiro de 2021.

**Augusto Aras**
Procurador-Geral da República.
Professor-Adjunto da FD/UnB.

# INTRODUÇÃO

"Dorme tranquilo quem indefere".[1] Essa máxima é reflexo do desenho institucional da administração pública brasileira e de diversos equívocos de percepção do Direito Administrativo. No Brasil, ainda vigora a crença de que o rigor na responsabilização dos agentes administrativos serve como forte mecanismo preventivo e corretivo e funciona como instrumento dissuasório de cometimentos de ilícitos.

Contudo, historicamente, pouco se discute sobre os efeitos deletérios dos excessos na fiscalização e na punição, especialmente na responsabilização pessoal do agente público. E é evidente que a gênese do Direito Administrativo, baseada em uma administração vertical, punitiva e agressiva, explica muito dos problemas contemporâneos. Mas será que, de fato, o excesso de fiscalização está diretamente relacionado à maior probidade da administração pública?

Os preceitos norteadores da administração pública foram pautados em *super princípios gerais*: a supremacia e a indisponibilidade do interesse público, que buscaram justificar os excessos do Estado, em todas as suas condutas, na proteção da coisa pública. Nesse sentido, a legislação administrativa, esparsa, se mostrou ampla, flexível e irrestrita no que diz respeito às responsabilizações, mas engessada, rígida e inflexível no que tange à análise da realidade e na parametrização das sanções, sempre situando o Estado em uma posição de superioridade absoluta em relação aos administrados. Não obstante, o critério de autoridade para definir o Direito Administrativo, embora ainda vivo, desde cedo foi bastante contestado.

Assim, legislações intencionalmente amplas e autoritárias – com o intuito de abarcar todas as variações de condutas dos agentes públicos ante as questões reais da sociedade, pautadas em conceitos jurídicos indeterminados, ampla significação e grande margem de discricionariedade – vêm sendo, ao longo do tempo, repensadas. Para

---

[1] Frase atribuída a Marcos Juruena Villela Souto e Flávio Amaral Garcia, repetida, reiteradamente, em suas palestras (BINENBOJM, Gustavo; CYRINO, André. O art. 28 da LINDB – A cláusula geral do erro administrativo. *Revista de Direito Administrativo*, Rio de Janeiro, Edição Especial: Direito Público na Lei de Introdução às Normas do Direito Brasileiro – LINDB (Lei nº 13.655/2018), p. 203-224, nov. 2018. Disponível em: http://bibliotecadigital.fgv.br/ojs/index.php/rda/article/view/77655. Acesso em 30 ago. 2020).

aprofundamento nessa reanálise legislativa, é preciso entender sua origem e verificar se os critérios de sua criação ainda são prioritários no mundo contemporâneo. As responsabilizações dos agentes públicos devem ser realizadas da forma que foram originalmente pensadas pelo legislador?

O combate à improbidade administrativa em detrimento de outros bens e valores constitucionais agrava-se à medida que parte da sociedade parece abrir mão de seus direitos individuais para entregar-se ao poder do Estado, sob a máxima de que "quem não deve não teme". Nesse cenário, qualquer ideia que questione o diploma da improbidade administrativa é vista como retrógrada, leniente e a favor de interesses da classe política.

Um controle rigoroso não pode ser entendido como necessariamente bom ou ruim, eficiente ou ineficiente. É imprescindível encontrar a medida ideal e contingente, que varie de acordo com a relevância da atividade fiscalizada, com os custos decorrentes da fiscalização e com a eficácia de medidas alternativas, assim como que considere a eficácia das políticas públicas e a segurança jurídica dos envolvidos. O controle tem um ponto ótimo além do qual pode se tornar excessivo e prejudicial.[2]

Questionar a Lei de Improbidade Administrativa parece impensável medida de freio ao *combate à corrupção*, eleito, na última quadra da história do Brasil, o principal objetivo fundamental da República, sobrepondo-se, inclusive, aos descritos no art. 3º da Constituição Federal. Todavia, um país que tenha como objetivo principal o combate à corrupção não poderá dar prioridade aos objetivos expressos em sua Carta Magna.

A despeito de a corrupção ser, de fato, responsável por muitas mazelas sociais e trazer consequências irreparáveis no desenvolvimento nacional, o protagonismo desse permanente combate faz com que se abdiquem de outras prioridades e valores igualmente relevantes. Nesse contexto, os administradores se encontram acuados e paralisados pelos excessos do Estado.

O medo se tornou aliado daqueles que exercem funções públicas, mormente dos que agem de boa-fé, e hoje é possível perceber uma paralisação de diversos serviços essenciais à população, por receio de responsabilizações infundadas e decisionismos dos órgãos julgadores. Mas há uma nítida contradição entre atuar de modo urgente e eficiente e sujeitar os agentes à responsabilização por falhas mínimas.

---

[2] DIONÍSIO, Pedro de Hollanda. *O direito ao erro do administrador público no Brasil*: contexto, fundamentos e parâmetros. Rio de Janeiro: Mundo Jurídico, 2019. p. 17.

O exercício temeroso da função pública tem consequências nas tomadas de decisões. Entre elas o fato de que o agente público não se preocupa em agir conforme o interesse público, mas em prol de sua autoproteção e blindagem, fomentando resultados completamente diversos dos imaginados por aqueles que insistem em dizer que a maior punição enseja a menor corrupção. Outra triste consequência dos excessos de controle é a produção de uma nova espécie de agente público: o que nunca administrou – jamais tomou qualquer decisão relevante, ordenou despesas ou inovou diante de um novo caso concreto, para assegurar o interesse público substancial.

Esse fenômeno do excesso de sancionamento de administradores, combinado com a paralisação das políticas públicas, foi desencadeado, em grande parte, pela crise ética que o país vem enfrentando, com diversos casos de corrupção, enfraquecimento da legitimidade do Poder Legislativo e fortalecimento do Poder Judiciário, que foi instado a se manifestar sobre todas as matérias sociais, políticas e jurídicas nas quais a administração se omitiu. No entanto, não se pode deixar de considerar que a legislação administrativa, em sua criação, teve o intuito de ser a mais abrangente possível e alargar sua escala punitivista para abarcar todas as possíveis mudanças da sociedade sem se tornar obsoleta. Em outras palavras, a corrupção sistêmica em que o Brasil está inserido é apenas um dos fatores justificantes dos excessos de punição, que também se sustentam nos objetivos da criação da própria legislação, a qual transferiu ao julgador as subjetividades da decisão mais que quaisquer outras normas brasileiras.

O neoconstitucionalismo foi determinante para essa característica das normas administrativas. Isso porque a ampliação da relevância da Constituição Federal e de seus princípios, ao espraiarem-se por todo o ordenamento jurídico infraconstitucional, fez com que a legislação, como um todo, se tornasse mais ampla, genérica e extensiva, a justificar o enquadramento de quaisquer condutas na subsunção da lei. O fortalecimento dos princípios constitucionais nas legislações infraconstitucionais deixou na mão do julgador o juízo de valor e a medida da reprovação das condutas administrativas, ocasionando disparidades nas avaliações e sancionamentos.

Mas o direito como um todo vem evoluindo e questionando esse excesso de subjetivismo nos julgamentos pautados em princípios. A legislação infraconstitucional, em uma forma de conter a supervalorização do Poder Judiciário, acompanha essa evolução e, aos poucos, vem exigindo medidas mais objetivas e voltadas à segurança jurídica e à equiparação da força dos poderes. Exemplos desse novo caminho legislativo foram as alterações trazidas pela Lei nº 13.655, de 25 de abril de 2018, que incluíram na Lei de Introdução às Normas do Direito Brasileiro, o Decreto-Lei nº 4.657, de 4 de setembro de 1942, com disposições sobre segurança jurídica e eficiência na criação e aplicação do Direito Público. Os dispositivos legais, expressos nessa norma de sobredireito, buscaram dar um caráter mais objetivo e seguro para aplicação da legislação voltada às condutas dos agentes públicos.

As alterações da norma são fruto da conclusão de que somente uma solução legislativa articulada poderia abrir caminhos para o equilíbrio entre os poderes. Foi preciso, então, publicizar a LINDB e, com isso, modernizá-la. Os novos dispositivos não têm conteúdo revolucionário, mas apenas transformaram em texto legal entendimentos que traduzem melhores práticas jurídicas, que já vinham sendo adotados por parte da jurisprudência. Buscou-se, com isso, um Direito Público baseado em normas e evidências, e não em idealizações.

A *nova LINDB* preserva as conquistas do controle público e auxilia no equilíbrio das relações entre o Estado e a sociedade, na aposta de que a moderação possa incentivar o desenvolvimento institucional. As normas são um guia geral para a tomada de decisões na esfera pública e para a atuação dos órgãos de controle, a fim de evitar arbitrariedades e decisionismos, com o acolhimento das melhores práticas nacionais e internacionais.

A lei busca alterar a resistência dos julgadores em considerar as exigências das políticas públicas – há excesso de preocupação com formalismos e pouca preocupação em dar respostas adequadas às necessidades sociais. E fazer com que o Direito Administrativo se volte à eficiência, em vez de focar na burocracia, não é incompatível com o controle da legalidade, da probidade e com o combate à corrupção. "Formalismo algum é capaz de combater a corrupção".[3] Por trás da burocracia e dos formalismos é que se escondem facilmente as manipulações e as fraudes sistêmicas.

A nova lei buscou consolidar alterações que já vinham afetando a teoria dos atos administrativos de maneira a revê-la, repensá-la e adaptá-la às novas demandas. Com isso, trouxe a visão do Direito Administrativo mais ligada à realidade da administração e reconstruiu

---

[3] CUNHA FILHO, Alexandre Jorge Carneiro da; ISSA, Rafael Hamze; SCHWIND, Rafael Wallbach. *Lei de Introdução às Normas do Direito Brasileiro – Anotada*: Decreto-Lei nº 4.657, de 4 de setembro de 1942. São Paulo: Quartier Latin, 2019. v. I, p. 37.

as invalidades do Direito Público, permitindo a conservação de efeitos do ato, quando houvesse razões de segurança jurídica.[4]

Com essas alterações nas normas de Direito Público, a reanálise de toda a legislação estatal infraconstitucional se fez essencial, especialmente aquelas voltadas à punição dos agentes públicos. É preciso, então, repensar a forma de encarar o Direito Administrativo. O descompromisso com a capacidade de cumprir suas finalidades não tem mais espaço hábil para seguir adiante, tendo em vista a evolução da legislação e dos pilares clássicos da matéria. Nesse sentido, este trabalho se propõe a verificar os impactos dessas modificações legislativas na Lei de Improbidade Administrativa, Lei nº 8.429, de 2 de junho de 1992, especialmente no que tange à responsabilização dos agentes públicos.

As novas alterações trazidas na LINDB foram capazes de penetrar na Lei de Improbidade Administrativa, a fim de torná-la menos subjetiva? Quais foram os impactos práticos na responsabilização por improbidade diante da mudança legislativa nas normas de Direito Público? Essas são algumas questões que este trabalho tem a intenção de discutir e iniciar o que se entende por esboço de respostas que serão definidas ao longo do tempo.

Com as mudanças nas normas, busca-se uma guinada em favor da eficiência do Estado e da melhoria de sua gestão. Isso passa, necessariamente, pela compreensão de que o Direito Administrativo nada mais é do que a compilação de uma grande diversidade de formas de organização, com vocações próprias, voltada à instrumentalização de interesses públicos, caso a caso.

Portanto, transformar o "dorme tranquilo quem indefere" em "dorme tranquilo quem defere" é missão complexa, porém, possível.[5] Passa-se a repensar o arranjo de incentivos que conformam os estatutos administrativos, de forma a aprimorar o alinhamento de seus interesses individuais com os interesses coletivos. É preciso mudar, sem reformas bruscas e impulsivas, mas, definitivamente, mudar.

---

[4] CUNHA FILHO, Alexandre Jorge Carneiro da; ISSA, Rafael Hamze; SCHWIND, Rafael Wallbach. *Lei de Introdução às Normas do Direito Brasileiro – Anotada*: Decreto-Lei nº 4.657, de 4 de setembro de 1942. São Paulo: Quartier Latin, 2019. v. I, p. 38.

[5] RIBEIRO, Leonardo Coelho. "Na dúvida, dorme tranquilo quem indefere", e o Direito Administrativo como caixa de ferramentas. *Direito do Estado*, a. 2016, n. 149, 20 abr. 2016. Disponível em: http://www.direitodoestado.com.br/colunistas/leonardo-coelho-ribeiro/na-duvida-dorme-tranquilo-quem-indefere-e-o-direito-administrativo-como-caixa-de-ferramentas. Acesso em 28 dez. 2020.

# CAPÍTULO I

# NOÇÕES PROPEDÊUTICAS

Com a pós-modernidade,[6] houve a fragmentação de ideias e uma onda de pragmatismo por todo o mundo. A globalização ganha relevante espaço e o Estado enfrenta adversidades como agente social e econômico eficiente. Nesse quadro, ganha importância a teoria crítica do direito, que abriga um conjunto de questionamentos sobre o saber jurídico tradicional e funda-se na constatação de que não lida com fenômenos independentes da atuação do sujeito, seja ele legislador, jurista, juiz ou parte. Essa relação entre o direito e os agentes compromete sua pretensão científica, seu ideal de objetividade e de conhecimento asséptico de opiniões, preferências e preconceitos.

A partir da insuficiência do jusnaturalismo[7] e do juspositivismo,[8] ganhou contorno o pós-positivismo – o qual entende-se como o novo

---

[6] Pós-modernidade é o estado ou a condição de ser pós-moderno. A modernidade é definida como o período identificado com a Revolução Industrial e a crença no progresso e nos ideais do Iluminismo. Para a sociologia, designa condição sociocultural e estética dominante após a queda do Muro de Berlim (1989), o colapso da União Soviética e a crise das ideologias nas sociedades ocidentais no final do século XX, com a dissolução da referência à razão como garantia de possibilidade de compreensão do mundo através de esquemas totalizantes. Para maior aprofundamento ver: ANDERSON, Perry. *Origens da Pós-Modernidade*. Rio de Janeiro: Jorge Zahar, 1999.

[7] Neste estudo, utiliza-se o conceito desenvolvido por Thomas Hobbes: jusnaturalimo é a liberdade que toda pessoa tem de usar o seu próprio poder a seu arbítrio para a conservação da sua natureza, da sua vida, segundo o seu próprio juízo e a sua razão, como o meio mais idôneo para esse fim (MALMESBURY, Thomas Hobbes de. *Leviatã*. Roma: Editora Laterza, 2001. p. 61). Sua ideia básica consiste no fato de que existe, na sociedade, um conjunto de valores que não decorrem das normas jurídicas emanadas do Estado, que tem validade em si e é legitimado por uma ética superior. Essa corrente filosófica se contrapõe ao positivismo jurídico.

[8] Adota-se a definição dada por Tércio Sampaio Ferraz Júnior, segundo a qual o positivismo jurídico é a corrente da filosofia que entende o direito como apenas aquilo que está posto, colocado, dado, positivado. Ao definir o direito, o positivismo o identifica, portanto, com o direito efetivamente posto pelas normas jurídicas (FERRAZ JÚNIOR; Tércio Sampaio. *Introdução ao estudo do direito. Técnica, decisão, dominação*. São Paulo: Atlas, 2010. p. 23).

contexto constitucional em formação – e a definição provisória e genérica de ideário difuso da nova hermenêutica – em que se incluem a definição da relação entre princípios, valores, regras e normas.⁹ O pós-positivismo trouxe consigo a ideia de normatividade dos princípios, antes não prevista pelo positivismo jurídico.

Com essa evolução, separou-se a lei do direito e da justiça, dotando de maior relevância a distinção entre regras e princípios – estes, concebidos como aperfeiçoamento do ordenamento jurídico, desempenham suas qualidades jurídicas próprias na prática do direito.

É superada, assim, a visão tradicional do positivismo jurídico, no sentido de que os princípios desempenhariam função supletiva, integradora ou corretiva das regras, quando as normas não estivessem aptas a desenvolver plenamente sua função.¹⁰ Passam a ser entendidos como vinculantes direcionadores reconhecidos pela Constituição, limitando a liberdade discricionária do intérprete – antes, dada pelo positivismo, que, na carência ou ausência de uma regra, limitava-se a declarar a inexistência do direito e a determinar a liberdade do intérprete a recorrer a aspectos extrajurídicos para sua decisão.¹¹

Diante dessa erosão dogmática, a teoria crítica não visou à substituição completa da normatividade do direito, mas buscou redefinir o seu lugar como espaço de luta relevante para o avanço social.¹² Atualmente, comunga-se do entendimento de que o direito somente pode ser entendido a partir de valores da ética e da moral, concepção que é própria do pós-positivismo.

Nesse ambiente em que todos os princípios têm força normativa e merecem aplicação concreta, eles fundamentam grande número de decisões, mesmo sem a intermediação da lei e, algumas vezes, em oposição a ela. Essas possibilidades abrem discussão sobre os excessos e exageros hermenêuticos em sua aplicação desmensurada e sobre o papel dos poderes na aplicação das normas.

Há uma expropriação das funções do legislador ordinário em prol de opções políticas que conferem ao administrador público e ao Poder Judiciário o protagonismo da justiça individual, com base nas

---

⁹ CARVALHO NETO, Tarcisio Vieira de. *O princípio da impessoalidade nas decisões administrativas*. Brasília: Gazeta Jurídica, 2015. p. 7.

¹⁰ ZAGREBELSKY, Gustavo. *El derecho dúctil*. Madrid: Editorial Trotta, 1997. p. 109-110.

¹¹ A diferenciação entre regras e princípios e a importância dos princípios no pós-positivismo serão desenvolvidas em tópicos posteriores específicos.

¹² BARROSO, Luís Roberto. *O novo direito constitucional brasileiro*: contribuições para a construção teórica e prática da jurisdição constitucional no Brasil. Belo Horizonte: Fórum, 2012. p. 110.

especificidades de cada caso concreto, o que contribui para a desvalorização do Poder Legislativo.

Em relação à administração pública, essa transferência de competências e responsabilidades legislativas trouxe como consequência o excesso de punitivismo dos gestores, que não estão amparados pela segurança jurídica e, a despeito de terem que dar soluções plausíveis e rápidas para diferentes contextos sociais, não têm o alicerce legal como escudo protetor de suas ações. Por outro lado, esse descomedimento da punição dos administradores gerou a paralisia de muitos setores em decorrência do medo e da ausência de segurança jurídica para agir.

No que tange ao Poder Judiciário, a transferência de responsabilidades priorizou a justiça subjetiva, em que o aplicador da lei tem o condão de afastar o entendimento legal que não se compatibilize com seus critérios pessoais de certo e errado, baseando suas fundamentações na forte influência dos princípios constitucionais.

Em contrapartida a essas erosões na divisão dos poderes, muito se tem discutido a respeito da constitucionalização do direito e da aplicação dos princípios nos casos concretos, de maneira a limitar arbitrariedades, subjetivismos e, até mesmo, paralisias no poder público. Diante disso, todos os setores do direito vêm se transformando no sentido de revisitar seus paradigmas clássicos e renovar o entendimento de justiça.

No Direito Administrativo, é evidente que existe um movimento questionador das bases de sua criação, em atendimento a uma maior processualização, transparência e equiparação das partes, o que se torna insubsistente com o modelo subjetivista e arbitrário que ainda vem sendo aplicado. Diante disso, medidas estão sendo tomadas para limitar os parâmetros da constitucionalização, sem deixar de levar em consideração a sua importância. Dessarte, é dado enfoque à segurança jurídica, à legalidade – que hoje já se entende como juridicidade[13] – de maneira a se entender as regras como instrumentalizadoras dos princípios constitucionais.

É evidente que a Constituição Federal brasileira de 1988 foi expressa ao determinar a proteção de princípios da administração pública em seu texto, visando a atender os anseios sociais de sua criação. Houve a intenção de moralizar o poder público, com os valores que são importantes para a sociedade, e de penalizar aqueles que se afastam desse intuito moralizador.

---

[13] Este conceito será pormenorizado em tópico posterior.

Apesar da importância inequívoca desses princípios, justificadores da moral constitucional, eles não podem mais, sozinhos, ser vistos como justificadores de quaisquer decisões administrativas e judiciais, sob pena de se perder a normatividade geral do sistema, gerar uma administração engessada e um super Poder Judiciário. Para limitação de sua aplicação, sem que se perca sua relevância, se faz necessária a rediscussão da hermenêutica jurídica e da aplicação das normas do ordenamento brasileiro.

A legislação mais recente, a exemplo das alterações da Lei de Introdução às Normas do Direito Brasileiro, tem sido elaborada com a missão de parametrizar e tornar mais objetiva e fundamentada a aplicação dos princípios constitucionais, e decorre, exatamente, da revisitação do direito em seus vários sistemas, com afastamento das antigas bases segregadoras e aproximação da sociedade do Estado na resolução de controvérsias. O direito tem se transformado, ainda que de forma tímida, em um sistema menos verticalizado, que busca entender a realidade daqueles que lhes são submetidos e dar soluções viáveis, econômica e socialmente, na sua aplicação.

Evidentemente, diante desse movimento, há a resistência daqueles que almejam o conservadorismo dos parâmetros clássicos e insistem em não rediscutir o que está posto. Mas a impermanência é inevitável e, para que se torne evolução, é imprescindível o debate e o aprofundamento da matéria.

## I.I Princípios e regras: distinções básicas

Durante muito tempo, o modelo de aplicação do direito foi a subsunção – a norma incidindo sobre os fatos e produzindo, como consequência, a aplicação de seu conteúdo no caso concreto. Apesar de esse raciocínio ainda ser fundamental para a dinâmica do direito, entende-se que a dogmática jurídica não é suficiente para lidar com situações que, em decorrência da expansão dos princípios, são cada vez mais frequentes.

Diante disso, tornou-se imprescindível a diferenciação do papel das normas, das regras e dos princípios no ordenamento jurídico, de maneira a desenvolver técnicas capazes de lidar com o fato de que é necessário tutelar direitos dialéticos e conflitantes, os quais protegem valores distintos e soluções diversas e contraditórias.

Na teoria geral do direito ou na dogmática constitucional, o debate das diferenças existentes entre regras e princípios se encaminha para a caracterização de tipos normativos e para averiguação do que vem a ser norma. Portanto, é imprescindível que se faça, primeiro, a distinção entre texto normativo e norma. De acordo com Marcelo Neves, "trata-se aqui de distinguir entre os planos do significante e do significado. A conexão entre ambos implica uma relação semântica de significação ou, de maneira mais abrangente, de dação de sentido no processo de comunicação".[14]

Kelsen distingue a proposição jurídica – regra – como sendo a descrição da norma jurídica prescritiva e a define como *dever ser*[15] – enunciado descritivo. Segundo sua teoria, "com o termo 'norma' se quer significar que algo deve ser ou acontecer, especialmente que um homem se deve conduzir de determinada maneira", enquanto proposição jurídica é a descrição desse "dever ser".[16]

Bobbio, com inspiração *kelseniana*, por seu turno, define norma como juízo de proposição, distinta do enunciado – forma gramatical por intermédio da qual um enunciado é expresso.[17] Em outras palavras, para ele, regra seria o enunciado gramatical que define um juízo de proposição (a norma).

Marcelo Neves assevera que essa relação não se apresenta somente entre dois polos – regras e normas –, mas em um processo quadrangular entre disposição normativa (texto), norma (significado), enunciado (asserção de norma atribuída pelo interpretador-aplicador) e proposição normativa concreta (fato).[18] Assim, apresenta-se, de um lado, a relação entre o texto (significante) e a norma jurídica (significado) e, de outro, a relação entre a norma jurídica e o fato jurídico.

---

[14] NEVES, Marcelo. *Entre a Hidra e Hércules*: princípios e regras constitucionais como diferença paradoxal do sistema jurídico. São Paulo: WMF Martins Fontes, 2013. p. 2.

[15] "Aquele que ordena ou confere o poder de agir, quer; aquele a quem o comando é dirigido, ou a quem a autorização ou o poder de agir é conferido, deve. Desta forma o verbo 'dever' é aqui empregado com uma significação mais ampla que a usual. No uso corrente da linguagem apenas ao ordenar – corresponde um 'dever', correspondendo ao autorizar um 'estar autorizado a' e ao conferir competência um 'poder'. Aqui, porém, emprega-se o verbo 'dever' para significar um ato intencional dirigido à conduta de outrem. Nesse 'dever' vão incluídos o 'ter permissão' e o 'poder' (ter competência). Com efeito, uma norma pode não só comandar, mas também permitir e, especialmente, conferir a competência ou o poder de agir de certa maneira" (KELSEN, Hans. *Teoria Pura do Direito*. 6. ed. São Paulo: Martins Fontes, 1998. p. 4).

[16] KELSEN, Hans. *Teoria Pura do Direito*. 6. ed. São Paulo: Martins Fontes, 1998. p. 4.

[17] Para maior aprofundamento ver: BOBBIO, Norberto. *O Positivismo Jurídico – Lições de Filosofia do Direito*. São Paulo: Ícone, 2006.

[18] NEVES, Marcelo. *Entre a Hidra e Hércules*: princípios e regras constitucionais como diferença paradoxal do sistema jurídico. São Paulo: WMF Martins Fontes, 2013. p. 2.

Esse processo leva à compreensão, já bastante aceita pela doutrina, de que a norma jurídica somente é produzida no decurso da solução do caso concreto. Dessa forma, o juiz seria o legislador do caso, enquanto as atividades legislativas e constituintes seriam somente a emissão de textos legais. Contudo, essa formulação pode ser perigosa ao levar à conclusão de que os juízes e órgãos competentes para a concretização da norma jurídica não estariam submetidos a ela antes da solução de cada caso.

A relação entre legislador e julgador ou entre normatização e concretização da norma é um processo de dupla contingência, como qualquer outro processo de comunicação. O intérprete-aplicador atribui um sentido ao texto normativo criado pelo legislador, o que não significa a substituição deste como produtor da norma.

Supõe-se um sentido atribuído *prima facie* pelo produtor normativo que, no processo concretizador, é transformado ou complementado por um sentido definitivo, mas permanece a alteridade, uma vez que a construção interpretativa parte da produção da norma e é controlada socialmente no plano da dupla contingência, portanto, criticável como incorreta ou inadequada às condições concretas.

Essas observações são úteis para esclarecer que o problema da distinção entre regras e princípios está no plano da argumentação que envolve sua concretização, no qual pretende-se determinar o conteúdo da norma a se aplicar. Confronta-se a vagueza e a ambiguidade de algumas disposições normativas e o sentido *prima facie* e definitivo de normas, dado pelo legislador, com a interpretação dos fatos relevantes para a decisão do caso concreto.

A discussão sobre o que vem a ser norma jurídica e a definição de suas espécies, apesar de não ser recente, parece estar longe de atingir um denominador comum e ganhou maior relevância com o fascínio pela principiologia jurídica desenvolvida nas obras de Ronald Dworkin e Robert Alexy.[19] Esses autores propuseram uma separação qualitativa entre regras e princípios, no sentido de estabelecer que a distinção entre eles é de caráter meramente lógico.[20]

---

[19] Para maior aprofundamento, ver: DWORKIN, Ronald. *Taking rights seriously*. Cambridge, Massachussetts: Harvard University Press, 1977; e ALEXY, Robert. *Teoria dos direitos fundamentais*. São Paulo: Malheiros, 2017.

[20] Alternativamente, existem autores que fazem tal distinção pelo grau de generalidade, abstração e fundamentalidade. Há, ainda, aqueles que rejeitam a distinção entre regras e princípios (Cf., por exemplo, AARNIO, Aulis. Taking rules seriously. *Arsp*, v. 42, p. 180-192, 1990).

Para Dworkin, que teve seu ponto de partida da crítica ao positivismo jurídico desenvolvido por Herbert Hart,[21] e cuja Teoria do Direito dialoga com a Teoria da Justiça de John Rawls, o positivismo não consegue fundamentar as decisões de casos complexos, uma vez que entende o direito como um sistema composto, exclusivamente, de regras. Segundo ele, em casos difíceis, o julgador não seria capaz de identificar a regra jurídica aplicável, a não ser utilizando-se da discricionariedade judicial e, nesse caso, criaria um *direito novo*. Tal como o espaço vazio no centro de uma rosca, o poder discricionário não existe a não ser como espaço vazio, circundado por uma faixa de restrições.[22]

O autor entende ser incabível a conclusão, advinda do positivismo, de que cada juiz seleciona, de acordo com sua discricionariedade, os padrões extrajurídicos de decisão e afirma que, se os tribunais tivessem poder discricionário para modificar as regras estabelecidas, essas regras certamente não seriam obrigatórias para eles e, dessa forma, não haveria direito nos termos do modelo positivista.[23]

Existem padrões obrigatórios para os juízes, estruturados por princípios que, em certas ocasiões, justificam a modificação da decisão judicial. Porém, não é qualquer princípio que pode ser invocado para justificar a mudança, sob pena de que nenhuma regra estaria a salvo. Esse critério não pode depender das preferências pessoais do juiz, selecionadas em meio a padrões extrajurídicos.

Os princípios constituem o norte da interpretação, sendo limites ao alvedrio estatal, portanto, os magistrados não possuem discricionariedade na escolha de um ou de outro princípio, segundo as suas convicções pessoais, mas no sentido de que os princípios são padrões obrigatórios para as autoridades públicas.

> Argumentei que princípios, como os que mencionei, entram em conflito e interagem uns com os outros, de modo que cada princípio relevante para um problema jurídico particular fornece uma razão em favor de

---

[21] Segundo Herbert Hart, as situações não reguladas por regras ficariam no âmbito da discricionariedade do juiz. Ou seja, quando um julgador esgota as regras à sua disposição, possui o poder discricionário, não estando obrigado a quaisquer padrões derivados da autoridade do direito. Para maior aprofundamento no tema, ver: HART, Herbert. *O conceito de direito*. 5. ed. Lisboa: Fundação Calouste Gulbenkian, 2007.

[22] DWORKIN, Ronald. *Taking rights seriously*. Cambridge, Massachussetts: Harvard University Press, 1977; e ALEXY, Robert. *Teoria dos direitos fundamentais*. São Paulo: Malheiros, 2017. p. 51.

[23] DWORKIN, Ronald. *Taking rights seriously*. Cambridge, Massachussetts: Harvard University Press, 1977; e ALEXY, Robert. *Teoria dos direitos fundamentais*. São Paulo: Malheiros, 2017. p. 59.

uma determinada solução, mas não a estipula. O homem que deve decidir uma questão vê-se, portanto, diante da exigência de avaliar todos esses princípios conflitantes e antagônicos que incidem sobre ela e chegar a um veredicto a partir desses princípios, em vez de identificar um dentre eles como "válido".[24]

Dworkin introduz o conceito de princípios como normas ou padrões pertencentes ao sistema jurídico, que vinculariam os juízes nos casos em que as regras fossem insuficientes para a solução do caso. Argumenta que, ao lado das regras, que têm apenas a dimensão da validade, existem os princípios, os quais têm, também, uma dimensão de peso.

Nesse contexto, distingue três padrões de orientação dos juízes no sistema jurídico: as regras, os princípios e as *policies*. As regras seriam normas aplicáveis na maneira da disjunção excludente do "tudo ou nada". Nesse sentido, são *válidas* ou *inválidas*, sob o ponto de vista de sua aplicabilidade, devendo ser utilizadas como forma de solução do caso ou afastadas. Na colisão entre duas regras, apenas uma poderá ser adequada e servir de orientação para a decisão do caso.

Para os princípios, não há cabimento realizar essa análise de validade, uma vez que, segundo Dworkin, eles têm dimensão de peso ou de importância. No caso de colisão entre princípios, terá prevalência aquele que for, para o caso concreto, mais relevante, sem que essa prevalência signifique deixar de pertencer ao ordenamento jurídico, mas denote, somente, deixar de ser decisivo no caso concreto. Daí porque dois princípios em colisão podem ser, simultaneamente, válidos. A isso se soma o argumento de que os princípios opostos a outros não são, a rigor, suas exceções, bem como o de que os princípios não pretendem estabelecer condições que tornem sua aplicação necessária.

As *policies*, segundo Dworkin, são objetivos a serem alcançados; em geral, melhorias econômicas, sociais, políticas, ainda que certos objetivos sejam negativos, no sentido de proteger direitos contra mudanças adversas. Com frequência, o autor se utiliza do termo *princípios* também para abranger as *policies*, mas assevera que aqueles são um padrão que deve ser observado por exigência de justiça, equidade ou moralidade, e não para promover ou assegurar situações econômicas, sociais e políticas.

---

[24] DWORKIN, Ronald. *Taking rights seriously*. Cambridge, Massachussetts: Harvard University Press, 1977; e ALEXY, Robert. *Teoria dos direitos fundamentais*. São Paulo: Malheiros, 2017. p. 114.

Dworkin trata os princípios jurídicos como mandamentos morais universais, assentados na "moralidade comunitária", entendida como a moralidade política imposta pelas leis e instituições. A origem dos princípios, embora não resida na decisão particular do Poder Legislativo ou do tribunal, nem da regra, encontra-se na compreensão do que é apropriado e é desenvolvida por membros do poder público ao longo do tempo. Ou seja, os princípios jurídicos se apoiam na moralidade de uma comunidade política e se transformam no processo histórico, mas devem passar por um tipo de consistência ou coerência constitucional para que não dissipem da moralidade comunitária – legalmente constituída. Portanto, sob esse ponto de vista, é possível afirmar que os princípios têm origem na moralidade comunitária. Mas não cabe falar de fronteira clara entre moral e direito, pois a noção de princípio serve, exatamente, para diluir essa fronteira.

Assim, o problema dos princípios não reside na discricionariedade – como salientavam os positivistas –, mas sim, na forma seletiva de estruturação da complexidade.

> No processo de concretização da Constituição, os princípios, de um lado, têm a maior capacidade de estruturar a complexidade desestruturada do ambiente do sistema jurídico, no qual uma diversidade enorme de expectativas normativas pretende afirmar-se na esfera pública como constitucionalmente amparadas. Mas, de outro lado, eles enriquecem os potenciais e alternativas da cadeia argumentativa do ponto de vista interno do direito.[25]

Os princípios, segundo Dworkin, devem ser compreendidos por duas perspectivas: em sentido estrito, os normativos; e a as diretrizes políticas, os programas de ação. Diretrizes políticas são, conforme depreende-se das palavras do próprio autor, o tipo de *standard* que apresenta o propósito a ser alcançado.[26] Os princípios normativos são padrões a serem observados em razão de alguma exigência de justiça, equidade ou outra dimensão de eticidade. São desvinculados das circunstâncias econômicas, sociais ou mesmo daquelas derivadas da política, vista como atividade estratégica.

---

[25] NEVES, Marcelo. *Entre a Hidra e Hércules*: princípios e regras constitucionais como diferença paradoxal do sistema jurídico. São Paulo: WMF Martins Fontes, 2013. p. 58.
[26] DWORKIN, Ronald. *Taking rights seriously*. Cambridge, Massachussetts: Harvard University Press, 1977; e ALEXY, Robert. *Teoria dos direitos fundamentais*. São Paulo: Malheiros, 2017. p. 43.

Independentemente das distinções entre os princípios e as regras, tanto aqueles quanto estas são obrigatórios e vinculativos, devendo ser observados pelos juízes. Por consequência, diante dos casos difíceis, nos quais as regras não oferecem pronta solução, os intérpretes devem se socorrer dos princípios, de onde se conclui que a ideia positivista da discricionariedade judicial é absolutamente débil.[27]

Efetivamente, a aludida distinção entre princípios e regras, nos moldes propostos por Dworkin, atinge um dos postulados nucleares do positivismo jurídico: a tese segundo a qual há uma regra de reconhecimento que determina, estruturalmente, os sistemas jurídicos modernos. Conforme a doutrina juspositivista, nas complexas sociedades contemporâneas, as regras jurídicas obedecem a estrutura hierárquica, de forma que a validade da norma decorre de sua adequação com as regras postadas em um nível jurídico hierarquicamente superior. O escalonamento hierarquizado permite precisar se uma norma integra ou não o sistema jurídico.

Por sua teoria, Dworkin entende que o juiz, orientado pelos princípios – que são superadores de quaisquer discricionariedades por parte do julgador –, é capaz de identificar as controvérsias em torno de direitos e chegar a uma única solução para o caso ou, ao menos, no melhor julgamento da controvérsia.[28]

> [...] dizemos que a lei é uma coisa, e que outra bem diferente é o que os juízes farão com relação a ela; isso explica, parece-me, a atração imediata que exerce o lema positivista. Mas equivale a um grande exagero insistir, como fizeram os positivistas, em que as teorias sobre os fundamentos do direito não podem, absolutamente, ser políticas, que devem deixar totalmente sem resposta a questão do modo como os juízes decidem os casos reais. Pois uma teoria sobre os fundamentos que, em si mesma, não assume nenhuma posição relativa à utilização da força do direito deve ainda assim ser política num sentido mais geral e difuso.[29]

Para elucidar sua tese, Dworkin lança mão das metáforas do juiz Hércules e do romance em cadeia. No primeiro caso, descreve

---

[27] DWORKIN, Ronald. *Taking rights seriously*. Cambridge, Massachussetts: Harvard University Press, 1977; e ALEXY, Robert. *Teoria dos direitos fundamentais*. São Paulo: Malheiros, 2017. p. 98.

[28] DWORKIN, Ronald. *Taking rights seriously*. Cambridge, Massachussetts: Harvard University Press, 1977; e ALEXY, Robert. *Teoria dos direitos fundamentais*. São Paulo: Malheiros, 2017. p. 35, 43.

[29] DWORKIN, Ronald. *O império do direito*. São Paulo: Martins Fontes, 2003. p. 136.

um magistrado com capacidades e paciência sobre-humanas, competente para, de maneira criteriosa e metódica, selecionar as hipóteses de interpretação dos casos concretos pelo filtro da integridade. Dessa forma, em diálogo com as partes daqueles processos, interpreta a história institucional como movimento constante e parte da análise completa e criteriosa da Constituição, da legislação e dos precedentes, para identificar o entendimento da própria sociedade dos princípios jurídicos aplicáveis aos casos. Como consequência, supera-se a chamada *vontade do legislador* como requisito assegurador da objetividade na interpretação do direito.

Já no romance em cadeia, o que ele propõe é um exercício literário em que um grupo de romancistas seja contratado para determinado projeto e que jogue dados para definir a ordem do jogo. O número mais baixo escreve o capítulo de abertura do romance, o número seguinte acrescenta um capítulo, e assim por diante. Assim, cada romancista, com exceção do primeiro, tem a dupla responsabilidade de interpretar o que foi escrito anteriormente e criar um novo fragmento da história.

Nessa perspectiva, cada juiz é como um romancista dessa corrente, de modo que deve interpretar o que foi escrito por outros juízes e partes nos processos e buscar descobrir o sentido do que construíram coletivamente. A cada caso, o juiz incumbido de decidir deverá se considerar como parte de um complexo empreendimento em cadeia no qual as inúmeras decisões representam a história.

O trabalho consistirá, portanto, na continuação dessa história, com olhos para o futuro, levando em consideração o que foi feito, por ele e pelos demais, com os olhos para o passado. Assim, não pode o julgador romper com o passado, porque a escolha entre os vários sentidos que o texto legal apresenta não pode ser remetida à intenção de ninguém *in concreto*, mas deve ser feita à luz de uma teoria política e com base no melhor princípio ou política que possa justificar tal prática.

Dworkin denomina *nominalistas* os juristas que entendem que a maneira de resolver os problemas deva ser ignorando-os e propõe a necessidade de expor que tais práticas constituem erro. Ao lançar críticas à teoria de Hart, afirma que, quando os juristas debatem a respeito dos direitos e obrigações jurídicas, sobretudo nos casos difíceis, "eles recorrem a padrões que não funcionam como regras, mas operam diferentemente, como princípios, políticas e outros tipos de padrões".[30]

---

[30] DWORKIN, Ronald. *Taking rights seriously*. Cambridge, Massachussetts: Harvard University Press, 1977; e ALEXY, Robert. *Teoria dos direitos fundamentais*. São Paulo: Malheiros, 2017. p. 36-43.

Ante um caso concreto, o magistrado encontra-se, por vezes, diante de uma regra, um princípio ou uma diretriz política.

O autor recomenda a imersão do juiz em uma busca profunda por coerência e compreensão da moralidade política da comunidade, uma vez que, para ele, o direito é parte dessa moralidade. Assim, Dworkin entende o direito como interpretação e incentiva uma postura de ousadia nessa busca interpretativa por valores morais que fundamentam a prática constitucional.

Essa teoria de Dworkin teve enorme influência e recepção em diversos países, tanto de tradição anglo-americana quanto de origem intercontinental, mas também foi objeto de inúmeras críticas e tentativas de superação por seus sucessores.

A principal contribuição de Robert Alexy foi desenvolver os princípios como mandamentos de otimização, também partindo do pressuposto de que a distinção entre regras e princípios se dá de forma qualitativa, e não de grau. Propôs uma reformulação na teoria de Dworkin e sua recepção ultrapassou as fronteiras da Alemanha, a dar um caráter de universalidade a essa concepção principiológica.

Para ele, a despeito das teorias positivistas separarem o direito e a moral, por meio de um conceito de direito com validade puramente formal, corroborada pela legalidade em conformidade com o ordenamento e a eficácia social, teorias não positivistas tendem a vinculá-los (direito e moral). Diante disso, concebeu um conceito carreado de um terceiro aspecto, além dos dois primeiros: o da correção material.

Segundo esse aspecto, um sistema desprovido de pretensão à correção não pode ser considerado jurídico. A legalidade em conformidade com o ordenamento, a eficácia social e a correção material referem-se, além da constituição, às normas postas em conformidade com ela, existindo uma estrutura escalonada, excluindo-se normas extremamente injustas da seara do direito.

O autor criticou a tese de que as regras são aplicadas na medida do "tudo ou nada", com base no argumento de que, no ordenamento jurídico moderno, as exceções à regra não são passíveis de enumeração taxativa. Dessa forma, novas exceções podem surgir a cada novo caso.

Para ele, as regras são normas sempre cumpridas ou não cumpridas. Daí porque, em um conflito de regras em que não haja qualquer exceção para eliminar a contradição, uma delas deve ser declarada inválida: "a decisão do conflito é uma decisão sobre a validade da norma".[31]

---

[31] NEVES, Marcelo. *Entre a Hidra e Hércules*: princípios e regras constitucionais como diferença paradoxal do sistema jurídico. São Paulo: WMF Martins Fontes, 2013. p. 54.

Alexy afirma que os princípios são normas que estabelecem que a realização deve se dar da melhor maneira possível, diante das possibilidades. São mandamentos de otimização, caracterizados por poderem ser satisfeitos em graus variados, não dependendo somente das possibilidades fáticas, mas também das possibilidades jurídicas. Ou seja, ordenam que algo seja realizado em medida tão alta quanto possível, relativamente às possibilidades fáticas e jurídicas.[32] A realização completa de um princípio pode ser obstada pela realização de outro, o que se denomina *colisão de princípios*, a qual pode ser resolvida levando-se em consideração qual princípio tem o maior peso no caso concreto.

É preciso um raciocínio mais complexo, multidirecional, de maneira a considerar os elementos normativos incidentes sobre aquele conjunto específico de fatos. Com esse objetivo, foi desenvolvido o que se convencionou chamar de "técnica de ponderação". Essa ideia, traduzida pela metáfora da colisão de princípios, busca o melhor resultado possível, que sempre dependerá do caso concreto.

Com fundamento, principalmente, na teoria de Robert Alexy, a ponderação consiste em uma técnica de decisão jurídica, em casos nos quais a subsunção se mostrou insuficiente, especialmente quando a situação concreta dá ensejo à aplicação de normas de mesma hierarquia, com soluções diferenciadas. A estrutura interna da ponderação está associada ao balanceamento e ao sopesamento de interesses, valores ou normas.[33]

---

[32] Esse mandamento de otimização tem caráter definitivo. Isso, contudo, não significa que a teoria dos princípios desmorona em sua tese, mas, antes, lança sobre ela uma luz mais clara. Segundo Alexy, há diferença entre mandamentos para otimização e mandamentos a serem otimizados. Os mandamentos a serem otimizados são os objetos da ponderação, classificados como "dever ser ideal", que deve ser otimizado para "dever ser real". Já os mandamentos para otimização devem, ao contrário, ser assentados por um meta-plano e dizem o que deve ser feito com aquilo que se encontra no plano do objeto; como mandamentos de otimização, eles não devem ser otimizados, mas cumpridos ao serem otimizados. Para maior aprofundamento, ver: ALEXY, Robert. *El concepto y la validez del derecho.* Barcelona: Gedisa Editorial, 1997.

[33] Na primeira etapa da técnica de ponderação, cabe ao intérprete identificar normas aplicáveis ao caso concreto, além dos conflitos existentes entre elas (Alexy entende que "é por isso que não se pode falar que um princípio P1 sempre prevalecerá sobre o princípio P2 – (P1 P P2) -, devendo-se sempre falar em prevalência do princípio P1 sobre o princípio P2 diante das condições C – (P1 P P2) C" (ALEXY, Robert. *Theorie der Grundrechte.* Berlin: Suhrkamp, 1994. p. 82). Na segunda etapa, cabe analisar os fatos, as circunstâncias concretas e sua interação com a norma. Embora regras e princípios tenham existência autônoma, no mundo abstrato dos enunciados normativos, é quando entram em contato com o caso concreto que seu conteúdo terá real sentido. Na terceira etapa, a ponderação singulariza-se em detrimento da subsunção. Como os princípios podem ser aplicados em maior ou menor intensidade, por sua natureza, sem que isso afete sua validade, apura-se o peso que deve ser atribuído a cada elemento da disputa. Em seguida deve-se decidir quão

Se dois princípios colidem – o que ocorre, por exemplo, quando algo é proibido de acordo com um princípio e, de acordo com outro, permitido –, um dos princípios terá que ceder. Isso não significa, contudo, nem que o princípio cedente deva ser declarado inválido, nem que nele deverá ser introduzida uma cláusula de exceção. Na verdade, o que ocorre é que um dos princípios tem precedência em face do outro sob determinadas condições. Sob outras condições a questão da precedência pode ser resolvida de forma oposta. Isso é o que se quer dizer quando se afirma que, nos casos concretos, os princípios têm pesos diferentes e que os princípios com maior peso têm precedência [...].[34]

Para Alexy, o conceito de princípio nada diz sobre a fundamentalidade da norma: um princípio pode ser ou não o mandamento nuclear do sistema. O autor entende que os princípios expressam deveres e direito *prima facie*, uma vez que poderão ser sopesados com princípios colidentes, e seu grau de aplicação ao caso concreto pode variar. Em contrapartida, as regras representam o contrário, expressando deveres e direitos definitivos, na dimensão do *válido* e *inválido*; nem mais, nem menos.[35]

Com base nesses pressupostos, Alexy chega à distinção entre regras e princípios: "Princípios são sempre *razões prima facie*; e regras são, se não houver estabelecimento de alguma exceção, *razões definitivas*. Regras e princípios são apresentados como fundamentos e razões para as normas".[36]

Para essa teoria, os princípios, embora jurídicos, não são, propriamente, imperativos, mas meramente orientadores. Sua aplicação

---

intensamente um conjunto de normas pode prevalecer sobre as demais, sendo possível graduar a intensidade da solução escolhida. Nota-se que a ponderação surge, portanto, como uma necessidade, antes que como uma opção ideológica ou filosófica. É certo que todas as etapas apresentadas envolvem avaliação subjetiva que poderão variar de acordo com circunstâncias pessoais do intérprete, dentre tantas outras influências, portanto essa técnica está sujeita ao mau uso e não é solução para todas as situações. O risco de disfunção, todavia, não a desmerece como técnica de decisão, tampouco priva a doutrina de buscar outros parâmetros, bem definidos, para sua aplicação. A ponderação não atingiu padrão desejável de objetividade, dando lugar à ampla discricionariedade judicial. Contudo, essa discricionariedade deve ficar limitada a hipóteses em que o sistema jurídico não tenha sido capaz de oferecer solução.

[34] ALEXY, Robert. *Teoria dos direitos fundamentais*. (Trad. Virgílio Afonso da Silva). São Paulo: Malheiros, 2008. p. 93-94.

[35] A distinção realizada por Alexy é a que mais se coaduna com o presente trabalho, motivo pelo qual, a despeito da importância de outras correntes, adota-se como marco teórico, para o presente estudo, a teoria dos princípios desenvolvida por esse autor.

[36] Alexy não adota a distinção de Dworkin entre princípios e *policies*. Ele admite que os princípios podem abarcar tanto direitos pessoais quanto coletivos.

é sempre condicionada a preceitos fáticos e jurídicos. Nesse contexto, a teoria nega o próprio caráter deontológico aos princípios, porque afirma que não trazem, em si, um *dever ser*, mas sim, um valor moral que pode ser atendido de diversas maneiras e proporções variáveis.

Segundo essa teoria, as regras, por conterem em si todas as situações de aplicação, submetem-se à técnica da subsunção; e os princípios, à da ponderação. A aplicação da norma jurídica deve contemplar, simultaneamente, todos os possíveis princípios jurídicos aplicáveis ao caso, graduando-o, proporcionalmente, de acordo com sua importância.

Contemporaneamente, Luís Roberto Barroso entende que regras são proposições aplicáveis na medida do "tudo ou nada" – divergindo, em parte, da teoria desenvolvida por Alexy, ao passo que princípios contêm carga valorativa e indicam a direção a seguir.

Tarcisio Vieira de Carvalho Neto entende que não há margem para a elaboração mais sofisticada da incidência da regra, uma vez que "(i) [...] só deixará de incidir sobre a hipótese de fato que contempla se for inválida, se houver outra mais específica ou se não estiver em vigor; (ii) dá-se sua aplicação, predominantemente, mediante subsunção".[37] Já em relação aos princípios, a colisão não só é possível, como faz parte da lógica do sistema, que é dialético, motivo pelo qual deve-se reconhecer uma dimensão de peso, de importância, quando o intérprete se defrontar com antagonismos inevitáveis.

Segundo Humberto Ávila, a afirmação de que as regras são aplicáveis na medida do "tudo ou nada" só tem sentido se todas as questões relativas à validade, ao sentido e à subsunção final já tiverem sido superadas. Isso porque, segundo ele, a vagueza não é traço distintivo dos princípios, mas elemento comum de qualquer enunciado prescritivo.

Nesse sentido, afirma que a característica específica das regras é a implementação de consequências predeterminadas e somente pode surgir após sua interpretação. Segundo esse autor, a distinção entre princípios e regras não pode ser realizada na medida do "tudo ou nada" porque as regras também precisam de um processo prévio, às vezes tão longo e complexo como o dos princípios, para que sejam implementadas as suas consequências.

Após a interpretação diante das circunstâncias específicas, tanto regras quanto princípios se aproximam. A única diferença constatável, de acordo com ele, é o grau de abstração anterior à interpretação, que, no

---

[37] CARVALHO NETO, Tarcisio Vieira de. *O princípio da impessoalidade nas decisões administrativas*. Brasília: Gazeta Jurídica, 2015. p. 19.

caso dos princípios, é maior relativamente à norma de comportamento a ser determinada, uma vez que eles não se vinculam abstratamente à situação específica (por exemplo, o princípio democrático). No caso das regras, as consequências são, de pronto, verificáveis, ainda que devam ser corroboradas por meio do ato de aplicação.[38]

Esse critério distintivo entre regras e princípios, segundo Humberto Ávila, perde a importância quando se constata que a aplicação das regras também depende da interpretação dos princípios que a elas digam respeito, e que estes, normalmente, requerem a complementação das regras para serem aplicados.

Não obstante, o estudo sobre a diferenciação entre regras e princípios ganhou curso universal e passou a constituir o conhecimento convencional da matéria.[39] Ainda existe muita controvérsia sobre o tema, uma vez que existem autores que criticam a diferenciação realizada por Dworkin e Alexy[40] ou entendem como ainda aplicáveis as teorias positivistas dos princípios.[41]

---

[38] ÁVILA, Humberto. *Teoria dos Princípios*. São Paulo: Malheiros Editores, 2013. p. 52-53.

[39] BARROSO, Luís Roberto. *O novo direito constitucional brasileiro*: contribuições para a construção teórica e prática da jurisdição constitucional no Brasil. Belo Horizonte: Fórum, 2012. p. 123.

[40] Marcelo Neves, por exemplo, entende que os princípios não prescindem das regras para o equacionamento dos casos jurídicos. Enquanto "os princípios abrem o processo de concretização jurídica [...], as regras tendem a fechá-lo, absorvendo a incerteza que caracteriza o início do procedimento de aplicação normativa". Para o autor, "as regras, na sua vinculação mais direta à situação concreta, são pouco adequadas a absorver a complexidade dos chamados 'casos difíceis'". Impõe-se, portanto, o balizamento das regras por princípios. Por outro lado, os princípios só ganham significado prático se têm correspondência com regras que lhe deem densidade e relevância para a solução do caso. Soma-se a isso o fato de que nem sempre a relação é harmônica, mas, muitas vezes, conflituosa. Para Marcelo Neves, há uma tendência em superestimar princípios em detrimento das regras, o que torna alto o grau de incerteza e insegurança jurídica. Contudo, o mesmo autor assevera que superestimar as regras em detrimento dos princípios torna o sistema excessivamente rígido para enfrentar processos sociais complexos. Para maior aprofundamento, ver: NEVES, Marcelo. *Entre a Hidra e Hércules*: princípios e regras constitucionais como diferença paradoxal do sistema jurídico. São Paulo: WMF Martins Fontes, 2013.

[41] Gomes Canotilho aponta que a distinção entre regras e princípios no âmbito do superconceito de norma é tarefa complexa. Segundo o autor, alguns parâmetros podem ser utilizados nesse mister, como o *grau de abstração, de determinabilidade, de proximidade da ideia de direito* e, principalmente, o caráter de fundamentabilidade que representam no sistema das fontes de direito. Nesse último critério, aduz que os princípios são normas de papel fundamental no ordenamento jurídico devido à sua posição hierárquica no sistema das fontes ou à sua importância estruturante dentro do sistema jurídico. Para Canotilho, alguns aspectos diferenciam qualitativamente regras e princípios, entre os quais: os princípios são normas jurídicas de otimização, compatíveis com vários graus de concretização, consoante condicionamentos fáticos e jurídicos; as regras são normas que prescrevem, imperativamente, uma exigência, que é ou não cumprida; a convivência dos princípios é

A ênfase no estudo da teoria dos princípios deve-se, sobretudo, ao fato de ainda apresentar problemas não resolvidos sob a perspectiva do modelo tradicional de interpretação e aplicação de regras. Sem embargo da multiplicidade de concepções da matéria, a doutrina majoritária se debruça sobre o fato de que princípios e regras desfrutam do *status* de norma jurídica e integram o ordenamento jurídico sem hierarquia.[42]

Considerando-se a diferença estrutural entre regras e princípios, é possível concluir pela impossibilidade de redução do alcance dos princípios à mera função acessória das regras, uma vez que eles não impõem uma ação como o pressuposto normativo, mas uma tomada de posição ante a situações concretas da vida.[43] O ordenamento jurídico não pode ser composto só de princípios ou só de regras. As funções normativas desempenham papéis diferentes e complementares, não sendo possível conceber uma sem a outra.

## I.II Constitucionalização do Direito Administrativo

"Constitucionalização do direito" é um termo jurídico relativamente recente, decorrente da ideia de pós-positivismo, e comporta uma gama de significados.[44] A despeito de todos os entendimentos cabíveis, dá-se destaque à discussão sobre o relevante papel das Constituições, em todos os âmbitos do direito, e à expansão de suas normas para todo o ordenamento jurídico infraconstitucional.

---

*conflitual*, a convivência das regras é antinômica. Consequentemente, os princípios permitem o balanceamento de interesses e valores, consoante seu peso e ponderação com outros princípios conflitantes; as regras não deixam espaço para outra solução, senão aquela da exata medida prescrita. Portanto, apesar de ambos se caracterizarem como normas, os princípios se diferenciam das regras em virtude da abstratividade daqueles. Isto é, a capacidade de alcançar indefinido número de situações concretas e de orientar a interpretação das demais normas do sistema (CANOTILHO, José Joaquim Gomes. *Direito constitucional*. Coimbra: Livraria Almedina, 1996. p. 166).

[42] Não é objeto do presente trabalho uma análise exaustiva e abrangente dos modelos de estudo da principiologia jurídica. Foram feitas breves exposições dos principais traços de suas distinções, somente para que se torne clara a importância das regras e princípios para o ordenamento jurídico atual.

[43] CARVALHO NETO, Tarcisio Vieira de. *O princípio da impessoalidade nas decisões administrativas*. Brasília: Gazeta Jurídica, 2015. p. 11.

[44] Por constitucionalização do direito pode-se entender a expansão das normas constitucionais para todo o ordenamento jurídico infraconstitucional, a supremacia constitucional de determinado ordenamento jurídico ou a incorporação, no texto constitucional, de normas de natureza infraconstitucional.

Há pouco tempo, não se considerava a Constituição como autêntica norma jurídica, mas apenas a proclamação de valores e diretrizes políticas a desempenhar papel meramente inspirador e retórico na solução de conflitos jurídicos.[45] Contudo, uma série de fatores contribuiu para o declínio desse modelo e a ascensão de um novo paradigma no qual se atribui às Constituições o verdadeiro papel de destaque no ordenamento jurídico. E é esse processo de centralização constitucional que se entende como constitucionalização.

Dentre os fatores que fomentaram a expansão das normas constitucionais por todo o sistema jurídico, destaca-se a reaproximação do constitucionalismo com a democracia, a qual foi determinada por diversas causas históricas – desde a crise do Estado liberal burguês e o advento do *welfare state*, passando pelo inchaço legislativo decorrente da maior interferência do Estado nas relações privadas, até o declínio das traumáticas experiências nazista e fascista.[46]

No plano teórico e filosófico, superaram-se o jusnaturalismo e o juspositivismo, o que abriu espaço para o pós-positivismo[47] – caminho amplo de reflexões acerca do direito, sua função social e interpretação. Nesse ambiente, promoveu-se a reaproximação entre filosofia e direito, estabelecendo-se a ideia de que o direito não é a expressão de uma justiça imanente, mas de interesses dominantes em determinado contexto histórico.

Com tais mudanças históricas, teóricas e filosóficas, uma grande transformação de paradigma observada foi a atribuição de *status* de norma jurídica às Constituições. Superou-se, aos poucos, o modelo no qual a Carta Constitucional era entendida como documento político,[48] e consolidou-se a ideia que hoje parece inegociável: a de que a Constituição é norma de aplicabilidade e eficácia diretas.

---

[45] BINENBOJM, Gustavo. *Uma teoria do direito administrativo. Direitos fundamentais, democracia e constitucionalização.* 2. ed. Rio de Janeiro: Renovar, 2008. p. 61.

[46] SARMENTO, Daniel. *Direitos fundamentais e relações privadas.* Rio de Janeiro: Lumen Juris, 2004. p. 70-78.

[47] Para este estudo, consideram-se pós-positivistas as teorias contemporâneas que dão enfoque aos problemas da indeterminação do direito e das relações entre direito, moral e política. O debate acerca de sua caracterização situa-se na confluência de paradigmas opostos: jusnaturalismo e juspositivismo. Atualmente, supera-se a ideia de modelos puros para adotar-se modelo difuso e abrangente de ideias agrupadas pelo conceito genérico de pós-positivismo. Para um estudo mais aprofundado, ver: RAWLS, John. *Uma teoria da justiça.* São Paulo: Martins Fontes, 2000. p. 20-23.

[48] HESSE, Konrad. *A força normativa da constituição.* Porto Alegre: Sérgio Antônio Fabris Editor, 1991. p. 1. Disponível em: https://edisciplinas.usp.br/pluginfile.php/4147570/mod_resource/content/0/A%20Forca%20Normativa%20da%20Constituicao%20%20-%20Hesse.pdf. Acesso em 9 dez. 2019.

Pelo conjunto amplo de transformações ocorridas no Estado e no Direito Constitucional, entendeu-se o neoconstitucionalismo,[49] o qual teve como marco filosófico o pós-positivismo; como marco histórico, a formação do Estado constitucional de direito após a Segunda Guerra Mundial; e, como marco teórico, o conjunto de fatores que reconheceram a força normativa da Constituição.[50]

Reconhecer a *força normativa da Constituição*[51] implicou profunda transformação no direito contemporâneo, com intensas modificações em todos os seus ramos. Os valores e os fins constitucionais passaram a condicionar a validade e a aplicabilidade de todas as normas infraconstitucionais, repercutindo, por isso, no âmbito de todos os poderes e nas relações entre particulares[52] – seja entre os particulares e o Estado, seja nas relações eminentemente privadas.[53]

No Brasil, a Constituição de 1988 simbolizou a travessia democrática e revelou a necessidade de fixação de limites ao poder público e o estabelecimento de direitos e garantias fundamentais nas

---

[49] É certo que não há apenas um conceito de neoconstitucionalismo. A diversidade de autores, perspectivas e elementos torna inviável esboçar uma única teoria. Para o presente estudo, adota-se o conceito de neoconstitucionalismo utilizado por Luís Roberto Barroso, jurista vanguardista no tema no Brasil (BARROSO, Luís Roberto. *O novo direito constitucional brasileiro*: contribuições para a construção teórica e prática da jurisdição constitucional no Brasil. Belo Horizonte: Fórum, 2012. p. 201).

[50] BARROSO, Luís Roberto. *A judicialização da vida e o papel do Supremo Tribunal Federal*. Belo Horizonte: Fórum, 2018. p. 92-93.

[51] HESSE, Konrad. *A força normativa da constituição*. Porto Alegre: Sérgio Antônio Fabris Editor, 1991. p. 1. Disponível em: https://edisciplinas.usp.br/pluginfile.php/4147570/mod_resource/content/0/A%20Forca%20Normativa%20da%20Constituicao%20-%20Hesse.pdf. Acesso em 9 dez. 2019.

[52] Segundo Luís Roberto Barroso, relativamente ao Legislativo, a constitucionalização limita sua liberdade de elaboração das leis, impondo-lhe deveres de atuação para a realização de programas constitucionais; no tocante ao Executivo, além de limitar a discricionariedade, impõe deveres de atuação e fornece fundamentos de validade para a prática de atos, independentemente de interferência legislativa; quanto ao Judiciário, serve de parâmetro para o controle de constitucionalidade incidental ou abstrato e condiciona a interpretação de normas do sistema; para os particulares, estabelece limitação à autonomia de vontade para colocar os valores constitucionais e fundamentais como centro das relações (BARROSO, Luís Roberto. A constitucionalização do direito e suas repercussões no âmbito administrativo. In: ARAGÃO, Alexandre Santos de; MARQUES NETO, Floriano de Azevedo. *Direito administrativo e seus novos paradigmas*. Belo Horizonte: Fórum, 2012. p. 32).

[53] Segundo Virgílio Afonso da Silva, os efeitos da maior aplicação das normas constitucionais nas relações privadas recorrem a razões históricas ou à função que os direitos fundamentais desempenham (ou deveriam desempenhar) no ordenamento jurídico, qual seja: proteger os indivíduos contra violações por parte do Estado. De acordo com o autor: "Da mesma forma como são aplicados nas relações entre o Estado e os cidadãos, não é necessária nenhuma ação intermediária para que sejam também aplicáveis nas relações interprivados" (SILVA, Virgílio Afonso da. *A constitucionalização do direito. Os direitos fundamentais nas relações entre particulares*. São Paulo: Malheiros, 2011. p. 71-86).

suas dimensões subjetiva e objetiva. Por isso, seu texto expressa um heterogêneo amálgama de interesses sociais, econômicos, funcionais, individuais, entre outros.

Apesar de o constitucionalismo não ter como marca principal a exagerada preocupação com a inclusão, na Constituição Federal, de normas infraconstitucionais – mas, sobretudo, a reinterpretação dessas normas infraconstitucionais sob a ótica constitucional –, abre, naturalmente, um espaço de intersecção entre os temas.[54] Assim, todos os ramos do direito, em maior ou menor grau, foram tocados pela Constituição brasileira.

À medida que princípios interagem com todas as demais normas do sistema[55] – seja porque suas normas infraconstitucionais fazem parte da Constituição, seja porque as normas constitucionais se espraiam pelas normas infraconstitucionais –, a Constituição passa a ter caráter subordinante. Essa circunstância interfere decisivamente nos limites de atuação do legislador – e dos demais poderes – e dá à Constituição supremacia material e axiológica.

Uma das consequências desse fenômeno foi a desvalorização de microssistemas normativos nutridos de valores objetivos dissonantes dos preceitos constitucionais. Com isso, houve um movimento de decodificação e desvalorização da lei. Enquanto algumas normas envelheciam e se afastavam das bases principiológicas da Constituição, criavam-se microssistemas jurídicos, autônomos e específicos, em um claro processo de mitigação da importância – antes exclusiva – dos códigos e das leis.[56]

A Constituição deixa de ser entendida, então, como sistema ensimesmado e passa a ser respeitada como valor de todos os microssistemas, os quais são analisados sob o enfoque de seus princípios. À luz desse entendimento, todas as interpretações jurídicas passam a ser interpretações que devem ser feitas sob a lente constitucional, e a

---

[54] CANOTILHO, J. J. Gomes; MOREIRA, Vital. *Fundamentos da constituição*. Coimbra: Editora Coimbra, 1991. p. 45.

[55] Para este estudo, utilizam-se os conceitos de regras, princípios e *polices* desenvolvido por Dworkin, os quais foram demonstrados no tópico anterior: DWORKIN, Ronald. *Taking rights seriously*. Cambridge, Massachussetts: Harvard University Press, 1977; e ALEXY, Robert. *Teoria dos direitos fundamentais*. São Paulo: Malheiros, 2017.

[56] O Código Civil brasileiro é exemplo de norma que figurava no centro de todo o ordenamento jurídico do país e perdeu influência no âmbito do próprio direito privado com seu envelhecimento. Inúmeras leis específicas foram criadas em temas de sua alçada, gerando-se, assim, microssistemas normativos autônomos e independentes, que colocam a Constituição Federal como centro.

Constituição torna-se o centro do sistema jurídico, dotada de supremacia material e axiológica, mas também formal e interpretativa.

Nesse cenário de sobrevalorização da Constituição, de papel acessório para central no sistema jurídico, operou-se a abertura desse sistema pela normatividade dos princípios constitucionais. Isso porque, nesse novo panorama, valoriza-se, sobremaneira, o papel dos princípios.

Nessa perspectiva, cada norma jurídica – constitucional ou infraconstitucional – deve ser interpretada de forma que assegure, o mais amplamente possível, o princípio constitucional que rege a matéria para impedir a prática de atos que se oponham a ele.[57] Deixa-se de negar os princípios por sua generalidade e abstração e passa-se a considerá-los autênticas normas, situadas no patamar mais elevado da ordem jurídica. Dessa forma, sua aplicação não depende da mediação do legislador infraconstitucional para a produção de efeitos jurídicos. E, para além disso, os princípios passam a ser utilizados na resolução de equações jurídicas concretamente consideradas.

O reconhecimento do caráter normativo dos princípios constitucionais demonstrou a impossibilidade de uma assepsia do direito em relação aos valores da sociedade, uma vez que, em regra, os valores mais caros de uma coletividade são acolhidos por sua Lei Maior. O grau de generalidade e abstração desses princípios constitucionais permitiu a reaproximação do direito e da moral,[58] conferindo a *ductibilidade*[59] necessária para a acomodação de novas demandas que surgem numa sociedade em permanente evolução.[60] Por isso, tais valores se irradiaram por todo o ordenamento jurídico e impuseram aos hermeneutas a tarefa de revisitar, reler e reinterpretar suas disciplinas, a fim de procederem a uma filtragem constitucional do direito para potencializar os anseios sociais colocados em seu texto constitucional.

A despeito das controvérsias sobre o tema, o Direito Constitucional e o Direito Administrativo têm origens e objetivos comuns:

---

[57] BARCELLOS, Ana Paula de. *A eficácia jurídica dos princípios constitucionais*: o princípio da dignidade da pessoa humana. Rio de Janeiro: Renovar, 2002. p. 81.

[58] A moral, sob a ótica positiva do princípio constitucional da moralidade, no direito brasileiro, adquiriu, predominantemente, acepção semelhante à trabalhada por Hauriou – na qual se faz distinção entre a moral comum e a moral jurídica (moral administrativa), caracterizando-se como o conjunto de regras de condutas retiradas da administração pública (HAURIOU, Maurice. *Précis de droit administratif et de droit public*. 11. ed. Paris: Sirey, 1927).

[59] ZAGREBELSKY, Gustavo. *El derecho dúctil*. 2. ed. Madrid: Editorial Trotta, 1997.

[60] BINENBOJM, Gustavo. *Uma teoria do direito administrativo. Direitos fundamentais, democracia e constitucionalização*. 2. ed. Rio de Janeiro: Renovar, 2008. p. 64.

a necessidade de limitação do poder do Estado.[61] Não obstante percorreram trajetórias diversas: enquanto o Direito Constitucional se manteve, até a metade do século XX, destituído de força normativa e aplicabilidade direta, o Direito Administrativo se consagrou como ramo jurídico autônomo.[62]

Historicamente, a temática dos princípios constitucionais e dos direitos fundamentais não alcançou muito prestígio na seara do Direito Administrativo. Em seu contraditório percurso, a disciplina se embebeu mais da lógica da autoridade do que da liberdade. Daí porque alguns conceitos administrativos básicos, como interesse público, poder de polícia, serviços públicos, discricionariedade, tenham sido elaborados de maneira tão distante dos conceitos de direitos fundamentais e até mesmo sob signos autoritários.

Especialmente desde a Constituição de 1934, existiu uma intersecção com os temas de Direito Constitucional, a qual se acentuou com a Constituição de 1988 e com as alterações introduzidas por suas emendas. Nessa perspectiva, observaram-se os reflexos mais intensos da constitucionalização do Direito Administrativo após a promulgação da Carta Federal de 1988.[63]

Evidentemente, não foi somente a constitucionalização do direito a responsável pelas profundas e recentes modificações do Direito Administrativo, mas também uma gama de outros fatores, como reivindicação de mais democracia administrativa, diluição da distância entre Estado e sociedade, diminuição da imperialidade da administração, surgimento de diversas entidades capazes de pressionar o poder público, modificação de algumas funções administrativas no âmbito

---

[61] Para parte da doutrina, a exemplo de Gustavo Binenbojm, a associação da criação do direito administrativo com o advento do Estado de direito e o princípio da separação de poderes é contraditória. Segundo o autor, o direito administrativo não surgiu da submissão do Estado à vontade heterônoma do legislador, mas, pelo contrário, da formulação de novos princípios e regras jurídicas pelo *Conseil d'Etat*, em uma postura insubmissa desse órgão administrativo à vontade do Parlamento. Portanto, segundo essa teoria, o Direito Administrativo surgiu como uma forma de reprodução e sobrevivência das práticas administrativas do Antigo Regime, e não como forma de limitação do poder do Estado (BINENBOJM, Gustavo. *Uma teoria do direito administrativo. Direitos fundamentais, democracia e constitucionalização. A crise dos paradigmas do direito administrativo.* São Paulo: Saraiva, 2014. p. 11).

[62] BARROSO, Luís Roberto. A constitucionalização do direito e suas repercussões no âmbito administrativo. In: ARAGÃO, Alexandre Santos de; MARQUES NETO, Floriano de Azevedo. *Direito administrativo e seus novos paradigmas.* Belo Horizonte: Fórum, 2012. p. 47.

[63] DI PIETRO, Maria Sylvia Zanella. Da constitucionalização do direito administrativo – Reflexos sobre o princípio da legalidade e a discricionariedade administrativa. *Atualidades Jurídicas – Revista do Conselho Federal da Ordem dos Advogados do Brasil*, Belo Horizonte, p. 3-4, 2012.

do Estado social e preocupação com as relações entre administração e administrados, apenas para citar alguns exemplos.[64] Nota-se, portanto, que tais fatores funcionam tanto como causa quanto como consequência das modificações estruturais do Direito Administrativo.

Especificamente no que se refere à constitucionalização cada vez mais ampla de todas as searas do direito, nota-se o crescente enfoque na necessidade de redefinir os parâmetros também do Direito Administrativo à luz da supremacia da Constituição e da centralidade de seus preceitos. O Estado tem por finalidade buscar a plena satisfação dos direitos fundamentais, em todos os seus ramos, e, quando se desvia dessa obrigação, está se deslegitimando e se desconstitucionalizando.[65] Hoje, a garantia de interesses gerais é a principal tarefa do Estado e, por isso, o Direito Administrativo deve ter presente tal realidade, sob pena de perder a função que o justifica.[66]

Em virtude de o Direito Administrativo não ter sido codificado, no ordenamento brasileiro, decorrem algumas dificuldades em seu estudo e em sua aplicação. Existem diversas normas esparsas sobre matérias específicas, sem que formem um todo sistematizado. Também pela ausência de codificação, transcorre a importância que adquirem os princípios que o informam, os quais, nas palavras de Odete Medauar, "atuam como fios a ligar os diversos institutos".[67]

Assim, definiu-se, recentemente, o Direito Administrativo como "o conjunto de normas jurídicas de direito público que disciplinam as atividades administrativas necessárias à realização dos direitos fundamentais e à organização e ao funcionamento das estruturas estatais e não estatais [...]".[68] Celebra-se, de tal modo, sua vinculação aos princípios constitucionais.

A constitucionalização do direito como um todo reconstruiu também a relação entre Direito Constitucional e Direito Administrativo. A lei formal deixa de ser o fundamento único da atuação administrativa

---

[64] MEDAUAR, Odete. Administração pública: do ato ao processo. *In*: ARAGÃO, Alexandre Santos de; MARQUES NETO, Floriano de Azevedo. *Direito administrativo e seus novos paradigmas*. Belo Horizonte: Fórum, 2012. p. 411-412.
[65] CLÈVE, Clèmerson Merlin. *O controle de constitucionalidade e a efetividade dos direitos fundamentais*. Jurisdição constitucional e direitos fundamentais. Belo Horizonte: Del Rey, 2003. p. 385-393.
[66] RODRIGUEZ-ARANA, Jaime. Derecho administrativo y derechos fundamentales. El derecho administrativo constitucional. *INAP/Global Law Press-Editorial Derecho Global*, p. 24, 2015.
[67] MEDAUAR, Odete. *Direito administrativo moderno*. Belo Horizonte: Fórum, 2018. p. 33.
[68] JUSTEN FILHO, Marçal. *Curso de direito administrativo*. São Paulo: Saraiva, 2003. p. 1.

para se tornar apenas um dos microssistemas constitucionais. O agir administrativo passa a retirar ora espeque nos princípios da Constituição, sem necessidade de mediação do legislador, ora validação nos preceitos, em juízo de subordinação com a norma infraconstitucional.

Assim como houve privatização de parte do direito público, em contrapartida, houve publicização do direito privado.[69] Ou seja, a aplicação de princípios constitucionais movimentou determinados institutos de direito público em direção ao direito privado e vice-versa. Portanto, o fenômeno não consiste em publicização ou privatização do direito, mas em sua constitucionalização e na mudança ocorrida em sua relação com a Constituição.[70]

No Brasil, a vasta gama de matérias constitucionais voltadas à disciplina da administração pública, as transformações sofridas pelo Estado e a grande influência dos princípios constitucionais sobre esse ramo do direito levaram à configuração do modelo atual, o qual, apesar de já muito evoluído, ainda exige rediscussão de seus paradigmas.

Ao longo dos anos, a modificação do perfil constitucional brasileiro foi considerável, no que tange aos domínios administrativo e econômico, devido ao amplo conjunto de reformas econômicas: extinção de determinadas restrições ao capital estrangeiro antes existentes, flexibilização de monopólios, desestatização e modificação da qualidade da relação entre administração e administrados.

A diminuição da atuação empreendedora do Estado transferiu responsabilidades para a iniciativa privada e concentrou a atuação estatal nos campos da regulação e da fiscalização dos serviços e das atividades econômicas. Nesse contexto, houve evidente modificação do papel estatal na ordem econômica e administrativa como um todo.

A incidência dos princípios constitucionais, a partir da centralidade da dignidade humana e da preservação dos direitos fundamentais,

---

[69] Nessa nova conjuntura, vê-se uma permuta de valores e formas entre público e privado, na medida em que vinculações classicamente típicas a figuras públicas passam também a reger a atuação de entes particulares, bem como instrumentos tipicamente privados tornam-se comuns também à atuação da administração pública. Assim, pode-se falar em diluição (ainda que não haja eliminação) das fronteiras entre esses dois campos, sobretudo no que diz respeito à clássica dicotomia entre direito público e privado. Para maior aprofundamento: ESTORNINHO, Maria João. *A fuga para o direito privado*: contributo para o estudo da actividade de direito privado da administração pública. Coimbra: Editora Coimbra, 1999.

[70] BARROSO, Luís Roberto. A constitucionalização do direito e suas repercussões no âmbito administrativo. In: ARAGÃO, Alexandre Santos de; MARQUES NETO, Floriano de Azevedo. *Direito administrativo e seus novos paradigmas*. Belo Horizonte: Fórum, 2012. p. 50-51.

alterou, significativamente, a qualidade das relações entre administração e administrados, com a superação de diversos paradigmas tradicionais.[71] Mudanças relevantes vêm ocorrendo, principalmente, no âmbito da (i) redefinição da ideia de supremacia do interesse público em face do particular; (ii) vinculação do administrador à Constituição, com modificação do princípio da legalidade; (iii) possibilidade de controle judicial do ato administrativo; (iv) definição da discricionariedade administrativa.[72]

Vem se consolidando, portanto, o entendimento de que devem ser prontamente afastadas atuações e interpretações que coloquem a dignidade humana e as garantias fundamentais do administrado em segundo plano. Trata-se de considerar o administrado como começo e fim das preocupações e das ações do administrador, que nada mais é que o produto das inspirações da Constituição.

De acordo com Tarcisio Vieira de Carvalho Neto, a administração pública e o Direito Administrativo, "[...] para além de uma legalidade meramente semântica, têm a obrigação constitucional de, captando a ideologia subjacente à Carta Política Maior, dar concretude à ideia de que o ser humano ocupa papel de destaque maior na pauta de preocupações do Estado".[73] Assim, a constitucionalização do Direito Administrativo volta seus valores para impedir a supremacia incontestável do interesse público sobre o interesse do particular.

A noção de interesse público como universal, singular e absoluto não mais se sustenta justamente para assegurar que ele não se transforme em cortina de fumaça para a prática de excessos e desvios de poder. É incabível, à luz das normas constitucionais e, mormente, dos direitos fundamentais nela dispostos, entender que o poder público terá sempre prioridade sobre o particular, independentemente das circunstâncias do caso concreto. É necessário proteger os direitos e as garantias individuais nas relações entre o público e o privado, de maneira que nenhum princípio administrativo tenha caráter absoluto – assim como não o tem no direito em geral.

---

[71] BINENBOJM, Gustavo. *Uma teoria do direito administrativo. Direitos fundamentais, democracia e constitucionalização*. 2. ed. Rio de Janeiro: Renovar, 2008. p. 21.

[72] BARROSO, Luís Roberto. A constitucionalização do direito e suas repercussões no âmbito administrativo. In: ARAGÃO, Alexandre Santos de; MARQUES NETO, Floriano de Azevedo. *Direito administrativo e seus novos paradigmas*. Belo Horizonte: Fórum, 2012. p. 48-50.

[73] CARVALHO NETO, Tarcisio Vieira de. *O princípio da impessoalidade nas decisões administrativas*. Brasília: Gazeta Jurídica, 2015. p. 24.

Dessa maneira, havendo colisão entre a vontade do Estado e a vontade do particular, é imprescindível a ponderação desses legítimos interesses, à luz dos princípios constitucionais e direitos fundamentais, para a solução do caso concreto, não existindo mais a incontroversa superioridade da administração sobre o particular – ou, ao menos, havendo discussão sobre a existência dessa superioridade.

O reconhecimento da centralidade da Constituição também inviabiliza a determinação *a priori* de uma regra de supremacia absoluta dos interesses coletivos sobre os individuais ou dos interesses públicos sobre os privados. A fluidez conceitual de interesse público, aliado à sua preservação, justamente pela proteção dos direitos fundamentais, torna essencial ponderar, no caso concreto, os interesses em jogo.

Segundo Floriano Peixoto Marques Neto, deve-se conduzir o conceito de interesse público à ideia de que não são automaticamente contrários aos interesses particulares.[74] Em muitos casos, tais interesses convergem, ou seja, o atendimento do interesse particular é, em si, a consagração do interesse público. O princípio da supremacia do interesse público deve adquirir a aparência de *prevalência do interesse público*.[75]

Assim sendo, tem sido superada a ideia de vinculação restrita da atuação do administrador à lei (infraconstitucional) para entender-se por sua vinculação direta à Constituição Federal. O princípio da legalidade se transforma no princípio da juridicidade,[76] compreendendo a subordinação à Constituição e à lei.

O ofício administrativo deixa de se reduzir à mera aplicação mecanicista da lei,[77] para apresentar algum conteúdo volitivo da administração. Para Binenbojm, "[a] *filtragem constitucional* do direito administrativo ocorrerá, assim, pela superação do dogma da onipotência da lei administrativa e por sua substituição por referências diretas a princípios, expressa ou implicitamente, consagrados no ordenamento

---

[74] MARQUES NETO, Floriano Peixoto. *Regulação estatal e interesses públicos*. São Paulo: Malheiros, 2002. p. 148-151.

[75] CARVALHO NETO, Tarcisio Vieira de. *O princípio da impessoalidade nas decisões administrativas*. Brasília: Gazeta Jurídica, 2015. p. 30.

[76] O princípio da juridicidade consiste no fato de determinadas condutas ou inações estarem juridicamente prescritas. Tal princípio, como assim já o denominava Adolf Merkl, em 1927, engloba três expressões distintas: o princípio da legalidade, o da legitimidade e o da moralidade (MOREIRA NETO, Diogo de Figueiredo. O direito administrativo do século XXI: um instrumento de realização da democracia substantiva. *Revista de Direito Administrativo & Constitucional*, Belo Horizonte, a. 3, n. 11, p. 20-21, jan./mar. 2003).

[77] A origem pretoriana e autovinculativa do Direito Administrativo e os amplos espaços discricionários deixados pela lei já comprometiam essa noção de que o administrador deve, meramente, aplicar a lei.

constitucional".[78] Observa-se crescente superação da legalidade formal pelo constitucionalismo do Direito Administrativo, mesclada com valores de proteção do ser humano e de sua dignidade, o qual passa a ser visto como sujeito e destinatário de direitos e partícipe fundamental da relação jurídica.

Assim, a atividade administrativa continua a se efetivar segundo a lei – mas somente quando esta for constitucional – e com fundamento direto na Constituição Federal – independentemente da lei – ou com fulcro em ponderação entre a legalidade e outros princípios constitucionais. Sob esse enfoque, leva-se em consideração, dentro do rol principiológico de conceitos indeterminados, a vontade – sempre limitada pela juridicidade – da administração.

Em virtude da ramificação constitucional nos interiores do Direito Administrativo, torna-se possível o controle judicial do ato administrativo sob o enfoque constitucional – evidentemente, observando-se a discricionariedade do administrador, e não a substituindo. A normatividade decorrente da principiologia constitucional produz a redefinição da noção tradicional de discricionariedade administrativa, a qual deixa de ser entendida como espaço de liberdade decisória para ser entendida como campo de ponderações proporcionais e razoáveis contemplado pela Constituição.[79]

Há crescente revisão da discricionariedade, que deixa de ser espaço carecedor de legitimação e de escolhas eminentemente subjetivas para ser espaço de fundamentação dos atos administrativos dentro de parâmetros constitucionais estabelecidos. Decisões fundamentadas de maneira adequada devem traduzir o cumprimento dos encargos no ideário normativo democrático.[80] A emergência da noção de juridicidade não permite mais a distinção intransponível entre atos vinculados e discricionários, mas somente sua diferenciação em seus diferentes graus de vinculação.[81] Segundo Binenbojm, "o maior ou menor grau de vinculação do administrador à juridicidade corresponderá, geralmente, maior ou menor grau de controlabilidade judicial dos seus atos".[82]

---

[78] BINENBOJM, Gustavo. *Uma teoria do direito administrativo. Direitos fundamentais, democracia e constitucionalização*. 2. ed. Rio de Janeiro: Renovar, 2008. p. 38.
[79] BINENBOJM, Gustavo. *Uma teoria do direito administrativo. Direitos fundamentais, democracia e constitucionalização*. 2. ed. Rio de Janeiro: Renovar, 2008. p. 71.
[80] FACHIN, Luiz Edson. Um breve balanço da impermanência. *Consultor Jurídico*, 30 dez. 2020. Disponível em: https://www.conjur.com.br/2020-dez-30/luiz-edson-fachin-breve-balanco-impermanencia. Acesso em 04 jan. 2021.
[81] BINENBOJM, Gustavo. *Uma teoria do direito administrativo. Direitos fundamentais, democracia e constitucionalização*. 2. ed. Rio de Janeiro: Renovar, 2008. p. 39.
[82] BINENBOJM, Gustavo. *Uma teoria do direito administrativo. Direitos fundamentais, democracia e constitucionalização*. 2. ed. Rio de Janeiro: Renovar, 2008. p. 39.

Nesse aspecto, o controle judicial dos atos administrativos não segue a lógica puramente legalista, mas deve atentar também para procedimentos, competências e responsabilidades da administração pública. Assim, esse controle deve ser tão denso quanto maior for o grau de restrição imposto à atuação administrativa. Em outras palavras, nos campos mais complexos e dinâmicos de atuação administrativa, a intensidade do controle deve ser menor do que nos campos de atuação mais restrita.

Para Medauar, a discricionariedade passa a significar, portanto, liberdade sujeita a vínculo de natureza peculiar – liberdade-vínculo, a qual é necessária, uma vez que a atuação do Estado demanda certa flexibilidade, tendo em vista ser impossível ao legislador elaborar normas para toda a gama de aspectos da vida social em que a administração atua. Há margem de livre apreciação da conveniência e oportunidade de soluções legalmente possíveis, mas essa liberdade somente será exercida com base na atribuição legal do poder específico a determinados órgãos e autoridades.[83]

Paralelamente a isso, assume papel de relevância, no Direito Administrativo moderno, a discussão sobre novas formas de legitimação da ação administrativa. Algumas vertentes entendem que, para maior legitimação administrativa, é imperiosa a constitucionalização e democratização, cada vez maior, de suas ações. Entende-se pela maior abertura à participação dos administrados nos processos decisórios da administração na defesa de interesses individuais e gerais.

Um dos traços marcantes da constitucionalização e democratização do Direito Administrativo é o que se convencionou chamar de *processualização* da atividade administrativa[84] – tema que vem sendo amplamente discutido pela melhor doutrina.[85] Trata-se de submeter o exercício do poder da administração pública ao discurso dialético, substituindo a ideia de atos administrativos unilaterais e imperativos pela noção de decisões formadas mediante consenso democrático,

---

[83] MEDAUAR, Odete. *Direito administrativo moderno*. Belo Horizonte: Fórum, 2018. p. 105-107.

[84] Adolf Merkl foi precursor dessa importante mudança no Direito Administrativo, em 1927, uma vez que afirmava não ser sustentável reduzir o processo à atuação da justiça, já que, por meio dele, todas as funções do Estado podem se manifestar (MERKL, Adolf. *Teoria general del derecho administrativo*. Madrid: Editorial Revista de Derecho Privado/Belo Horizonte: Fórum, 2013. p. 4).

[85] No Brasil, o dispositivo-chave em matéria de processo administrativo é o inciso LV do art. 5º, que estabelece o seguinte: "Aos litigantes, em processo judicial ou administrativo, e aos acusados em geral são assegurados o contraditório e ampla defesa, com os meios e recursos a ela inerentes". O preceito está inserido no título dedicado aos direitos e garantias fundamentais da Constituição Federal.

sob a lógica protetiva dos direitos fundamentais. É o "mecanismo que impõe que os atos administrativos, inclusive aqueles que afetam os cidadãos de modo mais direto e imediato, sejam praticados depois de percorrido um caminho direcionado pela lógica, pela racionalidade e pela ponderação dos interesses".[86]

O processo administrativo, ensejando a expansão de vários interesses, posições jurídicas, argumentos, provas e dados, obriga à consideração de todos os interesses e direitos em certa situação. Mediante a colaboração individual ou coletiva de sujeitos, promove-se a aproximação entre administração e administrados, rompendo, com isso, a ideia de contraposição do Estado à sociedade.[87]

Assim, busca-se expandir direitos ao contraditório e à ampla defesa, incrementar os níveis de informação e alcançar um grau mais elevado de consensualidade e legitimação das decisões administrativas.[88] Dessa forma, o processo administrativo se transforma em medida de legitimação, atuação racional e transparente, a qual possibilita maior controle e segurança jurídica.

A perspectiva fundamental do processo se revela também na divisão de ônus entre administração e administrados. Daí a gradual superação de conceitos ultrapassados e incompatíveis com a concepção do processo administrativo como dimensão dos direitos fundamentais.

Sob o enfoque da constitucionalização, não se pode mais admitir a tomada de decisões ou a prática de atos que influenciem diretamente os administrados sem a possibilidade de ciência e manifestação por parte deles, sob pena de ferir aspectos constitucionais primordiais para o funcionamento do Estado democrático de direito.

É importante destacar que, dessa manifestação do administrado, não é suficiente que se registrem as alegações do interessado antes de proferir decisão, numa espécie de contraditório formal ou de devido processo legal de fachada, mas que a administração pública seja obrigada, como regra, a reconhecer, desde logo, na via administrativa, legítimos direitos e interesses particulares, ainda que discrepantes de políticas públicas em execução.[89]

---

[86] SCHWIND, Rafael Wallbach. Processo administrativo em evolução. In: ALMEIDA, Fernando Dias Menezes et al. Direito público em evolução. Estudos em homenagem à professora Odete Medauar. Belo Horizonte: Fórum, 2013. p. 378.

[87] MEDAUAR, Odete. Direito administrativo moderno. Belo Horizonte: Fórum, 2018. p. 168-169.

[88] BINENBOJM, Gustavo. Uma teoria do direito administrativo. Direitos fundamentais, democracia e constitucionalização. 2. ed. Rio de Janeiro: Renovar, 2008. p. 76-77.

[89] CARVALHO NETO, Tarcisio Vieira de. O princípio da non reformatio in pejus e o controle de legalidade no processo administrativo. In: ALMEIDA, Fernando Dias Menezes et al.

O princípio do devido processo legal, que lastreia todo o leque de garantias constitucionais voltadas para afetividade dos processos jurisdicionais e administrativos, assegura que todo julgamento seja realizado com observância das regras procedimentais previamente estabelecidas, e, além disso, representa uma exigência de *fair trial*, no sentido de garantir a participação equânime, justa, leal, enfim, sempre imbuída pela boa-fé e pela ética dos sujeitos processuais.[90]

Portanto, o processo administrativo desponta no cenário de constitucionalização do direito, sob o contexto da democracia, da melhoria das relações entre administração e administrados, e torna-se um dos grandes tópicos do Direito Administrativo contemporâneo, suscitando maior enfoque. O direcionamento metodológico do Direito Administrativo deve incidir, de maneira primordial, sobre as relações com os administrados, no sentido de assegurar a concretização de seus direitos.

## I.III Limites necessários à constitucionalização do Direito Administrativo

As mudanças propostas pelo neoconstitucionalismo não são independentes e mantêm relação de causa e efeito umas com as outras. O encadeamento entre elas pode ser sintetizado da seguinte forma, segundo Humberto Ávila:

> [...] As Constituições do pós-guerra, de que é exemplo a Constituição Brasileira de 1988, teriam previsto mais princípios do que regras; o modo de aplicação dos princípios seria a ponderação, em vez da subsunção; a ponderação exigiria uma análise mais individual e concreta do que geral e abstrata; a atividade de ponderação e o exame individual e concreto demandariam uma participação maior do Poder Judiciário em relação aos Poderes Legislativo e Executivo; o ativismo do Poder Judiciário e a importância dos princípios radicados na Constituição levariam a uma aplicação centrada na Constituição em vez de baseada na legislação.[91]

---

*Direito público em evolução. Estudos em homenagem à professora Odete Medauar*. Belo Horizonte: Fórum, 2013. p. 397.

[90] BRASIL. Supremo Tribunal Federal. *AI nº 529.733-1-RS*. Relator: Ministro Gilmar Mendes, publicado no DJ de 01.12.2006. Disponível em: https://jurisprudencia.stf.jus.br/pages/search/sjur7060/false. Acesso em 05 jan. 2021.

[91] ÁVILA, Humberto. "Neoconstitucionalismo": entre a "ciência do direito" e o "direito da ciência". *Revista Eletrônica de Direito do Estado*, Salvador, n. 17, p. 2-17, jan./fev./mar. 2009. ISSN 1981-187X. p. 2.

Aliada à abertura interpretativa, a complexidade do texto constitucional, tal como sucede com a Constituição brasileira de 1988, determina que se procure sempre encontrar na normatividade o fundamento da tutela e da garantia de bens, interesses e valores junto à administração. A estrutura constitucional tornou-se complexa a ponto de conviver com diferentes posições jurídicas subjetivas, até mesmo contrárias, em concorrência antagônica por espaços de afirmação. A própria pluralidade de princípios gerais referentes à organização e ao agir administrativo fomenta o crescente movimento reivindicativo de posições concorrentes e conflitantes fundadas na Constituição.

Sabendo-se que nem todos os interesses ou valores podem obter sucesso na garantia simultânea, tanto mais porque são, em alguns casos, incompatíveis, surgem conflitos no agir administrativo, que não deixam de ser, também, conflitos constitucionais. Nunca antes a administração se tornou tão protagonista na ponderação de diferentes normas constitucionais para garantir um mínimo de operatividade aos seus diferentes interesses. Essa centralidade é tanto maior quanto o legislador, e, com cada vez mais frequência, remete para a esfera administrativa tais ponderações de índole constitucional, transformando a administração numa primeira instância de resolução de conflitos constitucionais.[92]

A efetivação das imposições constitucionais não se esgota por meio da simples atividade normativa: a Constituição necessita de normas para implementar seus preceitos e essas normas precisam ainda de uma execução normativa complementar, mas tudo isso ainda é insuficiente para a concretização real dos direitos constitucionais.

Se a Constituição estabelece um modelo de bem-estar e o impõe como programa de ação do Estado, o texto constitucional confere à administração pública o protagonismo que determina o sucesso ou o insucesso do modelo. A concretização dos direitos fundamentais se encontra mais no domínio da administração do que na simples atividade normativa do legislador.

Em um sistema em que o protagonismo administrativo na efetivação do modelo constitucional de sociedade acaba por resultar da própria Constituição, pode-se afirmar que o sucesso ou o fracasso da ordem constitucional encontra-se, em boa medida, depositado na administração. O Estado Constitucional e o Estado Legislativo cedem espaço, portanto, por efeito da própria dinâmica subjacente à Constituição, a um Estado Administrador. Assim, a legitimação do Estado

---

[92] OTERO, Paulo. *Manual de Direito Administrativo*. Coimbra: Edições Almedina, 2013. p. 343-344.

Social impõe que a administração obtenha um resultado eficiente na satisfação dos direitos fundamentais.

A Constituição expropria o legislador ordinário de um conjunto de opções políticas que preferiu conferir ao administrador público, contribuindo para a desvalorização do Poder Legislativo e fomentando um desenvolvimento constitucional a favor do protagonismo da administração. Esse ativismo da administração permite que a disposição constitucional nunca se encontre imune à ação do administrador.

Não é suficiente que a Constituição declare que todos têm direito à saúde, assim como não é suficiente a sua transposição para medidas legislativas que, através de uma lei, confira a execução das normas constitucionais. É necessário que a administração elabore regulamentos necessários à execução de tais leis ou disponibilize as verbas necessárias para a efetivação do direito ou tudo será em vão – e os direitos fundamentais nunca passarão de meras proclamações de papel.[93]

Não obstante, se por um lado essa atuação administrativa faz com que a Constituição esteja sempre *em ação*, por outro, em termos degenerativos, confere à administração o papel de *em omissão*, fazendo sucumbir o idealismo de um programa constitucional voluntarista pelo pragmatismo de uma execução administrativa do possível e do desejável. A Constituição estará, em última hipótese, refém do administrador.

A centralidade político-constitucional do poder administrativo na implementação dos direitos fundamentais, reforçada por um risco de desvio inerente ao ativismo, justifica a preocupação de se construir um Direito Administrativo sintonizado com a Constituição Federal e a serviço dela. Nas palavras de Paulo Otero: "A legalidade administrativa não pode, por isso mesmo, deixar de ser entendida à luz da unidade do ordenamento jurídico que encontra, no texto constitucional, o seu referencial axiológico e teleológico".[94]

Nesse ponto, o fundamento axiológico depende do seguinte questionamento: independentemente de a Constituição Federal conter mais regras do que princípios e atribuir ao Poder Legislativo a competência para instituir regras legais concretizadoras dos ideais constitucionais, deve a dimensão da justiça particular ser aceita como prevalente sobre a justiça geral?

---

[93] OTERO, Paulo. *Legalidade e administração pública*: o sentido da vinculação administrativa à juricidade. Coimbra: Edições Almedina, 1963. p. 30.

[94] OTERO, Paulo. *Legalidade e administração pública*: o sentido da vinculação administrativa à juricidade. Coimbra: Edições Almedina, 1963. p. 31-32.

A primazia da justiça geral parte do pressuposto de que o exame das particularidades do caso é o melhor caminho para a solução justa de uma controvérsia. Essa concepção segue a ideia de que a aplicação da regra, algumas vezes, gera resultados injustos. No entanto, existe um extenso universo dentro do qual a solução dada pelas regras não provoca manifesta injustiça, mas não se revela, ao olhar do aplicador, como a melhor solução.

Se a solução apresentada pela regra não se mostra, pelo ponto de vista de seu aplicador, como boa solução, ainda que alicerçada em interpretação sistemática e principiológica, pode o aplicador desprezar o curso de aplicação previsto e buscar melhor solução por meio da consideração de todas as questões do caso concreto?

Segundo Humberto Ávila, a resposta a essa indagação depende de considerações a respeito da justiça. A avaliação de todas as nuances do caso concreto, apesar de parecer positiva em qualquer cenário, desconsidera a imprescindibilidade de mecanismos de justiça geral em uma sociedade pluralista e complexa.[95]

Embora os cidadãos possam estar de acordo a respeito dos valores fundamentais que devem ser protegidos, dificilmente concordam com a solução concreta para um caso específico. Essa divergência conduz à necessidade de regras cuja função é eliminar e reduzir problemas de coordenação, custos, conhecimento e controle do poder.

Para que essas regras cumpram, efetivamente, sua função, é preciso que sejam resistentes à superação ou à ampliação de suas hipóteses. Uma regra que não oferece nenhuma resistência é, na verdade, um princípio que se caracteriza por carecer de sopesamento que lhe atribuía peso, maior ou menor.

Em outras palavras, se a regra não for rígida à subjetividade do aplicador, as funções que representa ficam prejudicadas. E como os aplicadores têm noções diferentes a respeito de como devem ser solucionados os conflitos morais, cresce a chance de incertezas e o grau de arbitrariedades das decisões.

O papel do Judiciário passa a ser, cada vez mais, o de garantidor do processo democrático de promoção dos valores constitucionais e da estabilidade institucional, arbitrando conflitos entre os poderes e a sociedade. São recentes as discussões sobre o ponto de equilíbrio desse papel do Poder Judiciário no Direito Administrativo, motivo pelo

---

[95] ÁVILA, Humberto. "Neoconstitucionalismo": entre a "ciência do direito" e o "direito da ciência". *Revista Eletrônica de Direito do Estado*, Salvador, n. 17, p. 2-17, jan./fev./mar. 2009. ISSN 1981-187X. p. 14.

qual se nota ser apenas o início de profunda mudança de paradigmas institucionais.

Como a atividade de ponderação exige uma maior avaliação de aspectos individuais e concretos, o peso da participação do Judiciário fica cada vez maior. Disso, adviria tanto o ativismo judicial quanto o predomínio da Constituição em detrimento da legislação.

Não obstante, o Poder Judiciário não deve assumir a prevalência na determinação da solução de conflitos morais, salvo em caso de omissão legislativa, porque, em um Estado de Direito, deve haver regras gerais destinadas a estabilizar conflitos morais e a reduzir incertezas e arbitrariedades decorrentes de sua existência. Cabe a sua edição ao Poder Legislativo e sua aplicação ao Poder Judiciário.

O poder que está apto, por meio do debate, a respeitar e a levar em consideração a pluralidade de concepções do mundo e dos valores é o Legislativo. Por meio dele é que se pode obter a participação de todos em matérias para as quais não há solução para seus conflitos.

Não se quer, com isso, diminuir a participação do Poder Judiciário ou estabelecer que a edição de uma regra finda o processo de concretização normativa. Caberá a esse poder a imprescindível função de adequar a generalidade à individualidade dos casos, bem como escolher o sentido que melhor se conforme com a Constituição. Segundo Humberto Ávila: "não se quer dizer que o Poder Judiciário é desimportante; quer-se, em vez disso, afirmar que o Poder Legislativo é importante".[96]

## I.IV Limites necessários à aplicação dos princípios constitucionais

A despeito das mudanças do enfoque doutrinário e prático do Direito Administrativo já ocorridas com a revisitação de seus parâmetros clássicos, novos temas emergem diariamente no contexto político e institucional da disciplina, levando-a para cada vez mais longe das suas diretrizes tradicionais, o que exige sua reconfiguração constante para que permaneça legítima e constitucional.

A Constituição brasileira é composta por princípios e regras, cada um com funções diferentes, não podendo se falar em primazia de uma norma sobre a outra, mas tão somente de complementares eficácias. Não

---

[96] ÁVILA, Humberto. "Neoconstitucionalismo": entre a "ciência do direito" e o "direito da ciência". *Revista Eletrônica de Direito do Estado*, Salvador, n. 17, p. 2-17, jan./fev./mar. 2009. ISSN 1981-187X. p. 17.

se pode aceitar a ideia de que os princípios constitucionais, por meio de uma interpretação sistemática, poderiam modificar as regras, também constitucionais, para além do significado de suas palavras. Isso porque as regras têm a função de resolver conflitos, conhecidos e antecipáveis.

Daí afirmar-se que a existência de uma regra constitucional deve ser capaz de eliminar a ponderação horizontal entre princípios, em virtude da existência de uma solução legislativa prévia, destinada a abolir ou a diminuir os conflitos de coordenação, conhecimento, custos e controle do poder. E, por consequência, aduzir-se que, em um conflito, efetivo ou aparente, entre a regra constitucional e um princípio constitucional, deve prevalecer a regra.⁹⁷

No caso de regras infraconstitucionais, os princípios constitucionais servem para interpretá-las e integrá-las. Os princípios, no entanto, só exercem a função de bloqueio quando, efetivamente, a regra for incompatível com a promoção do estado ideal. Ou seja, o aplicador somente pode deixar de aplicar uma regra quando ela for inconstitucional ou sua aplicação for irrazoável no caso concreto.

Não se pode deixar de aplicar uma regra infraconstitucional, transmutando-se para o plano constitucional, simplesmente por não concordar com a sua hipótese de incidência. Nas palavras de Humberto Ávila,

> [...] ou a solução legislativa é incompatível com a Constituição, e, por isso, deve ser afastada por meio da eficácia bloqueadora dos princípios, sucedida pela eficácia integrativa, ou ela é compatível com o ordenamento constitucional, não podendo, nesse caso, ser simplesmente desconsiderada [...].⁹⁸

Independentemente disso, é possível sustentar que a ponderação é função metodológica preponderante no ordenamento jurídico brasileiro, porque, embora existam regras infraconstitucionais que regulam determinada matéria, o intérprete salta do plano infraconstitucional para o constitucional sempre que um princípio possa servir de fundamento para uma decisão. Em suma, os princípios constitucionais podem servir como fundamento para todas as decisões, dada sua amplitude.

---

⁹⁷ ÁVILA, Humberto. "Neoconstitucionalismo": entre a "ciência do direito" e o "direito da ciência". *Revista Eletrônica de Direito do Estado*, Salvador, n. 17, p. 2-17, jan./fev./mar. 2009. ISSN 1981-187X. p. 5.

⁹⁸ ÁVILA, Humberto. "Neoconstitucionalismo": entre a "ciência do direito" e o "direito da ciência". *Revista Eletrônica de Direito do Estado*, Salvador, n. 17, p. 2-17, jan./fev./mar. 2009. ISSN 1981-187X. p. 6.

Os princípios não preveem situações determinadas e, muito menos, efeitos jurídicos específicos que delas decorreriam. É claro que normatizam situações e que podem acarretar efeitos jurídicos, mas, devido ao seu caráter fluido, suas consequências, além de não poderem ser previamente estabelecidas, dependem das características de cada caso concreto e dos demais princípios que forem em tese aplicáveis.[99]

Não obstante, o paradigma da ponderação não pode ser aceito como critério geral de aplicação do ordenamento jurídico. Em primeiro lugar porque leva, inexoravelmente, a um antiescalonamento da ordem jurídica, na medida em que a complexa rede de relações hierárquicas normativas, cada qual exercendo sua função específica, cedem lugar a um só nível de normas que orientam as decisões. Em segundo lugar, porque o paradigma da ponderação aniquila as regras e a função legislativa, que também são determinadas pela Constituição Federal.

Ao se admitir o uso de princípios constitucionais nas situações em que as regras legais são compatíveis com a Constituição, ultrapassando a interpretação teleológica pelo abandono da hipótese legal, consente-se com a desvalorização da função legislativa e com a depreciação do papel democrático do Poder Legislativo. Se a própria Constituição confere ao Legislativo a função de editar regras e fixar suas premissas dentro das bases constitucionais, a mera desconsideração da regra culmina com o desprezo do próprio princípio democrático e da separação dos poderes.[100]

---

[99] ARAGÃO, Alexandre Santos de. *Curso de direito administrativo*. Rio de Janeiro: Forense, 2012. p. 56.

[100] O problema da supremacia judicial é bastante claro na explicitação de Mark Tushnet sobre o tema. Ele relata que, em 1982, a Suprema Corte dos Estados Unidos, no caso *Pryler v. Doe*, reconheceu a inconstitucionalidade de uma lei do Texas que negava acesso à escola pública aos filhos de imigrantes ilegais. Em 1994, os eleitores da Califórnia aprovaram a emenda constitucional estadual (Proposição 187) para negar o acesso à escola pública às crianças filhas de imigrantes ilegais. Um Tribunal federal imediatamente declarou inconstitucional a Proposição 187, com base no precedente da Suprema Corte, de forma a proibir sua aplicação. Diante disso, e tendo em vista o juramento feito pelos legisladores de cumprir fielmente as Constituições federal e estadual, Tushnet questiona se esses dois juramentos conflitam entre si e se o legislador cometeria alguma falta se votasse pela implementação da proposição, a despeito da decisão da Suprema Corte. Ele mesmo entende que não, porque, se julgarem que a Suprema Corte interpretou equivocadamente a regulamentação, aqueles que não a obedecerem continuam sendo fiéis à Constituição. Essa situação coloca em relevo os principais pontos a serem avaliados. A Suprema Corte Americana, em significativas ocasiões, já adotou esse entendimento (TUSHNET, Mark. Marbury v. Madison and the theory of judicial supremacy. *In*: *Great cases in constitucional law*. Edited by Robert P. George. Princeton: Princeton University Press, 2000. p. 17-18).

Segundo Humberto Ávila, nesse caso "obedece-se à (parte da) Constituição, violando-a (noutra parte)".[101]

O paradigma da ponderação ainda conduz a um subjetivismo e elimina a redução do caráter limitador do direito. Uma norma jurídica deve se diferenciar de um conselho ou de uma orientação de conduta e deve ser independente de seu destinatário. Para isso, precisa ser reconhecível por ele antes da conduta ser adotada.[102]

Os princípios aplicáveis mediante ponderação são fornecidos por critérios incontroláveis e não reconhecíveis antes de sua adoção. Se quem faz a ponderação é o Poder Judiciário, sem critérios antecipados e objetivos para sua execução, suprime-se o caráter orientador do direito e da função legislativa. O aplicador da norma, que deveria reconstruir um sentido normativo, acaba por construí-lo.

É importante asseverar, no entanto, que não é a ponderação, por si só, que desvaloriza a função legislativa e gera subjetivismos. O que provoca essas consequências é a acepção de que os princípios constitucionais devem ser utilizados sempre que possam servir de fundamento para as decisões, independentemente das regras. A ponderação, orientada por critérios objetivos prévios, num sistema de separação de poderes, não gera, invariavelmente, os mesmos problemas.[103]

Nesse sentido, a ponderação deve ser afastada se observado que existe regra constitucional imediatamente aplicável ao caso, porque, nesta situação, houve uma ponderação pré-legislativa das razões contrapostas, não cabendo ao aplicador substituir o Poder Legislativo mediante mera desconsideração desse regramento. O dever de não desconsiderar a regra constitucional não impede o aplicador de interpretá-la conforme os princípios constitucionais axiologicamente subjacentes. O que não pode ocorrer é a sua desconsideração, desprezando-se o que ela permite, proíbe ou condena.

No caso de inexistência de regra constitucional aplicável, o aplicador deve examinar a existência de regra constitucional que regule a atribuição, o exercício ou a delimitação de uma competência. Caso não haja, ou caso haja regra incompatível com o estado de coisas cuja

---

[101] ÁVILA, Humberto. "Neoconstitucionalismo": entre a "ciência do direito" e o "direito da ciência". *Revista Eletrônica de Direito do Estado*, Salvador, n. 17, p. 2-17, jan./fev./mar. 2009. ISSN 1981-187X. p. 8.

[102] ALEXANDER, Larry; SHERWIN, Emily. *Demystitying Legal Reasoning*. Cambridge: CUP, 2008. p. 11.

[103] ÁVILA, Humberto. "Neoconstitucionalismo": entre a "ciência do direito" e o "direito da ciência". *Revista Eletrônica de Direito do Estado*, Salvador, n. 17, p. 2-17, jan./fev./mar. 2009. ISSN 1981-187X. p. 10.

promoção é determinada por um princípio constitucional, caberá ao aplicador realizar a ponderação de princípios constitucionais eventualmente colidentes para editar uma norma individual reguladora do conflito de interesses concretamente existente. Mesmo nesse caso, a ponderação deve indicar os princípios que são seus objetos e fundamentar a razão da aplicação de um princípio em detrimento de outro, demonstrando os critérios utilizados, o procedimento, o método, os critérios juridicamente avaliados e quais fatos foram considerados relevantes.[104]

Defender a ponderação sem esses critérios e fases é admitir que a ponderação não passará de uma técnica, não jurídica, que nada orienta. Nessa acepção, é método justificador de decisionismos, arbitrariedades e formalizador de intuicionismo moral, de nada valendo a constatação tardia de seu desvirtuamento.

As críticas à Supremacia Judicial podem assumir muitos matizes. Sustein e Vermeule estudaram o tema buscando razões mais concretas, baseadas em pesquisas empíricas, em favor de uma postura mais contida por parte do Judiciário, e concluíram que os teóricos propunham condutas aos juízes muito difíceis de serem entendidas na prática,[105] por propugnarem comportamento judicial orientado por princípios hermenêuticos muito abstratos e vagos.[106]

O diagnóstico desses autores aponta para o fato de que teóricos do direito não devem se colocar no lugar de juízes e os julgadores devem levar em consideração as limitações das instituições e de seus autores, mormente de tempo e de informações necessárias para exercerem a tarefa hercúlea sugerida por Dworkin. É corriqueiro que as Cortes aumentem a amplitude de suas fundamentações ao se depararem com desacordos morais razoáveis.

Assim, uma boa maneira de nortear a interpretação do direito, segundo Sustein e Vermeule, é não cometer o equívoco de idealizar o magistrado ou o intérprete. Antes, deve-se atentar para as questões em

---

[104] ÁVILA, Humberto. "Neoconstitucionalismo": entre a "ciência do direito" e o "direito da ciência". *Revista Eletrônica de Direito do Estado*, Salvador, n. 17, p. 2-17, jan./fev./mar. 2009. ISSN 1981-187X. p. 11.
[105] Exemplificam com as ideias de John Hart Ely, para quem a intervenção judicial somente se justificaria na medida em que fosse protetora das condições da democracia. Mencionam também a teoria de Dworkin, segundo a qual a concepção de democracia exige que todos sejam tratados com igual consideração e respeito. (SUSTEIN, Case; VERMEULE, Adrian. Interpretations and institutions. *Michigan law Review*, v. 101, n. 4, p. 885-951, 2003).
[106] SUSTEIN, Case; VERMEULE, Adrian. Interpretations and institutions. *Michigan law Review*, v. 101, n. 4, p. 885-951, 2003.

jogo, para as capacidades institucionais, levando-se em consideração as vantagens das deliberações judiciais sobre as legislativas e vice-versa.

Há também o problema da amplitude da decisão e de seus possíveis efeitos no sistema jurídico-político e sobre os atores públicos e privados. Quando o juiz decide de forma mais ampla do que o caso sob julgamento requer, ele também amplia o horizonte de sua decisão, o que pode acarretar dificuldades. Essa ampla decisão poderá ter consequências não antecipadas e prejudiciais aos envolvidos, de forma que se pode ampliar, desnecessariamente, o escopo da decisão e torná-la menos apta a atrair consensos. No Brasil, as decisões com efeitos *erga omnes* têm amplitude ainda mais nefastas.[107]

Tudo isso indica que as Cortes devem se atrelar, o máximo possível, ao necessário para solucionar o caso concreto, evitando teorizar questões para as quais não têm informação e tempo necessários. A modéstia judicial favorece a segurança jurídica da sociedade e impede polarizações.

Jeremy Waldron ampliou os debates e reagiu de forma clara à separação entre princípio e política realizada por Dworkin. Segundo ele, essa separação é artificial e restringe a discussão na esfera político-representativa sobre os direitos fundamentais.[108]

De acordo com esse autor, separação dessa espécie é impossível, porque faz parecer que, nas questões de princípio, existe sempre uma resposta correta que somente o Judiciário pode chegar, o que esconde uma forma de preconceito com o Poder Legislativo. Para ele, foi construído um retrato idealizado da atividade julgadora, criado por Dworkin, com o mítico juiz Hércules, ao passo que o Poder Legislativo foi abandonado pelos juristas.[109]

Para que seja atingido o reequilíbrio, é necessário que os juristas voltem sua atenção ao Poder Legislativo e o tratem de forma igual ao Judiciário. Para isso, Waldron sugere que o processo de legislação seja visto como a união dos representantes da sociedade, para estabelecer, solene e explicitamente, esquemas e medidas comuns que se podem sustentar em nome de todos eles. Dessa maneira ficariam conhecidas – e não ocultas – as inevitáveis diferenças de opinião entre eles e seria

---

[107] VICTOR, Sérgio Antônio Ferreira. *Linha de pesquisa acadêmica*: diálogo institucional e controle de constitucionalidade: debate entre o STF e o Congresso Nacional. São Paulo: Saraiva, 2015. p. 151.
[108] WALDRON, Jeremy. *A dignidade da legislação*. São Paulo: Martins Fontes, 2003. p. 1-2.
[109] WALDRON, Jeremy. *A dignidade da legislação*. São Paulo: Martins Fontes, 2003. p. 2.

recuperada a dignidade da legislação. Os parlamentos revelar-se-iam superiores no processo de deliberação, em virtude dessa transparência, e a participação política se elevaria à categoria de direito dos direitos.[110]

## I.V Legalidade material: juridicidade e legitimidade

Por mais que não haja uniformidade doutrinária em torno da ideia de Estado, o entendimento predominante, o qual foi desenvolvido por Hans Kelsen, é de que se trata da conjugação de um território, com condições de governo, segundo regras claras, escritas e produzidas por delegação dos cidadãos, por intermédio das quais atribuem-se direitos e equalizam-se interesses.[111] Estado é, portanto, um ente que recebe poderes do povo, pratica atos produzidos em estrito cumprimento das regras jurídicas previamente fixadas, com força coercitiva, e tem como acessórios mecanismos que garantam a sua execução.[112]

A partir da elaboração de uma teoria geral da moral, por Kant, na qual repudiou-se o atrelamento da supremacia das leis ao campo da ética, fixa-se a ideia de Estado de Direito, a qual é, posteriormente, desenvolvida para Estado Constitucional, em decorrência da tripartição das funções estatais.[113]

O Estado passa, então, com a tripartição de poderes, a criar normas jurídicas em caráter de exclusividade. Esse fator, conjugado com a soberania interna e com os direitos fundamentais, marca a transição para o Estado Democrático de Direito. A presença de Constituição que regula e limita a atuação do próprio Estado, a separação das suas funções, a atuação do Judiciário na proteção dos direitos e liberdades individuais e coletivas fomentam o entendimento de que ao Estado apenas é lícito atuar sob regras jurídicas balizadas pela Carta Constitucional.[114]

A legalidade tem sua origem na separação de poderes. A burguesia, prevenindo-se das medidas impingidas pela elite absolutista, estabeleceu, pelo menos teoricamente, mecanismo por meio do qual toda

---

[110] WALDRON, Jeremy. *A dignidade da legislação*. São Paulo: Martins Fontes, 2003. p. 2.

[111] KELSEN, Hans. *Teoria geral do direito e do Estado*. São Paulo: Martins Fontes, 1992.

[112] RIBEIRO, Carlos Vinícius Alves. *Restrições estatais a direitos individuais*. Rio de Janeiro: Lumen Juris, 2019. p. 47.

[113] Para o presente estudo não se pretende o aprofundamento nas teorias sobre o surgimento do Estado. Busca-se somente um panorama para a justificação das modificações ocorridas na legalidade.

[114] RIBEIRO, Carlos Vinícius Alves. *Restrições estatais a direitos individuais*. Rio de Janeiro: Lumen Juris, 2019. p. 50.

medida jurídica seria decorrência da subsunção de normas estabelecidas por seus representantes, de maneira genérica, abstrata e exaustiva.[115]

A lei foi, por isso, embutindo um valor sacramental fundado na noção de vontade popular. Qualquer ato administrativo ou judicial que não representasse a concreção da vontade do legislador seria, então, um atentado à vontade do povo soberano, sendo, portanto, ilegítimo. Sua essência decorre, principalmente, da necessidade prática de segurança jurídica – de saber, com precisão e clareza, quais atos podem ser realizados e quais não, em grau de predeterminação, assim como as suas consequências.

O culto da lei pelo liberalismo e positivismo produziu o apego exagerado ao formalismo jurídico, no qual entendia-se que a lei continha quase todo o direito, de maneira a deixar de lado ideais de justiça em sentido material. Nessa concepção liberal de legalidade, a administração pública somente pode fazer o que a lei predetermina, enquanto os particulares podem fazer tudo aquilo que não esteja previamente proibido.

Não obstante as razões de criação da lei pelo liberalismo do século XVIII, o objetivo almejado, do absoluto império da lei, nunca foi atingido. A concepção liberal de legalidade entra em crise com o advento da sociedade técnica,[116] a inflação legislativa,[117] o desprestígio da democracia representativa[118] e a heterogeneidade de interesses a serem protegidos.[119] Em razão disso, o caráter absoluto e a interpretação radical dada pelo liberalismo e pelo positivismo foram abrandadas, em clara releitura do princípio da legalidade.

Especificamente no que tange ao Direito Administrativo, não demorou para se perceber a impossibilidade de a lei estabelecer, prévia e exaustivamente, todos os casos em que o administrador deveria proteger o interesse público. Impôs-se, assim, a necessidade de concessão de certa liberdade para determinar o conteúdo de seus preceitos. As

---

[115] ARAGÃO, Alexandre dos Santos de. Legalidade e regulamentos administrativos no direito contemporâneo. *In*: DI PIETRO, Maria Sylvia Zanella; SUNDFELD, Carlos Ari. *Direito Administrativo. Fundamentos e princípios do direito administrativo.* São Paulo: Revista dos Tribunais, 2012. p. 528-530.

[116] A atuação estatal pressupõe conhecimentos técnicos e celeridade dos agentes públicos, em clara desburocratização.

[117] Entende-se por inflação legislativa o exacerbado aumento do número de processos legislativos e o considerável crescimento do número de leis.

[118] Desprestígio da democracia representativa é o descompasso entre os anseios do povo e a atuação dos representantes eleitos, bem como a escassez de meios políticos-jurídicos para o controle social do poder.

[119] OLIVEIRA, Rafael Carvalho Rezende. *Princípios do Direito Administrativo.* São Paulo: Método, 2013. p. 74.

leis passaram, então, a ser mais gerais e menos abstratas, o que ficou entendido como discricionariedade administrativa.[120]

Ocorreu o que se qualificou como "dessacralização da lei", uma vez que, tendo-se percebido que as leis poderiam causar danos às liberdades e aos direitos fundamentais dos indivíduos, tornou-se necessário proteger-se também contra elas, e não mais, exclusivamente, contra atos do Poder Executivo.

Posteriormente, o princípio da legalidade teve sua concepção originária novamente atenuada pela concessão de poderes normativos à administração pública, a fim de que ela própria estabelecesse normas gerais e abstratas e criasse o direito positivo. Esse fenômeno teve sua importância multiplicada com o advento do Estado Social, o qual é gestor e regulador de atividades econômicas.

Não bastassem esses abrandamentos da legalidade, em sua concepção clássica, ainda houve sua releitura, a partir da constitucionalização do direito,[121] bem como pela ascensão do pós-positivismo. Ao se reconhecer o papel central da Constituição e a normatividade de seus princípios, a legalidade deixa de ser o único parâmetro para a verificação da validade da atuação administrativa. Evoluiu-se para considerar a administração pública não só vinculada à lei, mas a todo um bloco de legalidade,[122] de valores, princípios e objetivos maiores da sociedade, a que se dá o nome de princípio da juridicidade.[123]

Essa releitura do princípio da legalidade passa a ser identificada no surgimento de institutos jurídicos, como os regulamentos autônomos, a discricionariedade administrativa e a deslegalização, e mitiga a ideia de impossibilidade do exercício do poder normativo autônomo fora do Legislativo. Os regulamentos executivos passam a ser admitidos sem maiores controvérsias.[124] O exercício do poder normativo pela

---

[120] No presente estudo adota-se o conceito de discricionariedade dado por Karl Engisch (ENGISCH, Karl. *Introdução ao pensamento jurídico*. Lisboa: Calouste Gulbenkian, 1997. p. 115).

[121] A constitucionalização do direito foi abordada de forma mais aprofundada em tópico anterior deste trabalho.

[122] Concepção concebida inicialmente por Maurice Hauriou, procura designar todas as normas, inclusive as de origem jurisprudencial que são impostas à Administração.

[123] ARAGÃO, Alexandre dos Santos de. *A concepção pós-positivista do princípio da legalidade*. Rio de Janeiro: Renovar, 2004. p. 63.

[124] De acordo com o artigo 84, IV, da Constituição Federal, a edição de regulamentos é competência exclusiva do Chefe do Executivo. Tradicionalmente, os regulamentos são definidos da seguinte forma: (i) decretos executivos – destinam-se à implementação e concretização de textos legais; são editados para a fiel execução da lei; (ii) decretos autônomos – são aqueles cujo fundamento de validade é retirado da própria Constituição

administração é inerente à sua função e a ela é conferida a competência para regulamentar a legislação, de forma a permitir sua aplicação.

Diogo de Figueiredo Moreira Neto apresenta a deslegalização como "a retirada, pelo próprio legislador, de certas matérias, do domínio da lei (*domaine de la loi*), passando-as ao domínio do regulamento (*domaine de l'ordonnance*)".[125] Opera-se degradação da hierarquia normativa, no sentido de que, por opção do próprio legislador, determinada matéria deixa de ser regulada por lei e passa para a seara do Direito Administrativo normativo. A lei não determina o conteúdo da normatização administrativa, limitando-se a estabelecer parâmetros e princípios que precisam ser respeitados.[126]

O enfraquecimento vinculativo da legalidade administrativa, enquanto afloramento da flexibilidade de seu próprio conteúdo, representa fenômeno de transfiguração material da legalidade, fazendo surgir a ideia de *soft law* que, apesar de desenvolvida no âmbito do Direito Internacional, alargou-se aos domínios do Direito Constitucional,

---

Federal, não havendo qualquer intermediação legislativa; nesse caso, o Executivo dispõe de função normativa inovadora. Além da competência do Chefe do Executivo para a edição desses regulamentos, a Constituição ainda instituiu o poder normativo autônomo em seu artigo 103-B, §4º, I, em que estabelece que o CNJ pode "expedir atos regulamentares, no âmbito de sua competência, ou recomendar providências"; e em seu artigo 130-A, §2º, I, em que dispõe que, assim como o CNJ, o Conselho Nacional do Ministério Público pode "expedir atos regulamentares, no âmbito de sua competência, ou recomendar providências". Ademais, o Supremo Tribunal Federal editou a Súmula Vinculante nº 13, a qual veda o nepotismo, com base, estritamente, nos princípios constitucionais estabelecidos no artigo 37, *caput*, da Carta Constitucional: "A nomeação de cônjuge, companheiro ou parente em linha reta, colateral ou por afinidade, até o terceiro grau, inclusive, da autoridade nomeante ou de servidor da mesma pessoa jurídica investido em cargo de direção, chefia ou assessoramento, para o exercício de cargo em comissão ou de confiança ou, ainda, de função gratificada na administração pública direta e indireta em qualquer dos poderes da União, dos Estados, do Distrito Federal e dos Municípios, compreendido o ajuste mediante designações recíprocas, viola a Constituição Federal" (OLIVEIRA, Rafael Carvalho Rezende. *Princípios do Direito Administrativo*. São Paulo: Método, 2013. p. 84-88).

[125] MOREIRA NETO, Diogo de Figueiredo. *Direito regulatório*. Rio de janeiro: Renovar, 2003. p. 122.

[126] No Brasil, o estudo da deslegalização tem relevância desde o advento das agências reguladoras, as quais exercem poderes normativos nos setores por ela regulados. Há controvérsia na doutrina sobre se o poder normativo dessas agências decorre da deslegalização ou do poder normativo dessas entidades (OLIVEIRA, Rafael Carvalho Rezende. *Princípios do Direito Administrativo*. São Paulo: Método, 2013. p. 80). O STF, no julgamento do RE nº 140.669-1/PE, admitiu a tese da deslegalização (STF. RE: nº 140669 PE. Relator: ILMAR GALVÃO, Data de Julgamento: 02.12.1998, Tribunal Pleno, Data de Publicação: DJ 18.05.2001 PP-00086 EMENT VOL-02030-03 PP-00567 RTJ VOL-00178-01 PP-00361; e AC nº 1193 MC-QO, Relator(a): Min. GILMAR MENDES, Segunda Turma, julgado em 09.05.2006, DJ 30.06.2006 PP-00018 EMENT VOL-02239-01 PP-00042 RTJ VOL-00205-03 PP-01084).

permitindo extrair diversos níveis de imperatividade da legalidade administrativa. O Direito Administrativo passa a ser palco de uma normatividade ditada de mínima vinculatividade, a qual convive, lado a lado, com uma normatividade de grau máximo de imperatividade, determinando uma dualidade de comportamento dos administradores e administrados.[127]

Segundo Paulo Otero: "Observa-se aqui uma legalidade administrativa cuja vinculatividade junto à Administração Pública anda a duas velocidades: uma reduzida, expressa através do '*soft law*', e outra normal ou total, reconduzível ao '*hard law*'".[128]

A relevância do *soft law* se encontra no conjunto de manifestações jurídicas integrantes da legalidade administrativa que, tendo exclusiva origem interna, revela vinculação mínima. É o que acontece com a normatividade "não oficial" decorrente das manifestações dotadas de reduzida força vinculativa. Nesse contexto se enquadra a relevância da praxe, prática, usos e costumes administrativos como elementos integrantes de uma legalidade produzida através da juridização de fatos emergentes da atuação administrativa.[129]

Cerne estrutural de implementação e concretização do Estado Democrático de Direito, o princípio da juridicidade estabelece que a administração se encontra subordinada ao direito. Essa subordinação pretende excluir a prepotência, o arbítrio e a injustiça na atuação administrativa e vinculá-la à ideia de direito justo, que é anterior e indisponível pelo Estado.

As normas a que estão sujeitas o poder público as vinculam independentemente de sua vontade e determinam que, em caso de violação de tais parâmetros, a atuação administrativa será inválida, devendo haver mecanismos de controle que restituam a juridicidade lesada. Essa vinculação, contudo, não impede a administração de buscar a concretização de suas ações por melhores formas, salvaguardando a proteção e a confiança dos interesses envolvidos. Ou seja, a concepção da juridicidade não admite a administração vinculada, exclusivamente, às regras, mas sim ao próprio direito, como um todo, o que inclui as regras e os princípios previstos na Constituição. A atuação administrativa

---

[127] OTERO, Paulo. *Legalidade e administração pública*: o sentido da vinculação administrativa à juridicidade. Coimbra: Edições Almedina, 1963. p. 908.

[128] OTERO, Paulo. *Legalidade e administração pública*: o sentido da vinculação administrativa à juridicidade. Coimbra: Edições Almedina, 1963. p. 909.

[129] OTERO, Paulo. *Legalidade e administração pública*: o sentido da vinculação administrativa à juridicidade. Coimbra: Edições Almedina, 1963. p. 911.

deve nortear-se pela efetividade da Carta Constitucional e pautar-se por parâmetros de legalidade e legitimidade, intrínsecos do Estado Democrático de Direito.

Tendo em vista a velocidade das informações e a necessidade de resposta pela administração e pelo julgador numa sociedade pluralista, não pode o administrador ficar absolutamente condicionado à atuação legislativa. Tem sido superada a ideia de vinculação da atuação à lei para entender o seu atrelamento direto à Constituição Federal, que assume papel norteador e vincula, diretamente, a administração pública.

Em um Estado pluralista, a politização da administração é legitimada por quatro regras nucleares, segundo Paulo Otero: (i) a fundamentação democrática dos critérios de decisão administrativa; (ii) a representatividade político-democrática do decisor administrativo; (iii) a responsabilidade política do decisor e da decisão administrativos; e (iv) a preferência pela maior legitimidade política do decisor administrativo e da sua decisão.[130] Portanto, é possível perceber que algumas decisões administrativas assentam-se em um propósito ou envolvem-se em conteúdo político, de forma a se afastar o mito da neutralidade.

Em tais casos, essas decisões se mostram comprometidas com uma escolha do interesse público ditada por critérios de valoração política. A administração possui diversos mecanismos, previstos na Constituição e na lei, que lhe conferem espaço político de decisão. Exemplo disso é o fato de que os seus principais titulares são eleitos, apresentando programas políticos de prioridades, metas e objetivos; os seus podem, em regra, ser responsabilizados; seu orçamento é autônomo e consubstancia escolhas políticas, dentre outros inúmeros.

Ultrapassa-se o entendimento de uma administração politicamente neutra ou apolítica e registra-se que existem espaços de decisão administrativa assentes em pressupostos políticos, salvaguardando-se, sempre, três limites intransponíveis: (i) toda decisão deve visar à persecução do interesse público; (ii) é imprescindível o respeito pelas fronteiras da separação de poderes; e (iii) deve-se sempre respeitar direitos e interesses legalmente protegidos.[131]

A atuação administrativa nunca comporta um agir completamente fora da juridicidade, nem habilita atividade *contra legem*, antes, permite situá-la no quadro de uma atuação *praeter legem*. Contudo, a legalidade administrativa deve ilidir sua incompletude, verificando

---

[130] OTERO, Paulo. *Manual de Direito Administrativo*. Coimbra: Edições Almedina, 2013. p. 305.
[131] OTERO, Paulo. *Manual de Direito Administrativo*. Coimbra: Edições Almedina, 2013. p. 309.

que mesmo as leis são dotadas de maleabilidade e flexibilidade, sob pena de engessamento para a administração pública, que se resumiria em paralisia da atuação administrativa ou em falta de efetividade dos preceitos legais.

A noção ampliada da legalidade também deu nova fisionomia ao controle judicial da discricionariedade administrativa. A ideia clássica, como atuação imune ao controle judicial, passa a ser redefinida como liberdade de atuação do administrador dentro dos parâmetros estipulados pela Constituição e pela legislação. Se, por um lado, inexiste atividade administrativa livre do alcance judicial, por outro, não se pode conceber a atuação do administrador totalmente vinculada.

> Não existe, enfim, nem liberdade absoluta no *continuum* juspolítico, nem vinculação absoluta: todos os atos, por mais adstritos que fiquem a prévios condicionamentos de legalidade, têm sempre um resíduo de apreciabilidade em face do interesse público.[132]

A juridicidade amplia a margem de controle do ato discricionário pelo Judiciário, não para a apreciação do mérito, porque isso caracterizaria inadmissível violação à separação de poderes, mas para garantir que não seja um artifício à violação da ordem jurídica pelo administrador. Sendo o mérito o resultado regular do exercício da discricionariedade administrativa, somente será considerado legítimo se respeitar a juridicidade.

Segundo Cármen Lúcia, "demonstra-se inexistir qualquer supremacia da atividade legislativa sobre a administrativa. Ambas são fenômenos do mesmo fazer do Estado: o fazer o Direito para a concretização da ideologia jurídica acreditada pela sociedade política estatal".[133] O ofício administrativo passa a apresentar algum conteúdo de vontade da administração. Supera-se, portanto, o dogma da onipotência da lei administrativa e o substitui por referências diretas a princípios, expressa ou implicitamente, consagrados no ordenamento constitucional".[134] Por isso, o ser humano passa a ser visto como sujeito e destinatário de direitos e partícipe fundamental da relação jurídica.

---

[132] MOREIRA NETO, Diogo de Figueiredo. *Legitimidade e discricionariedade*. Rio de Janeiro: Forense, 2001. p. 15.

[133] ROCHA, Cármen Lúcia Antunes. *Princípios constitucionais da administração pública*. Belo Horizonte: Del Rey, 1994. p. 84.

[134] BINENBOJM, Gustavo. *Uma teoria do direito administrativo. Direitos fundamentais, democracia e constitucionalização*. 2. ed. Rio de Janeiro: Renovar, 2008. p. 38.

A atividade administrativa continua a se efetivar segundo a lei – mas somente quando esta for constitucional – e com fundamento direto na Constituição Federal – independentemente da lei –, ou com fulcro em ponderação entre a legalidade e outros princípios constitucionais. Sob esse enfoque, leva-se em consideração a vontade – sempre limitada pela juridicidade – da administração.

Não se exige mais a compatibilidade da atuação da administração à lei específica, mas a todo um bloco de legalidade.[135] A aplicação da lei, tanto pelo julgador quanto pela administração pública, depende de um processo de interpretação, sendo inviável a existência de comando exaustivo o bastante para dispensar esse papel do operador do direito. O que pode variar é, portanto, o grau de liberdade conferido pela norma jurídica, que estabelece parâmetros de aplicação.

A concepção liberal de que a lei deve ser exaustiva e a atuação do administrador meramente executiva ou regulamentar não se coaduna com a realidade atual. Não há cabimento para a exigência de que a lei predetermine, completamente, toda a atuação da administração, sendo absolutamente indispensável uma margem decisória de ponderação e concretização de normas constitucionais por parte do administrador. Essa nova compreensão do princípio da legalidade resulta da própria transformação do Direito Administrativo, desafiado a responder, com cada vez maior velocidade, às exigências dos desenvolvimentos econômico e social.

Dessa hipercomplexidade normativa, há transformação da relação da administração com o particular, muito em decorrência da aplicação dos direitos fundamentais constitucionais. O desafio que segue colocado é encontrar, em cada situação justa, a medida entre o atendimento das necessidades da ação administrativa e a proteção do indivíduo ao eventual excesso e arbítrio do Estado.[136]

Não obstante, longe de ser um mero exercício teórico, o modo como avalia-se as repercussões políticas e sociais das decisões administrativas e a interferência do Poder Judiciário sobre elas, em última instância, podem fortalecer ou fragilizar pretensões emancipatórias. Dessarte, o grande desafio hermenêutico é calibrar as decisões judiciais,

---

[135] Inicialmente concebida por Maurice Hauriou como "bloco legal", procura designar todas as normas, inclusive de origem jurisprudencial, que são impostas à administração. Trata-se de uma concepção mais primitiva do princípio da juridicidade. Para maior aprofundamento, ver: FAVOREU, Louis. *El bloque de la constitucionalidad*. Madrid: Civitas, 1991.

[136] MIRAGEM, Bruno. *A nova Administração Pública e o Direito Administrativo*. São Paulo: Editora Revista dos Tribunais, 2011. p. 241-242.

especialmente diante do deslocamento da concretização dos direitos previstos na Constituição. A resposta jurídica apresenta-se como uma decisão que pressupõe responsabilidade política, e não como uma escolha livre que deva ser avaliada pelas suas consequências.[137]

Segundo Lenio Streck, sempre existirá algum grau de judicialização da política em regimes democráticos que estejam guarnecidos por uma Constituição normativa. Por vezes, para a preservação dos direitos fundamentais, faz-se necessário que o Judiciário seja chamado a se pronunciar.[138]

A questão da judicialização administrativa e política, portanto, está ligada ao funcionamento das instituições, dentro do esquadro institucional traçado pela Constituição. Quanto maior a possibilidade de se discutir, no âmbito judicial, a adequação da ação governamental *lato sensu* em relação aos ditames constitucionais, maior será o grau de judicialização a ser observado. Parece, pois, indispensável, entre essas discussões sobre os desafios da concretização dos direitos fundamentais, estar presente uma reflexão a respeito da função e dos limites das atividades administrativa e jurisdicional na realidade hermenêutica atual.

---

[137] STRECK, Lenio Luiz. Entre o ativismo e a judicialização da política: a difícil concretização do direito fundamental a uma decisão judicial constitucionalmente adequada. *EJJL*, Joaçaba, v. 17, n. 3, p. 721-732, set./dez. 2016. p. 723. Disponível em: http://professor.pucgoias.edu.br/SiteDocente/admin/arquivosUpload/7771/material/ENTRE%20O%20ATIVISMO%20E%20A%20JUDICIALIZA%C3%87%C3%83O%20POL%C3%8DTICA%20-%20STRECK.pdf. Acesso em 19 ago. 2020.

[138] STRECK, Lenio Luiz. Entre o ativismo e a judicialização da política: a difícil concretização do direito fundamental a uma decisão judicial constitucionalmente adequada. *EJJL*, Joaçaba, v. 17, n. 3, p. 721-732, set./dez. 2016. p. 724. Disponível em: http://professor.pucgoias.edu.br/SiteDocente/admin/arquivosUpload/7771/material/ENTRE%20O%20ATIVISMO%20E%20A%20JUDICIALIZA%C3%87%C3%83O%20POL%C3%8DTICA%20-%20STRECK.pdf. Acesso em 19 ago. 2020.

CAPÍTULO II

# PRINCÍPIO DA MORALIDADE E A LEI DE IMPROBIDADE ADMINISTRATIVA

O elemento moral é indissociável da existência humana e identificar seu alcance e aplicação é tarefa bastante delicada, desde antes da existência do direito. O conceito de moral traduz grande imprecisão, amplitude e fluidez, exigindo a coexistência de diversos fatores exógenos para sua densificação. Não obstante a dificuldade de determinação de suas nuances e enquadramentos, a assimilação de sua abrangência contribui para a preservação da coerência, harmonia e probidade das relações intersubjetivas.

O conceito de moral é variável e sofre ajustes, acréscimos e supressões de acordo com os critérios de ordem sociológica, que variam com os costumes e as condutas delimitadoras dos parâmetros jurídicos de uma coletividade. Moral é, portanto, a noção totalizante de valores de determinada sociedade, "compatível com o tempo, o local e os mentores de sua concepção", que informam o atuar do indivíduo, estabelecem seus deveres e sua consciência para o bem e o mal.[139]

---
[139] GARCIA, Emerson. A moralidade administrativa e sua densificação. *Revista EMERJ*, v. 6, n. 21, p. 224-227, 2003.

A passagem do "estado natural" para o "estado de direito"[140] processou-se por intermédio da construção de uma ordem normativa que estabelecesse racionalidade, com monopólio do Estado, às mais variadas relações sociais. Nesse processo, a sociedade assumiu uma estrutura monista, no sentido de que o Estado concentrasse, em si, todos os poderes. Esse monopólio projetou-se na criação e aplicação do direito, à medida que o juiz não podia decidir as controvérsias por meio de costumes, mas em conformidade com o estabelecido pelo legislador.

Essa dicotomia entre naturalismo e positivismo, que se arrasta desde a antiguidade, merece atenta compreensão para que seja possível definir a inserção social do ser humano e suas formas de relação com os demais membros da sociedade. Carlos Alberto Simões de Tomaz assevera que

> [...] o indivíduo deve atribuir à sociedade o que é necessário para que ela alcance o seu bem (bem comum, bem de todos, bem-estar social, prosperidade pública ou felicidade coletiva) e a sociedade deve atribuir ao indivíduo o que é necessário para que este alcance o seu bem (vida boa, bem-estar, prosperidade ou felicidade).[141]

A discussão sobre moral universal, antes existente no *jusnaturalismo*, ganhou relevância também do *juspositivismo*. Assim, a configuração do Estado e do jurídico jamais se desvinculou das demandas morais. As questões jurídicas passam a ser instrumentos para a obtenção desse fim moral.

---

[140] Estado natural e estado de direito são generalizações que, por meio de abstrações controladas, pretendem reunir unidades em si mesmas incognoscíveis, em conceitos aproximativos, didaticamente recomendáveis (MAIA, Alexandre da. *Ontologia jurídica*: o problema de sua fixação teórica com relação ao garantismo jurídico. Porto Alegre: Liv. do Advogado, 2000. p. 19). Segundo Thomas Hobbes, no estado natural, todos os indivíduos possuem o mesmo direito, embora não haja propriamente sociedade, nem propriedade privada, nem valores morais, pois o homem vive meramente para satisfazer os seus interesses pessoais, sem prestar contas para o que os outros pensam a seu respeito. Existem alguns direitos que os seres humanos estão autorizados, independentemente de suas diferentes relações sociais (HOBBES, Thomas. *Leviatã*. São Paulo: Abril Cultural, 1979). Trata-se, em resumo, de uma fundamentação utópica dos direitos voltada ao indivíduo por meio do binômio liberdade-igualdade, que se corporifica em leis da natureza que constituirão a base de justificação dos direitos do homem e do cidadão. O estado de natureza em Hobbes era caracterizado por uma estrutura de direitos e deveres morais que era fornecida pela lei natural de Deus. Já o estado de direito é sistema institucional, no qual todos (do indivíduo até o poder público) são submetidos ao império do direito. O estado de direito é, assim, ligado ao respeito às normas e aos direitos fundamentais.

[141] TOMAZ, Carlos Alberto Simões de; CALDAS, Roberto Correia da Silva Gomes. A cooriginariedade entre Direito e moral, e a conformação da moralidade administrativa no sistema jurídico brasileiro. *Revista Brasileira de Estudos Políticos*, Belo Horizonte, n. 117, p. 159-191, jul./dez. 2018.

Dessa instrumentalização surge o termo "moralidade", que traz, em seu conteúdo, diversos significados, uma vez que tem ampla aplicação e relevância em incontáveis campos das ciências humanas e sociais. Diversos modelos pretenderam reduzir a sua multiplicidade de significações para melhor adequá-la ao direito, a fim de estabelecer parâmetros palpáveis e seguros de aplicação e evidentes vínculos *juspositivos*.

Sob essa perspectiva, verifica-se que a estabilidade social será tanto mais forte quanto for a superfície de coincidência entre os valores morais. Isso porque, correspondendo ao ideal moral, a norma será respeitada de forma voluntária, com reduzido número de irresignações. Entretanto, se colidir com os padrões de moralidade, a norma terá grande resistência na sua observância, o que poderá comprometer a sua própria finalidade, culminando com insegurança jurídica e instabilidade social.

> A presença da moral sempre se fará sentir na regra de direito, quer seja quando toma a própria forma desta, ou mesmo quando forneça o colorido da realidade social que haverá de ser regida pela norma de conduta, permitindo a sua integração e a consecução do tão sonhado ideal de justiça. Em que pese inexistir uma superposição total entre a regra de direito e a regra moral, em essência, não há uma diferença de domínio, de natureza e de fim entre elas; nem pode existir, porque o direito deve realizar a justiça, e a ideia de justo é uma ideia moral.[142]

Portanto, a primeira relação existente se dá na convicção, amplamente difundida, de que, para o cumprimento do direito, é necessária a convicção da obrigação moral de obedecer. Disso, decorre a segunda interligação entre moral e direito, constante da necessidade de o sistema jurídico demonstrar uma relação mínima específica com a moral vigente, de acordo com a concepção de Estado e com a cultura. De tais relações subentende-se que nenhum modelo já apresentado foi capaz de abarcar todas as mais diversas configurações existentes entre moral e direito, as quais são, inevitavelmente, variáveis de acordo com o papel do Estado, da sociedade e da cultura de determinado recorte jurídico.

Para Antônio José Brandão, a evolução da moralidade no ordenamento jurídico primeiro se imiscuiu no direito civil, por meio da

---

[142] TOMAZ, Carlos Alberto Simões de; CALDAS, Roberto Correia da Silva Gomes. A cooriginariedade entre Direito e moral, e a conformação da moralidade administrativa no sistema jurídico brasileiro. *Revista Brasileira de Estudos Políticos*, Belo Horizonte, n. 117, p. 159-191, jul./dez. 2018. p. 222.

doutrina do exercício abusivo dos direitos[143] e, posteriormente, pelas doutrinas do não locupletamento à custa alheia[144] e da obrigação natural.[145] Essa mesma interferência verificou-se, depois, no direito público, em especial, no Direito Administrativo.[146]

Maurice Hauriou foi o primeiro autor a tratar de moralidade *administrativa*, isto é, com referência ao Direito Administrativo – entendido como sistema jurídico concebido para regular a administração pública em si e em suas relações jurídicas com os administrados. A definição trazida por ele implica não somente na distinção entre *bem* e *mal*, *justo* e *injusto*, mas também entre *honesto* e *desonesto*. Ou seja, para além da moral institucional, imposta pelo Legislativo e contida na lei, é demonstrada a moral administrativa, a qual vigora dentro do ambiente institucional e condiciona todos os poderes ao atendimento aos preceitos da legalidade e, também, da honestidade.

Hauriou desenvolveu a ideia de que o Estado não é um fim em si mesmo, mas um instrumento de atingimento do interesse público, motivo pelo qual seria imprescindível a construção de mecanismos que o mantivessem adstrito a esse fim. Em seguida, distinguiu o "desvio de poder" (*détournement de pouvoir*) da "violação da lei" (*violation de la loi*), buscando estabelecer parâmetros adequados para a individualização dessas condutas, concluindo que "o objetivo da função administrativa é determinado muito menos pela lei que pela moralidade administrativa".[147]

A despeito de todo estudo feito sobre a moralidade, somente na 10ª edição de seu *Précis*, Hauriou indicou o que seria moralidade administrativa, tendo, dessa forma, surgido o conceito largamente difundido entre os juristas, que diferencia a moral comum da moral

---

[143] A Teoria do Abuso do Direito está ligada ao Direito medieval, no entanto, efetivamente, veio a ser desenvolvida pela doutrina e pela jurisprudência no século XX e pode ser compreendida como atos praticados com a intenção deliberada de causar prejuízos a terceiros.

[144] No âmbito jurídico, o termo geralmente era utilizado no sentido de enriquecimento ilícito ou sem causa, que ocorre em prejuízo a alguém.

[145] A obrigação natural consistia no vínculo entre duas pessoas, conforme o *jus gentium* e não reprovado pelo *jus civile*. Ou seja, a obrigação natural contrapunha-se, portanto, à obrigação civil, capaz de produzir todos os efeitos jurídicos, por ter sido estabelecido em conformidade com os preceitos do *jus civile*.

[146] BRANDÃO, Antônio José. Moralidade administrativa. *Revista de Direito Administrativo*, Rio de Janeiro, v. 25, p. 454-467, jul. 1951. ISSN 2238-5177. Disponível em: http://bibliotecadigital.fgv.br/ojs/index.php/rda/article/view/12140. Acesso em 1 jun. 2020. Doi: http://dx.doi.org/10.12660/rda.v25.1951.12140.

[147] GARCIA, Emerson. A moralidade administrativa e sua densificação. *Revista EMERJ*, v. 6, n. 21, p. 224-227, 2003. p. 224.

jurídica, esta última sendo "o conjunto de regras de conduta tiradas da disciplina interior da Administração".[148]

Hauriou distingue a "violação da lei" – que, mais tarde seria tratada como uma das nuances da legalidade – do "desvio de poder" – o qual, posteriormente, seria parte integrante do entendimento da moralidade[149] – e, na 10ª edição de sua obra, chega ao conceito de moralidade administrativa, distinguindo-a da moralidade comum.[150] Ou seja, o autor faz a diferenciação de atos que se pautam na violação da lei daqueles que se consubstanciam no desvio de poder e, posteriormente, essa distinção dá origem ao que se entende hoje por ilegalidade e imoralidade, diferenciando, esta última, também da moralidade comum. Dessas reflexões surge, além do conceito de moralidade administrativa apresentado em sua obra, a definição de *legalidade*, tanto no sentido do estabelecimento de procedimento formal para a criação de uma lei, em seu âmbito material, quanto no sentido de amoldar determinado conteúdo aos direitos e às garantias fundamentais, previstos constitucionalmente.

Independentemente do ponto de vista que se adote na avaliação do tema, para a correta noção de moralidade administrativa é preciso conceber o entendimento de que não é suficiente que o agente público fique adstrito apenas à legalidade, mas que também obedeça à ética administrativa, de forma a estabelecer uma relação entre a sua conduta e o interesse público. A legalidade administrativa, por intermédio da norma, institui e delimita as atribuições dos agentes públicos e os meios a serem utilizados para o alcance de determinada finalidade. A moral administrativa, por sua vez, é concebida do próprio meio institucional e condiciona os poderes previstos em lei para o cumprimento da função da administração, que é criar o bem comum.

---

[148] GARCIA, Emerson. A moralidade administrativa e sua densificação. *Revista EMERJ*, v. 6, n. 21, p. 224-227, 2003. p. 224.

[149] Posteriormente, com o objetivo de sujeitar a moralidade administrativa ao controle judicial, o desvio de poder passou a ser visto como hipótese de ilegalidade, ainda que seu vício esteja na consciência ou intenção de quem praticou o ato. Portanto, o direito ampliou seu círculo para incluir matéria que antes fazia referência à moral.

[150] Alguns autores, como Marcel Waline, discordam da posição adotada por Hauriou, e entendem que o desvio de poder advindo de um ato imoral estaria absorvido pela ilegalidade, uma vez que um ato imoral é, também, um ato ilegal (WALINE, Marcel. *Traité élémentaire de droit administratif*. Paris: Librairie du Recueil Sirey, 1951). Para Geoges Vedel, a despeito de a exatidão da doutrina de Hauriou não ser absoluta, não deve ser completamente rejeitada, uma vez que o desvio de poder, segundo o autor, deve ser analisado como uma variação de ilegalidade, situando-se na violação da lei que imponha ao agente a obrigação de perseguir um objetivo, em detrimento de outros (VEDEL, Georges; DELVOLVÉ, Pierre. *Droit administratif*. Paris: Presses Universitaires de France, 1964).

A valoração da moralidade administrativa não pode ser realizada de forma eminentemente subjetiva, tampouco levando-se em consideração somente elementos de ordem ideológica. É necessário que, ao interpretar a norma, o agente considere os valores norteadores de todo o sistema jurídico, ainda que tais valores destoem de sua concepção pessoal. O conceito de moralidade administrativa tem natureza teleológica, porquanto o agente deve agir em conformidade com as finalidades institucionais do órgão ou entidade que ocupa.

Dessa forma, a moral administrativa se diferencia da moral comum, uma vez que esta consubstancia valores ordinários de membros de uma coletividade, com alto grau de generalidade e abstração, enquanto aquela toma como valores as atividades estatais e aufere seu fundamento de validade da norma jurídica, com a finalidade de atingir o bem comum.

> A moralidade [administrativa] limita e direciona a atividade administrativa, tornando imperativo que os atos dos agentes públicos não subjuguem os valores que defluam dos direitos fundamentais dos administrados, o que permitirá a valorização e o respeito à dignidade da pessoa humana. Além de restringir o arbítrio, preservando a manutenção dos valores essenciais a uma sociedade justa e solidária, a moralidade confere aos administrados o direito subjetivo de exigir do Estado uma eficiência máxima dos atos administrativos, fazendo com que a atividade estatal seja impreterivelmente direcionada ao bem comum, buscando sempre a melhor solução para o caso.[151]

Apesar de não se vislumbrar dicotomia absoluta entre a moral comum e a moral administrativa, e entre esta e a legalidade, é possível que a violação da moralidade administrativa não importe em violação à legalidade, contudo, o contrário não é possível – os atos dissonantes da lei sempre importarão violação à moralidade administrativa. Ou seja, não obstante um ato administrativo esteja eivado de legalidade, pode estar em desconformidade com os ditames de honestidade, lealdade, boa-fé e justiça, que devem reger a atividade estatal. Sempre que a conduta da administração ou do administrado que com ela se relaciona ofender a moral, os bons costumes, as regras de convivência os princípios de igualdade, equidade, honestidade ou justiça (para citar apenas alguns) haverá ofensa à moralidade, ainda que essa conduta seja estritamente legal.

---

[151] GARCIA, Emerson. A moralidade administrativa e sua densificação. *Revista EMERJ*, v. 6, n. 21, p. 224-227, 2003. p. 227.

Somente seria possível negar a autonomia da moralidade em relação à legalidade se a esta fosse dispensado conceito amplo, o qual abrangesse todos os valores jurisdicizados – regras, princípios –, dando-se à legalidade, portanto, o conceito de juridicidade. Nesse caso, violada a moralidade administrativa, maculada estaria, também, a legalidade (no sentido de juridicidade).

Dessas constatações é possível verificar a consequência evidente de que, para a compreensão da moralidade administrativa é imprescindível, ainda que inicialmente, sua contextualização jurídica, positiva e estatal. Assim sendo, no Brasil, se faz necessário compreender a moralidade à luz do Estado Democrático de Direito e da Constituição vigente. Resta evidenciada, também, a necessidade de observação dos seus preceitos não apenas pelo administrador, mas também pelo particular que se relaciona com a administração pública, dando ensejo, assim, ao primeiro esboço do que se entende hoje por princípio da moralidade administrativa.

Para além da compreensão da ideia de moralidade, fazem-se necessárias considerações elementares sobre o termo "administrativa". Essa terminação faz referência à ampla atividade de administrar o Estado, seus órgãos e suas entidades. Assim sendo, o recorte terminológico da moralidade administrativa direciona-se ao conjunto de indivíduos, agentes públicos em sentido amplo, os quais formam os órgãos e as entidades públicas.

Em uma análise teleológica, a moralidade administrativa serve para impedir que os agentes públicos, em sentido amplo, desviem-se das finalidades do Estado Democrático de Direito e da Constituição Federal. Com isso, insere-se elemento finalístico na análise da legalidade das ações estatais, de modo que o cumprimento válido da norma somente se evidencia quando cumpridos os valores em que se funda.

Com o delineamento da moralidade administrativa torna-se possível, ao menos na teoria, proteger e separar aqueles que estão de boa-fé daqueles que perseguem o ilícito e a fraude, e estabelecer tanto o que vem a ser o bem comum quanto o seu conteúdo jurídico para a persecução dos agentes públicos. Portanto, a moral – e a moralidade – é um importante norteador da produção legislativa da sociedade, bem como da forma de aplicação da norma, uma vez que permite sua integração e interpretação em harmonia com os valores sociais.[152]

---

[152] GARCIA, Emerson; ALVES, Rogério Pacheco. *Improbidade Administrativa*. 9. ed. São Paulo: Saraiva, 2017. p. 132.

## II.I Conteúdo jurídico pós-constitucional da moralidade administrativa

O conteúdo jurídico pós-constitucional da moralidade administrativa passou por um processo de consolidação positiva da autonomia dogmática como novo marco teórico, de forma que, até os dias atuais, há necessidade de afinação de uma série de elementos que ainda não alcançaram uma definição estável para se atingir a segurança jurídica nas relações.

A construção do conteúdo jurídico da moralidade administrativa catalisa uma série de questões fundamentais para a ciência jurídica moderna. A aproximação de conceitos como direito e moral determina ampla mudança na forma de compreender os institutos jurídicos. A conceituação e a determinação de parâmetros para a moralidade administrativa se fazem imprescindíveis para evitar insegurança jurídica e malversações de seu conteúdo.[153]

Tem se observado que os conteúdos da legalidade e da moralidade convivem de forma harmônica à luz da moral e do direito. No direito administrativo pátrio, coexistem por força expressa da Constituição Federal. Em que pese não haver previsão expressa sobre moralidade nas Constituições brasileiras anteriores, é possível encontrar seu conteúdo jurídico implícito no ordenamento pátrio, arraigado com o exercício das funções administrativas.

A importância do tema é assumida pelo texto Constitucional de 1988. O princípio da moralidade administrativa, no direito brasileiro, está expressamente disposto no artigo 37, *caput*, da Constituição Federal.[154] Não obstante, também tem sua forma de expressão em outros dispositivos constitucionais, ainda que implicitamente, como nos preceitos que preveem os objetivos fundamentais da República Federativa do Brasil,[155]

---

[153] MELLO, Claudio Ari. Fragmentos teóricos sobre a moralidade administrativa. *Revista de Direito Administrativo*. v. 235, p. 93-116, 2004. Disponível em: http://bibliotecadigital.fgv.br/ojs/index.php/rda/article/view/45127. Acesso em 1 jun. 2020.

[154] A norma constitucional dispõe que "a administração pública direta e indireta de qualquer dos Poderes da União, dos Estados, do Distrito Federal e dos Municípios obedecerá aos princípios de legalidade, impessoalidade, moralidade, publicidade e eficiência [...]". BRASIL. *Constituição da República Federativa do Brasil*: promulgada em 5 de outubro de 1988. 4. ed. São Paulo: Saraiva, 1990. Art. 37.

[155] BRASIL. *Constituição da República Federativa do Brasil*: promulgada em 5 de outubro de 1988. 4. ed. São Paulo: Saraiva, 1990. Art. 3º.

o decoro parlamentar[156] e o dever de probidade do Presidente da República.[157] [158]

O direito brasileiro invocou, constitucionalmente, a moral como fundamento justificador de suas decisões judiciais. Dessa forma, o discurso moral-principiológico vem de dentro do próprio ordenamento jurídico, elevando ao patamar de obrigação a realização do ideal moral, numa clara tentativa de aproximação entre o que o direito é com o que "deve ser". De acordo com Lenio Streck, "por isso, a discussão da moral no plano da hermenêutica se coloca na questão do 'lidar com o mundo prático', a partir da não cisão entre conhecer, interpretar e aplicar".[159]

O ordenamento jurídico brasileiro deu à moralidade uma normatividade plástica própria dos princípios, com aplicação direta e autônoma na medida que melhor atinja os interesses da sociedade. Para

---

[156] BRASIL. *Constituição da República Federativa do Brasil*: promulgada em 5 de outubro de 1988. 4. ed. São Paulo: Saraiva, 1990. Art. 55, §2º e parágrafo 1º.

[157] BRASIL. *Constituição da República Federativa do Brasil*: promulgada em 5 de outubro de 1988. 4. ed. São Paulo: Saraiva, 1990. Art. 85, V.

[158] A Constituição brasileira de 1967, em seu art. 84, inciso V, considerava crime de responsabilidade os atos do Presidente da República que atentassem contra a probidade administrativa. A Constituição Federal de 1988, além de repetir essa norma, ainda fez uma ampliação de seu conteúdo ao mencionar, em seu art. 37, *caput*, a moralidade e a legalidade como princípios autônomos e estabelecer, em seu parágrafo 4º, a punição de atos de improbidade administrativa, com a perda da função pública, a suspensão dos direitos políticos, a indisponibilidade de bens e o ressarcimento ao erário, na forma e gradação previstas em lei, sem prejuízo da ação penal cabível. Também no art. 15, V, da atual Constituição, incluem-se entre os casos de perda ou suspensão dos direitos políticos, a "improbidade administrativa, nos termos do art. 37, §4º". Por sua vez, o art. 5º, LXXIII, ampliou os casos de recebimento da ação popular para incluir aqueles que impliquem ofensa à moralidade administrativa. Ademais, a Emenda Constitucional de Revisão nº 4, de 7 de junho de 1994, alterou o parágrafo 9º do art. 14 da Constituição, para determinar a probidade administrativa e a moralidade no exercício do mandato como objetivos a serem alcançados pela lei que estabelecer casos de inelegibilidade.
A Lei nº 1.079, de 10 de abril de 1950, a qual define crimes de responsabilidade, prevê, em seu art. 9º, crimes contra a probidade administrativa. A Lei nº 9.784, de 29 de janeiro de 1999, dispõe sobre o princípio da moralidade em seu art. 2º, *caput*, como um dos princípios a que se obriga a Administração, no sentido de exigir uma "atuação segundo padrões éticos de probidade, decoro e boa-fé".
A Lei nº 8.429, de 2 de junho de 1992, Lei de Improbidade Administrativa, tem como única referência expressa à moralidade administrativa o seu art. 4º, que estabelece: "Os agentes públicos de qualquer nível ou hierarquia são obrigados a velar pela estrita observância dos princípios de legalidade, impessoalidade, moralidade e publicidade no trato dos assuntos que lhe são afetos". Essa norma reproduz os princípios constitucionais básicos que regem a Administração. Dessa demonstração de normas brasileiras que fazem referência ao princípio da moralidade, é possível perceber que a imoralidade administrativa possui efeitos jurídicos, uma vez que acarreta a invalidade do ato – que pode ser decretada pelo Judiciário ou pela própria Administração.

[159] STRECK, Lenio Luiz. *Verdade e Consenso. Constituição, Hermenêutica e Teorias Discursivas*. Rio de Janeiro: Lumen Juris, 2006. p. 11-12.

além disso, trata-se de princípio constitucional explícito e geral, isto é, que deve se fazer sentir nas organizações e nas ações administrativas como um todo, em todos os seus recôncavos.

Portanto, o novo formato constitucional desse princípio deu a ele autonomia e efetividade jurídica expressa e ampla, constituindo-se em exigência básica para a validade do comportamento do agente público no exercício da atividade do Estado. Em outras palavras, é possível aduzir que o atual texto constitucional almejou que a violação à moralidade fosse, por si só, causa suficiente para a lesividade do ato.[160]

Isso significa dizer que a atuação administrativa com apego à moralidade é expectativa normativa do povo brasileiro. Para tanto, é cabível a lição de Niklas Luhmann,[161] no sentido de que o direito deve ser compreendido como controle normativo das expectativas sociais. Em outras palavras, cabe ao direito condensar as complexas expectativas de uma sociedade, de modo a, tanto quanto possível, afastar a sua frustração. Assim, revelando a função controladora do direito, para inibir frustrações da sociedade, a Constituição Federal de 1988 consolidou tais expectativas sociais e as transformou também em balizas normativas.

Com a entrada em vigor da Constituição houve desconforto da doutrina e da jurisprudência em operar o princípio da moralidade administrativa.[162] Isso porque, naquele momento, havia a predominante concepção do positivismo jurídico, com nítida separação entre direito e moral. Por consequência, evidentemente, introduziu-se no ordenamento jurídico incertezas conceituais, subjetividades hermenêuticas e modificações de paradigmas, as quais, até hoje, persistem em se fazer presentes.

O princípio da moralidade administrativa parece à partida remeter o intérprete e aplicador da Constituição a um continente até então proibido ao jurista educado sob o paradigma positivista. De fato, a ideia de moralidade administrativa recomenda um conceito que se

---

[160] A despeito da autonomia do princípio da legalidade, a doutrina majoritária entende que a invalidação ou a anulação do ato administrativo decorre da dissonância dessa conduta com as normas no ordenamento jurídico, ensejando a possibilidade de sua retirada. Ou seja, não é possível a invalidação de atos administrativos puramente imorais, mas somente daqueles que afrontem a legalidade em alguma medida. Não obstante, parte minoritária da doutrina discorda desse entendimento.

[161] LUHMANN, Niklas. *Sociologia do Direito I*. Rio de Janeiro: Tempo Brasileiro, 1983. p. 45-66.

[162] BRANDÃO, Antônio José. Moralidade administrativa. *Revista de Direito Administrativo*, Rio de Janeiro, v. 25, p. 454-467, jul. 1951. ISSN 2238-5177. Disponível em: http://bibliotecadigital.fgv.br/ojs/index.php/rda/article/view/12140. Acesso em 1 jun. 2020. Doi: http://dx.doi.org/10.12660/rda.v25.1951.12140.

reporta à moral, ainda que seja a uma moral, por assim dizer, setorial ou específica de uma determinada atividade humana. Portanto, ela *prima facie* escapa da zona de controle da legalidade estrita por meio da qual se expressa a doutrina positivista do direito. Por consequência, é absolutamente natural que inicialmente os intérpretes e aplicadores da Constituição tenham estabelecido uma relação de estranhamento com a ideia de moralidade administrativa. Positivar um princípio jurídico cuja operacionalidade dogmática remete o jurista para a esfera da moralidade é trazer de volta ao reino da pureza jurídica esse ser enjeitado e exilado que é a moral: é, também, reintroduzir nesse cenário asséptico a incerteza conceitual, a subjetividade hermenêutica, o emotivismo axiológico, é, enfim, renunciar em alguma medida aos paradigmas da certeza e da objetividade conquistados com a redução do direito à legalidade.[163]

À medida que o próprio direito consagrou a moralidade administrativa como bem passível de controle judicial, esse princípio passa a ter conteúdo jurídico, porque compreende valores jurisdicizados recolhidos da ordem moral. Para o direito, só é relevante a ofensa a ele perpetrada. Portanto, violar a moralidade administrativa é violar o direito.

A função dos juristas, dos juízes e dos acadêmicos é, portanto, dirimir a influência negativa da amplitude de seu conceito e estabelecer seus parâmetros de existência – seu enquadramento normativo – sem deixar de considerar a intenção do constituinte de que a moralidade tenha autonomia. Se faz imprescindível a extração de seu conteúdo jurídico para fins de parametrização das funções administrativas, uma vez que o princípio está, atualmente, no centro das atenções das responsabilizações administrativas. Assim, é necessário entender o real significado de sua existência no ordenamento jurídico brasileiro, a fim de evitar a ampliação de sua aplicação, em desfavor de alguns, ou a redução de seu escopo, em favor de outros.

A moralidade administrativa foi alçada, no âmbito da função controladora exercida pelo direito, como bem jurídico tutelável. Ou seja, na medida em que o ordenamento jurídico brasileiro insere a moralidade administrativa como parâmetro constitucional de verificação da atuação estatal, passa a ser possível que a sociedade controle, também sob esse enfoque, a atuação da administração pública, seja por meio administrativo, seja por meio judicial.

---

[163] MELLO, Claudio Ari. Fragmentos teóricos sobre a moralidade administrativa. *Revista de Direito Administrativo.* v. 235, p. 93-116, 2004. Disponível em: http://bibliotecadigital.fgv.br/ojs/index.php/rda/article/view/45127. Acesso em 1 jun. 2020.

A compreensão do que a moralidade administrativa representa em termos de direitos (mormente dos cidadãos) e deveres (sobretudo das autoridades públicas) se torna imprescindível para que os julgadores – na esfera administrativa ou judicial – elaborem seus juízos a respeito de um ou outro caso concreto.[164]

Paralelamente, o princípio constitucional da moralidade dá ensejo ao controle do Estado pelo próprio Estado, também à luz desse paradigma. Nesse sentido, se faz indispensável que os limites estejam postos – e claros – para que não haja exagero ou insuficiência nessa análise.

Cabe ao Poder Judiciário, diante de caso em concreto, estabelecer mecanismos para minorar a expectativa normativa frustrada, o que implica trazer para o campo da moralidade o agente que se desviou, e evitar que o código binário do direito (lícito/ilícito) seja bloqueado por outros sistemas sociais, como a política (poder/não poder) ou a economia (ter/não ter).[165]

O direito ampliou seu círculo para enquadrar a moralidade administrativa em seu rol passível de exame judicial.[166] Dessa forma, a moralidade administrativa vem sendo inserida na concepção de legalidade, enquanto juridicidade, para que seja submetida ao controle judicial.[167]

Apesar disso, no ordenamento jurídico constitucional brasileiro, define-se a moralidade administrativa como princípio, à medida em que não se determina seu conteúdo de antemão, tratando-se de mandamento de otimização, a ser avaliado de acordo com o caso concreto.[168]

---

[164] MARRARA, Tiago. O conteúdo do princípio da moralidade: probidade, razoabilidade e cooperação. *Revista Digital de Direito Administrativo*, v. 3, n. 1, p. 104-120, 11 jan. 2016.

[165] TOMAZ, Carlos Alberto Simões de; CALDAS, Roberto Correia da Silva Gomes. A cooriginariedade entre Direito e moral, e a conformação da moralidade administrativa no sistema jurídico brasileiro. *Revista Brasileira de Estudos Políticos*, Belo Horizonte, n. 117, p. 159-191, jul./dez. 2018.

[166] A Lei nº 4.717, de 29 de junho de 1965, a qual rege a ação popular, consagrou a tese de que o desvio de poder é uma das hipóteses de ato administrativo ilegal, ao defini-lo como aquele que se verifica "*quando o agente pratica o ato visando a fim diverso daquele previsto, explícita ou implicitamente, na regra de competência*" (art. 2º, parágrafo único, alínea e). (BRASIL. Lei nº 4.717, de 29 de junho de 1965. Regula a ação popular. *Diário Oficial da União*, Brasília, 05 jul. 1965, republicado em 08 abr. 1974. Disponível em: http://www.planalto.gov.br/ccivil_03/leis/l4717.htm. Acesso em 02 jan. 2020).

[167] DI PIETRO, Maria Sylvia Zanella. *Direito Administrativo*. 31. ed. São Paulo: Atlas, 2018. p. 105.

[168] Entretanto, observa-se que a inclusão da moralidade administrativa como componente da principiologia constitucional não é pacificamente aceita por toda a doutrina, conquanto aquiesça com esse entendimento a maioria dos autores, em virtude da superveniência da

A moralidade administrativa é, pois, princípio que se relaciona com a ideia de honestidade na administração pública.

Quando se exige probidade ou moralidade administrativa, isso significa que não basta a legalidade formal, restrita, da atuação administrativa, com observância da lei; é preciso também a observância de princípios éticos, de lealdade, de boa-fé, de regras que assegurem a boa administração e a disciplina interna da Administração Pública.[169]

Nos casos de ausência do atendimento à moralidade administrativa, é possível a anulação de tal ato, em atendimento ao princípio da legalidade, quando não se puder isolar o ato imoral dos demais atos, e sustentar sua validade. Contudo, nem sempre a imoralidade de um ato administrativo é causa de sua anulação. Isso porque, poderá se sustentar a validade do ato, se for possível isolar o motivo imoral dos demais motivos, avaliando sua autonomia em relação aos demais. Nesse caso, não obstante a existência de motivo imoral, se a prática do ato for justificada por patente licitude, ele deve ser considerado válido, ainda que seja necessária a devida responsabilização do agente público.[170]

Dessa análise entre a legalidade e a moralidade – interligadas pela finalidade de atingimento do interesse público –, é possível concluir que, em regra, o princípio da moralidade administrativa tem total autonomia em relação aos demais princípios, cabendo a dissecção do ato administrativo para demarcar, exatamente, sua função. Este é o primeiro ponto para chegar-se à delimitação exata de seus parâmetros: a moralidade é princípio que teve seu campo modificado, contudo, não se nega sua existência autônoma.[171]

---

Constituição Federal de 1988, a qual, expressamente, a acolheu como princípio (ROCHA, Cármen Lúcia Antunes. *Princípios constitucionais da administração pública*. Belo Horizonte: Del Rey, 1994. p. 186).

[169] DI PIETRO, Maria Sylvia Zanella. *Direito Administrativo*. 31. ed. São Paulo: Atlas, 2018. p. 1015.

[170] Caio Tácito utiliza como exemplo a exigência ou a aceitação de propina, pelo licitante regularmente adjudicado a determinado serviço, para a celebração do contrato. Nesse caso, a corrupção administrativa passível de sanção não obrigará a anulação do contrato celebrado com observância do procedimento adequado (TÁCITO, Caio. Moralidade administrativa. *Revista de Direito Administrativo*, n. 218, a. 9, 1999).

[171] Em oposição a esse entendimento, a doutrina encabeçada por Márcio Cammarosano é partidária da inexistência de autonomia da moralidade administrativa. Segundo o autor, não pode haver ato que se qualifique como legal, mas ofenda a moralidade administrativa, porquanto a moralidade administrativa não pode ser dissociada da legalidade e integra o direito. Ademais, entende que nem todo ato ilegal é imoral, mas não se pode reconhecer ato ofensivo à moralidade administrativa que não seja ilegal (CAMMAROSANO, Márcio. *O princípio constitucional da moralidade e o exercício da função administrativa*. Belo Horizonte: Fórum, 2006. p. 102).

Sem embargo das dificuldades apresentadas para a conceituação da moralidade administrativa e para a sua orientação no ordenamento jurídico, o que ficou consubstanciado da doutrina francesa de Hauriou no Direito Administrativo brasileiro foi condensado por Hely Lopes Meirelles como sendo pressuposto para validade de todo ato administrativo:

> A moral comum [...] é imposta ao homem para sua conduta externa; a moral administrativa é imposta ao agente público para sua conduta interna, segundo as exigências da instituição a que serve e a finalidade de sua ação: o bem comum.[172]

Odete Medauar assevera que estabelecer o alcance do princípio da moralidade constitui tarefa árdua ao intérprete e aplicador do direito, uma vez que não há critério objetivo para traduzi-lo: "Em geral, a percepção da imoralidade administrativa ocorre do enfoque contextual; ou melhor, ao se considerar o contexto que a decisão foi ou será tomada".[173]

Cármen Lúcia explicita que a extração de valores a serem absorvidos pelo sistema jurídico na elaboração do princípio da moralidade administrativa "é aquela afirmada pela própria sociedade segundo as suas razões de crença e confiança em determinado ideal de Justiça, que ela busca realizar por meio do Estado".[174] Juarez Freitas assevera que moralidade administrativa "veda condutas eticamente inaceitáveis e transgressoras do senso moral da sociedade, a ponto de não comportarem condescendência".[175]

A despeito da conceituação já feita para o direito brasileiro, sua variação reflete a busca do fundamento jurídico para melhor conformar a atuação do administrador público. Valores como lealdade, boa-fé, probidade, honestidade supõem-se prevalecentes na sociedade, de maneira que o legislador quis interditar comportamentos contrários a eles.

Portanto, o conteúdo jurídico da moralidade perfaz o princípio que norteia a atuação legal, honesta, proba, de boa-fé, leal e ética da administração pública, institucionalmente, entre seus agentes (em sentido

---

[172] MEIRELLES, Hely Lopes. *Direito Administrativo Brasileiro*. 37. ed. São Paulo: Malheiros, 2011. p. 61-62 e 89.

[173] MEDAUAR, Odete. *Direito administrativo moderno*. Belo Horizonte: Fórum, 2018. p. 142.

[174] ROCHA, Cármen Lúcia Antunes. *Princípios constitucionais da administração pública*. Belo Horizonte: Del Rey, 1994. p. 186.

[175] FREITAS, Juarez. Controle dos atos administrativos e o princípio da precaução. *Revista Gestão Pública e Controle, TCE do Estado da Bahia*, v. 1, n. 3, 2007.

amplo)[176] e com seus administrados, de maneira a alcançar o interesse público, em determinado recorte temporal. Esses anseios sociais, em regra, são traduzidos no ordenamento jurídico, mormente constitucional, para balizar a atuação da administração e dos administrados. Dessa forma, a título de controle administrativo, a despeito de ser princípio autônomo e não se confundir com a legalidade, a moralidade administrativa tem seus parâmetros dados pela norma, de onde parte a avaliação de seu atendimento ou não e, consequentemente, o controle.

## II.II Conteúdo jurídico indeterminado?

É possível perceber que a moralidade administrativa, da forma como foi inserida no direito brasileiro, a despeito de ter a patente intenção de ser preceito constitucional autônomo, remete a outros diversos valores consagrados no ordenamento jurídico que a abriga, assim como a valores de gênese morais, porque selecionados de uma ordem moral para integrar o ordenamento jurídico. Diante desses conceitos que o expressam, seu conteúdo jurídico não pode estar divorciado do sentido que eles têm para a sociedade. A moralidade corresponde, portanto, à *standards* do que a sociedade deseja e espera.[177]

Tanto a conceituação quanto a definição do conteúdo jurídico da moralidade administrativa perpassam por grandes imprecisões em relação a outros conceitos e princípios do direito. Ainda que se busque definir os parâmetros da sua acepção, por sua própria nuance e origem, a moralidade se circunda de indefinições e de necessidade de avaliação do caso concreto pelo julgador, de maneira que se concretiza como elemento dos julgados, mas não como seu artefato principal, trazendo diferentes fundamentos para decisões sobre a mesma temática.

O conceito de moralidade administrativa, em virtude de seu amplo campo de significação, necessita de atividade interpretativa para obtenção de real sentido, tais como: a noção do que vem a ser interesse público, bem comum, lealdade, boa-fé, ordem pública, finalidade, entre muitos outros. Porquanto os conceitos não são tratados com exatidão pela lei, de forma a não admitir qualificação e quantificação rigorosas, a determinação, em regra, é definida no momento de sua aplicação, uma vez que tem conteúdo jurídico de princípio.

---

[176] Todos os que, de alguma forma, exercem função pública, independentemente da existência de vínculo.

[177] FIGUEIREDO, Lúcia Valle. *Curso de Direito Administrativo*. São Paulo: Malheiros, 2008. p. 45.

Segundo Ascarelli, os conceitos jurídicos podem ser meramente formais (*regulae juris*) e tipológicos (*fattispecie*). Os conceitos formais, tais como normas jurídicas, estão ancorados no terreno formal, e o estudo de suas características permite o desenvolvimento de definições lógicas. Esses conceitos não possuem realidade histórica própria. As *regulae juris* consubstanciam um conjunto de normas jurídicas sem significado próprio. Limitam-se a exprimir a condensação do sistema normativo.[178] Os conceitos jurídicos tipológicos são expressões históricas e indicam os ideais dos grupos. Seu conteúdo é extrajurídico porque se refere a uma classificação da realidade social.[179] Dentro desse último grupo encontram-se os hoje chamados "conceitos jurídicos indeterminados".

São indeterminados os conceitos cujos termos são ambíguos ou imprecisos e necessitam ser completados por quem os aplique. Os parâmetros para tal devem ser buscados em concepções políticas, jurídicas e morais predominantes, as quais variam conforme a situação social.

Nos conceitos jurídicos indeterminados, a extensão denotativa da norma não pode ser determinada de antemão e necessita de atividade interpretativa de seu aplicador. Segundo Karl Engisch,[180] nos conceitos jurídicos indeterminados, pode-se distinguir um núcleo conceitual em que há uma noção clara do conteúdo e extensão do conceito e um halo conceitual em que pairam as dúvidas sobre a conceituação.

Para Garcia, os conceitos indeterminados precisam ser preenchidos por ato de valoração e podem derivar de três distintas situações: (i) de imprecisão conceitual linguística; (ii) da incerteza resultante da necessidade de formulação de um juízo de valor; ou (iii) da exigência de realização de um juízo de prognose.[181]

Ao fazer menção ao valor no mundo jurídico, merecem lembrança as lições de Miguel Reale, no sentido de que "desde o aparecimento da norma jurídica – que é síntese integrante de fatos ordenados segundo distintos valores – até o momento final de sua aplicação, o Direito se caracteriza por sua estrutura tridimensional, na qual fatos e valores se dialetizam".[182] Para Tércio Sampaio Ferraz Júnior, valores são "símbolos

---

[178] Tome-se, como exemplo, o conceito de propriedade, que apenas assume significação quando considerada sua função de resumir a disciplina normativa da aquisição de um bem.
[179] ASCARELLI, Tulio. *Studi di diritto comparato e in tema di interpretazione*. Milão: Giuffrè, 1952. p. 282-291.
[180] ENGISCH, Karl. *Introdução ao pensamento jurídico*. Lisboa: Calouste Gulbenkian, 1997. p. 209.
[181] GARCIA, Emerson. Dignidade da Pessoa Humana: referenciais metodológicos e regime jurídico. *Revista de Direito Privado*, São Paulo: Revista dos Tribunais, v. 21, p. 85, 2005.
[182] REALE, Miguel. *Lições preliminares de direito*. São Paulo: Saraiva, 2000. p. 66-67.

de preferência para ações indeterminadamente permanentes" [...] "são fórmulas abertas flexíveis".[183] Valores então presentes no universo de normas de uma sociedade, tornando-se, assim, valores jurídicos, sendo objeto de apreciação do seu julgador e aplicador.

De toda forma, ainda que por intermédio do conceito jurídico indeterminado, se faz imprescindível que se chegue a uma solução justa do caso. Com grande grau de abstração e pluralidade de opiniões sobre sua interpretação jurídica, esses conceitos se apoiam no discernimento humano para definir o que é justiça e verdade, a fim de se buscar uma única solução justa ao caso concreto.

A doutrina vem se debruçando sobre as diferenças fundamentais entre a indeterminação dos conceitos jurídicos e a discricionariedade.[184] Algumas correntes se formaram para explicar o vínculo e as divergências existentes entre eles.

Os conceitos indeterminados são consubstanciais a toda a técnica jurídica e sua indeterminação decorrem do fato de que a norma que os previu não estabeleceu a medida concreta para sua aplicação, em um caso particular, porém, sua incidência no caso concreto não admite meios-termos. Por outro lado, a discricionariedade diz respeito a uma pluralidade de soluções justas possíveis, sendo todas essas passíveis de escolha pelo administrador, dentro dos limites da lei.

A diferença entre discricionariedade e conceito jurídico indeterminado é fundamental para se alocar os conceitos e significados essenciais do Direito Administrativo. Enquanto a discricionariedade enseja processo volitivo de eleição entre indiferentes jurídicos, o conceito indeterminado deve ser aplicado por referência a critérios de valor a serem ponderados juridicamente segundo o sentido da lei que o prevê e as consequências reais de sua aplicação.[185] Segundo Odete Medauar:

> [...] o direito sempre utilizou tais fórmulas amplas, mesmo no direito privado, sem que fossem necessariamente associadas a poder discricionário. Havendo parâmetros de objetividade para enquadrar a situação fática na fórmula ampla, ensejando uma única solução, não há falar em discricionariedade. Se a fórmula ampla, aplicada a uma situação fática,

---

[183] FERRAZ JÚNIOR; Tércio Sampaio. *Introdução ao estudo do direito. Técnica, decisão, dominação.* São Paulo: Atlas, 2010. p. 86.

[184] GARCIA, Emerson; ALVES, Rogério Pacheco. *Improbidade Administrativa.* 5. ed. rev e ampl. Rio de Janeiro: Editora Lumen Juris, 2010.

[185] LOPES, Camila Laurentino. *A Moralidade Administrativa no Contexto Democrático Brasileiro*: desencontros da doutrina administrativista e da jurisprudência do STF. Recife: Dissertação de mestrado, UFPE, 2017.

admitir margem de escolha de soluções, todas igualmente válidas e fundamentadas na noção, o poder discricionário se exerce.[186]

No que tange à moralidade administrativa, essa indeterminação legal faz com que ela seja um conceito indeterminado, mas não discricionário, pois decorre do fato de que a medida concreta para sua aplicação, em um caso particular, não resolve ou determina, com exatidão, a própria regra que a previu, mas não enseja um processo volitivo de discricionariedade ou de liberdade de eleição entre indiferentes jurídicos. É possível admitir que a moralidade administrativa somente permite uma solução justa à luz de cada caso concreto, a qual se chega mediante uma atividade de cognição.[187] Não há mensuração significativa de seu conteúdo na Constituição Federal, tampouco nos demais diplomas que o regulamentam, e nem poderia haver, sob o risco de, deliberadamente, limitar sua abrangência.

O alcance desse princípio e suas formas de violação apontam a relevância de se fazer uma clara digressão acerca das normas que o protegem. Por outro lado, sendo a moralidade um conceito indeterminado por natureza, defini-lo, taxativamente, implicaria reduzir sua abrangência, uma vez que cada caso suscita uma determinada solução justa e um viés específico, a ser mensurado em ambiente processualizado, com participação dos interessados e fundamentação (motivação) adequada.

Para o real e contemporâneo entendimento do conteúdo jurídico da moralidade administrativa, é imprescindível que se leve em consideração os recentes entendimentos dos tribunais pátrios sobre o tema. Dessa análise é possível concluir que o Judiciário vem se utilizando de conceituação elástica do princípio da moralidade administrativa enquanto valor constitucional revestido de caráter ético-jurídico, o qual condiciona a legitimidade e a validade dos atos do Estado.[188]

---

[186] MEDAUAR, Odete. *Direito administrativo moderno*. Belo Horizonte: Fórum, 2018. p. 109.

[187] TOURINHO, Rita. A discricionariedade administrativa perante os conceitos jurídicos indeterminados. *Revista de Direito Administrativo*, Rio de Janeiro, n. 237, p. 317-326, jul./set. 2004. p. 2.

[188] Para elucidar melhor essa afirmação, apresentam-se alguns exemplos de julgados do Supremo Tribunal Federal em que se utilizou do conceito de moralidade. No RE nº 405386/RJ, da relatoria da Ministra Ellen Gracie, entendeu-se a moralidade "como princípio da Administração Pública (art. 37) e como requisito de validade dos atos administrativos (art. 5.º, LXXIII)", de maneira que tem sua fonte, por excelência, no ordenamento jurídico constitucional. Estabeleceu-se que a "quebra da moralidade administrativa se caracteriza pela desarmonia entre a expressão formal (a aparência) do ato e a sua expressão real (a sua substância), criada e derivada de impulsos subjetivos viciados quanto aos motivos, ou à causa, ou à finalidade da atuação administrativa". Para o Ministro Cezar, a fonte de tal

As definições sobre o conteúdo jurídico de moralidade são tão flexíveis e fluidas que existem divergências dentro de um mesmo julgado.[189] Enquanto alguns julgadores se utilizam de moderna delimitação da razoabilidade para a definição de moralidade administrativa, incluindo, por isso, aspectos como boa-fé e lealdade com a coisa pública, outros partem da conceituação relacionada com a moralidade geral, na qual se busca o bem comum e a finalidade.

Segundo a lição de Celso Antônio Bandeira de Mello, apesar de o princípio ter conceitos indeterminados, plurissignificativos, tem conteúdo determinável, porque dotado de densidade mínima. De acordo com o autor, jamais o agente administrativo, em nome da fluidez dos conceitos, poderia tomá-los em significação dissonante daquela socialmente reconhecida. Assim, não importa a concepção subjetiva, particular, personalíssima dos conceitos, ela não poderá se sobrepor ao sentido dado no meio social.[190]

Além disso, a interpretação desses conceitos fluidos e indeterminados se faz contextualmente, em função de outros fatores e com o conhecimento do todo em que está inserido. Esse todo contextual

---

princípio é jurídico-constitucional, inspirado em valores humanos, retirado dos direitos naturais ou do patrimônio ético e moral consagrado pelo senso comum da sociedade (RE nº 405386, Relator(a): Min. ELLEN GRACIE, Relator(a) p/ Acórdão: Min. TEORI ZAVASCKI, Segunda Turma, julgado em 26.02.2013, DJe-057 DIVULG 25.03.2013 PUBLIC 26.03.2013 EMENT VOL-02685-01 PP-00001). Para o Ministro Eros Grau, apenas questionamentos acerca de desvio de poder ou de finalidade são alcançados pela moralidade da administração (RE nº 894049 ED-segundos-AgR, Relator(a): Min. EDSON FACHIN, Segunda Turma, julgado em 05.11.2019, ACÓRDÃO ELETRÔNICO DJe-251 DIVULG 18.11.2019 PUBLIC 19.11.2019). O Ministro Teori Zavascki afirma que "o enquadramento do princípio da moralidade na atual moldura constitucional o leva a ampliar seu raio de ação, não importando que, por isso, venha a compartilhar terreno de incidência com outros princípios, como o da eficiência ou, quem sabe, o da proporcionalidade, o da impessoalidade, etc.". (RE nº 894049 ED-segundos-AgR, Relator(a): Min. EDSON FACHIN, Segunda Turma, julgado em 05.11.2019, ACÓRDÃO ELETRÔNICO DJe-251 DIVULG 18.11.2019 PUBLIC 19.11.2019). Na ADC 29/DF, da relatoria do Ministro Luiz Fux, a discussão sobre a moralidade tem outra conotação, uma vez que está intimamente ligada à improbidade. No mesmo julgado, o Ministro Gilmar Mendes entende ser a moralidade administrativa norteada pelos impedimentos legais na sua conduta, trazendo mais uma vez, a legalidade ao centro da discussão (ADC nº 29, Relator(a): Min. LUIZ FUX, Tribunal Pleno, julgado em 16.02.2012, PROCESSO ELETRÔNICO DJe-127 DIVULG 28.06.2012 PUBLIC 29.06.2012 RTJ VOL-00221-01 PP-00011).

[189] É o que se observa do julgamento do RE nº 405386/RJ, de relatoria da Exma. Ministra Ellen Gracie (BRASIL. Supremo Tribunal Federal. *RE nº 405386*. Relator(a): Min. ELLEN GRACIE, Relator(a) p/ Acórdão: Min. TEORI ZAVASCKI, Segunda Turma, julgado em 26.02.2013, DJe-057 DIVULG 25.03.2013 PUBLIC 26.03.2013 EMENT VOL-02685-01 PP-00001. Disponível em: http://portal.stf.jus.br/processos/detalhe.asp?incidente=2170019. Acesso em 02 jan. 2021).

[190] MELLO, Celso Antônio Bandeira de. *Discricionariedade e controle jurisdicional*. São Paulo: Malheiros, 2017. p. 48.

adensa o conceito, embora não elimine, sempre, necessariamente e de modo completo, o campo de possíveis dúvidas. Portanto, é necessário identificar o liame entre os conceitos plurissignificativos e sua intelecção à luz da acepção corrente de seu enfoque contextual em determinada sociedade, a fim de adotar a solução mais adequada à satisfação da finalidade legal.[191]

Não há como se pretender que o princípio da moralidade administrativa esteja reportado direta e imediatamente a uma ou outra ordem moral, cujos preceitos reputar-se-iam automaticamente juridicizados e a nível constitucional. Está reportado a valores albergados no sistema jurídico, e cuja intelecção e aplicação não se pode dar fora desse mesmo sistema, ainda que permeável, pela própria fluidez dos conceitos normativos, às concepções significativas prevalecentes em dada sociedade e em determinado momento histórico.[192]

Eros Roberto Grau entende que se confunde, indevidamente, o *conceito* e a *noção*. Segundo ele, após análise de observações feitas por Sartre, o conceito é atemporal e se engendra aos outros no interior de categorias determinadas. A noção, pelo contrário, pode ser definida como esforço para se produzir uma ideia que se desenvolve por contradições e superações sucessivas, homogênea ao desenvolvimento das coisas.[193]

> Este ponto era e continua a ser, para mim, de importância extremada: não existem *conceitos indeterminados*. Se é indeterminado o *conceito*, não é *conceito*. O mínimo que se exige de uma suma de ideias, abstrata, para que seja um conceito, é que seja determinada. Insisto: todo conceito é uma suma de ideias que, para ser conceito, tem de ser, *no mínimo*, determinada; o mínimo que se exige de um conceito é que seja determinado. Se o conceito não for, em si, uma *suma determinada de ideias*, não chega a ser conceito.[194]

Deveras, a questão da indeterminação dos conceitos se resolve na historicidade das noções, que se desenvolvem por si mesmas. Assim, os conceitos indeterminados não são, verdadeiramente, conceitos –

---

[191] CAMMAROSANO, Márcio. *O princípio constitucional da moralidade e o exercício da função administrativa*. Belo Horizonte: Fórum, 2006. p. 80-81.
[192] CAMMAROSANO, Márcio. *O princípio constitucional da moralidade e o exercício da função administrativa*. Belo Horizonte: Fórum, 2006. p. 82.
[193] GRAU, Eros Roberto. *Por que tenho medo dos juízes (a interpretação/aplicação do direito e os princípios)*. São Paulo: Malheiros, 2018. p. 161-162.
[194] GRAU, Eros Roberto. *Por que tenho medo dos juízes (a interpretação/aplicação do direito e os princípios)*. São Paulo: Malheiros, 2018. p. 159.

porque não são atemporais e imunes à história –, mas são noções homogêneas ao desenvolvimento do direito. O intérprete aplica a noção mediante a formulação de juízo de legalidade, no qual maneja textos e fatos, e não da formulação de juízos de oportunidade, de onde parte a discricionariedade.

Em síntese, ao intérprete é dado o direito de manejar a interpretação dos (i) conceitos jurídicos meramente formais e (ii) conceitos indeterminados que, no entanto, não são conceitos, mas noções. Em ambos os casos, está adstrito ao que estabelece a lei, sem possibilidade de análise da oportunidade.

A despeito da nomenclatura que se designe, a legislação propicia pautas de comportamento que se valem de expressão de amplo espectro para superar a dificuldade consistente da antecipação de todas as combinações de circunstâncias possíveis em face de determinada finalidade a ser alcançada. Não obstante, essa permeabilidade de conceitos não pode constituir estrutura oca, permitindo introduzir variáveis axiológicas que signifiquem adequação permanente das normas à cambiante realidade, dando azo a arbitrariedades disfarçadas de justiça.

A atividade interpretativa deve ser reconstrutiva, no sentido de não ser discricionária, porque a norma de decisão é constrangida pelo sentido do texto. Mesmo com a margem de indeterminação da linguagem, não se autoriza um "vale-tudo" interpretativo ou uma manipulação dos elementos normativos. É necessário que o aplicador faça referência aos elementos internos do sistema jurídico, de maneira fundamentada, sob pena de violação ao Estado Democrático de Direito e ao princípio da separação dos poderes.

## II.III A moralidade em instrumentalização recíproca com outros princípios (notadamente) constitucionais

O princípio da moralidade vem sendo utilizado de maneira a afirmar que a supremacia existente no Direito Administrativo não é a supremacia da autoridade pública, mas sim, a do interesse público. À luz dos conceitos doutrinários, os atos administrativos devem ser plenamente adequados ao sistema normativo que os disciplina, visando à consecução do bem comum.

É certo que o constituinte brasileiro, a despeito de todas as profundas consequências técnicas e hermenêuticas advindas da inclusão desse princípio no ordenamento jurídico, pretendeu conceder autonomia à moralidade administrativa, a qual veda condutas transgressoras do senso moral da sociedade e exige que, fundamentada e racionalmente, todos os atos da administração se deem à luz da orientação de dever de rigor e maior objetividade possível, cumprindo, de maneira precípua, a finalidade, a lealdade e a boa-fé para com a sociedade. Dessa maneira, a autonomia do princípio da moralidade administrativa não impede que seu conteúdo jurídico esteja interligado com o dos demais princípios, ao revés, faz com que seja aglutinador de princípios da atividade estatal.[195]

A moralidade administrativa intenta impedir que os agentes se desviem das finalidades democraticamente legitimadas do Estado. Assim, está inserido em seu contexto um elemento finalístico da análise da legalidade de todas as ações estatais, de maneira que o ato somente será válido se vinculado aos valores em que a norma se funda.

De acordo com o conteúdo jurídico do princípio da moralidade administrativa, a intenção do agente deve estar em harmonia com os efeitos jurídicos previstos na norma, o que, alinhado com a intenção de atingi-los, conferirá a licitude da conduta. A intenção do agente é analisada no contexto da motivação declinada, à luz da finalidade almejada.

Assim, ao editar e executar as normas, os agentes públicos somente estarão legitimados se as combinarem com os valores do interesse da coletividade. Essa vinculação necessária entre as normas e os valores é realizada por intermédio da finalidade.[196] Dessa forma, é possível entender a finalidade como forma de interligação entre o princípio da legalidade e o princípio da moralidade.

Em contrapartida, o ato será moralmente ilegítimo se houver qualquer dissonância entre a intenção do agente, a regra de competência e a finalidade que deve ser alcançada. Portanto, é por meio da intenção do agente público que se vislumbra a inclinação à moralidade do ato, sendo verificada pela finalidade pretendida, bem como pela competência estabelecida pela norma.

Como desdobramento, é necessário analisar o motivo e o objeto do ato administrativo, em cotejo com o interesse público – o qual se consubstancia pela finalidade – para identificar vícios na moralidade ou abuso de poder.

---

[195] MARRARA, Thiago. *Princípios do Direito Administrativo*. São Paulo: Atlas, 2012. p. 209.

[196] BACELLAR FILHO, Romeu Felipe. A estabilidade do ato administrativo criador de direitos à luz dos princípios da moralidade, da segurança jurídica e da boa-fé. A&C *Revista de Direito Administrativo & Constitucional*, n. 40, 2010. Disponível em: http://www.revistaaec.com/index.php/revistaaec/article/view/533. Acesso em 02 jan. 2021.

Estará ausente a moralidade administrativa quando o agente praticar o ato fundando-se em motivo inexistente (ausência da situação de fato ou de direito que determine ou autorize a prática de um ato), insuficiente (o valor dos motivos não denota a necessidade do ato), inadequado (falta de correspondência entre o que deveria motivar o ato – causa – e a natureza categorial de seu objeto – efeito), incompatível (ausência de adequação com o objeto do ato) e desproporcional (valorização irrazoável dos motivos, levando a um resultado incompatível com o interesse público específico a que deveria visar o ato); identificando-se igual vício quando o objeto for impossível (o resultado jurídico visado não se compatibiliza com o ordenamento jurídico ou com a realidade física), desconforme (incompatibilidade lógica entre a escolha e o interesse público contido na regra da finalidade) ou ineficiente (grave comprometimento do interesse público pela desproporcionalidade entre os custos e o benefício).[197]

O exercício justo, correto e adequado do poder estatal, pelas autoridades públicas, é pressuposto para que o poder público obtenha aceitação por parte da sociedade que ele representa e para a qual ele existe.[198] Nessa medida, respeita-se a função estatal quando o poder é exercido de forma moral, de maneira a evitar o controle exagerado, de tudo e de todos, e o emprego da força em situações previamente definidas como infração.

Malgrado a sua amplitude, infere-se do princípio da moralidade administrativa a exigência de comportamentos sérios (fundamentados e justificados) e leais (que respeitem a confiança e a expectativa dos cidadãos) por parte da administração pública. Essas exigências compõem o ideário de segurança jurídica e redundam, em maior ou menor medida, na busca do autêntico interesse público – não confundível com interesse do aparato estatal ou do erário – no respeito aos interesses privados e da observância da boa-fé.[199]

A vinculação entre moralidade e boa-fé também é frequente, motivo pelo qual Celso Antônio Bandeira de Mello afirma que esta está dentro daquela, assim como a lealdade.[200] Da mesma forma, Eros

---

[197] MOREIRA NETO, Diogo Figueiredo. *Legitimidade e discricionariedade – novas reflexões sobre os limites e controle da discricionariedade.* 4. ed. Rio de Janeiro: Forense, 2001. p. 1113.

[198] FREY, Katja. Legitimacy in administrative law: reform and reconstruction. *DVBl*, p. 704, 2010.

[199] ÁVILA, Humberto. *Teoria da segurança jurídica.* 5. ed. São Paulo: Malheiros, 2019. p. 247.

[200] MELLO, Celso Antônio Bandeira de. *Curso de direito administrativo.* 20. ed. São Paulo: Malheiros, 2006. p. 107.

Grau afirma que "a boa-fé há de ser tida como exigência da vinculação da Administração pelo princípio da moralidade".[201] [202]

Em significativo estudo, Guilherme Giacomuzzi extrai do art. 37 da Constituição Federal dois polos da boa-fé: objetiva e subjetiva.[203] A inserção do conceito de boa-fé objetiva dentro do princípio da moralidade permite a análise pela conduta e pelo resultado, não importando, necessariamente, o elemento volitivo ou psicológico do agente. Por meio da boa-fé objetiva é possível reconhecer o conteúdo normativo da moralidade, o que fomenta o princípio da confiança. O vínculo com a boa-fé subjetiva leva em consideração a intenção do agente de lesar terceiros, de maneira que embasa a noção de probidade.

Impõem-se padrões de conduta aos agentes públicos, vinculando-os ao modo de agir leal, honesto e direcionado ao interesse público. Assim, da moralidade resulta o dever de probidade, que deve ser avaliada não só como exigência de honestidade, mas como dever de eficiência, a exigir condutas concretas no sentido de se obter melhores resultados da ação administrativa.[204]

São várias as conexões que também vinculam a moralidade com os princípios da impessoalidade e da imparcialidade. A rigor, a ação administrativa deve ser impessoal e imparcial para estar de acordo com a moralidade administrativa. Por impessoalidade entende-se a vedação à administração púbica de privilegiar ou preferir determinadas pessoas físicas ou jurídicas, mediante critérios subjetivos. Em outras palavras, resulta da própria função do Estado de realização do interesse público em detrimento do atendimento de pretensões particulares. Por seu turno, a imparcialidade estabelece que as ações administrativas devem dar igualdade de condições a todos os membros da comunidade.[205]

A moralidade ainda está interligada à razoabilidade e à proporcionalidade, apesar de esses princípios não terem conteúdo jurídico delimitado expressamente pela Constituição. Razoabilidade pode ser entendida como o "parâmetro de valoração dos atos do Poder Público

---

[201] GRAU, Eros Roberto. *O direito posto e o direito pressuposto*. 7. ed. São Paulo: Malheiros, 2008. p. 286.
[202] Apesar de boa-fé poder ser considerada subprincípio integrante da moralidade, é patente sua existência por si só. Por esse motivo, fez-se a relação entre esses dois princípios.
[203] GIACOMUZZI, José Guilherme. *A moralidade administrativa e a boa-fé da administração pública*. São Paulo: Malheiros, 2002. p. 221.
[204] OSÓRIO, Fábio Medina. *Teoria da Improbidade Administrativa*: má gestão pública, corrupção, ineficiência. 4. ed. rev. atual. São Paulo: Thomson Reuters Brasil, 2018. p. 653.
[205] MIRAGEM, Bruno. *A nova Administração Pública e o Direito Administrativo*. São Paulo: Editora Revista dos Tribunais, 2011. p. 289-292.

para aferir se estão informados pelo valor superior inerente a todo o ordenamento jurídico: a justiça".[206] Para sua verificação objetiva é imperioso a relacionar com os motivos, meios e fins da norma. Em linhas gerais, consiste em valoração dos atos expedidos pelo poder público em consonância com critérios de justiça em determinado tempo e espaço.

De outro lado, o princípio da proporcionalidade veda o arbítrio estatal, caracterizando-se como função negativa ou de proteção, e concretiza os direitos e as garantias fundamentais. É estruturado em três subprincípios: (i) adequação, segundo o qual a medida estatal adotada deve ter uma finalidade constitucionalmente prevista, além de ser apta a atingir esse fim; (ii) exigibilidade, de maneira que a medida adotada seja indispensável e não possa ser substituída por outra igualmente eficaz; e (iii) proporcionalidade em sentido estrito, que enseja a análise da satisfação do direito em compensação àquele lesado.

Longe do intuito de esgotar todos os desdobramentos da moralidade no ordenamento jurídico brasileiro, é possível notar sua imbricação na delimitação dos parâmetros de outros princípios, o que demonstra tanto sua autonomia – de forma a interferir, por si só, nos contornos jurídicos dos atos administrativos –, quanto sua instrumentalização recíproca com os demais princípios, na conformação de um bloco de juridicidade exigível na atuação administrativa no Estado Democrático de Direito em sentido material.

O princípio da moralidade administrativa legitima a ação do Estado. Seu núcleo de significado se vincula ao interesse público e ao respeito aos direitos dos administrados, de maneira que sua eficácia jurídica, que é autônoma, combina-se com a dos demais princípios, configurando o perfil da administração sob o Estado de Direito.

## II.IV A Lei de Improbidade Administrativa como concretização do princípio da moralidade

A moralidade surge como precedente lógico de toda a atividade administrativa, o que concede a esse princípio aspecto de elemento conformador do ato. Consistente no assentamento de que o Estado define o desempenho de sua administração segundo ordem ética acordada com os valores sociais prevalentes, o princípio da moralidade tem como

---

[206] BARROSO, Luís Roberto. *Interpretação e aplicação da Constituição*. 6. ed. São Paulo: Saraiva, 2008. p. 224.

elementos a honestidade, a boa-fé, a lealdade e a probidade.[207] Constitui pressuposto intrínseco de validade do ato administrativo.

A Constituição Federal determinou os princípios vetores de uma boa administração pública em seu art. 37, *caput*, a fim de criar forte aparato protetor da sociedade contra atividade administrativa ilegal e imoral e de atender às demandas morais vigentes.[208] Ainda no mesmo dispositivo normativo, estabelece a Carta Constitucional severas penas para aqueles que não atenderem ao dever de probidade: "os atos de improbidade administrativa importarão a suspensão dos direitos políticos, a perda da função pública, a indisponibilidade de bens e o ressarcimento ao erário, na forma e graduação previstas em lei, sem prejuízo da ação penal cabível".[209]

Do latim *improbitate*, o termo significa desonestidade em sua acepção originária. No âmbito do direito, associa-se à conduta do agente público. Para José Afonso da Silva, improbidade é uma imoralidade qualificada,[210] uma vez que deflui da noção de moralidade administrativa, na qual está inserida. A probidade, portanto, visa a assegurar a eficácia social dos princípios da administração pública, sobre a base da preservação de valores éticos fundamentais.

A probidade é a forma de moralidade que mereceu consideração especial da Constituição e consiste no dever de servir à administração com honestidade, sem se aproveitar das facilidades que ela possa oferecer. Em sentido amplo, probo é aquele que se comporta de maneira justa, honesta, criteriosa, de modo a cumprir seus deveres.

O princípio da moralidade é um dos fundamentos para o reconhecimento de que atos de improbidade administrativa conduzam às sanções previstas na Constituição.[211] Percebe-se, portanto, uma aproximação entre os conceitos de moralidade e probidade, de forma que aquele é concretizado por este. Não resta dúvida que ato ofensivo à moralidade será, também, ato de improbidade administrativa.

---

[207] AGRA, Walber de Moura. *Comentários sobre a lei de improbidade administrativa*. Belo Horizonte: Fórum, 2017. p. 46.
[208] Todas as Constituições brasileiras republicanas (1891, 1934, 1937, 1946, 1967 e 1988) contemplam a improbidade administrativa. Contudo, somente na Constituição de 1988 a improbidade foi tratada como ilícito de responsabilidade extrapenal.
[209] BRASIL. *Constituição da República Federativa do Brasil*: promulgada em 5 de outubro de 1988. 4. ed. São Paulo: Saraiva, 1990. Art. 37, §4º.
[210] SILVA, José Afonso da. *Curso de Direito Constitucional Positivo*. São Paulo: Malheiros, 2006. p. 669.
[211] CRETELLA JÚNIOR, José. *Comentários à Constituição Brasileira de 1988*. Rio de Janeiro: Forense Universitária, 1991. v. IV, arts. 23 a 37. p. 2.257.

A diferença entre os termos moralidade e probidade é de gênero e espécie. A moralidade é gênero dentro do qual encontra-se a espécie que se denomina probidade.[212] Contudo, o conceito de probidade pode ter alcance mais amplo, abrangendo não apenas atos atentatórios à moralidade, mas a outros princípios norteadores da administração. A improbidade pode surgir mesmo quando não se verifique prejuízo patrimonial ao Estado.

O dever de probidade dos agentes públicos no tratamento da coisa pública, na prestação de serviços públicos ou no exercício das funções públicas está plasmado no sistema constitucional que tutela a administração pública, de maneira a orientar o cuidado com a coisa pública (*res publica*).

Todavia, para sujeitar quem quer que seja às severas sanções por improbidade, é imperioso elencar quais tipos de comportamentos são qualificados como ímprobos, a fim de atender ao primado da segurança jurídica, corolário do Estado Democrático de Direito. Cabe ao julgador avaliar o comportamento do agente público, de maneira a afastar os decorrentes da inabilidade do agente.[213] Marcelo Figueiredo assevera que,

> [...] nessa direção, não nos parece crível punir o agente público, ou equiparado, quando o ato acoimado de improbidade é, na verdade, fruto de inabilidade, de gestão imperfeita, ausente o elemento de 'desonestidade' ou de improbidade propriamente dita.[214]

Dentro do entendimento do que é improbidade administrativa, é necessário se trabalhar com os fenômenos mais graves. Nesse sentido, o delineamento dos contornos que assumem o caráter de ímprobos é de extrema relevância.[215] Outorgar ao princípio da moralidade sentido amplo e irrestrito, a ponto de abarcar qualquer ato imoral do agente público, equivaleria a esvaziar o princípio da legalidade e,

---

[212] HARGER, Marcelo. *Improbidade administrativa*: comentários à Lei nº 8.429/92. São Paulo: Atlas, 2015. p. 14.

[213] "A culpa do agente para caracterizar ato de improbidade há de ser lesiva e grave, consoante critérios de razoabilidade. Deve-se analisar, à luz do caso concreto, se o réu tinha o dever de evitar o dano e lhe era possível fazê-lo, pois, como já decidiu o Superior Tribunal de Justiça, 'não havendo enriquecimento ilícito e nem prejuízo ao erário municipal, mas inabilidade do administrador, não cabem as punições previstas na Lei nº 8.429/92. (...) A lei alcança o administrador desonesto, não o inábil'" (STJ. REsp. nº 213.994-MG, 1999/00411561-2, j. 17.08.1999, rel. Min. Garcia Vieira, DJU 27.09.1999).

[214] FIGUEIREDO, Marcelo. *Probidade Administrativa*. 4. ed. São Paulo: Malheiros, 2000. p. 24.

[215] CAPEZ, Fernando. *Limites constitucionais à Lei de Improbidade*. São Paulo: Saraiva, 2010. p. 255-274.

consequentemente, o Estado Democrático de Direito. A partir disso, as leis tipificaram condutas violadoras desse plexo de princípios.

Os conceitos utilizados pelo constituinte condicionam o legislador, ao estabelecer a norma infraconstitucional e ao regulamentar as hipóteses de afronta à moralidade e à probidade, de modo a impedir que se considere improbidade atos que não sejam dotados de desonestidade.[216] A busca pela unidade de critérios punitivos pressupõe a incursão normativa do legislador na árdua tarefa de limitar o *jus puniendi* estatal, em consonância com os princípios do Estado Democrático de Direito.

A Lei nº 8.429, de 2 de junho de 1992, conhecida como Lei de Improbidade Administrativa,[217] regulamentou o art. 37, parágrafo 4º, da Constituição, dispondo sobre as penalidades a serem aplicadas a agentes públicos e terceiros responsáveis por atos de improbidade. Nessa esteira, procurou tipificar as condutas violadoras desse plexo de princípios, congregando sob a denominação de atos de improbidade administrativa as ações ou omissões que atentam contra os princípios da administração pública e que violem os deveres de honestidade, imparcialidade, legalidade e lealdade às instituições.[218] Essa norma foi trazida ao ordenamento jurídico brasileiro como forma de impor transparência e lisura em relação aos atos da administração e de maneira a concretizar a exigência da moralidade administrativa.

---

[216] HARGER, Marcelo. *Improbidade administrativa*: comentários à Lei nº 8.429/92. São Paulo: Atlas, 2015. p. 15.

[217] O PL nº 1446/1991, cujo relator foi o Deputado Federal José Dutra, fazia mescla de legislações em vigor que tratavam, direta ou indiretamente, de enriquecimento ilícito. O projeto foi discutido e algumas emendas foram apresentadas e aprovadas, sem que houvesse alterações substanciais. Uma vez enviado ao Senado Federal, o PL nº 1446/1991 passou a ter a numeração 94/1991 e foi substancialmente alterado. Aventou-se a discussão sobre a constitucionalidade formal da LIA na ADI nº 2182. E, em decisão afastando a inconstitucionalidade no trâmite legislativo, consignou-se que "iniciado o projeto de lei na Câmara de Deputados, cabia a esta o encaminhamento à sanção do Presidente da República depois de examinada a emenda apresentada pelo Senado da República. O substitutivo aprovado no Sendo da República, atuando como Casa revisora, não caracterizou novo projeto de lei a exigir uma segunda revisão". (BRASIL. Superior Tribunal Federal. *ADI nº 2192*. Rel. Min. p/ acórdão Cármen Lúcia Antunes Rocha). O Substitutivo saiu do Senado com 37 artigos e, uma vez na Câmara dos deputados, passou por algumas mudanças, sem alterar substancialmente a essência do texto. Ao final, a Lei de Improbidade Administrativa foi sancionada com 25 artigos, ou seja, ainda assim, muito maior do que prevista inicialmente.

[218] Art. 11. (BRASIL. Lei nº 8.429, de 2 de junho de 1992. Dispõe sobre as sanções aplicáveis aos agentes públicos nos casos de enriquecimento ilícito no exercício de mandato, cargo, emprego ou função na administração pública direta, indireta ou fundacional e dá outras providências. *Diário Oficial da União*, Rio de Janeiro, 03 jun. 1992. Disponível em: http://www.planalto.gov.br/ccivil_03/LEIS/L8429.htm. Acesso em 8 fev. 2020).

Trata-se de código geral de conduta dos agentes públicos brasileiros, o qual ostenta alcance nacional e compõe-se de normas de direito administrativo e processual e integra importante microssistema normativo de controle da Administração Pública. O fato de ser uma lei geral não torna a Lei de Improbidade imune às peculiaridades das legislações setoriais que a integram, permitindo que sua incidência seja isonômica, no sentido de tratar desigualmente os desiguais, na medida de suas desigualdades, e levando em consideração as peculiaridades e particularidades do agente. Os interesses tutelados por meio dessa lei são públicos e indisponíveis, uma vez que atingem a moralidade e o patrimônio público.[219]

A Lei nº 8.429/1992 indica quem pratica os atos de improbidade e aqueles que estão sujeitos à sua aplicação: os agentes públicos[220] e os terceiros que concorram para a prática do ato de improbidade ou dele se beneficiem sob qualquer forma, direta ou indireta. Ademais, determina quem pode ser sujeito passivo do ato de improbidade, dispondo que a administração direta e indireta, de qualquer dos poderes da União, dos Estados, do Distrito Federal, dos Municípios, de Território, de empresa incorporada ao patrimônio público ou de entidade cuja criação ou custeio o erário haja concorrido ou concorra com mais de cinquenta por cento do patrimônio ou da receita anual estarão sujeitos à sua aplicação. Traz, em seu texto, previsão de que estão também sujeitos às penalidades os atos praticados contra entidade que receba subvenção, benefício ou incentivo, fiscal ou creditício, de órgão público, bem como daquelas para cuja criação o erário haja concorrido ou concorra com menos de cinquenta por cento do patrimônio ou da receita anual.

Muito embora tenha buscado delimitar três blocos distintos de tipos de atos ímprobos – os que importam enriquecimento ilícito, os que causam prejuízo ao erário e aqueles que atentam contra os princípios da Administração Pública –,[221] a descrição legal ainda abarca vasta gama

---

[219] CARVALHO NETO, Tarcisio Vieira de; FERNANDES, Lília Maria da Cunha. Improbidade administrativa e inelegibilidades à luz da atual jurisprudência do Tribunal Superior Eleitoral. *Revista eletrônica de direito eleitoral e sistema político-REDESP*, n. 1, jul./dez. 2017.

[220] Agente público é todo aquele que exerce, ainda que transitoriamente ou sem remuneração, por eleição, nomeação, designação, contratação ou qualquer outra forma de investidura ou vínculo, mandato, cargo, emprego ou função, nas entidades que são consideradas sujeitos passivos.

[221] Art. 9º, 10 e 11. (BRASIL. Lei nº 8.429, de 2 de junho de 1992. Dispõe sobre as sanções aplicáveis aos agentes públicos nos casos de enriquecimento ilícito no exercício de mandato, cargo, emprego ou função na administração pública direta, indireta ou fundacional e dá outras providências. *Diário Oficial da União*, Rio de Janeiro, 03 jun. 1992. Disponível em: http://www.planalto.gov.br/ccivil_03/LEIS/L8429.htm. Acesso em 8 fev. 2020).

de situações.[222] Improbidade Administrativa, de acordo com a lei que a operacionaliza, pode ser definida como ato de violação à moralidade administrativa e aos princípios da Administração Pública.

Por essa razão, Aristides Junqueira leciona que "torna-se difícil, se não impossível, excluir o dolo do conceito de desonestidade e, consequentemente, do conceito de improbidade, tornando-se inimaginável que alguém possa ser desonesto por mera culpa, em sentido estrito".[223] A única interpretação que se coaduna com a Constituição Federal é a de que, para configurar ato de improbidade, o agente possua a intenção de praticar o imoral.

Para Maria Sylvia Zanella Di Pietro:

> O enquadramento na lei de improbidade exige culpa ou dolo por parte do sujeito ativo. Mesmo quando algum ato ilegal seja praticado, é preciso verificar se houve culpa ou dolo, se houve um mínimo de má-fé que revele realmente a presença de um comportamento desonesto. A quantidade de leis, decretos, medidas provisórias, regulamentos, portarias torna praticamente impossível a aplicação do velho princípio de que todos conhecem a lei. Além disso, algumas normas admitem diferentes interpretações e são aplicadas por servidores públicos estranhos à área jurídica. Por isso mesmo, a aplicação da lei de improbidade exige bom-senso, pesquisa da intenção do agente, sob pena de sobrecarregar-se inutilmente o Judiciário com questões irrelevantes, que podem ser adequadamente resolvidas na própria esfera administrativa.[224]

---

[222] O art. 11 da Lei nº 8.429/1993 estabelece diversas condutas específicas que caracterizam improbidade administrativa, além daquelas que importam enriquecimento ilícito, que causam prejuízo ao erário e que atentam contra os princípios da Administração Pública. Art. 11. Constitui ato de improbidade administrativa que atenta contra os princípios da administração pública qualquer ação ou omissão que viole os deveres de honestidade, imparcialidade, legalidade, e lealdade às instituições, e notadamente: I – praticar ato visando fim proibido em lei ou regulamento ou diverso daquele previsto, na regra de competência; II – retardar ou deixar de praticar, indevidamente, ato de ofício; III – revelar fato ou circunstância de que tem ciência em razão das atribuições e que deva permanecer em segredo; IV – negar publicidade aos atos oficiais; V – frustrar a licitude de concurso público; VI – deixar de prestar contas quando esteja obrigado a fazê-lo; VII – revelar ou permitir que chegue ao conhecimento de terceiro, antes da respectiva divulgação oficial, teor de medida política ou econômica capaz de afetar o preço de mercadoria, bem ou serviço; VIII – descumprir as normas relativas à celebração, fiscalização e aprovação de contas de parcerias firmadas pela administração pública com entidades privadas; IX – deixar de cumprir a exigência de requisitos de acessibilidade previstos na legislação; X – transferir recurso a entidade privada, em razão da prestação de serviços na área de saúde sem a prévia celebração de contrato, convênio ou instrumento congênere, nos termos do parágrafo único do art. 24 da Lei nº 8.080, de 19 de setembro de 1990.

[223] ALVARENGA, Aristides Junqueira. Reflexões sobre Improbidade Administrativa no Direito Brasileiro. In: BUENO, Cassio Scarpinella; PORTO FILHO, Pedro Paulo de Rezende. *Improbidade administrativa*: questões polêmicas e atuais. São Paulo: Malheiros, 2001. p. 89.

[224] DI PIETRO, Maria Sylvia Zanella. *Direito Administrativo*. 31. ed. São Paulo: Atlas, 2018. p. 675-676.

Desse modo, a responsabilidade do agente é subjetiva, ou seja, reclama verificação *in concreto* do vínculo que liga o agente ao fato. Não é suficiente a existência de conexão causal objetiva entre a ação ou omissão e o resultado, nem apenas sua subsunção típica. É imprescindível a culpabilidade (culpa *lato sensu*) do agente público.

O elemento subjetivo, em regra, é o dolo, não obstante, a modalidade culposa vem expressa no art. 10 da lei,[225] atinentes aos casos decorrentes de imprudência, negligência ou imperícia. Logo, configuram-se como ímprobos aqueles atos resultantes do descaso do agente no cumprimento de suas obrigações.

Diante dessas distinções, cumpre estabelecer que ato de improbidade é ato ilícito, decorrente de desonestidade do agente, que cause prejuízo à administração, acarrete enriquecimento ilícito a cidadão ou pessoa jurídica ou esteja expressamente previsto no art. 11 da Lei de Improbidade Administrativa. Tais hipóteses são meramente exemplificativas, entretanto, uma vez praticada qualquer delas, haverá presunção de que ocorreu ato de improbidade, que somente pode ser afastada pela demonstração da inexistência do fato típico ou da autoria. Essa nova sistemática interfere no ônus probatório, facilitando a subsunção do fato à norma, e evita que sejam proferidas decisões contraditórias em casos semelhantes.

Sobre o assunto, José Miguel Garcia Medina afirma que,

> (...) consoante entendimento hoje pacificado pela doutrina e pela jurisprudência que cuidam do tema, para que se esteja diante de um ato de improbidade administrativa exige-se a conjugação de três elementos fundamentais: 1º) a ilegalidade; 2º) a imoralidade; 3º) a desonestidade. Tais elementos devem estar presentes simultaneamente.[226]

Para avaliar a existência de ato ímprobo, portanto, faz-se imprescindível analisar a natureza da ação ou da omissão praticada pelo agente ou particular que dele se beneficiou. Somente se a conduta for

---

[225] Art. 10. (BRASIL. Lei nº 8.429, de 2 de junho de 1992. Dispõe sobre as sanções aplicáveis aos agentes públicos nos casos de enriquecimento ilícito no exercício de mandato, cargo, emprego ou função na administração pública direta, indireta ou fundacional e dá outras providências. *Diário Oficial da União*, Rio de Janeiro, 03 jun. 1992. Disponível em: http://www.planalto.gov.br/ccivil_03/LEIS/L8429.htm. Acesso em 8 fev. 2020).

[226] MEDINA, José Miguel Garcia. Ação Civil Pública. Improbidade Administrativa. Possibilidade de Indeferimento da Petição Inicial ante a Ausência de Ato de Improbidade. Inteligência do art. 17, §§8º e 11, da Lei nº 8.429/1992, c/c art. 295 do CPC. *Revista dos Tribunais*, São Paulo, v. 92, n. 815, p 123-136, set. 2003. Disponível em: https://dspace.almg.gov.br/handle/11037/35951. Acesso em: 21 maio 2019.

proibida será possível falar em causalidade entre ela e o resultado. Apenas nesse caso, ingressa-se na etapa de verificação de culpa ou de dolo. Dessa feita, a análise da existência do ato de improbidade passa por dois momentos: um, de natureza objetiva, em que se examina o conteúdo da ação ou da omissão, de acordo com a lei; e outro, de natureza subjetiva, que consiste na apreciação do dolo ou da culpa.

A densidade das proibições e sanções dirigidas aos ímprobos é determinada pela Lei nº 8.429/1992, que articula a funcionalidade dos princípios da legalidade, da culpabilidade, da segurança jurídica e da proporcionalidade entre o Direito Penal e o Direito Administrativo Sancionador. Nesse cenário, a conduta proibida é previsível, diante dos tipos sancionadores desenhados na Lei Geral de Improbidade.

A peculiaridade do ato ímprobo é patamar especial de gravidade que assume em termos de valoração sobre a norma violada, o que justificaria, assim, determinadas sanções para coibi-lo. Marçal Justen Filho pontifica que "a LIA previu o sancionamento civil, administrativo e penal por condutas de agentes públicos que mereçam reprovação exacerbada, em vistas à violação a valores de grande relevo ou da produção de efeitos de grande nocividade".[227]

Não obstante, a Lei de Improbidade possui normas sancionadoras em branco,[228] que se complementam por outras regras ou princípios, a partir da integração de legislações setoriais. Evidentemente, nem toda ilegalidade pode configurar improbidade. Nem mesmo toda imoralidade administrativa, o que significa dizer que se faz necessária uma gradação dos deveres públicos, da norma incidente à espécie e das respostas sancionatórias cabíveis para se determinar o que é um ato ímprobo. Somente o processo interpretativo, à luz da norma específica sobre o tema, poderá definir ato de improbidade administrativa.

Portanto, a instrumentalização da moralidade pela probidade administrativa resulta no somatório: (i) da categoria ético-normativa, ligada à ideia de honra institucional; (ii) das múltiplas categorias de má gestão pública, revestindo-se das notas da desonestidade ou da ineficiência grave, passível de cometimento por ações ou omissões,

---

[227] JUSTEN FILHO, Marçal. Contratação temporária e a configuração de ato de improbidade administrativa. In: MARQUES, Mauro Campbell. *Improbidade administrativa. Temas atuais e controvertidos*. Rio de Janeiro: Forense, 2016. p. 178-179.

[228] Diz-se norma penal em branco aquela cujo preceito incriminador, apesar de descrever a conduta penalmente proibida, por fazê-lo de forma incompleta e vaga, deve, necessariamente, ser complementado como condição à sua aplicabilidade, por preceito contido em outro dispositivo legal, lançado no mesmo ou em diverso diploma legiferante, de qualquer natureza (leis, decretos, regulamentos, portarias etc.).

dolosas ou culposas, de parte de agentes públicos no exercício de suas funções, ou em razão delas, com ou sem a participação de particulares; (iii) da vulneração de regras legais e princípios (ou princípios e regras); e (iv) de normas sancionadoras em branco, que se integram e se complementam por outras normas.[229]

Passados 28 anos de sua vigência, a Lei de Improbidade Administrativa ainda é alvo de críticas, em virtude da própria incerteza de seu conteúdo jurídico e da ausência de dados empíricos sobre a aplicação do diploma. O Supremo Tribunal Federal, no voto do Ministro Dias Toffoli, no RE nº 656.558, reconheceu que "é fato que a expressão ato de improbidade traz em si um sentido amplo, genérico, o que dificulta a determinação, a priori, dessa espécie de ato".

---

[229] OSÓRIO, Fábio Medina. *Conceito e tipologia dos atos de improbidade administrativa.* Disponível em: https://core.ac.uk/download/pdf/16038245.pdf. Acesso em 2 jan. 2020.

CAPÍTULO III

# PRINCÍPIO DA SEGURANÇA JURÍDICA E A LEI DE INTRODUÇÃO ÀS NORMAS DO DIREITO BRASILEIRO

Apesar de haver divergência quanto à origem do Estado de Direito,[230] há consenso de que os seus fundamentos se pautaram no afastamento das inclinações estatais religiosas e éticas, na garantia da igualdade, liberdade, segurança e propriedade dos indivíduos, bem como na regulação por princípios racionais, com o domínio da lei e a participação popular.[231] Esse Estado se legitimou pela crença na limitação do arbítrio político pelo direito, compatível com um direito liberal, notadamente não intervencionista, caracterizado pela ideia de legalidade e direitos fundamentais de primeira geração.[232]

Todavia, essa crença foi insuficiente para resolver as demandas exógenas ao direito, a legitimar um Estado Providência em que políticas públicas fossem consideradas direitos subjetivos. A observância cega pela igualdade formal e pela normatividade geral se mostrou inócua para resolver os anseios reais da sociedade.

O modelo liberal centrado na individualidade e na unilateralidade foi superado por ser insuficiente para proteger os direitos de todos.

---

[230] O objetivo do presente estudo não é uma análise pormenorizada do Estado de Direito e suas nuances, mas somente um panorama sobre o Estado de Direito e sua relação com a segurança jurídica. Para maior aprofundamento, ver: MAYER, Otto. *Contributo para uma teoria do estado de direito*. Coimbra: Faculdade de Direito da Universidade de Coimbra, 1987.

[231] SILVEIRA, Marilda de Paula. *Segurança jurídica, regulação, ato*: mudança, transição e motivação. Belo Horizonte: Fórum, 2016. p. 26.

[232] GARCIA, Fábio Henrique Falcone. Apontamentos sobre a (ir)racionalidade jurídica e a reforma da Lei de Introdução às Normas do Direito Brasileiro. *In*: CUNHA FILHO, Alexandre Jorge Carneiro da; ISSA, Rafael Hamze; SCHWIND, Rafael Wallbach. *Lei de Introdução às Normas do Direito Brasileiro – Anotada*: Decreto-Lei nº 4.657, de 4 de setembro de 1942. São Paulo: Quartier Latin, 2019. v. II, p. 41-42.

Nesse cenário, o Estado mínimo perde espaço para o Estado social, que visa ao fortalecimento do intervencionismo e dos direitos sociais. Além de resguardar as liberdades individuais, o Estado passa a atender os anseios dos indivíduos.

A existência de diversidade de interesses justifica a avocação estatal da proteção individual nos casos assimétricos.[233] O Estado assume novas tarefas, as quais antes eram atribuídas somente aos particulares, e busca induzir os administrados a se comportarem de maneira a atingir o interesse público. Ultrapassa-se, pois, a concepção de Estado Liberal para o Estado de Providência, gerador de prestações, fixador de planos e programas e produtor de influência.[234]

Contudo, a queda da União Soviética, a globalização e a insatisfação também com o modelo de Estado de Providência levaram à cobrança pela redução do tamanho do Estado, sem a perda de sua atuação prestacional. Essa exigência passa a ser incorporada na Constituição Mexicana de 1917 e na Constituição de Weimar de 1919. No Brasil, a democratização e a garantia de direitos humanos marcaram a passagem para o Estado Democrático de Direito.

Em sua concepção inicial, o Estado Democrático de Direito dava ênfase à liberdade política e à proteção aos abusos de poder, de forma a atender os interesses da burguesia recém instalada. A atividade estatal passa a se basear na vontade geral, limitada pela lei. A liberdade e a isonomia foram pautadas na possibilidade de conhecer as barreiras legais aplicadas aos seus destinatários, dentre eles o próprio Estado. A dignidade humana, a liberdade, a igualdade, a fraternidade, a participação e o planejamento são características do Estado de Direito e, da mesma forma que impõem limites e sacrifícios a essas liberdades e propriedades, garantem, por outro lado, segurança e atendimento às necessidades sociais.

Esse desenho democrático estabelece um modelo de abertura para ouvir a pluralidade de pretensões sociais em conflito e atendê-las, em um processo de concretização e controle. A confiança que se tem na atuação do Estado e em suas instituições é o desafio de sua legitimidade. Para que esse paradigma se sustente, os administrados devem entender que esse é um sistema legítimo. De outro modo, a tendência é por sua desestruturação.

---

[233] Esse é o caso, por exemplo, de empregados e empregadores, vendedores e consumidores e até mesmo de Estado e cidadão.
[234] ÁVILA, Humberto. *Teoria da segurança jurídica*. 5. ed. São Paulo: Malheiros, 2019. p. 58.

Portanto, esse sistema deve assegurar que a esfera individual afetada pelo Estado seja planejada. Se, por um lado, a soberania da vontade popular deve permitir adaptações às suas necessidades, por outro, as decisões estatais que atingem os particulares devem estar ao alcance da sociedade, que deve ser capaz de compreender os riscos a que está exposta nessa relação.

Toda atuação do Estado deve ser precedida de planejamento, ainda que mínimo. As escolhas tomadas pelos administrados devem ser antecedidas de análise de custo-benefício, ainda que instintiva. Para tanto, os indivíduos consideram os elementos que lhes são disponíveis no ordenamento jurídico. Ou seja, em dado momento, as normas passam a regular a sociedade em prol da segurança. A finalidade e a justiça ficam, ainda que de forma fictícia, inseridas no valor da segurança. O que deve ser cumprido passa a ser o justo e a finalidade do direito.[235]

O Estado Democrático de Direito traz, em si, a exigência de protetividade de direitos, de responsabilidade estatal, de não arbitrariedade, de submissão do Estado a regras claras, prospectivas e não contraditórias, protegendo o cidadão. Segundo Humberto Ávila, "o Estado de Direito ou é seguro, ou não é Estado de Direito".[236] A segurança jurídica é deduzida dos próprios fundamentos desse modelo de Estado, especialmente das regras, atos e procedimentos que garantem a efetividade dos direitos individuais.

Emanada, portanto, do Estado Democrático de Direito, a segurança jurídica se apresenta como dependente da implementação de instrumentos que dão concretude à sua incidência. Sua aplicação não se materializa como algo intrínseco ao ordenamento jurídico, mas como valor que inspira a existência do direito e da justiça.[237]

A segurança jurídica não é medida absoluta, mesmo porque, nesse sentido não seria compatível com o modelo de Estado Democrático de Direito, que impede a manutenção de um *status*. Dessa forma, a manutenção de alternativas que flexibilizem as normas é indispensável para a garantia de liberdade.

Contudo, segundo Marilda Silveira, "fatores de instabilidade têm separado as fronteiras da *insegurança necessária*, o que acaba por obstar

---

[235] CORTÊS, Osmar Mendes Paixão. *Súmula vinculante e segurança jurídica*. São Paulo: Editora Revista dos Tribunais, 2008. p. 24.

[236] ÁVILA, Humberto. *Segurança jurídica*: entre permanência, mudança e realização no direito tributário. São Paulo: Malheiros, 2012. p. 213.

[237] SILVEIRA, Marilda de Paula. *Segurança jurídica, regulação, ato*: mudança, transição e motivação. Belo Horizonte: Fórum, 2016. p. 35.

a *implementação dos pressupostos de garantia da segurança jurídica diante da atuação estatal*".[238] São diversos os fatores que compõem esse cenário: (i) o excesso de informações; (ii) a inflação legislativa; (iii) a complexidade das normas vigentes; (iv) a utilização de indeterminações conceituais; e (v) as rupturas de interpretações jurisprudenciais.

Vive-se, hoje, em uma sociedade plural – também chamada de sociedade de risco, global ou da informação –, a qual qualifica-se, principalmente, pela enorme quantidade de informações e normas que abrangem o Direito Internacional, o Direito Comparado e o Direito Comunitário.[239] Sob esse enfoque, ainda há grande quantidade de decisões judiciais, de atos administrativos e de doutrina sobre todo o espectro normativo que se apresenta. Esse material informativo, embora garanta uma melhor compreensão do mundo, paradoxalmente, fomenta incertezas: quanto maior é a quantidade de informações, maior também é a necessidade de avaliação do que deve ser considerado.

Esse tipo de sociedade caracteriza-se pela existência de uma enorme diversidade de interesses, os quais nem sempre são coincidentes, cabendo ao Estado coordená-los por meio da edição de novas normas. Tais normas se tornam, assim, mais numerosas e mais complexas. Daí falar-se em *politeísmo de valores*, em consequência da multiplicidade de entendimentos, incapazes de serem apreendidos em noções conceituais absolutas.

O intervencionismo estatal demanda aumento da quantidade de leis, cada vez mais repletas de regras gerais e excepcionais. Os atos administrativos deixam de ser apenas restritivos e passam a servir de instrumento para atuação estatal, que cria vantagens variadas para os indivíduos, em uma relação de maior horizontalidade, justificando o movimento que convencionou-se chamar *fuga para o direito privado*.[240]

Com isso, iniciou-se a atenuação do caráter autoritário da administração pública, para que o cidadão fosse respeitado e ouvido. Inúmeros instrumentos e mecanismos, não adotados na concepção clássica do Direito Administrativo, passaram a ser utilizados, como, por exemplo, a participação de particulares na tomada de decisões;

---

[238] SILVEIRA, Marilda de Paula. *Segurança jurídica, regulação, ato*: mudança, transição e motivação. Belo Horizonte: Fórum, 2016. p. 36.

[239] O Direito Comunitário é um desdobramento do Direito Internacional, mas que, ao contrário deste, não é de Direito Público, pois possui um caráter supranacional, tendo natureza público-privada.

[240] Para maior aprofundamento, ver: ESTORNINHO, Maria João. *A fuga para o direito privado*: contributo para o estudo da actividade de direito privado da administração pública. Coimbra: Editora Coimbra, 1999.

a busca por consenso em relação às decisões; a publicidade da atuação do poder público etc.

Como o Estado deve proteger muitos indivíduos, o ente legiferante opta por edição de normas com maior grau de abstração, capazes de resguardar o direito de todos. Opta-se por legislação mais aberta, com o fim de evitar a sua contínua modificação. Para tanto, utiliza-se os conceitos jurídicos indeterminados e dos princípios,[241] com elevado grau de indeterminação. Quanto maior é a abstração e a generalidade da norma, mais fácil é sua compreensão, porém, pela falta de elementos concretos, menos previsível é seu conteúdo. A tentativa de regulação mais ampla, portanto, aumenta a vagueza e a obscuridade do sistema normativo.

Cria-se, com isso, um paradoxo: de um lado, para proteger o indivíduo, o Estado precisa saber de tudo, ser capaz de tudo e poder tudo; por outro lado, quando isso ocorre, ele se torna, pela restrição da liberdade, instrumento de fomento à insegurança.[242] Ao tentar eliminar o perigo de conflitos, o excesso de regras faz com que os administrados ajam de forma heterônoma, induzidos por essas normas. Com isso, a autonomia individual desaparece e surge a contradição de que o combate à insegurança gera a insegurança.

Como a aplicação do direito envolve interpretações, ponderações e valorações, a instabilidade normativa também se faz perceber na atuação do Poder Judiciário. Nota-se a ausência de homogeneidade na atuação de seus órgãos e nas alterações de direcionamentos jurisprudenciais.

O Estado Democrático de Direito não justifica a estabilidade de toda e qualquer previsão normativa, porque isso esvaziaria o princípio democrático, mas deve assegurar, minimamente, a confiança de suas relações. Precisamente por isso, o problema da segurança jurídica sempre envolve tentativa de reação, por meio do direito, contra a insegurança criada pelo próprio direito. Combater a insegurança jurídica consiste em uma luta do sistema jurídico contra si mesmo.[243]

O direito, em si, traz confiança para a sociedade nas mais diversas acepções, no entanto, o modelo de segurança jurídica adotado depende da sua forma de concretização – dos objetivos lançados, dos fundamentos diretos e indiretos e da garantia de direitos frente ao próprio direito.

---

[241] Os termos foram desenvolvidos de forma mais aprofundada em capítulos anteriores.
[242] ÁVILA, Humberto. *Teoria da segurança jurídica*. 5. ed. São Paulo: Malheiros, 2019. p. 60.
[243] ÁVILA, Humberto. *Teoria da segurança jurídica*. 5. ed. São Paulo: Malheiros, 2019. p. 63.

A partir disso, a segurança jurídica possui dimensões objetiva e subjetiva. A dimensão objetiva diz respeito às qualidades que o direito deve possuir para garantir a estabilidade das relações jurídicas. A subjetiva refere-se à eficácia concreta que deve experimentar para a proteção da confiança legítima do administrado quanto à validade dos atos emanados do poder público. Ambas as dimensões devem ser de fácil percepção para os cidadãos, e não somente para os operadores do direito.

A segurança jurídica explica o papel específico do legislador e do juiz, como oposto à autonomia de consciência que caracteriza a moral.[244] Se o direito deseja garantir a segurança jurídica, deve conceder aos legisladores a autoridade de elaborar regras que se imponham a todos e designar que os juízes tenham a incumbência de aplicá-las.

O ideal de justiça é reafirmado pela segurança, porque a arbitrariedade e a desordem são contrárias a ela. Não há justiça sem uma ordem jurídica orientada a esse fim, independentemente dos caprichos do legislador ou da política. O subjetivismo do juiz, ainda que moderado por sua formação jurídica, é indistinguível da arbitrariedade e contrário à justiça.[245]

## III.I Conteúdo jurídico da segurança jurídica

O debate a respeito da natureza da segurança jurídica permanece aceso, além dos aspectos que amparam a juridicidade do seu conceito.[246] Parte da doutrina entende tratar-se de valor que, ao lado da justiça, deve inspirar e permear os sistemas e ordenamentos jurídicos.[247] Por outro lado, alguns doutrinadores, como Cármen Lúcia, entendem que a segurança não é um valor, mas uma qualidade do sistema ou de sua aplicação. Para a autora, o valor é a justiça que é buscada pela positivação e aplicação de qualquer sistema.[248]

---

[244] PERELMAN, Chaim. *Ética e direito*. São Paulo: Martins Fontes, 2000. p. 303.
[245] MADRAZO, Francisco. *Orden jurídico y derecho judicial*. Buenos Aires: Depalma, 1985. p. 58.
[246] A doutrina discute se a segurança jurídica seria um princípio de valor superior, se decorre de outras normas ou se é exigência deontológica da qual não se poderia impor outras regras.
[247] CORTÊS, Osmar Mendes Paixão. *Súmula vinculante e segurança jurídica*. São Paulo: Editora Revista dos Tribunais, 2008. p. 28.
[248] ROCHA, Cármen Lúcia. *O princípio da coisa julgada e o vício da inconstitucionalidade. Constituição e segurança jurídica*: direito adquirido, ato jurídico perfeito e coisa julgada. Estudos em homenagem a José Paulo Sepúlveda Pertence. Belo Horizonte: Fórum, 2005. p. 168.

Segundo Humberto Ávila, a segurança jurídica pode ser entendida como (i) elemento definitório – nesse aspecto entendida como condição estrutural do ordenamento jurídico; (ii) valor – estado desejável e digno de ser buscado, por razões sociais, culturais, econômicas; ou (iii) norma-princípio – prescrição normativa por meio da qual se estabeleça algo como permitido, proibido ou obrigatório –, de forma que seus aspectos precisam ser analisados individualmente e coordenados conjuntamente. Para o autor, sua absolutilização pode pôr em xeque sua própria existência, devendo, por isso, ser analisada frente a cada caso concreto, para definir-se sua natureza jurídica.[249]

Embora a expressão *segurança jurídica* tenha sido utilizada com uma gama de significações, trata-se de conteúdo inerente à própria ideia de direito.[250] Somente o ordenamento jurídico pode densificá-la normativamente, de maneira a levar em consideração a atuação dos três poderes do Estado.

No Direito Comunitário, a segurança jurídica é admitida como princípio do direito positivo. Na Suíça, é entendida como exigência jurídico-política que se direciona ao legislador. Na França, é postulado tão genérico que é considerado insignificante.[251] Nos Estados Unidos, é postulado constitucional e veda leis retroativas. Na América Latina, à exceção do México, e na Europa, a regra da não retroatividade tem nível infraconstitucional, podendo ser derrogada por legislação superveniente. No Brasil, o perfil constitucional assegura núcleo central de capacidade de conhecer ou de acessar as regras que definem uma conduta e as suas consequências. Esse cenário demonstra que a segurança jurídica tem o perfil que lhe é dado pela ordem jurídica.[252]

A segurança jurídica, independentemente do seu significado, dos seus elementos e da sua eficácia, é uma preferência constitucional, sob o ponto de vista normativo. A Constituição Federal prevê, expressamente, em seu preâmbulo, a proteção da segurança[253] como valor

---

[249] ÁVILA, Humberto. *Segurança jurídica*: entre permanência, mudança e realização no direito tributário. São Paulo: Malheiros, 2012. p. 140.

[250] ÁVILA, Humberto. *Segurança jurídica*: entre permanência, mudança e realização no direito tributário. São Paulo: Malheiros, 2012. p. 162.

[251] O princípio se popularizou após um *rapport* que mostrou as imperfeições do sistema francês. Com isso, o governo passou a invocar a necessidade de segurança jurídica, sem admiti-la como fundamentação de recursos, tanto na Corte Administrativa quanto na Corte Constitucional. Sua utilização ficou limitada à diretriz.

[252] ÁVILA, Humberto. *Segurança jurídica*: entre permanência, mudança e realização no direito tributário. São Paulo: Malheiros, 2012. p. 163.

[253] "Nós, representantes do povo brasileiro, reunidos em Assembleia Nacional Constituinte para instituir um Estado Democrático, destinado a assegurar o exercício dos direitos

social.²⁵⁴ Em seu art. 5º, estabelece que "todos são iguais perante a lei, sem distinção de qualquer natureza, garantindo-se aos brasileiros e aos estrangeiros residentes no País a inviolabilidade do direito à vida, à liberdade, à igualdade, à segurança e à propriedade".²⁵⁵ Essa previsão não revela com clareza em que sentido o termo "segurança" é utilizado, mas garante a inviolabilidade desse direito, demonstrando tratar-se de direito individual oponível contra o Estado.

Segundo Humberto Ávila, o termo *segurança* utilizado nesse dispositivo constitucional deve ser entendido como *segurança jurídica*, porque garante esse direito ao lado da igualdade, da liberdade, da propriedade, que são valores sociais objetivos, e não meramente estados psicológicos individuais. Assim, segurança física não teria os mesmos atributos dos demais direitos elencados. Além disso, segundo o autor, entre os direitos fundamentais catalogados no texto constitucional, há vários relativos à segurança física e individual,²⁵⁶ o que conduz à conclusão de que a previsão do *caput*, para ter sentido, somente pode se referir à segurança jurídica, quer seja segurança *pelo* direito, quer seja segurança *do* direito.²⁵⁷

Embora o termo *segurança* possa ser interpretado de forma restritiva, a significar a ideia contraposta ao medo, ao perigo e às ameaças externas, ainda assim, esse sentido contribui para a construção da noção da segurança jurídica. Isso porque, para se afastar dos perigos, o indivíduo incorpora elementos internos (subjetivos) da confiança, que deixa de ser propriedade de uma só pessoa e passa a ser valor social e jurídico da sociedade.²⁵⁸

---

sociais e individuais, a liberdade, a segurança, o bem-estar, o desenvolvimento, a igualdade e a justiça como valores supremos de uma sociedade fraterna, pluralista e sem preconceitos, fundada na harmonia social e comprometida, na ordem interna e internacional, com a solução pacífica das controvérsias, promulgamos, sob a proteção de Deus, a seguinte CONSTITUIÇÃO DA REPÚBLICA FEDERATIVA DO BRASIL". BRASIL. Constituição da República Federativa do Brasil de 1988. *Diário Oficial da União*, Brasília, 05 out. 1988. Disponível em: http://www.planalto.gov.br/ccivil_03/constituicao/constituicao.htm. Acesso em 18 out. 2020.

²⁵⁴ Essa expressão denota a ideia de "segurança pelo direito", uma vez que o direito deve servir como instrumento assecuratório da segurança (ÁVILA, Humberto. *Teoria da segurança jurídica*. 5. ed. São Paulo: Malheiros, 2019. p. 220).

²⁵⁵ BRASIL. Constituição da República Federativa do Brasil de 1988. *Diário Oficial da União*, Brasília, 05 out. 1988. Disponível em: http://www.planalto.gov.br/ccivil_03/constituicao/constituicao.htm. Acesso em 18 out. 2020.

²⁵⁶ Como exemplos, citem-se a proteção da residência, o *habeas corpus*, a manifestação do pensamento, a liberdade de consciência e de crença.

²⁵⁷ ÁVILA, Humberto. *Teoria da segurança jurídica*. 5. ed. São Paulo: Malheiros, 2019. p. 221.

²⁵⁸ ÁVILA, Humberto. *Teoria da segurança jurídica*. 5. ed. São Paulo: Malheiros, 2019. p. 222.

Em outro dispositivo, inserido pela Emenda Constitucional nº 45/2004, a Constituição menciona, expressamente, a segurança jurídica, quando autoriza o Supremo Tribunal Federal a aprovar, de ofício ou por provocação, súmula vinculante em relação aos demais órgãos do Poder Judiciário e à administração pública direta e indireta, nas esferas federal, estadual e municipal. O parágrafo primeiro desse dispositivo estabelece que

> [...] a súmula terá por objetivo a validade, a interpretação e a eficácia de normas determinadas, acerca das quais haja controvérsia atual entre órgãos judiciários ou entre esses e a administração pública que acarrete grave insegurança jurídica e relevante multiplicação de processos sobre questão idêntica.[259]

A despeito de não ter significação definida, a expressão "segurança jurídica" refere-se à cognoscibilidade do ordenamento jurídico como exigência de vinculação normativa. Portanto, a própria Constituição reconhece a segurança jurídica como elemento fundamental para orientação e aplicação do direito.

Ao estabelecer que "a lei não prejudicará o direito adquirido, o ato jurídico perfeito e a coisa julgada",[260] a norma constitucional protege a segurança jurídica na confiabilidade do ordenamento jurídico. A proteção desses valores é manifestação da proteção da confiança e da boa-fé, que traduzem a eficácia reflexiva da segurança jurídica, a qual visa a manter a eficácia de conquista adquirida no passado.

Essa segurança se realiza por meio de regras, atos e procedimentos do Estado, capazes de efetivar os direitos individuais. A segurança jurídica determina, portanto, a proteção de um ideal cuja realização depende de comportamentos, que já foram previstos expressamente nas normas, o que, para Humberto Ávila, qualifica-se como norma-princípio.[261]

Todos esses fundamentos constitucionais não só expressam a ideia de cognoscibilidade, confiabilidade e calculabilidade, como definem esses ideais quanto aos seus vários aspectos, que, embora sejam discerníveis, não estão isentos de interpenetrações. Essa circularidade é contornada pela definição do conteúdo sem perda da clareza.

---

[259] BRASIL. *Constituição da República Federativa do Brasil*: promulgada em 5 de outubro de 1988. 4. ed. São Paulo: Saraiva, 1990. Art. 103-A.
[260] BRASIL. *Constituição da República Federativa do Brasil*: promulgada em 5 de outubro de 1988. 4. ed. São Paulo: Saraiva, 1990. Art. 5º, XXXVI.
[261] ÁVILA, Humberto. *Teoria da segurança jurídica*. 5. ed. São Paulo: Malheiros, 2019. p. 267-268.

Cognoscibilidade são as razões teóricas e normativas que sustentam a interpretação da norma diante da indeterminação da linguagem. Não há como sustentar que a língua apresente significados totalmente prontos antes do início da atividade interpretativa, por isso, não há como se pretender a concepção unívoca de interpretação. Porém, a linguagem normativa deve conter núcleos de significação já determinados pela atividade doutrinária e jurisprudencial.

A noção de cognoscibilidade deve ser reconhecida como a capacidade de o administrado ter acesso ao conteúdo do conceito normativo, ainda que se saiba que pode apresentar, em maior ou menor medida, margens de indeterminação. É a existência de um halo de certeza em seu núcleo de significação, uma concepção determinável da interpretação, do qual o intérprete não pode se afastar.[262]

Para que se possa falar em segurança jurídica como exigência de cognoscibilidade do direito, é preciso que haja conhecimento mínimo sobre a existência, a validade, a vigência e a eficácia da norma e, para que isso ocorra, os destinatários precisam compreender o sentido normativo e as consequências de seu descumprimento. Assim, ou a cognoscibilidade é integral e conectada com a eficácia ou não garante a segurança jurídica.

A confiabilidade é instrumento que permite a mudança constitucional, de forma a cumprir sua função planificadora e indutora da sociedade, estabelecida pelo Estado Democrático de Direito, realizando modificações sociais. No lugar da imutabilidade das normas, dá-se lugar à estabilidade e à continuidade normativas, visto que os direitos pressupõem um mínimo de permanência das regras válidas, permitindo a modificação da Constituição.[263]

No que se refere aos conteúdos normativos atribuídos, a calculabilidade substitui a ideia de previsibilidade absoluta das normas, como a total capacidade de antecipar os conceitos normativos. Apesar de a Constituição conter uma série de regras destinadas a antecipar a atuação estatal, a linguagem indeterminada é dependente de processos interpretativos que impedem a existência de unicidade dos seus enunciados. Em razão disso, entende-se que suas dimensões devem poder ser calculadas.

No que tange à possibilidade de modificação das normas, a calculabilidade deve ser entendida como a capacidade de prever o

---

[262] ÁVILA, Humberto. *Teoria da segurança jurídica*. 5. ed. São Paulo: Malheiros, 2019. p. 269.
[263] ÁVILA, Humberto. *Teoria da segurança jurídica*. 5. ed. São Paulo: Malheiros, 2019. p. 269.

espectro das consequências jurídicas que normas futuras poderão atribuir aos fatos regulados por normas passadas. Embora o Poder Legislativo detenha competência para inovar o ordenamento jurídico, somente serão respeitados os direitos fundamentais se tais inovações não forem bruscas, drásticas e desleais.[264]

A calculabilidade, portanto, envolve a capacidade de prever o espectro de consequências a que o administrado estará submetido no futuro. Não basta que tenha capacidade de prever que a norma pode mudar, mas é necessário que tenha aptidão para saber em que medida essa mudança o afeta.

Isso demonstra que a segurança jurídica envolve elementos que permeiam não só os resultados, mas o processo de aplicação do direito. Por isso, deixa de ser uma mera exigência de predeterminação, para consubstanciar um dever de controle racional e argumentativo. Daí a certeira afirmação de Habermas no sentido de que a segurança jurídica não significa "segurança de resultado"; significa a demonstração de elementos normativos e fáticos a ser feita por meio do devido processo legal.

A segurança jurídica está vinculada tanto a uma dimensão lógico-semântica quanto a uma dimensão pragmática do processo argumentativo de fundamentação e deve ser entendida como processualmente dependente. A fundamentação do direito deixa de ser meramente semântica e passa a ser discursiva, necessitando de aceitabilidade racional da decisão por meio de processo jurídico que lhe confira legitimidade.

Luís Roberto Barroso destaca que a expressão "segurança jurídica" passou a designar o conjunto abrangente de ideias e de conteúdos que incluem a existência de instituições dotadas de poder e garantias, sujeitas ao princípio da legalidade; a confiança nos atos do poder público, que deverão reger-se pela boa-fé e razoabilidade; a estabilidade das relações jurídicas, manifesta na durabilidade das normas, na anterioridade das leis e na conservação de direitos; a previsibilidade de comportamentos que devem ser seguidos e suportados; e a igualdade na lei e perante a lei, inclusive com soluções isonômicas para situações idênticas.[265]

---

[264] ÁVILA, Humberto. *Teoria da segurança jurídica*. 5. ed. São Paulo: Malheiros, 2019. p. 270.

[265] BARROSO, Luís Roberto. Em algum lugar do passado: segurança jurídica, direito intertemporal e o novo Código Civil. In: ROCHA, Cármen Lúcia Antunes. *Constituição e segurança jurídica*: direito adquirido, ato jurídico perfeito e coisa julgada. Estudos em homenagem a José Paulo Sepúlveda Pertence. Belo Horizonte: Fórum, 2005. p. 139-140.

Especificamente no que se refere às relações jurídico-administrativas, as decisões individuais podem ser impactadas pelos atos administrativos. Essa possibilidade varia de acordo com a incidência do conjunto normativo do regime jurídico administrativo que, sem calculabilidade, gera insegurança aos administrados. O ordenamento jurídico deve ser inteligível ao cidadão, para que ele possa prever o que é válido e vinculante no futuro.

No campo do Direito Administrativo, essa situação ganha relevância, sobretudo em virtude da presunção de legalidade dos atos administrativos[266] – característica que viabiliza sua executoriedade e inverte o ônus da prova em favor da administração. A presunção garante que o ato produza efeitos enquanto uma eventual causa de extinção (atos nulos ou anuláveis) não seja declarada.

A administração se beneficia com a perspectiva de que os atos administrativos estão sempre de acordo com as normas jurídicas. Desse modelo infere-se que as mudanças feitas pelo poder público sempre buscam o interesse público – que deve se sobrepor ao interesse privado. Assim, os administrados devem ter que lidar com as mudanças dos atos administrativos partindo do pressuposto de que a administração está atendendo ao interesse geral da população.

Atribui-se sempre o ônus das alterações dos atos administrativos aos administrados, sob o fundamento de que está a restaurar o interesse público, sem, contudo, ponderar sobre o caso concreto. Em suma, o regime jurídico administrativo foi desenvolvido para que o administrado possa suportar suas alterações.

Essa presunção impacta a relação que os administrados estabelecem com o poder público e tem alimentado um sistema perverso: insere os administrados em um sistema que não lhes passa segurança e, em caso de modificações ou de extinções de atos administrativos, transfere-se a eles o ônus de lidar com as consequências.

É certo que há barreiras, impostas pela Constituição e pelas leis, que limitam a atuação do poder público nesse sentido, mas essas limitações não são capazes de amenizar o sistema que favorece a ampla discricionariedade da administração. Ainda que o administrado

---

[266] De forma uníssona, doutrina e jurisprudência admitem a presunção de legalidade dos atos administrativos, por meio da qual o ato é aceito, *ab initio*, como regular diante da ordem jurídica. É também chamada de presunção de legitimidade por alcançar o conteúdo do ato, e não só a sua forma. Garante que os atos possam ser produzidos unilateralmente e, ainda assim, vinculem terceiros. Trata-se de presunção relativa, que pode ser mitigada no caso concreto (SILVEIRA, Marilda de Paula. *Segurança jurídica, regulação, ato*: mudança, transição e motivação. Belo Horizonte: Fórum, 2016. p. 56).

desconheça a norma, não possa acessar os elementos que o prepare para mudanças e em nada seja responsável pela prática do ato, está sujeito a uma solução objetiva.

Assim, a forma de instrumentalização dos atos administrativos interfere na confiança que os administrados depositam na ação estatal. Se ao cidadão não é dado conhecer a norma da qual partem esses atos administrativos (cognoscibilidade) ou se a ele não é permitido conhecer o que pode mudar (confiabilidade) e quais são os efeitos dessa mudança (calculabilidade), não há como se defender as arbitrariedades do Estado, o que gera desconfiança e insegurança – a afastá-lo do almejado Estado de Direito.

Para além de um procedimento que assegure a ampla defesa como anteparo aos administrados, é imprescindível que a segurança jurídica permita que eles também se preparem para eventual ruptura. A administração tem o dever de avaliar a alternativa de modulação dos efeitos na hipótese de extinção ou de modificação de ato administrativo.

É preciso que os cidadãos, a partir do delineamento do caso concreto, identifiquem as alternativas disponíveis, de modo que sejam capazes de delimitar o que podem ou não fazer e as consequências das suas opções. Não se pode pretender, com isso, que a segurança exija o conhecimento dos aspectos básicos do planejamento – as regras e as consequências –, especialmente porque as nuances de cada caso não podem ser desconsideradas. O que deve ser possível é a compreensão dos sentidos que podem ser extraídos da norma. O conteúdo normativo deve ser inteligível, material e formalmente, e os atos administrativos devem ter pertinência e adequada fundamentação, para que, assim, limitem-se as arbitrariedades estatais, de forma a garantir a segurança jurídica.

## III.II A segurança jurídica em instrumentalização recíproca com outros princípios constitucionais

Como demonstrado, o princípio da segurança jurídica é, normalmente, deduzido do Estado Democrático de Direito e hospeda-se em suas dobras.[267] Esse princípio é associado com a exigência de que a atuação estatal seja governada por regras gerais, claras, conhecidas,

---

[267] CARRAZA, Roque Antonio. Segurança jurídica e eficácia temporal das alterações jurisprudenciais. Competência dos Tribunais Superiores para fixá-la. Questões conexas. In: FERRAZ JUNIOR, Tércio Sampaio. Efeito "ex nunc" e as decisões do STF. São Paulo: Manole, 2008. p. 41.

prospectivas e não contraditórias, e não somente com a universalidade e não arbitrariedade do Estado. Caracteriza-se pelo ideal de protetividade de direitos e grau de responsabilidade estatal, os quais somente são atingidos por meio de um ordenamento jurídico inteligível, confiável e previsível.

Caso a atividade estatal não seja limitada pelo direito, seus procedimentos não serão estáveis e controláveis. Tampouco os direitos fundamentais serão efetivos se o administrado não sabe dentro de quais limites pode exercer sua liberdade e se não há instrumentos que garantam suas expectativas.

Se o direito é a proteção do indivíduo contra arbitrariedades, somente um ordenamento acessível e compreensível pode desempenhar essa função.[268] A observância do Estado de Direito é pressuposto para o respeito à dignidade humana, pois envolve tratar os homens como capazes de definir seu futuro e respeitar sua autonomia.

O Estado Democrático de Direito se relaciona com a segurança jurídica em sua dimensão formal e material. A dimensão formal diz respeito à separação de poderes, à hierarquização das normas e à proteção jurisdicional.

A separação dos poderes favorece a divisão das competências e o controle do poder, elementos que contribuem para a cognoscibilidade, a confiabilidade e a calculabilidade do ordenamento jurídico. A repartição de funções só é possível se o direito for, minimamente, capaz de funcionar como limitação a esses poderes. Somente um direito acessível e estável é capaz de permitir que o Judiciário atue de modo declarativo, e não criativo, e que o Executivo atue com pautas previamente estabelecidas pelo Legislativo.[269]

A lei é fonte geral e abstrata de normas dirigidas a número indeterminado de pessoas e situações e submete, também, os governantes, que não se sujeitam à sua própria vontade. Essa estrutura formal favorece a acessibilidade normativa, visto que o cidadão pode conferir se a norma de hierarquia inferior está de acordo com a norma superior, até a Constituição.

A proteção jurisdicional, a seu turno, é instrumento assecuratório de direitos e visa à efetividade do ordenamento jurídico como um todo.[270]

---

[268] ÁVILA, Humberto. *Teoria da segurança jurídica*. 5. ed. São Paulo: Malheiros, 2019. p. 225.
[269] ÁVILA, Humberto. *Teoria da segurança jurídica*. 5. ed. São Paulo: Malheiros, 2019. p. 232.
[270] ÁVILA, Humberto. *Teoria da segurança jurídica*. 5. ed. São Paulo: Malheiros, 2019. p. 227.

A estruturação formal do direito é, portanto, elemento assegurador da segurança jurídica. Evidentemente, esses elementos do Estado de Direito são apenas necessários para a criação da segurança jurídica, mas não são suficientes: a legalidade apenas exige a instituição de novas obrigações em fontes formais do direito, sem impedir, em maior ou menor grau, indeterminações, inevitáveis no uso da linguagem e no exercício da interpretação.

Na dimensão material do Estado de Direito, existe o favorecimento dos ideais de segurança jurídica, que funciona como um princípio destinado a assegurar e proteger o conjunto de direitos. Nesse sentido, entende-se a segurança jurídica como *direito-garantia*, *direito-suporte* ou *direito-tutor*, isto é, um direito que visa a garantia de outros. Sua realização é prévia ao exercício de determinados direitos fundamentais e serve para que o indivíduo possa exercer sua autonomia.

O Estado de Direito serve, portanto, de instrumento para assegurar o princípio da segurança jurídica, sendo este considerado pelo Supremo Tribunal Federal como subprincípio daquele. Segundo Gilmar Mendes: "Como se vê, em verdade, a segurança jurídica, como subprincípio do Estado de Direito, assume valor ímpar no sistema jurídico, cabendo-lhe papel diferenciado na realização da própria justiça material".[271]

Há vinculação do princípio do Estado Social de Direito à segurança jurídica. Nesse sentido, a segurança está no fato de que uma ordem social é aquela que garante segurança social, ou seja, que permite a criação e a manutenção de instituições e de medidas que garantam meios de subsistência digna aos cidadãos, em termos de bem-estar social e desenvolvimento.

Esse princípio exige que o administrado não seja submetido, sem justificativa racional, a risco que o coloque em situação incompatível com as condições sociais mínimas de sobrevivência. É necessária uma mudança estável do ordenamento jurídico, em compromisso com a inovação e a continuidade – e esta é elemento da segurança jurídica. Mesmo que o Estado atue com mais intensidade para corrigir desequilíbrios e desigualdades, não pode renunciar à imparcialidade e à proibição a arbitrariedades, sob pena de corromper a própria justiça social.

Em síntese, a instituição do Estado Social pela Constituição, por meio de um ideal mais amplo a ser atingido, protege a segurança jurídica como segurança *pelo direito* e *dos direitos*, dos cidadãos perante

---

[271] MS nº 24.268, Tribunal Pleno, Relator Ministro Gilmar Mendes, DJ 17.09.2004. p. 183.

o Estado, a ser realizada por meio de regras, de atos e de procedimentos capazes de criar condições sociais mínimas para se efetivarem as garantias individuais.[272]

O princípio democrático mantém vínculo com a segurança jurídica porque exige relação de confiança entre administração e administrados, cuja permanência depende da ausência de frustração da vontade depositada pela população. Por isso, o princípio democrático exige e pressupõe a confiança e conduz à estabilidade das estruturas de poder.

Assim, o princípio democrático contribui para a confiabilidade ao exigir a participação dos cidadãos na formação e na condução das políticas públicas. É, pois, um garantidor da transparência estatal quanto a resultados, processos, conteúdos e responsabilidades.

Partindo das bases do Estado de Direito, a segurança jurídica pode ser analisada como tendo valor em si mesma – valor funcional – ou como sendo instrumento para a realização de outros valores – valor instrumental. Como valor funcional, pode ser entendida pelo simples fato de proporcionar inteligibilidade, confiabilidade e calculabilidade ao ordenamento jurídico. Como valor instrumental, serve de pressuposto para guiar as pessoas, permite o tratamento digno do ser humano e o exercício da liberdade.[273]

Assim, atribui-se valor instrumental à segurança jurídica quando se entende que ela é portadora de valor em si mesma: um ordenamento jurídico que proporciona segurança é, por si só, desejável, independentemente de ser instrumento de outros valores. Nesse aspecto, a segurança pode ser entendida de duas formas: (i) como valor extrínseco, desvinculado do valor de justiça, no sentido de que um sistema estável, previsível e certo é fundamental para se evitar arbitrariedades, casuísmo e quebras de expectativas – defende-se a segurança, apesar da injustiça, porque é uma forma de justiça geral; e (ii) como valor intrínseco agregatório de outros valores, no sentido de que traz vantagens adicionais aos cidadãos à medida que estes podem adotar ações estratégicas para evitar práticas injustas – defende-se que um sistema injusto com segurança jurídica é melhor que um sistema injusto sem ela.[274]

De outro lado, pode ser considerada instrumento assecuratório de outros direitos que envolvem autonomia individual, pelo papel estabilizador e garantidor das condições necessárias ao exercício da

---

[272] ÁVILA, Humberto. *Teoria da segurança jurídica*. 5. ed. São Paulo: Malheiros, 2019. p. 232.
[273] ÁVILA, Humberto. *Teoria da segurança jurídica*. 5. ed. São Paulo: Malheiros, 2019. p. 193-194.
[274] ÁVILA, Humberto. *Teoria da segurança jurídica*. 5. ed. São Paulo: Malheiros, 2019. p. 194.

liberdade. Esse exercício de autonomia pressupõe o conhecimento das normas existentes e válidas e da sua estabilidade no tempo. Nessa perspectiva, a segurança jurídica é analisada em conexão com os interesses do cidadão: igualdade, liberdade, estabilidade e continuidade. Nesse diapasão, a segurança está a serviço da autonomia individual.

> A previsibilidade da ação estatal, decorrente do esquema de Constituição rígida, e a representatividade do órgão legislativo asseguram aos cidadãos, mais do que os direitos constantes da tábua do art. 5º, a paz e o clima de confiança que lhes dão condições psicológicas para trabalhar, desenvolver-se afirmar-se e expandir sua personalidade.[275]

Os subprincípios derivados da segurança jurídica consubstanciam garantias principiológicas, de maneira que ela serve de instrumento de realização dos valores da dignidade, da liberdade e da igualdade.

A intersecção da segurança jurídica com a dignidade está na possibilidade de autonomia do administrado. Isso porque quanto mais acessível e estável for o ordenamento jurídico e mais justificadamente as normas forem aplicadas, mais será o cidadão capaz de se definir autonomamente.

A segurança jurídica assume, assim, uma função garantista. Sem um ordenamento jurídico minimamente inteligível, confiável e estável, o homem não tem capacidade para se autodeterminar e se definir como sujeito autônomo e digno. O desrespeito à segurança jurídica provoca, igualmente, desrespeito à dignidade humana, porque, assim, o indivíduo é manipulado, enganado e tratado como objeto pelo Estado.

Com relação à liberdade, quanto maior for o acesso material e intelectual dos cidadãos às normas a que deve obedecer, e quanto maior for sua estabilidade, tanto maior serão suas condições de perceber o presente e planejar o futuro. A liberdade é o *status* que permite a proteção da contínua possibilidade de agir, e a pretensão da durabilidade é, também, imanente. Dessa forma, gera aplicação da segurança jurídica por meio da proteção da confiança: quem exerce sua liberdade orientada pelo direito não pode ser prejudicado.

Ademais, é assegurada a proteção da liberdade em seu modo geral. Além de proteger, de maneira subsidiária, qualquer restrição que não seja protegida por princípio específico de liberdade, resguarda, ainda, a autoafirmação, a autodeterminação, a autoproteção, a

---

[275] ATALIBA, Geraldo. *República e Constituição*. 3. ed. São Paulo: Malheiros, 2004. p. 167.

autoexposição e todas as escolhas entre alternativas comportamentais que afetem as decisões individuais. Liberdade envolve autonomia e se opõe a uma vida sem escolhas ou de escolhas forçadas.[276]

No que tange à igualdade, quanto mais gerais e abstratas forem as normas e mais uniformemente forem aplicadas, tanto maior será o tratamento isonômico dos cidadãos. Portanto, a proteção da igualdade é, também, uma forma de proteção à segurança jurídica. De um lado, pelo dever de igualdade perante a lei – como as normas devem ser aplicadas de maneira uniforme e impessoal, os cidadãos que se encontrem em situação de equivalência devem receber o mesmo tratamento. De outro lado, pelo dever de igualdade no tempo – como os cidadãos devem ser tratados de maneira igualitária, a não ser que haja justificativa para tratamento desigual, não havendo modificações substanciais nas situações que serviram de base para o ato administrativo ou decisão administrativa ou judicial, o ato ou decisão devem ser mantidos.

Além de fixar esses ideais mais amplos, a Constituição brasileira determina a realização de fins mais específicos, os quais, da mesma forma, pressupõem previsibilidade do ordenamento jurídico. Os princípios da proteção da propriedade e da liberdade foram, sobretudo, valorizados no ordenamento constitucional brasileiro. Esses direitos assumem importância para a segurança jurídica quando entendidos como fatores de proteção à estabilidade das relações que dizem respeito aos cidadãos. Por isso, a proteção da permanência e da durabilidade são imanentes ao próprio exercício da propriedade. Protege-se a esfera patrimonial para que o cidadão possa dela livremente se utilizar.

Os direitos de liberdade e propriedade são decisivos para a verificação da existência de eficácia reflexiva do princípio da segurança jurídica. Com isso se quer dizer que o administrado altera a própria compreensão da segurança jurídica levando em consideração a proteção da continuidade do ordenamento jurídico e do exercício dos direitos fundamentais. A mudança normativa não pode ser resolvida apenas sob a perspectiva da relação temporal, mas com a verificação do preenchimento dos requisitos da legislação.

Tanto o direito de propriedade pressupõe permanência, que a própria Constituição somente prevê sua restrição por meio de procedimentos específicos e em casos extraordinários. Isso significa que mesmo a restrição do direito de propriedade deve ocorrer de maneira previsível. O direito fundamental de propriedade ainda tem conexão com o direito

---

[276] ÁVILA, Humberto. *Teoria da segurança jurídica*. 5. ed. São Paulo: Malheiros, 2019. p. 238.

fundamental à liberdade: aquele que configurar sua propriedade com base em orientação estatal merece proteção da confiança.

A Constituição Federal ainda assegura o livre exercício de qualquer atividade econômica, independentemente da autorização de órgãos públicos, salvo nos casos previstos em lei e o exercício de qualquer trabalho, ofício ou profissão.[277] O exercício do livre trabalho e de iniciativas econômicas são instrumentos para o indivíduo construir a própria vida, sua autonomia e individualidade. Esses direitos possuem, portanto, importância central na dignidade do homem.

A segurança jurídica ainda exige a busca de fins maiores que compõem o estado de confiabilidade e calculabilidade do ordenamento jurídico. Entre eles está o princípio da moralidade administrativa. Desse princípio pode-se inferir a necessidade de comportamentos sérios, leais, fundamentados e justificados por parte da administração pública. São exatamente essas exigências que compõem o ideal de segurança jurídica. Elas redundam na busca do autêntico interesse público e na observância da boa-fé objetiva.[278]

O dever da administração de adotar comportamentos seguros, justificados e fundamentados permite que o cidadão compreenda sua motivação, organize-se e preveja as suas próprias atividades. A observância de comportamentos leais, criadores de ambiente de segurança e confiabilidade recíproca entre administração e administrados permite que este último possa agir sem ser surpreendido no exercício de sua liberdade. O princípio da moralidade desempenha, então, a função de evitar comportamentos desleais e a função de orientar o cidadão, evitando frustrações e surpresas. Adquire, pois, uma natureza híbrida: protege o cidadão e regula a conduta estatal.

Da mesma forma, a exigência de um estado de publicidade depende da adoção de determinados comportamentos que contribuam para sua promoção – a forma escrita, a publicação das leis e dos atos administrativos e processuais, a intimação, a fundamentação etc. A publicidade é o fim pelo qual devem ser deduzidos os meios necessários à realização da segurança jurídica.

O dever de atingir um estado de publicidade faz parte do ideal do estado de confiabilidade do ordenamento jurídico, baseado na cognoscibilidade, e contribui para o incremento da sua inteligibilidade,

---

[277] BRASIL. *Constituição da República Federativa do Brasil*: promulgada em 5 de outubro de 1988. 4. ed. São Paulo: Saraiva, 1990. Art. 1º; 5º, XXIII; Art. 150, II; Art. 170, *caput*.
[278] ÁVILA, Humberto. *Teoria da segurança jurídica*. 5. ed. São Paulo: Malheiros, 2019. p. 247.

porque, pela publicação, o cidadão possui maiores condições de acesso à norma, evidentemente. A instituição da moralidade e da publicidade como princípios administrativos fomenta a segurança jurídica como garantia *do* direito e *pelo* direito.

Não há como se esgotar as inter-relações entre os princípios constitucionais e administrativos com a segurança jurídica, em virtude de sua elevada plasticidade diante das relações. Não obstante, é possível perceber que se trata de pilar do Estado Democrático de Direito, que deve ser observado em todas as instâncias, esferas e níveis de poder.

### III.III A nova Lei de Introdução às Normas do Direito Brasileiro como concretização do princípio da segurança jurídica

A evolução do pensamento jurídico, com abstração de disposições analiticamente decompostas e, posteriormente, sistematizadas, acompanhada da centralização do poder e da consolidação de ideais liberais iluministas, permitiu a consolidação da legitimação do Estado, consagrando os valores de segurança jurídica e legalidade, pelos quais se disseminou a crença de um governo de leis, na contramão do poder político.[279]

No que tange a essa evolução, há uma tensão permanente entre os processos de (i) generalização, pelos quais foram consolidadas as noções de disposições jurídicas; (ii) análise, pelos quais se decompõem noções abstratas para aplicá-las sobre casos concretos; (iii) sistematização, por meio da qual se define a forma em que esses componentes relevantes devem aparecer como relação jurídica; e (iv) concretude, consistente na aproximação e diferenciação daquilo que se adequa ao caso, no momento da aplicação do direito.

Generalização e sistematização reclamam maior abstração e, consequentemente, o maior fechamento operacional do direito em torno de suas próprias referências comunicativas. Análise e concretude, por sua vez, remetem a considerações assistemáticas de assimilação de valores e argumentos, carecendo de concretização fora do âmbito das normas gerais e abstratas.[280]

---

[279] PIERUCCI, Antonio Flávio. Secularização segundo Max Weber. *In*: SOUZA, Jessé. *A atualidade de Max Weber*. Brasília: Editora Universidade de Brasília, 2000. p. 105-162.

[280] WEBER, Max. *Economia e Sociedade*: fundamentos da sociologia compreensiva. Brasília: Editora Universidade de Brasília, 2000. v. II, p. 12.

Diante dessa tensão e das diversas possibilidades de interpretação normativa advindas das mudanças políticas, sociais e jurídicas, foi necessária a criação de instrumentos para que a interpretação das regras de direito fosse indexada e identificada, de forma a impedir que situações individuais se submetessem a variações interpretativas dos administradores, controladores e juízes. Fez-se imprescindível a limitação dos subjetivismos e das dispersões hermenêuticas para que as decisões não fossem tão arriscadas e evitassem paralisias que onerassem toda a sociedade.

Com pioneirismo francês, seguido pela Itália, Argentina, Espanha e Brasil, os códigos passaram a ser precedidos por Título Preliminar, que determinava a forma de interpretação e aplicação das normas ali dispostas. Posteriormente, no Brasil, o Decreto-Lei nº 4.657/1942 revogou a Introdução ao Código Civil como instrumento predecessor e promulgou a Lei de Introdução ao Código Civil (LICC) como diploma autônomo, em descompasso com o direito estrangeiro. Essa norma foi considerada guia de interpretação para as demais, a fim de elucidar aspectos de interpretação, vigência e eficácia normativas.[281]

Em 2010, essa lei foi alterada para, supostamente, ampliar o seu campo de aplicação. Contudo, a modificação substancial se deu apenas no nome, que foi alterado para Lei de Introdução às Normas do Direito Brasileiro (LINDB). Essa mudança de nomenclatura foi justificada pela percepção de que a hermenêutica não poderia ser trabalhada exclusivamente no âmbito do direito privado, de maneira que pretendia deslocar a interpretação normativa do Direito Civil para a Teoria Geral do Direito. Não obstante, não houve significativas mudanças em seu conteúdo ou aplicação.

A crise causada por opções legislativas sobre a divisão de tarefas dentro do Estado na construção do interesse público – que não foi capaz de lidar com a construção do bem comum para além do âmbito da administração – gerou ineficiência e arbítrio no exercício das competências e fragilizou a gestão pública brasileira. Daí a constatação de que somente uma solução legislativa articulada poderia reequilibrar as funções dos poderes.

A relação entre o poder público e a iniciativa privada se intensificaram, induzindo um natural alargamento do espectro de ações fiscalizáveis, as quais conferiram novas ferramentas de ação ao controle

---

[281] NOBRE JÚNIOR, Edilson Pereira. *As normas de Direito Público na Lei de Introdução ao Direito brasileiro*: paradigmas para interpretação e aplicação do Direito Administrativo. São Paulo: Contracorrente, 2019. p. 26-28.

externo.[282] Se, por um lado, essa atuação teve o mérito de assegurar o cumprimento da lei e de desafiar a impunidade, por outro, esse controle otimizado apresentou distorções.

Excessos norteados por uma visão legalista e limitada dos atos administrativos fiscalizados geraram o efeito reverso da finalidade buscada pela fiscalização em relação ao princípio da eficiência, da boa administração e da segurança jurídica, além de provocarem certa paralisia nos gestores, receosos dos riscos de responsabilização. O paradoxo é evidente: a segurança jurídica, que é base fundamental de sustentação do Estado Democrático de Direito, ficou tão mais comprometida quanto mais avançou a legislação voltada a assegurar o princípio da legítima confiança e a estabilidade das relações do Estado com a iniciativa privada.

A fim de reduzir esses fatores de distorção, surgiu a necessidade de se fixarem objetivas balizas interpretativas, processuais e de controle a serem observadas pela administração. Houve a patente necessidade de atualização do *modus operandi* das atividades administrativas, compatibilizando-as com conceitos evoluídos do direito administrativo, que rejeitam dogmas fundados na origem da disciplina, já ultrapassados.[283]

A legalidade estrita vem sofrendo os temperamentos impostos pela perspectiva do beneficiário do ato, desde o surgimento do Estado de Providência, e a realidade atual impõe respeito ao terceiro de boa-fé sob a ótica da segurança jurídica, da estabilidade das relações e da confiança legítima da iniciativa privada em suas relações com a administração pública. Notou-se necessária uma lei que instaurasse o controle do controle, remodelando o conteúdo funcional dessas atividades, a fim de considerarem as implicações das decisões à luz das consequências e das soluções alternativas.

Por isso, recentemente, a LINDB foi alterada pela Lei nº 13.655/2018 e incorporou regras de interpretação para, efetivamente, guiar o Direito Público.[284] Esse deslocamento acompanhou a mudança

---

[282] Exemplos do alargamento do espectro de ações fiscalizáveis são a Lei de Improbidade Administrativa, Lei nº 8.429/1992, e a Lei Anticorrupção, Lei nº 12.846/2013.

[283] Como exemplo desses dogmas já ultrapassados pode-se citar: a noção puramente legalista do Direito Administrativo, a presença do elemento volitivo no exercício do poder discricionário do Estado, o interesse público vago e a supremacia absoluta do interesse público sobre o privado. Para maior aprofundamento, ver tópico anterior, que trata sobre a Constitucionalização do Direito Administrativo.

[284] As alterações mais recentes da LINDB, pela Lei nº 13.655/2018, que teve origem no PLS nº 349, foram propostas por iniciativa do Senador Anastasia, do PSDB, associada à participação dos professores Floriano Azevedo Marques Neto e Carlos Ari Sundfeld (NOHARA, Irene Patrícia. *LINDB*: Lei de Introdução às Normas no Direito Brasileiro, hermenêutica e novos parâmetros ao direito público. Curitiba: Juruá, 2018. p. 11).

do papel do Estado, que transformou sua postura de abstenção para de prestação positiva. A constitucionalização do direito, associada à percepção de que a hermenêutica não advinha somente dos códigos, também foi fator relevante para a mudança da abrangência da lei.

O anterior tratamento conferido aos princípios pela LICC, no mais baixo grau de hierarquia das fontes normativas, foi considerado inadequado. Houve a superação do dogma da completude, que afirma que os princípios complementam as regras em suas lacunas, tendo em vista que foram alavancadas as normas de interpretação, sendo-lhes assegurado a cogência.[285]

A expansão da LINDB para o direito público foi facilitada pela inexistência de legislação administrativa sistematizada. Especificamente em relação ao Direito Administrativo, essas alterações na lei buscaram reforçar a segurança jurídica e ponderar algumas insuficiências da norma anterior na criação e aplicação do direito público.[286] Isso porque, em face das contínuas modificações introduzidas pela técnica de satisfação das necessidades coletivas, bem como pelo enredo político e social, o aplicador da norma se encontra, frequentemente, à frente do desafio de fazer incidir as leis em situações não previstas.

A aposta das modificações na norma foi no sentido de que traria mais equilíbrio e segurança jurídica ao Estado, tornando mais segura a atuação dos gestores e dos parceiros privados, e mais estáveis as transições jurídicas, sem comprometer o controle público. Segundo Carlos Ari Sundfeld, as alterações visaram a "um direito público baseado em normas e em evidências, e não idealizações, e que [levasse] em conta a realidade da gestão pública brasileira".[287]

As mudanças ocorridas na LINDB não representam, em sua totalidade, novidade no sistema jurídico brasileiro. De fato, o aplicador do Direito Administrativo já está habituado a fazer aquilo que está escrito na lei. Contudo, essa forma desconsiderava os resultados e a realidade para delimitação do interesse público. O diploma incorpora, em grande

---

[285] NOHARA, Irene Patrícia. *LINDB*: Lei de Introdução às Normas no Direito Brasileiro, hermenêutica e novos parâmetros ao direito público. Curitiba: Juruá, 2018. p. 11-20.

[286] As inovações legislativas na LINDB não se voltam, exclusivamente, para o Direito Administrativo, mas para todas as matérias em que o particular tenha que lidar com o Estado, tais como Direito Urbanístico, Tributário, Ambiental e de direito privado, quando aplicado pela administração pública. As normas regem também a relação de servidores públicos com os órgãos de controle interno ou externo.

[287] SUNDFELD, Carlos Ari. A Lei de Introdução às Normas do Direito Brasileiro e sua Renovação. *In*: CUNHA FILHO, Alexandre Jorge Carneiro da; ISSA, Rafael Hamze; SCHWIND, Rafael Wallbach. *Lei de Introdução às Normas do Direito Brasileiro – Anotada*: Decreto-Lei nº 4.657, de 4 de setembro de 1942. São Paulo: Quartier Latin, 2019. v. I, p. 36.

parte, os parâmetros que já vinham se consolidando na doutrina desde a década de 1990, no sentido de que não se deve ver o direito público como mecanismo apenas formal de aplicação de regras, mas como gerador de consequências que atingem, diretamente, a economicidade do ato.

As regras da LINDB configuram normas gerais de criação, interpretação e aplicação do ordenamento jurídico como um todo, indistintamente, aos segmentos do Direito Público e do Direito Privado, e possuem quatro principais eixos: (i) a segurança jurídica de cidadãos e empresas diante do Estado; (ii) a segurança na atuação dos administradores públicos; (iii) a democratização e o aumento da transparência da administração; e (iv) a valorização das consequências de cada decisão tomada e a realidade prática de quem decide.[288] São, portanto, *sobrenormas* no ordenamento brasileiro.

As medidas incorporadas pela Lei nº 13.655/2018 à LINDB não têm por intuito impedir que administradores, juízes e controladores interpretem o direito, mas apenas que suas interpretações não prejudiquem particulares e agentes públicos que confiaram em entendimentos anteriores. Trata-se de racionalizar a interpretação em prol da segurança jurídica e colocar o cidadão em patamar menos inseguro e mais horizontal perante a administração.[289]

Portanto, um dos eixos principais na discussão da necessidade de alteração da Lei de Introdução às Normas do Direito Brasileiro para criar critérios de interpretação também voltados ao direito público foi a segurança jurídica. Com isso, procurou-se afastar o raciocínio de que a realidade vence o direito.

No processo de interpretação, a administração pública nem sempre observa a necessidade de previsibilidade de suas decisões, mesmo em cenário variável. Da mesma forma, as decisões judiciais não calculam o impacto nos demais poderes. Com as novas disposições normativas, pretendeu-se que o juiz e o administrador examinassem as opções e alternativas de impacto de suas disposições.

---

[288] CUNHA FILHO, Alexandre Jorge Carneiro da; ISSA, Rafael Hamze; SCHWIND, Rafael Wallbach. *Lei de Introdução às Normas do Direito Brasileiro – Anotada*: Decreto-Lei nº 4.657, de 4 de setembro de 1942. São Paulo: Quartier Latin, 2019. v. II, p. 30.

[289] CUNHA FILHO, Alexandre Jorge Carneiro da; ISSA, Rafael Hamze; SCHWIND, Rafael Wallbach. *Lei de Introdução às Normas do Direito Brasileiro – Anotada*: Decreto-Lei nº 4.657, de 4 de setembro de 1942. São Paulo: Quartier Latin, 2019. v. II, p. 33.

CAPÍTULO IV

# RELEITURA DA LEI DE IMPROBIDADE ADMINISTRATIVA A PARTIR DOS PARÂMETROS DA NOVA LEI DE INTRODUÇÃO ÀS NORMAS DO DIREITO BRASILEIRO

O Direito Administrativo, tomado em seu todo, é um conjunto experimental, em fluxo constante, muitas vezes, incoerente, e vem das soluções possíveis nos contextos reais. Suas normas vigentes, principiológicas ou não, em movimento, adquirem novas formas a todo momento. Não são deduzidas de idealizações, nem se encaixam nelas.[290]

É difícil evitar as indeterminações textuais, porque há razões claras para adotá-las. Os direitos fundamentais são previstos por meio de cláusulas com alto grau de indeterminação, diante da dificuldade de o constituinte elaborar redações mais precisas. Afinal, a falta de consenso e de apoio político para textos mais exatos, assim como a modificação dos cenários políticos, sociais e econômicos, a todo momento, fazem com que essa tarefa de determinação se torne praticamente impossível.

A despeito disso, para adequação dessa matéria aos ramos da ciência, o conhecimento clássico estabeleceu o dogma da unidade do ordenamento jurídico, elencou princípios gerais, o que foi fomentado também pela constitucionalização do direito. No entanto, para se justificar essa unidade e a existência de princípios que se sobrepõem a todo o ordenamento jurídico, foi preciso construir inúmeros e incansáveis critérios, o que se mostrou tarefa contraditória, a ponto de, em alguns casos, ignorar-se o direito positivo, substituindo-se a ele.

---

[290] SUNDFELD, Carlos Ari. *Direito administrativo para céticos*. São Paulo: Malheiros, 2014. p. 179, 193.

Parecia boa a ideia de procurar solução para os problemas jurídico-administrativos passando-os sempre, e em primeiro lugar, pelo filtro das hipergeneralizações, pelos princípios. Era coisa de cientistas, não podia ser ruim. Era também um modo prático de preservar os verdadeiros valores, inclusive os constitucionais. Mas a ideia não era boa. Por que? Porque seus resultados são ruins. E é isto, afinal, que deve valer para julgá-la. Ser sedutora, ser generosa, não faz com que funcione. E, se não funciona, a abandonamos.[291]

Os princípios gerais do Direito Administrativo – essa tentativa de unidade que visa a transformar a matéria em ciência – vêm sendo repetidos nos manuais sem que tenham sido experimentados, medidos, municiados e sopesados. Ou seja, não foram, de fato, transformados em ciência, porque a prática do direito é muito mais inconstante do que quaisquer variáveis, e vêm perdendo sua incontestabilidade como dogma.

As formulações teóricas a que se dedicam os juristas são sempre destinadas a influenciar a aplicação do direito, como guias para a orientação das ações práticas. Os princípios não são meramente teóricos ou simplesmente descrição do ordenamento jurídico, mas são prescritivos, no sentido de que apresentam uma estrutura de *dever-ser*.

Dessa forma, o projeto de tratar os princípios como projetos puramente explicativos, ou seja, como elemento principal de um sistema puramente lógico, é abandonado pelos doutrinadores, que, quando se dispõem a mostrar o que seriam esses princípios, expõem o conteúdo de certas normas jurídicas vagas e, contraditoriamente, de muita importância. Daí é possível afastar a ideia de que o conteúdo dos princípios seria ditado pela arquitetura teórica ou pelo método científico.[292]

Hoje, o Direito Administrativo começa a trabalhar com a noção de que, para respeitar os valores do ordenamento jurídico, não são necessárias hipergeneralizações vazias, perigosas, inúteis. Muitas vezes, basta a observância das normas mais concretas para a efetivação desses valores nas soluções pontuais da administração e do Judiciário.

É evidente que o Direito Administrativo é bem retratado pelos princípios da legalidade, do interesse público, da publicidade, da eficiência, da moralidade, da finalidade, da motivação, do formalismo,

---

[291] SUNDFELD, Carlos Ari. *Direito administrativo para céticos*. São Paulo: Malheiros, 2014. p. 180.
[292] SUNDFELD, Carlos Ari. *Direito administrativo para céticos*. São Paulo: Malheiros, 2014. p. 195, 201.

e por todos os demais princípios que perfazem a matéria – os mais emblemáticos são os do art. 37, *caput*, da Constituição Federal e os do art. 2º, *caput*, da Lei de Processo Administrativo –, mas essas hipergeneralizações são fragmentos aproximativos que devem ser levados em consideração sempre à luz do caso concreto e das normas positivadas, sob pena de gerar insegurança jurídica irreparável.

Alguns desses princípios têm bons efeitos, sobretudo por força das ideias ou regras mais específicas a que estão associados e que lhes dão concreção, como a publicidade,[293] a motivação,[294] a ampla defesa.[295] Mas outros são hipergeneralizações ocas, aplicáveis a qualquer assunto. Por convenção, chamamos de princípios textos normativos de conteúdos escassos que, muitas vezes, não revelam propriamente o seu conteúdo, o que pode ser perigoso na aplicação prática.

Existe, portanto, o desafio de saber o que, exatamente, os princípios querem dizer, para concluir se existe mesmo base para se falar em princípios gerais e extrair as consequências para fins de direito.[296] Vive-se, hoje, em um ambiente de aplicação de princípios vagos capazes de justificar qualquer decisão no Direito Público. A simples pertinência do princípio ao caso não é suficiente para justificar soluções, sendo indispensável a formulação da regra geral que vai se aplicar, justificando-a com análise das possibilidades.

A ordem jurídica se ampliou e não se limita mais, como no passado, a atribuir e a proteger direitos específicos. Passou, também, a garantir direitos em construção. Parte importante dessa ordem jurídica se dirige, hoje, ao legislador e ao administrador, e tenta antecipar seu trabalho na construção de direitos, por meio de princípios.

---

[293] A Lei de Processo Administrativo não só estabelece a necessidade de divulgação oficial dos atos administrativos, ressalvadas as hipóteses de sigilo previstas na Constituição (art. 2º, parágrafo único, V), mas dispõe, com detalhes, sobre a forma e o conteúdo da comunicação de atos em processo administrativo (arts. 26 a 28).

[294] A Lei de Processo Administrativo, além de impor à Administração o dever de indicação dos pressupostos de fato e de direito que determinarem a decisão (art. 2º, parágrafo único), afirma que "os atos administrativos deverão ser motivados, com indicação dos fatos e dos fundamentos jurídicos" (art. 50, *caput*), contém um rol de casos em que esse dever é especialmente indicado (art. 50, I a VIII) e estabelece os requisitos formais da motivação (art. 50).

[295] A Lei de Processo Administrativo prevê a garantia de direito à comunicação, à apresentação de alegações finais, à produção de provas e à interposição dos recursos nos processos de que possam resultar sanções e nas situações de litígio (art. 2º, parágrafo único, X), e ainda regula, em detalhes, como esses direitos serão assegurados.

[296] SUNDFELD, Carlos Ari. *Direito administrativo para céticos*. São Paulo: Malheiros, 2014. p. 200.

Segundo Carlos Ari Sundfeld, "o Judiciário tem, claro, seu papel no controle de falhas e omissões das autoridades legislativas e administrativas, mas ele *não é* o Legislativo nem a Administração, e não pode substituí-los em tudo".[297] Não há, assim, presunção absoluta de que é do Judiciário o poder de, a partir dos princípios, formular soluções jurídicas específicas.

Há uma tendência, na própria atitude dos juízes, em demonstrar cautela quanto à aceitação dessa competência funcional, de maneira a não atuarem sempre, em qualquer situação, de forma a transformarem princípios em regras e atos. Contudo, ainda há espaços de ausência de cuidado, que dão ensejo a decisões subjetivas, arbitrárias, contraditórias e desvinculadas da realidade concreta.

Especificamente no que tange à improbidade administrativa, os princípios vêm sendo utilizados para justificar decisões em evidente contradição, como um facilitador de superficialidades e voluntarismos. Contudo, motivações e discussões que se limitam a esse plano de generalidades são insuficientes para conclusões concretas. Isso porque, nesse diapasão, todos têm razão no que dizem, uma vez que são tiradas conclusões de fórmulas abstratas. Ninguém é capaz de refutar a relevância de princípios que, enfileirados, aumentam a força da conclusão a que se quer chegar.

A título de exemplo, é possível embasar a punição por improbidade administrativa afirmando que punir autoridades, independentemente do dolo, fortalece o princípio da legalidade e, mais de perto, o imprescindível combate à corrupção, considerada em sentido amplo. Em contrapartida, é possível fundamentar excesso de rigor nas punições com base no princípio da razoabilidade. O *status* principiológico de certas expressões tem servido para mascarar a falta de critérios e placitar decisões no mínimo questionáveis, sob o prisma de justiça material.

Ideias soltas não podem ser capazes de servir como motivação de decisões judiciais. Tampouco poderiam ser utilizadas pelo legislador com o intuito de fugir do ônus de decidir. Apesar disso, na criação da própria Lei de Improbidade Administrativa, os parlamentares não quiseram tomar partido do que devia ser condenável, mas precisavam demonstrar severidade para não serem acusados de condescendência. Assim, fizeram uma lei que determina a punição (austera) de algo indefinido.

---

[297] SUNDFELD, Carlos Ari. *Direito administrativo para céticos*. São Paulo: Malheiros, 2014. p. 217.

Diante dos vagos termos da norma, coube aos juízes assumirem o ônus que o legislador lhes repassou e elaborarem uma política de repressão, orientando-se em palavras pálidas da lei e dando vida a motivações ocas que, em um simples rearranjo de vocábulos, podem ser utilizadas para condenar ou absolver, de acordo com a subjetividade de cada julgador. Orientados pelos *bons princípios*, os julgadores se omitem de debater, com consistência, a política que a lei lhes deixou por construir e desprezam as soluções legais em favor de outras.

Ao julgarem com base em princípios demasiadamente plásticos, fluidos, os juízes excedem a função regulatória, o que não pode ser feito de forma superficial. É possível que o próprio ordenamento jurídico delegue a função regulatória ao Judiciário, mas, ao fazê-lo, é preciso que este cumpra os mesmos ônus dos reguladores: elaborar com clareza e precisão a regra que, a partir dos princípios, entendam que deva ser utilizada em juízo para resolver os casos concretos, estudar com profundidade a realidade que vão trabalhar, identificar as alternativas regulatórias disponíveis, antever custos e impactos positivos e negativos, em todos os seus aspectos. Tudo isso deve aparecer na motivação judicial.[298]

A improbidade administrativa figura entre os dez maiores assuntos do acervo do Superior Tribunal de Justiça, com 4.037 processos.[299] Em rápida busca no repositório de jurisprudência dessa Corte encontra-se mais de 4.800 acórdãos e 37 mil decisões monocráticas sobre o tema.[300]

Em suma, é preciso que o Judiciário, transformado em regulador da norma, se comporte como tal, arcando com os ônus que essa tarefa envolve. Do contrário, subsistirão decisões arbitrárias, construídas de modo voluntarista.

## IV.I A Lei de Introdução às Normas do Direito Brasileiro como instrumentalizadora de princípios

A fim de se tornar instrumentalizadora da aplicação das normas jurídicas – e a isso incluam-se regras e princípios – a Lei de Introdução

---

[298] SUNDFELD, Carlos Ari. *Direito administrativo para céticos*. São Paulo: Malheiros, 2014. p. 228-229.
[299] Dados extraídos do Relatório Estatístico 2019. (BRASIL. Superior Tribunal de Justiça. *Relatório Estatístico 2019*. Disponível em http://www.stj.jus.br/webstj/Processo/Boletim/. Acesso em 29 nov. 2020).
[300] CARNEIRO, Rafael Araripe. *STJ em números*: Improbidade Administrativa. Parte I. Disponível em: https://www.jota.info/paywall?redirect_to=//www.jota.info/opiniao-e-analise/artigos/stj-em-numeros-improbidade-administrativa-06062020. Acesso em 29 nov. 20.

às Normas do Direito Brasileiro trouxe diretrizes para uma solução legislativa articulada, a fim de abrir caminhos para o equilíbrio no compartilhamento de funções jurídicas criadoras pelos Poderes e órgãos constitucionais autônomos. A aposta foi de que as alterações feitas pela Lei nº 13.655/2018 incorporassem ao texto da LINDB preceitos não revolucionários, mas transformadores de práticas jurídicas já consolidadas.

Assim, as alterações da norma adentraram na seara da gestão pública, das políticas públicas, das consequências práticas das decisões, nos obstáculos reais do gestor e nas alternativas existentes. Tudo isso em maior consonância com a visão atual do Direito Público.

A concepção embutida nas novas regras leva em consideração normas e evidências da gestão, e não idealizações, viabilizando meios para efetivação da segurança jurídica e para o controle do excesso de subjetivismo do Judiciário. Trata-se de um guia geral para a tomada de decisões na esfera pública, que serve tanto para a administração quanto para os administrados, demonstrando que a paridade é necessária.

A nova LINDB tem o intuito de reverter a tendência voluntarista do direito que vem sendo praticado e o foco das novas regras é impedir arbitrariedades do Estado e proteger agentes públicos que agem de boa-fé, pessoas, organizações e empresas. Foram acolhidas melhores práticas jurídicas nacionais e internacionais, em atenção à confiança legítima das pessoas. A lei também buscou alterar a resistência em considerar os negócios públicos nas políticas públicas, atendendo ao que é real, em detrimento ao que é idealizado, na busca da eliminação da incerteza, da irregularidade jurídica e das situações contenciosas na aplicação do Direito Público.

Para tanto, a lei se utiliza do processo administrativo como instrumento, a reconhecer que, independentemente do resultado final quanto ao mérito, a existência de um bom procedimento é capaz de gerar benefícios ou prejuízos que podem ser identificados e solucionados. Fazer com que o Direito Administrativo se curve para as políticas públicas e para os negócios públicos não é incompatível com a legalidade, em geral, e a probidade, em especial, uma vez que formalismo nenhum é capaz de combater, sozinho, a corrupção.[301]

As novas normas vieram para consolidar as alterações que vinham afetando a teoria dos atos administrativos no decorrer do tempo,

---

[301] SUNDFELD, Carlos Ari. A Lei de Introdução às Normas do Direito Brasileiro e sua Renovação. *In*: CUNHA FILHO, Alexandre Jorge Carneiro da; ISSA, Rafael Hamze; SCHWIND, Rafael Wallbach. *Lei de Introdução às Normas do Direito Brasileiro – Anotada*: Decreto-Lei nº 4.657, de 4 de setembro de 1942. São Paulo: Quartier Latin, 2019. v. I, p. 37.

e repensar, adaptar e ampliar as questões contemporâneas do Direito Administrativo. Buscam influir no modo como os princípios são utilizados na prática decisória administrativa, evitando o *vale-tudo* que serviu como instrumento de desagregação no direito.[302]

## IV.II As alterações da Lei de Introdução às Normas do Direito Brasileiro e sua interferência no Direito Público

Sob a perspectiva atual de hipervalorização dos princípios, que, em alguns casos, conduz ao desprezo do direito positivado, a importância das normas incluídas na LINDB está na positivação do direito, que lhe confere regras de conteúdo determinado, com maior grau de certeza na aplicação. Dessa forma, a utilidade de suas regras se relaciona, em primeiro lugar, à extensão de sua aplicação. São regras de sobredireito[303] que devem ser observadas por todos os entes da Federação, pelos órgãos de controle e pelo Poder Judiciário, porque indicam o direito substantivo aplicável à solução material dos litígios – seja na dimensão temporal, seja na dimensão espacial.

A força normativa do princípio da segurança jurídica e dos demais princípios, por si só, estabeleceria muitas das condutas que foram disciplinadas pelas alterações da LINDB. Contudo, a experiência prática conduziu os juristas responsáveis pela criação do projeto que deu origem à Lei nº 13.655/2018 ao diagnóstico de que a aplicação desenfreada de princípios dotados de alto grau de abstração gerou enorme insegurança jurídica.

Parte da doutrina chama a atenção para a hipervalorização de princípios em detrimento ao direito positivo e observa a necessidade de reconhecer maior importância às regras. Por isso, o estabelecimento de regras de sobredireito, dispostas na LINDB, se mostrou essencial para conferir maior clareza e certeza na aplicação do ordenamento jurídico como um todo.

Para o presente trabalho, faz-se essencial a demonstração de cada uma das alterações placitadas pela Lei nº 13.655/2018, a fim de

---

[302] SUNDFELD, Carlos Ari. A Lei de Introdução às Normas do Direito Brasileiro e sua Renovação. *In*: CUNHA FILHO, Alexandre Jorge Carneiro da; ISSA, Rafael Hamze; SCHWIND, Rafael Wallbach. *Lei de Introdução às Normas do Direito Brasileiro – Anotada*: Decreto-Lei nº 4.657, de 4 de setembro de 1942. São Paulo: Quartier Latin, 2019. v. I, p. 39.

[303] Norma jurídica que visa a regulamentar outras normas infraconstitucionais.

demonstrar, na sequência, os impactos dessas modificações nas normas de Direito Público voltadas à improbidade administrativa.

### IV.II.I Art. 20

O primeiro dispositivo introduzido pela Lei nº 13.655/2018 à LINDB, o art. 20, declara que "não se decidirá com base em valores jurídicos abstratos sem que sejam consideradas as consequências práticas da decisão".[304] Sob a perspectiva desse dispositivo, portanto, a legalidade não basta: é preciso que sejam levadas em consideração as consequências práticas da decisão.

A ementa da norma identifica a criação e a aplicação do Direito Público visando à eficiência como âmbito material específico dos seus preceitos e centra-se em decisões baseadas em *valores jurídicos indeterminados* – expressões de orientação fluida para situações nas quais o legislador não pôde ou não quis exaurir o comando a ser extraído do enunciado.[305] Isso porque registra-se, atualmente, o uso crescente de termos abstratos que refletem valores jurídicos[306] e, embora tais feições se apresentem na sociedade, a norma procura limitar as decisões tomadas por agentes públicos a um grau de certeza e de segurança, para que não se sobreponha o caos na atuação administrativa.

Um dos pontos centrais para a compreensão do art. 20 está na vedação a decisões isoladamente motivadas em valores abstratos. A justificativa para tanto está na constatação de que se confere força normativa aos princípios, não só nas omissões, mas em quaisquer casos.

---

[304] "Art. 20. Nas esferas administrativa, controladora e judicial, não se decidirá com base em valores jurídicos abstratos sem que sejam consideradas as consequências práticas da decisão (Incluído pela Lei nº 13.655, de 2018). Parágrafo único. A motivação demonstrará a necessidade e a adequação da medida imposta ou da invalidação de ato, contrato, ajuste, processo ou norma administrativa, inclusive em face das possíveis alternativas (Incluído pela Lei nº 13.655, de 2018)". (Art. 20. BRASIL. Decreto-Lei nº 4.657, de 4 de setembro de 1942. Lei de Introdução às Normas do Direito Brasileiro (redação dada pela Lei n º 12.376, de 2010). *Diário Oficial da União*, Rio de Janeiro, 09 set. 1942, retificado em 08 out. 1942 e 17 jun. 1943. Disponível em: http://www.planalto.gov.br/ccivil_03/decreto-lei/del4657compilado.htm. Acesso em 29 mar. 2020).

[305] A expressão "valores abstratos" designa fundamentos de decisão ancorados em conceitos jurídicos indeterminados. Para maior aprofundamento no termo, ver tópico anterior, que trata sobre o Conteúdo jurídico indeterminado.

[306] Em alguns estudos sobre a sociedade contemporânea, menciona-se sua complexidade, confusão e risco. Zigmunt Bauman se utiliza da expressão "modernidade líquida" na qual se apresenta a "sociedade líquida", em que predominam incertezas, instabilidades e relações fluidas e frágeis. (DE OLIVEIRA, André Henrique Mendes Viana. Habermas e Lyotard: um debate sobre a pós-modernidade. *Cadernos Cajuína*. v. 4, n. 3, p. 20-29, 2019).

Nesse mister, a simples invocação abstrata de valor seria insuficiente para conformidade da decisão, sendo imprescindível avaliar as consequências que dela decorram.[307]

Por óbvio, o art. 20 e seu parágrafo único não vedam o uso de termos jurídicos indeterminados, mas somente sua invocação singela, única, sem justificativa e sem consideração de possíveis efeitos práticos. O que se requer do agente público é a perspectiva dos elementos envolvidos em sua decisão, para que se possa avaliar, de maneira prospectiva, sua medida e suas consequências práticas.

A redução da discricionariedade possivelmente é o fim mais claro desse dispositivo, na perspectiva de que recorrer a critério abstrato confere maior liberdade de decisão. O princípio salvaguarda quem decide conferindo legitimidade a decisões que podem defluir de preferências ou opiniões pessoais. A ponderação das consequências estabelece freio objetivo à avaliação meramente subjetiva, porque sua aplicação, no caso concreto, será conformada com as repercussões práticas que dela decorra, ainda que a solução passe pela invocação de algum conteúdo abstrato.

Essa norma traduz o mesmo sentido que já havia sido afirmado pelo art. 489, §1º, III, do Código de Processo Civil, que trouxe importante inovação ao elencar, dentre as hipóteses de não se considerar fundamentada a decisão judicial que "[...] invoca motivos que se prestariam a justificar qualquer outra decisão".[308] Tanto o dispositivo do CPC quanto o da LINDB repudiam decisões que empregam fundamentos genéricos, sem projetá-los ao caso concreto.

Outra finalidade da norma seria a aderência entre a decisão e as consequências estimadas. A motivação não se esgota na simples exposição das consequências da decisão, mas na demonstração das razões que levaram à prática do ato. Não por acaso se inseriu no dispositivo legal a expressão "práticas" para designar as espécies de implicações a serem ponderadas nas decisões. As consequências devem ser condizentes

---

[307] MEERHOLZ, André Leonardo. Interpretação e Realidade – Consequencialismo, Proporcionalidade e Motivação. *In*: CUNHA FILHO, Alexandre Jorge Carneiro da; ISSA, Rafael Hamze; SCHWIND, Rafael Wallbach. *Lei de Introdução às Normas do Direito Brasileiro – Anotada*: Decreto-Lei nº 4.657, de 4 de setembro de 1942. São Paulo: Quartier Latin, 2019. v. II, p. 69-70.

[308] Art. 489, §1º Não se considera fundamentada qualquer decisão judicial, seja ela interlocutória, sentença ou acórdão, que: [...] III – invocar motivos que se prestariam a justificar qualquer outra decisão [...] (Art. 489. BRASIL. Lei nº 13.105, de 16 de março de 2015. Código de Processo Civil. *Diário Oficial da União*, Brasília, 17 mar. 2015. Disponível em: http://www.planalto.gov.br/ccivil_03/_ato2015-2018/2015/lei/l13105.htm. Acesso em 6 dez. 2020).

com aquilo que se decide, a fim de se evitar a propagação de valores enviesados no caso concreto.

Segundo Vieira de Andrade, o dever de fundamentação tem como centro de referência todas e quaisquer razões que levem o autor à determinada decisão, sejam as que exprimam uma justificação do agir, sejam as que expliquem o conteúdo escolhido para a satisfação do interesse público. É indiscutível que o dever de fundamentação facilita o controle do exercício do poder discricionário e fortalece as razões que explicam a existência de espaços de apreciação não controláveis pelos julgadores.[309]

Também com esse dispositivo se espera maior efetividade das decisões. De nada adianta uma decisão inexequível diante da realidade. Daí a obrigatoriedade de ponderação das consequências práticas como balizadoras indispensáveis para que a decisão seja cumprida em sua integralidade.

Evidentemente, nem sempre é possível prever todos os efeitos de uma decisão, sobretudo a médio e longo prazos, ante mudanças aceleradas da realidade. Por vezes, é necessária apreciação sofisticada para avaliar esses efeitos futuros, o que também a torna inviável, por ausência de recursos financeiros ou humanitários. Não obstante, o que dispõe o texto da lei é que seu aplicador deve se valer de elementos contidos nos autos para tomar sua decisão, sendo desnecessário que avalie suas consequências práticas no universo *extra-autos*.

O art. 20, parágrafo único, da LINDB, complementa os requisitos da Lei do Processo Administrativo – Lei nº 9.784/1999 –, que determinam que a motivação, no processo administrativo federal, seja clara, explícita e congruente.[310] Valendo-se dos clássicos aspectos do princípio da proporcionalidade, menciona a "necessidade e adequação da medida imposta ou da invalidação de ato, contrato, ajuste, processo ou norma administrativa, inclusive em face das possíveis alternativas".[311]

---

[309] ANDRADE, José Carlos Vieira de. *O dever da fundamentação expressa de actos administrativos*. Coimbra: Almedina, 2003. p. 391.

[310] "Art. 50, §1º. A motivação deve ser explícita, clara e congruente, podendo consistir em declaração de concordância com fundamentos de anteriores pareceres, informações, decisões ou propostas, que, neste caso, serão parte integrante do ato". (Art. 50. BRASIL. Lei nº 9.784, de 29 de janeiro de 1999. Regulamenta o processo administrativo no âmbito da Administração Pública Federal. *Diário Oficial da União*, Brasília, 01 fev. 1999, retificado em 11 mar. 1999. Disponível em: http://www.planalto.gov.br/ccivil_03/leis/l9784.htm. Acesso em 18 fev. 2020).

[311] "Art. 20. Nas esferas administrativa, controladora e judicial, não se decidirá com base em valores jurídicos abstratos sem que sejam consideradas as consequências práticas da

É por meio da motivação que deve ser demonstrada a necessidade e a adequação da medida utilizada, inclusive em face de possíveis alternativas. Ou seja, o dispositivo determina que, além de esclarecer os motivos utilizados para a decisão, o intérprete deve indicar que a alternativa selecionada tem resultados mais positivos em relação às demais. Se a situação objeto da decisão puder ser enfrentada com outra decisão ou medida, o agente deve explicar a razão de sua escolha em detrimento de outra.

## IV.II.II Art. 21

Enquanto o art. 20 estabelece que, para decidir-se por meio de valores jurídicos abstratos, é preciso considerar as consequências práticas da decisão, o art. 21 da LINDB[312] aprofunda essa obrigatoriedade ao transparecer a importância conferida ao caráter concreto das consequências das decisões invalidativas tomadas na esfera administrativa, controladora e judicial. Estabelece o dispositivo que "a decisão que, nas esferas administrativa, controladora ou judicial, decretar a invalidação de ato, contrato, ajuste, processo ou norma administrativa deverá indicar de modo expresso suas consequências jurídicas e administrativas".

Ao determinar que o processo se comprometa com os resultados práticos de sua decisão, a norma objetiva aproximar as decisões de autoridade dos efeitos que provocam na vida real, o que faz com que se redobre a responsabilidade de quem decide. Seu mérito é, portanto,

---

decisão (Incluído pela Lei nº 13.655, de 2018). Parágrafo único. A motivação demonstrará a necessidade e a adequação da medida imposta ou da invalidação de ato, contrato, ajuste, processo ou norma administrativa, inclusive em face das possíveis alternativas (Incluído pela Lei nº 13.655, de 2018)". (Art. 20. BRASIL. Decreto-Lei nº 4.657, de 4 de setembro de 1942. Lei de Introdução às Normas do Direito Brasileiro (redação dada pela Lei n º 12.376, de 2010). *Diário Oficial da União*, Rio de Janeiro, 09 set. 1942, retificado em 08 out. 1942 e 17 jun. 1943. Disponível em: http://www.planalto.gov.br/ccivil_03/decreto-lei/del4657compilado.htm. Acesso em 29 mar. 2020).

[312] "Art. 21. A decisão que, nas esferas administrativa, controladora ou judicial, decretar a invalidação de ato, contrato, ajuste, processo ou norma administrativa deverá indicar de modo expresso suas consequências jurídicas e administrativas (Incluído pela Lei nº 13.655, de 2018). Parágrafo único. A decisão a que se refere o caput deste artigo deverá, quando for o caso, indicar as condições para que a regularização ocorra de modo proporcional e equânime e sem prejuízo aos interesses gerais, não se podendo impor aos sujeitos atingidos ônus ou perdas que, em função das peculiaridades do caso, sejam anormais ou excessivos (Incluído pela Lei nº 13.655, de 2018)". (Art. 21. BRASIL. Decreto-Lei nº 4.657, de 4 de setembro de 1942. Lei de Introdução às Normas do Direito Brasileiro (redação dada pela Lei nº 12.376, de 2010). *Diário Oficial da União*, Rio de Janeiro, 09 set. 1942, retificado em 08 out. 1942 e 17 jun. 1943. Disponível em: http://www.planalto.gov.br/ccivil_03/decreto-lei/del4657compilado.htm. Acesso em 18 fev. 2020).

produzir uma virada na forma de se decidir, seja no plano administrativo, judicial ou controlador.

A aclaração do poder é o maior mecanismo existente de combate ao arbítrio. Assim, ao orientar a forma de decidir, o art. 21 promove um salto de qualidade da autoridade e do controle, cumprindo a função precípua de explicar e expor o exercício da parcela do poder. Dessa forma se inicia a compreensão do que foi decidido, do contexto e das consequências que são produzidas a partir da decisão.[313]

De maneira diversa do que se pode imaginar, encorpar decisões com suas consequências não reforça o caráter instrumental do direito ou torna, necessariamente, mais vulneráveis os gestores e controladores, mas serve para protegê-los. À medida que se conhece o contexto da decisão e as consequências envolvidas nessa escolha, fecha-se o escrutínio do exercício da função administrativa em concreto.

Ou seja, qualquer avaliação revisional futura deverá ser feita considerando o arranjo dado no momento da decisão, ressalvados somente os casos de dolo ou de erro grosseiro.[314] Daí porque as inovações trazidas no art. 21 do Decreto-Lei nº 4.657/1942 também redefinem os parâmetros da discricionariedade administrativa e de seu subsequente controle.[315]

Evidentemente, o gestor, o controlador ou o juiz não precisarão produzir todas as respostas em temas para os quais não tenham aptidão. Mas é necessário que o processo administrativo seja manejado em fomento às partes, a prover estudos de substância, capazes de formar a convicção do julgador e amparar suas justificativas. Cumpre a esses agentes provocar o debate e demandar os fundamentos de amparo às suas decisões.

Para tanto, as balizas do embate devem ser postas desde a petição inicial, com os efeitos que pretende obter, detalhes e argumentos em

---

[313] RIBEIRO, Leonardo Coelho. Comentários gerais ao art. 21 da Lei de Introdução às Normas do Direito Brasileiro (Decreto-Lei nº 4.657/1942, alterado pela Lei nº 13.655/2018). *In*: CUNHA FILHO, Alexandre Jorge Carneiro da; ISSA, Rafael Hamze; SCHWIND, Rafael Wallbach. *Lei de Introdução às Normas do Direito Brasileiro – Anotada*: Decreto-Lei nº 4.657, de 4 de setembro de 1942. São Paulo: Quartier Latin, 2019. v. II, p. 145-146.

[314] Art. 28 do Decreto-Lei nº 4.657/1942, art. 21. (Art. 21. BRASIL. Decreto-Lei nº 4.657, de 4 de setembro de 1942. Lei de Introdução às Normas do Direito Brasileiro (redação dada pela Lei n º 12.376, de 2010). *Diário Oficial da União*, Rio de Janeiro, 09 set. 1942, retificado em 08 out. 1942 e 17 jun. 1943. Disponível em: http://www.planalto.gov.br/ccivil_03/decreto-lei/del4657compilado.htm. Acesso em 29 mar. 2020).

[315] Nas inovações trazidas pela Lei nº 13.655/2018 não há qualquer referência expressa à discricionariedade administrativa, não obstante, seus dispositivos tratam dessa matéria de maneira reflexa e indireta.

prol da medida proposta. Essa linha de raciocínio é colmatada pelo parágrafo único do dispositivo, que estabelece que, quando for o caso, a decisão invalidativa deverá indicar as condições para que a regularização ocorra de modo proporcional e equânime e sem prejuízo aos interesses gerais, não se podendo impor aos sujeitos atingidos ônus ou perdas que, em função das peculiaridades do caso, sejam anormais ou excessivos.

Esse artigo não dever ser relacionado somente aos efeitos da declaração de nulidade de um ato, mas à contraposição desses efeitos em face da expectativa gerada no destinatário da anulação e em outros sujeitos. Trata-se, então, de *modulação de efeitos* da declaração da invalidade do ato administrativo – operação que, de maneira semelhante, já ocorre no âmbito do Direito Constitucional, envolvendo o confronto entre o valor protegido pela anulação do ato administrativo e o valor contraposto, que tutela a expectativa gerada. A aplicação desse dispositivo autoriza, portanto, a declaração de invalidade de um ato administrativo acompanhada da manutenção de seus efeitos, como forma de harmonização de valores contrapostos.[316]

### IV.II.III Art. 22

O art. 22 da lei[317] determina que, na interpretação das normas de gestão, sejam considerados os obstáculos e as dificuldades reais dos gestores e as exigências das políticas públicas a seu cargo, sem prejuízo

---

[316] LAURENTTIS, Lucas C. Comentários gerais ao dispositivo. *In*: CUNHA FILHO, Alexandre Jorge Carneiro da; ISSA, Rafael Hamze; SCHWIND, Rafael Wallbach. *Lei de Introdução às Normas do Direito Brasileiro – Anotada*: Decreto-Lei nº 4.657, de 4 de setembro de 1942. São Paulo: Quartier Latin, 2019. v. II, p. 152-153.

[317] "Art. 22. Na interpretação de normas sobre gestão pública, serão considerados os obstáculos e as dificuldades reais do gestor e as exigências das políticas públicas a seu cargo, sem prejuízo dos direitos dos administrados. §1º Em decisão sobre regularidade de conduta ou validade de ato, contrato, ajuste, processo ou norma administrativa, serão consideradas as circunstâncias práticas que houverem imposto, limitado ou condicionado a ação do agente (Incluído pela Lei nº 13.655, de 2018). §2º Na aplicação de sanções, serão consideradas a natureza e a gravidade da infração cometida, os danos que dela provierem para a administração pública, as circunstâncias agravantes ou atenuantes e os antecedentes do agente (Incluído pela Lei nº 13.655, de 2018).
§3º As sanções aplicadas ao agente serão levadas em conta na dosimetria das demais sanções de mesma natureza e relativas ao mesmo fato (Incluído pela Lei nº 13.655, de 2018)".
(Art. 22. BRASIL. Decreto-Lei nº 4.657, de 4 de setembro de 1942. Lei de Introdução às Normas do Direito Brasileiro (redação dada pela Lei n º 12.376, de 2010). *Diário Oficial da União*, Rio de Janeiro, 09 set. 1942, retificado em 08 out. 1942 e 17 jun. 1943. Disponível em: http://www.planalto.gov.br/ccivil_03/decreto-lei/del4657compilado.htm. Acesso em 18 fev. 2020).

do direito dos administrados. Ademais, devem ser levadas em consideração as circunstâncias práticas que houverem imposto, limitado ou condicionado a atuação do agente.

Essa norma decorre da constatação de que o direito não tem se originado dos fatos. A ciência jurídica tem se afastado, sobremaneira, da realidade contextual e aderido à realidade normativa encadeada na interpretação abstrata do mundo. O *conforto das abstrações* tem sido preferido em detrimento dos meandros intrincados da facticidade.[318]

Disso decorre a distrofia hermenêutica de que o intérprete da lei pode fazer com ela o que bem entender. Normas são colocadas de lado ou aplicadas de acordo com a subjetividade do aplicador, que passa a julgar como se ele próprio tivesse elaborado a lei. Prevalece, assim, a posição individual do aplicador da norma, que, deliberadamente, não leva em consideração os fatos.

No entanto, o direito deve partir de ocorrências concretas e mensuradas. A mensuração do quadro fático é essencial para um ou outro resultado. Nesse sentido, o art. 22 pretende que seja inafastável a conexão entre o quadro normativo e o quadro fático real, de maneira que o intérprete se aloque entre o homem-concreto que aplicou o direito e a máquina estatal específica que o condicionava.

A partir disso, fica estabelecido que normas de gestão pública devem ter em conta a realidade, no sentido de que sua interpretação não leve a ferro e fogo soluções impossíveis para a lógica do local em que está sendo aplicado. O pêndulo decisório formal amplifica-se para dar vazão a um sistema decisório legal substantivo.

O agente público não pode deixar de considerar os obstáculos reais e a competência específica conectada ao seu leque de atribuições normativas. Da mesma forma, o julgador não pode impor que o administrador vá além disso, de forma a inculcar-lhe obrigações fora de suas possibilidades reais.

No final do dispositivo do art. 22, há a ressalva "sem prejuízo dos direitos dos administrados". Está explícita, assim, a proibição de uso desse dispositivo para indeferir, de maneira generalizada, os pleitos dos administrados perante a administração, sob o fundamento de que a realidade fática não lhe teria dado condições de atuar.

---

[318] TOMELIN, Georghio. Interpretação consequencial e dosimetria conglobante na nova LINDB. In: CUNHA FILHO, Alexandre Jorge Carneiro da; ISSA, Rafael Hamze; SCHWIND, Rafael Wallbach. *Lei de Introdução às Normas do Direito Brasileiro – Anotada*: Decreto-Lei nº 4.657, de 4 de setembro de 1942. São Paulo: Quartier Latin, 2019. v. II, p. 166.

A fim de enfatizar a necessidade da individualização de pena no âmbito do direito público, as alterações da LINDB estabeleceram, ainda, que serão consideradas a natureza e a gravidade das infrações cometidas, os danos causados, as circunstâncias dessas ações e os antecedentes dos agentes para a aplicação de sanções. Houve ampliação dessa tutela para abarcar não somente aqueles subordinados ao poder disciplinar da administração, mas todas as circunstâncias sancionatórias.

No Direito Público, mesmo que haja possibilidade de aplicação de diversas medidas sancionatórias sem que, necessariamente, se configure o *bis in idem*, as alterações normativas estabeleceram que as sanções aplicadas devem ser levadas em consideração na dosimetria das demais penas de mesma natureza e sobre o mesmo fato. Demonstra-se, com isso, clara tentativa de amenizar excessos e desproporções.

## IV.II.IV Art. 23

O art. 23 da LINDB assevera que a decisão administrativa, controladora ou judicial que estabelecer nova interpretação ou orientação sobre norma de conteúdo indeterminado, deverá prever regime de transição.[319] Assim, consagra dois institutos extremamente relevantes para a garantia da segurança jurídica nas relações entre o Estado e a sociedade: os regimes de transição e a modulação dos efeitos de decisão administrativa baseada em novo entendimento. Com isso, o legislador buscou proibir que o Estado abandone um entendimento e adote outro, desconsiderando os custos e o tempo necessário para que os administrados se adaptem ao novo cenário.

O aumento da segurança jurídica de uma sociedade depende, basicamente, dos seguintes fatores: (i) um ordenamento jurídico posto, redigido, estruturado, claro e acessível, que possa orientar, com simplicidade, os comportamentos sociais; (ii) a existência de mecanismos que garantam a previsibilidade, a proteção da confiança e posições jurídicas

---

[319] "Art. 23. A decisão administrativa, controladora ou judicial que estabelecer interpretação ou orientação nova sobre norma de conteúdo indeterminado, impondo novo dever ou novo condicionamento de direito, deverá prever regime de transição quando indispensável para que o novo dever ou condicionamento de direito seja cumprido de modo proporcional, equânime e eficiente e sem prejuízo aos interesses gerais (Incluído pela Lei nº 13.655, de 2018)". (Art. 23. BRASIL. Decreto-Lei nº 4.657, de 4 de setembro de 1942. Lei de Introdução às Normas do Direito Brasileiro (redação dada pela Lei n º 12.376, de 2010). *Diário Oficial da União*, Rio de Janeiro, 09 set. 1942, retificado em 08 out. 1942 e 17 jun. 1943. Disponível em: http://www.planalto.gov.br/ccivil_03/decreto-lei/del4657compilado.htm. Acesso em 18 fev. 2020).

legítimas; e (iii) a disposição de remédios judiciais e administrativos de tutela dos interesses atingidos por ataques que gerem incertezas.[320] A previsão de o Estado adotar regime de transição ao estabelecer nova interpretação à norma de conteúdo jurídico indeterminado se enquadra na segunda categoria de fatores que garantem a segurança jurídica.

Dessa forma, a LINDB não impede que um ente público modifique sua compreensão sobre determinado direito positivado, mas, pelo contrário, a premissa do art. 23 é, exatamente, de que entes estatais, de qualquer dos poderes, podem modificar seu posicionamento, abandonando concepções antigas, ainda que consagradas. Contudo, ao fazê-lo, é imprescindível que prevejam regime de aplicação gradual, que leve em conta a realidade e as dificuldades que essa adaptação social envolve.

Esse dispositivo faz sentido nas hipóteses em que a nova interpretação ocasione limitação sobre direitos fundamentais de seus destinatários. Caso contrário – se facilitar ou beneficiar –, não obriga a adoção de transição.

Como regime de transição entende-se a passagem, de duração temporária, que oferece condições diferenciadas para viabilizar a observância de nova interpretação de uma norma àqueles destinatários que se encontram sob o regime de orientação anterior, mais benéfico. Esse regime de transição nada mais é que a expressão da razoabilidade frente à modificação de interpretação de normas que ocasione custos e dificuldades ao administrado.

O dispositivo se destina aos três poderes e a todas as esferas da administração, bem como aos agentes privados que exerçam função administrativa e assumam poderes de restrição de direitos fundamentais em substituição ao Estado. Os destinatários dessa norma são as pessoas físicas e jurídicas submetidas à decisão do poder público.

A novidade do art. 23 não está na previsão de regimes de transição pelo Estado, uma vez que esses regimes sempre existiram, mas no estabelecimento de um dever de estruturação e oferta do regime de transição aos destinatários atingidos por nova interpretação que lhes atinja. Essa norma é complementada pelo art. 24, que impede a declaração de invalidade de situações plenamente constituídas em virtude de revisão com base em mudança posterior de orientação geral. Por

---

[320] MARRARA, Thiago. Comentários Gerais ao Dispositivo. Artigo 23 da LINDB. In: CUNHA FILHO, Alexandre Jorge Carneiro da; ISSA, Rafael Hamze; SCHWIND, Rafael Wallbach. *Lei de Introdução às Normas do Direito Brasileiro – Anotada*: Decreto-Lei nº 4.657, de 4 de setembro de 1942. São Paulo: Quartier Latin, 2019. v. II, p. 230.

um lado, essas regras reforçam a vedação de aplicação retroativa de nova interpretação, por outro, permitem a modulação dos efeitos para o cumprimento de novas obrigações.

## IV.II.V Art. 24

O art. 24[321] diz respeito aos processos de invalidação dos atos administrativos e judiciais, de forma a impor que sejam levadas em consideração as orientações gerais da época em que esses atos tenham sido praticados. Dessa forma o dispositivo se conecta, diretamente, com o sentido de ampliação da segurança jurídica.

Em síntese, o dispositivo possui dois comandos: (i) a revisão dos atos levará em conta as orientações da época em que foram editados; e (ii) a vedação de que se declarem inválidas situações plenamente constituídas com base em mudança posterior de orientação geral.

O primeiro comando tem sentido flexível, com a possibilidade de modulação de efeitos de uma decisão de invalidade e com a avaliação de que, no momento da prática do ato questionado, poderia haver orientações gerais menos precisas a induzir a conduta dos interessados. O segundo comando tem sentido mais rígido, porque cria hipótese de vedação de invalidação. A lei explicita que posterior alteração da orientação geral não pode servir como fundamento de invalidação do ato.

O objetivo do dispositivo é impedir que alterações nas orientações gerais sejam o fundamento para a invalidação de atos já aperfeiçoados. Por outro lado, evidentemente, esse artigo não impede a anulação de atos ilegais, que não tenham relação com orientação geral ou que constituam práticas ilegais – ainda que reiteradas e reconhecidas – em curso de questionamento no âmbito da administração ou do Judiciário. Tampouco a lei veda que a administração altere o seu entendimento

---

[321] "Art. 24. A revisão, nas esferas administrativa, controladora ou judicial, quanto à validade de ato, contrato, ajuste, processo ou norma administrativa cuja produção já se houver completado levará em conta as orientações gerais da época, sendo vedado que, com base em mudança posterior de orientação geral, se declarem inválidas situações plenamente constituídas. Parágrafo único. Consideram-se orientações gerais as interpretações e especificações contidas em atos públicos de caráter geral ou em jurisprudência judicial ou administrativa majoritária, e ainda as adotadas por prática administrativa reiterada e de amplo conhecimento público". (Art. 24. BRASIL. Decreto-Lei nº 4.657, de 4 de setembro de 1942. Lei de Introdução às Normas do Direito Brasileiro (redação dada pela Lei nº 12.376, de 2010). *Diário Oficial da União*, Rio de Janeiro, 09 set. 1942, retificado em 08 out. 1942 e 17 jun. 1943. Disponível em: http://www.planalto.gov.br/ccivil_03/decreto-lei/del4657compilado.htm. Acesso em 30 mar. 2020).

para a prática futura de atos. A regra do art. 24 aplica-se somente para ações já aperfeiçoadas, que já tenham entrado, validamente, no ordenamento jurídico.

A chave de compreensão desse dispositivo está, portanto, no conceito de *orientações gerais*, que não se confunde com meras práticas ou decisões administrativas. Não se configura *orientação geral* interpretação que transborde a moldura das interpretações lícitas do direito – ou seja, não cabem nesse conceito decisões ilícitas da administração.[322]

Apesar de os arts. 53 a 55 da Lei nº 9.784/1999[323] já fazerem referência à retirada de validade dos atos administrativos, o disposto no art. 24 da LINDB não coincide com eles, nem os contradiz. Os dispositivos da Lei de Processo Administrativo trazem regra geral de invalidade dos atos administrativos, impõem limites temporais para tanto e contemplam hipóteses de convalidação. A seu turno, o art. 24 do Decreto-Lei nº 4.657/1942 impõe limites à retirada de validade dos atos administrativos que tenham como fundamento divergência ou alteração de orientações gerais existentes à época do ato questionado.[324]

O disposto no art. 24 não se confunde também com a revogação dos atos administrativos – a retirada da validade de ato não fundamentada em falha ou invalidade –, mas em uma nova decisão de como proceder para o futuro. Nesse caso, as normas aplicáveis são aquelas que vedam a retroatividade das leis ou das decisões normativas em geral.

Esse artigo reforça a solidez da lei em sentido amplo, da doutrina, da jurisprudência e dos usos e costumes como fontes do direito,

---

[322] ALMEIDA, Fernando Menezes. Comentários gerais ao dispositivo. Comentário ao art. 24. *In*: CUNHA FILHO, Alexandre Jorge Carneiro da; ISSA, Rafael Hamze; SCHWIND, Rafael Wallbach. *Lei de Introdução às Normas do Direito Brasileiro – Anotada*: Decreto-Lei nº 4.657, de 4 de setembro de 1942. São Paulo: Quartier Latin, 2019. v. II, p. 266.

[323] "Art. 53. A Administração deve anular seus próprios atos, quando eivados de vício de legalidade, e pode revogá-los por motivo de conveniência ou oportunidade, respeitados os direitos adquiridos. Art. 54. O direito da Administração de anular os atos administrativos de que decorram efeitos favoráveis para os destinatários decai em cinco anos, contados da data em que foram praticados, salvo comprovada má-fé. §1º No caso de efeitos patrimoniais contínuos, o prazo de decadência contar-se-á da percepção do primeiro pagamento. §2º Considera-se exercício do direito de anular qualquer medida de autoridade administrativa que importe impugnação à validade do ato. Art. 55. Em decisão na qual se evidencie não acarretarem lesão ao interesse público nem prejuízo a terceiros, os atos que apresentarem defeitos sanáveis poderão ser convalidados pela própria Administração". (Art. 53. BRASIL. Lei nº 9.784, de 29 de janeiro de 1999. Regulamenta o processo administrativo no âmbito da Administração Pública Federal. *Diário Oficial da União*, Brasília, 01 fev. 1999, retificado em 11 mar. 1999. Disponível em: http://www.planalto.gov.br/ccivil_03/leis/l9784.htm. Acesso em 18 fev. 2020).

[324] ALMEIDA, Fernando Menezes. Comentários gerais ao dispositivo. Comentário ao art. 24. *In*: CUNHA FILHO, Alexandre Jorge Carneiro da; ISSA, Rafael Hamze; SCHWIND, Rafael Wallbach. *Lei de Introdução às Normas do Direito Brasileiro – Anotada*: Decreto-Lei nº 4.657, de 4 de setembro de 1942. São Paulo: Quartier Latin, 2019. v. II, p. 267.

consolidando a teoria dos motivos determinantes[325] ao assegurar a inviolabilidade da motivação do ato por mudanças posteriores. Ainda tutela a segurança jurídica ao determinar a irretroatividade de critérios técnicos e jurídicos supervenientes à produção de efeitos do ato, com o objetivo de vedar novas orientações ao conteúdo de fundo do ato legitimamente amparado nas orientações gerais da época de sua formação.

### IV.II.VI Art. 26[326]

O art. 26[327] trouxe permissivo genérico à celebração de acordos e a negociações na administração pública e entre autoridades públicas e particulares. São disposições que não inovaram as formas da administração pública, uma vez que já era permitido que o agente praticasse as condutas descritas no novo dispositivo.[328]

---

[325] A teoria dos motivos determinantes é utilizada para a situação em que os fundamentos de fato de um ato administrativo são indicados pela motivação, hipótese na qual a validade do ato depende da veracidade dos motivos alegados.

[326] O objetivo deste estudo é apenas demonstrar as alterações vigentes da nova Lei de Introdução às Normas do Direito Brasileiro, sem adentrar em dispositivos vetados, não vigentes. Por esse motivo não foram feitas considerações no corpo do texto acerca do art. 25 do Decreto-Lei nº 4.657, uma vez que vetado. Trata-se de um dos mais polêmicos dispositivos do projeto de lei, visto que estabelecia que, por razões de segurança jurídica de interesse geral, o ente poderia propor ação declaratória de validade do ato, contrato, ajuste, processo ou norma, cuja sentença faria coisa julgada *erga omnes*. Na redação do dispositivo não havia separação entre atos de efeitos concretos e atos normativos. O objetivo deste artigo era criar, à semelhança da ação direta de constitucionalidade, uma ação declaratória de validade de atos e contratos, para que houvesse o reconhecimento da legalidade pelo Judiciário, com efeito *erga omnes*. Esse dispositivo foi problemático por querer modificar a matéria pela via da Lei de Introdução às Normas do Direito Brasileiro, e não pela alteração da Lei de Ação Civil Pública. Além disso, considerou-se difícil a aplicação da declaração de validade *erga omnes* dos contratos, tendo em vista que muitos de seus vícios decorrem da fase de execução, e não da fase de celebração.

[327] "Art. 26. Para eliminar irregularidade, incerteza jurídica ou situação contenciosa na aplicação do direito público, inclusive no caso de expedição de licença, a autoridade administrativa poderá, após oitiva do órgão jurídico e, quando for o caso, após realização de consulta pública, e presentes razões de relevante interesse geral, celebrar compromisso com os interessados, observada a legislação aplicável, o qual só produzirá efeitos a partir de sua publicação oficial. §1º O compromisso referido no caput deste artigo: I – buscará solução jurídica proporcional, equânime, eficiente e compatível com os interesses gerais; III – não poderá conferir desoneração permanente de dever ou condicionamento de direito reconhecidos por orientação geral; IV – deverá prever com clareza as obrigações das partes, o prazo para seu cumprimento e as sanções aplicáveis em caso de descumprimento". (Art. 26. BRASIL. Decreto-Lei nº 4.657, de 4 de setembro de 1942. Lei de Introdução às Normas do Direito Brasileiro (redação dada pela Lei n º 12.376, de 2010). *Diário Oficial da União*, Rio de Janeiro, 09 set. 1942, retificado em 08 out. 1942 e 17 jun. 1943. Disponível em: http://www.planalto.gov.br/ccivil_03/decreto-lei/del4657compilado.htm. Acesso em 18 fev. 2020).

[328] As consultas públicas já são instituto consagrado no direito público brasileiro, institucionalizado pela Lei nº 9.784/1999. (BRASIL. Lei nº 9.784, de 29 de janeiro de 1999.

Não obstante, sua implementação teve por objetivo reforçar a segurança jurídica, a publicidade, a economicidade, a eficiência, a transparência e a capacidade de autotutela da administração, por dispor de procedimentos necessários para suas decisões. A inserção desse dispositivo é mais um exemplo da perda de centralidade do ato administrativo, evidenciando a passagem de um direito autoritário para um direito baseado em acordo de vontades, à luz do aumento da complexidade contratual da administração.

A moderna concepção de Estado preza pela cultura de diálogo entre a sociedade e entes públicos, em contraponto à administração pública monológica resistente a esse processo de comunicação. Diante disso, esse dispositivo buscou fomentar a aproximação entre as partes, esvaziando o poder coercitivo nesse momento de transação.

Nas últimas décadas, houve impulso significativo para a atuação consensual na administração pública. Passou-se a compreender que a contribuição do particular, por meio dos mecanismos tradicionais de parceria, como o contrato administrativo, é insuficiente para atingimento das finalidades públicas. Assim, a cooperação alcançou terrenos antes apenas sujeitos ao domínio da autoridade.

O ordenamento jurídico passou, então, a incentivar a abertura para a processualidade, a discussão e a negociação, restringindo a imposição dos poderes jurídicos de forma unilateral.[329] As bases de ordem se tornaram mais permeáveis à colaboração dos interessados, o que tendeu a produzir soluções mais eficientes e legítimas.[330]

Há expressa autorização para que o poder público realize consulta pública para a celebração de compromisso com os interessados, a fim de eliminar irregularidades, incertezas ou situações contenciosas na aplicação do Direito Público. O que se busca não é o consenso em relação à vigência da norma, mas sim, a melhor interpretação a ela aplicável, levando-se em consideração a constatação do alto grau de indeterminação de grande parte das normas jurídicas. A nova lei retira

---

Regulamenta o processo administrativo no âmbito da Administração Pública Federal. *Diário Oficial da União*, Brasília, 01 fev. 1999, retificado em 11 mar. 1999. Disponível em: http://www.planalto.gov.br/ccivil_03/leis/l9784.htm. Acesso em 18 fev. 2020).

[329] Diversas normas foram introduzidas para atribuir à Administração a competência para substituir suas decisões unilaterais por acordos, a exemplo do art. 5º, §6º, da Lei da Ação Civil Pública (Lei nº 7.347/1985), incluído pelo Código de Defesa do Consumidor (Lei nº 8.078/1990); do art. 73, da Lei nº 8.884/1994; do art. 11, da Lei nº 6.385/1976, entre outros.

[330] NIEBUHR, Kalin Olbertz. O Alcance do art. 26 da LINDB. *In*: CUNHA FILHO, Alexandre Jorge Carneiro da; ISSA, Rafael Hamze; SCHWIND, Rafael Wallbach. *Lei de Introdução às Normas do Direito Brasileiro – Anotada*: Decreto-Lei nº 4.657, de 4 de setembro de 1942. São Paulo: Quartier Latin, 2019. v. II, p. 344.

do gestor público a responsabilidade de buscar a melhor interpretação da norma, atribuindo-lhe a alternativa de solução negociada.

Nesse dispositivo, o legislador enumera as hipóteses em que será possível afastar normas de Direito Público em prol de um consenso entre as partes, inclusive nos casos de exercício do poder de polícia administrativo. Ou seja, a administração pode avaliar, em cada caso concreto, o meio mais eficiente para zelar pelo bem comum, não se justificando a inexistência de acordo por ausência de regra nesse sentido.[331]

A inserção da autorização genérica à negociação entre particulares e autoridades administrativas consagra a experiência positiva do Estado brasileiro na adoção de instrumentos negociais como forma de obtenção de soluções mais eficazes, consentâneas com os interesses das partes e compatíveis com os interesses da própria administração. Abre-se, com isso, espaço para o desenvolvimento e a consolidação de uma cultura de negociações entre público e privado.

A tipificação dos compromissos de convalidação de atos irregulares e a concessão do protagonismo aos sujeitos envolvidos dão reflexos ao que a doutrina vem chamando de administração consensual ou dialógica, segundo a qual o poder público valoriza e, por vezes, privilegia, a forma de gestão pautada no acordo, na negociação, na coordenação, na cooperação, na colaboração, na conciliação e na transação. A incorporação da consensualidade na LINDB consagra nova era da atividade administrativa, não mais centrada na autoridade como instrumento único de atingimento ao interesse público, mas como atividade aberta à participação do indivíduo.[332]

A redação do artigo exige, antes da celebração do compromisso, a emissão de parecer favorável pelo órgão jurídico envolvido, motivo pelo qual sofreu críticas no sentido de que despontaria como passe livre para a subtração da ação do administrador dos órgãos de controle, isentando o gestor de responsabilidade pessoal.[333] Não obstante, em casos em que há paralisação de situações jurídicas, apesar da existência da

---

[331] ARAÚJO, Alexandra Fuchs de. Comentários ao artigo 26 da Lei de Introdução às Normas do Direito Brasileiro. In: CUNHA FILHO, Alexandre Jorge Carneiro da; ISSA, Rafael Hamze; SCHWIND, Rafael Wallbach. *Lei de Introdução às Normas do Direito Brasileiro – Anotada*: Decreto-Lei nº 4.657, de 4 de setembro de 1942. São Paulo: Quartier Latin, 2019. v. II, p. 328.

[332] MEDAUAR, Odete. *O direito administrativo em evolução*. São Paulo: RT, 2003. p. 310.

[333] BONA, Daniel Braga. Alteração da LINDB e seus reflexos na punição por atos de improbidade lesivos ao erário. *Consultor Jurídico*, 30 dez. 2019. Disponível em: https://www.conjur.com.br/2019-dez-30/mp-debate-alteracao-lindb-reflexos-punicao-atos-improbidade. Acesso em 05 jan. 2021.

lei, em virtude da ausência de interpretação clara, a solução consensual se mostra o melhor cenário, tanto para o Estado quanto para cidadão.

A grande questão que se apresenta é, justamente, fixar o interesse geral, termo que está eivado de subjetivismos.[334] Para que o administrador celebre o acordo, é imprescindível que o interesse seja público e discutido. Esse interesse geral, denominação de origem francesa, consiste em um "somatório de interesses individuais coincidentes em torno de um bem da vida que lhes significa um valor, proveito ou utilidade de ordem moral ou material, que cada pessoa deseja adquirir, conservar ou manter em sua própria esfera de valores".[335]

Esse dispositivo legal buscou demonstrar a necessidade de superação de impasses na administração pública nas situações de irregularidades e incertezas jurídicas decorrentes de legislações imprecisas ou ultrapassadas. Além disso, retrata o interesse público como algo além do interesse da administração, caracterizando-se como verdadeiro interesse geral.

Isso indica a transcendência da matéria intersubjetiva pertinente. Ou seja, a questão deve ser resolvida para além das partes envolvidas, de maneira a abranger tanto interesses coletivos quanto difusos, bem como representar o interesse público em sua acepção de interesse da sociedade, e não interesse do Estado.[336]

Esse interesse deve ser relevante, o que pode ser auferido por sua repercussão junto aos demais envolvidos na perspectiva econômica, social, política ou jurídica. Para consideração dessa relevância, é necessária sua demonstração, caso a caso, não sendo possível prever de antemão os critérios de que seja realmente relevante.

O compromisso administrativo advindo desse dispositivo legal é espécie do gênero *acordo* e substitui o processo administrativo

---

[334] Para evitar abusos e distorções, houve a edição do Enunciado nº 9 de Interpretação, no sentido de que "a expressão 'interesse geral' prevista na LINDB significa 'interesse público', conceito que deve ser extraído do ordenamento jurídico". (INSTITUTO BRASILEIRO DE DIREITO ADMINISTRATIVO – IBDA. *Seminário promovido pelo IBDA aprova enunciados sobre a LINDB*. Disponível em: http://ibda.com.br/noticia/seminario-promovido-pelo-ibda-aprova-enunciados-sobre-a-lindb. Acesso em 6 dez. 2020).

[335] BORGES, Alice Gonzalez. Supremacia do interesse público: desconstrução ou reconstrução? *In: Revista Eletrônica de Direito Administrativo Econômico*, Salvador, n. 26, p. 10, mai./jun./jul. 2011. Disponível em: http://www.direitodoestado.com.br/codrevista.asp?cod=587. Acesso em 30 ago. 20.

[336] GAROFANO, Rafael Roque; STEIN, Daniel Almeida; ZABLITH, Marc Bujnicki. Relevante interesse geral, requisito para o acordo e vetos. *In*: CUNHA FILHO, Alexandre Jorge Carneiro da; ISSA, Rafael Hamze; SCHWIND, Rafael Wallbach. *Lei de Introdução às Normas do Direito Brasileiro – Anotada*: Decreto-Lei nº 4.657, de 4 de setembro de 1942. São Paulo: Quartier Latin, 2019. v. II, p. 336.

sancionador. Os seus requisitos são: (i) a busca por uma solução jurídica equânime, justa, eficiente e compatível com os interesses gerais; (ii) a ausência de desoneração permanente de dever ou condicionamento reconhecido por orientação geral; e (iii) o dever de prever, com clareza, a obrigação das partes, o prazo para cumprimento e as sanções aplicáveis em caso de descumprimento.[337]

Esse dispositivo deve ser lido em conformidade com o art. 22, segundo o qual, na decisão de regularidade de conduta administrativa, devem ser consideradas as circunstâncias práticas que se impuseram à ação do agente. A leitura em conjunto sinaliza para uma postura de deferência à decisão de mérito adotada pelo administrador, desde que percorrido o *iter* procedimental fixado para as negociações.

### IV.II.VII Art. 27

Inovações legislativas, isoladamente, não transformam a realidade social e cultural. No entanto, o rompimento de paradigmas e dogmas jurídicos incompatíveis com as demandas da modernidade, aliado com um novo *modus operandi*, pode funcionar como mecanismo de revitalização da relação entre administração e administrados.

Nesse propósito, a LINDB trouxe instrumento de compensação por prejuízos injustos ou anormais, a serviço do aperfeiçoamento da administração e dos órgãos de controle em prol da observância dos direitos e garantias fundamentais. Esse novo olhar sobre o regramento do Direito Público visa a não perder de vista outros elementos intrínsecos à ordem constitucional, dentre os quais, os princípios da administração pública e a cautela hermenêutica necessária à aplicação das normas, na delicada tarefa de prezar pelo equilíbrio na relação entre Estado e particular.

A lei institui a premissa de que é possível haver diálogo na correção de irregularidades administrativas. Mais do que isso, impõe que as autoridades devem focar não só nas irregularidades, mas nas suas consequências.

O art. 27 da LINDB autoriza a imposição, pela autoridade, de compensação, em benefício daquele que tenha sofrido prejuízos

---

[337] ARAÚJO, Alexandra Fuchs de. Comentários ao artigo 26 da Lei de Introdução às Normas do Direito Brasileiro. *In*: CUNHA FILHO, Alexandre Jorge Carneiro da; ISSA, Rafael Hamze; SCHWIND, Rafael Wallbach. *Lei de Introdução às Normas do Direito Brasileiro – Anotada*: Decreto-Lei nº 4.657, de 4 de setembro de 1942. São Paulo: Quartier Latin, 2019. v. II, p. 330.

anormais ou injustos, ou que tenha auferido benefícios indevidos resultantes do processo ou da conduta, comissiva ou omissiva, dos envolvidos no âmbito judicial, administrativo e controlador.[338] Isso quer dizer que não abrange somente a conduta da outra parte da relação processual, como também da autoridade e do órgão responsável pela decisão. Jamais se cogita negociar o interesse público, mas somente negociar os modos de atingi-lo com eficiência.

Diante do fato de que processos são onerosos, reconhece-se que somente se justificam na medida que tragam algum benefício, devendo ser prevenidos ou abreviados por métodos adequados, caso não possam atingir o resultado benéfico almejado. Essa prevenção pode ser feita por imposição da autoridade competente ou por consenso dos envolvidos.

A consensualidade no Direito Administrativo se afasta do conceito clássico de ato administrativo e se aproxima da forma de negócio jurídico, cujos efeitos são queridos pelo sujeito. A ausência de vontade e a vedação ao desvio de finalidade não excluem a existência de uma vontade institucional cuja finalidade é a de promover o interesse público pela forma mais adequada.

Por sua vez, o Direito Processual, que se consolidou sobre a ideia de que o processo e os atos processuais seriam incompatíveis com a ideia de negócio jurídico por serem de ordem pública, passou a reconhecer a utilidade dos negócios processuais, segundo os quais as partes podem convencionar sobre os seus ônus, poderes, faculdades e deveres, instituindo o princípio do autorregramento da vontade. A procedimentalização do negócio jurídico é essencial para a prática do consenso na administração de forma adequada. Com isso, garante-se a legalidade, assegurando que os atos sejam praticados de forma válida; a impessoalidade, de modo que as opções oferecidas aos administrados sejam isonômicas; a moralidade, que predeterminam as condições para se evitarem oportunismos, abusos e desvios; a publicidade, com o registro dos atos, passíveis de controle externo; e a eficiência, uma

---

[338] "Art. 27. A decisão do processo, nas esferas administrativa, controladora ou judicial, poderá impor compensação por benefícios indevidos ou prejuízos anormais ou injustos resultantes do processo ou da conduta dos envolvidos (Incluído pela Lei nº 13.655, de 2018); §1º A decisão sobre a compensação será motivada, ouvidas previamente as partes sobre seu cabimento, sua forma e, se for o caso, seu valor (Incluído pela Lei nº 13.655, de 2018); §2º Para prevenir ou regular a compensação, poderá ser celebrado compromisso processual entre os envolvidos (Incluído pela Lei nº 13.655, de 2018)". (Art. 27. BRASIL. Decreto-Lei nº 4.657, de 4 de setembro de 1942. Lei de Introdução às Normas do Direito Brasileiro (redação dada pela Lei n º 12.376, de 2010). *Diário Oficial da União*, Rio de Janeiro, 9 set. 1942, retificado em 08 out. 1942 e 17 jun. 1943. Disponível em: http://www.planalto.gov.br/ccivil_03/decreto-lei/del4657compilado.htm. Acesso em 18 fev. 2020).

vez que as obrigações negociadas tendem a ter maior legitimidade do que as impostas.[339]

O termo *compensação*, diferentemente do disposto no Código Civil, não se refere à hipótese de extinção de um crédito, mas da imposição de um dever de reparação.[340] A norma da LINDB prevê a possibilidade de criação de sanção para os casos de danos decorrentes da tramitação de um processo. Portanto, a ideia de compensação está diretamente ligada ao dever de reparação de um dano a um sujeito lesado. O objetivo dessa norma é coibir os danos causados por qualquer sujeito processual, impondo uma obrigação de reparar, restituir e ressarcir.

Por dano anormal entende-se aquele que excede as dificuldades ordinárias inerentes à vida em sociedade. A superação da linha da normalidade deriva do binômio limitação-sacrifício e é aferida conforme o prejuízo encontre ou não norma legitimadora da conduta como consequência necessária e inevitável. Portanto, o grau de previsibilidade do prejuízo indicará seu grau de normalidade.[341]

Por injusto entende-se o prejuízo para o qual o legislador adotou entendimento precipuamente jurídico, em compatibilização com o ordenamento pátrio. Dessa forma, o prejuízo será considerado injusto se o ordenamento jurídico o considerar intolerável, de maneira a determinar sua compensação.

O dever de reparação segue os parâmetros gerais da responsabilidade civil e da própria sucumbência processual. Logo, a conduta é considerada culpável quando o agente sabe o que está fazendo e sua conduta se desvia do comportamento exigido. Ou seja, será culpável a conduta em que o agente poderia agir de modo diferente para que o processo não gerasse prejuízo.

O nexo causal permite inferir se a ação ou a omissão foi ou não a causa do dano. Para o ato ilícito ser fonte da obrigação de indenizar, é necessária a relação de causa e efeito sobre o dano, a qual se entende como nexo causal.

---

[339] MEGNA, Bruno Lopes. O "compromisso" para prevenir ou regular a compensação a irregularidades: um "Negócio Jurídico Administrativo – Processual". *In*: CUNHA FILHO, Alexandre Jorge Carneiro da; ISSA, Rafael Hamze; SCHWIND, Rafael Wallbach. *Lei de Introdução às Normas do Direito Brasileiro – Anotada*: Decreto-Lei nº 4.657, de 4 de setembro de 1942. São Paulo: Quartier Latin, 2019. v. II, p. 382.

[340] A compensação de créditos e débitos com a administração está abarcada pelo art. 368 do Código Civil e somente é admitida em caráter excepcional, observando-se regras próprias.

[341] GIAMUNDO NETO, Giuseppe. Novos Horizontes no Direito Público: Comentários ao Artigo 27 da Lei de Introdução às Normas do Direito Brasileiro. *In*: CUNHA FILHO, Alexandre Jorge Carneiro da; ISSA, Rafael Hamze; SCHWIND, Rafael Wallbach. *Lei de Introdução às Normas do Direito Brasileiro – Anotada*: Decreto-Lei nº 4.657, de 4 de setembro de 1942. São Paulo: Quartier Latin, 2019. v. II, p. 368.

A determinação do art. 27 engloba, pelo menos, duas espécies de compensação: (i) a restauração da situação anterior; ou (ii) o arbitramento de indenização equivalente ao prejuízo sofrido pela parte. Não obstante, há margem para se cogitar outras inúmeras formas, visto que não há vedação normativa para tanto.

Nesse ponto, é imprescindível limitar a extensão do dever de reparação. O ofensor deve ser obrigado a reparar o ofendido na exata medida do benefício auferido ou do prejuízo ocasionado. Caso contrário, será configurado o enriquecimento ilícito. Ontologicamente, a reparação se subordina à manutenção do equilíbrio mantido.

Os meios para a compensação devem ser adequados e necessários, inclusive por meio negocial, de maneira que as partes estabeleçam as formas de atingirem a reparação. O parágrafo primeiro do art. 27 estabelece o dever de motivação dos atos que impõe, uma vez que a necessidade de exposição das razões de decidir é premissa do Estado Democrático de Direito e imposição constitucional.

O objetivo dessa cominação é a transparência do exercício das compensações. O parágrafo primeiro condiciona a atividade decisória, não só estabelecendo que a motivação combate arbitrariedades, mas também impedindo que o julgador decida sem oitiva prévia referente à compensação, como forma de combater o autoritarismo. De acordo com Dinamarco e Lopes: "O exercício do poder só se legitima quando preparado por atos idôneos segundo a Constituição e a lei, com a participação dos sujeitos interessados".[342]

Já o parágrafo segundo prevê a possibilidade de compromisso processual que cuide da compensação prevista no *caput*. Esse entendimento acompanha a evolução do Direito Público em privilegiar o *consequencialismo jurídico*, que é a chave da consensualidade.

Ao oferecer mais meios de solução às questões que se coloquem às autoridades públicas, a LINDB não desvia o Direito Público do conceito *kelseniano*.[343] Ao contrário, traz como ponto essencial a importância e os meios de motivação, que nada mais são que ferramentas que devem demonstrar, com mais clareza, o quão dentro do sistema está tal ato, decisão ou acordo. Nesse sentido, a possibilidade de acordo disposta no art. 27 traz um campo de discricionariedade calcado no ordenamento jurídico.

---

[342] DINAMARCO, Cândido Rangel; LOPES, Bruno Vasconcelos Carrilho. *Teoria geral do novo processo civil*. São Paulo: Malheiros, 2017. p. 62.
[343] Kelsen afirmou o direito como ciência jurídica, e não política. O objeto dessa ciência são as normas jurídicas e a conduta humana apenas na medida em que se constitui como conteúdo das normas jurídicas.

## IV.II.VIII Art. 28

Animado pelo propósito de fomentar a segurança jurídica, o legislador tratou da responsabilidade do agente público em suas relações com o Estado. O art. 28 da LINDB determina que "o agente público responderá pessoalmente por suas decisões ou opiniões técnicas em caso de dolo ou erro grosseiro".[344]

A ideia do dispositivo foi restringir a responsabilidade às hipóteses de dolo e erro grosseiro, excluindo de sua avaliação a culpa leve, no intuito de proteger o agente público que praticou o ato cuja análise viesse a ser feita em processo que gerasse decisões.[345][346] Por esse artigo, o agente público deverá responder, pessoalmente, por suas decisões e opiniões técnicas se agir, ou se omitir, com dolo, direto ou eventual, ou cometer erro grosseiro (culpa grave), no desempenho de sua função.[347]

São abrangidos pela dicção legal os servidores públicos estatutários em geral, os empregados públicos, os contratados no regime da

---

[344] "Art. 28. O agente público responderá pessoalmente por suas decisões ou opiniões técnicas em caso de dolo ou erro grosseiro". (Art. 28. BRASIL. Decreto-Lei nº 4.657, de 4 de setembro de 1942. Lei de Introdução às Normas do Direito Brasileiro (redação dada pela Lei nº 12.376, de 2010). *Diário Oficial da União*, Rio de Janeiro, 09 set. 1942, retificado em 08 out. 1942 e 17 jun. 1943. Disponível em: http://www.planalto.gov.br/ccivil_03/decreto-lei/del4657compilado.htm. Acesso em 18 fev. 2020).

[345] Os parágrafos 1º, 2º e 3º do dispositivo foram vetados. Os dispositivos tratavam da caracterização de erro grosseiro, bem como do direito do agente público ao apoio, inclusive financeiro, pela entidade a que estivesse vinculado, em sua defesa, no exercício regular de suas competências.

[346] Em virtude da pandemia da COVID-19, o governo brasileiro editou Medida Provisória nº 966, em 13 de maio de 2020, utilizando-se do entendimento desse artigo c/c art. 22. Em 21 de maio, o Supremo Tribunal Federal examinou a constitucionalidade da medida provisória, no julgamento de várias ADIs (algumas que, inclusive, pretendiam abarcar a declaração de inconstitucionalidade da LINDB). Nesse julgamento, o STF referendou a constitucionalidade do art. 28 da sobrenorma do direito brasileiro e, mais que isso, declarou que essa lei tem que balizar, juridicamente, a interpretação e a atuação dos órgãos de controle, que não podem ignorá-la ou distorcê-la. Reconheceu ainda que a LINDB é uma lei geral de hermenêutica, com parâmetros para bem interpretar e aplicar outras leis de efeitos concretos, inclusive a MP nº 966 e foi enfático ao reconhecer que não se responsabiliza o gestor que age de boa-fé, apoiado em parâmetros jurídicos e técnicos adequados. O STF aproveitou para, por meio de interpretação conforme, construída pelo relator, Ministro Luís Roberto Barroso, com a colaboração dos outros ministros, incluir na MP nº 966 a proibição expressa de que, em temas ligados à gestão da pandemia, autoridades submetam a população a medidas sem qualquer base técnica. Por fim, o STF reconheceu que as pesquisas acadêmicas de várias instituições, além de fundamentais na construção da LINDB, também têm sido capazes de identificar e de propor correções contra desvios no controle público.

[347] DINIZ, Maria Helena. Reflexões epistemológicas sobre os artigos 20 a 30 da LINDB. *Revista Argumentum*, Marília/SP, v. 21, n. 1, p. 17-38, jan./abr. 2020. ISSN 2359-6889. Disponível em: http://ojs.unimar.br/index.php/revistaargumentum/article/view/1273. Acesso em 30 ago. 2020.

CLT, além dos agentes políticos e comissionados. Devem ser incluídos, também, no conceito de agente do art. 28, os particulares em colaboração com o poder público e os contratados na forma do art. 37, IX, da Constituição, além daquele que gerencie recursos públicos mediante delegação, ou em razão de algum tipo de subvenção. O agente público da LINDB é o mesmo da Lei de Improbidade Administrativa.

A norma visa a estabelecer limites à responsabilização do gestor público e dos demais profissionais que emitem opiniões técnicas na administração, a fim de eliminar efeitos deletérios decorrentes do temor em relação a uma possível responsabilização. Isso porque a insegurança em torno da responsabilidade do agente de boa-fé, nitidamente, fazia com que eles optassem por não decidir, especialmente em situações delicadas, efeito esse que passou a ser chamado de *apagão das canetas*. Além disso, essa insegurança incentivava a adoção de posturas mais conservadoras, ainda que não fosse a melhor cabível.

"Dorme tranquilo quem indefere", dizia Marcos Juruena.[348] Com efeito, rigoroso sistema de controle administrativo nem sempre é suficiente para inibir casos graves de má gestão e corrupção, e, muitas vezes, acaba por dissuadir a ação do gestor com boas motivações, que poderiam trazer inovações.

A LINDB, em seu art. 28, quer tutelar o administrador com incentivos positivos de inovação no trato da coisa pública. De acordo com essa norma, a responsabilização pela opinião técnica não se estende de forma automática ao decisor que a adotou como fundamento de decidir, e somente se configurará se estiverem presentes elementos suficientes para o decisor aferir o dolo ou o erro grosseiro da opinião técnica ou se houver conluio entre os agentes.

Em consonância com o que vinha sendo adotado pela jurisprudência do Supremo Tribunal Federal,[349] esse dispositivo elucida que,

---

[348] MASCARENHAS, Rodrigo Tostes de Alencar. O Medo e o Ato Administrativo. *Revista Colunistas – Direito do Estado*, n. 289, 2016.

[349] A jurisprudência do Supremo Tribunal Federal já vinha permitindo a responsabilização do parecerista se houvesse erro grosseiro, dolo ou se sua opinião tivesse teor vinculante CONSTITUCIONAL. ADMINISTRATIVO. CONTROLE EXTERNO. AUDITORIA PELO TCU. RESPONSABILIDADE DE PROCURADOR DE AUTARQUIA POR EMISSÃO DE PARECER TÉCNICO-JURÍDICO DE NATUREZA OPINATIVA. SEGURANÇA DEFERIDA. I. Repercussões da natureza jurídico-administrativa do parecer jurídico: (i) quando a consulta é facultativa, a autoridade não se vincula ao parecer proferido, sendo que seu poder de decisão não se altera pela manifestação do órgão consultivo; (ii) quando a consulta é obrigatória, a autoridade administrativa se vincula a emitir o ato tal como submetido à consultoria, com parecer favorável ou contrário, e se pretender praticar ato de forma diversa da apresentada à consultoria, deverá submetê-lo

independentemente do caráter vinculante, ou do teor decisório de um parecer administrativo, só haverá responsabilidade em caso grosseiro ou dolo. De fato, o art. 28 refere-se a opiniões e decisões, de modo que se torna indiferente saber se há ou não caráter vinculante no parecer.

Haverá dolo quando o gestor agir com intenção de praticar um ato contrário à administração pública ou, ainda, recomendar algo indevido. O dolo normalmente reflete uma fraude e pressupõe elemento subjetivo.

O erro grosseiro envolve uma falsa percepção da realidade fática ou jurídica. Há falta de concordância entre a vontade real e a vontade declarada. É aquele erro manifesto, evidente e inescusável, praticado com culpa grave, caracterizado por ação ou omissão, com elevado grau de negligência, imprudência ou imperícia.

Não será configurado dolo ou erro grosseiro do agente público se não restar comprovada, nos autos do processo de responsabilização, situação ou circunstância fática capaz de caracterizá-los. O mero nexo de causalidade entre a conduta e o resultado danoso não implica responsabilização. Tampouco, o montante do dano ao erário, ainda que expressivo, poderá, por si só, ser elemento para caracterizar o erro grosseiro ou o dolo. A complexidade da matéria e das atribuições exercidas pelo agente público serão consideradas em eventual responsabilização do agente público.[350]

A eventual estimativa de prejuízo ao erário não poderá ser considerada isoladamente como motivação para se concluir pela

---

a novo parecer; (iii) quando a lei estabelece a obrigação de decidir à luz de parecer vinculante, essa manifestação de teor jurídico deixa de ser meramente opinativa e o administrador não poderá decidir senão nos termos da conclusão do parecer ou, então, não decidir. II. No caso de que cuidam os autos, o parecer emitido pelo impetrante não tinha caráter vinculante. Sua aprovação pelo superior hierárquico não desvirtua sua natureza opinativa, nem o torna parte de ato administrativo posterior do qual possa eventualmente decorrer dano ao erário, mas apenas incorpora sua fundamentação ao ato. III. Controle externo: é lícito concluir que é abusiva a responsabilização do parecerista à luz de uma alargada relação de causalidade entre seu parecer e o ato administrativo do qual tenha resultado dano ao erário. Salvo demonstração de culpa ou erro grosseiro, submetida às instâncias administrativo-disciplinares ou jurisdicionais próprias, não cabe a responsabilização do advogado público pelo conteúdo de seu parecer de natureza meramente opinativa. Mandado de segurança deferido (STF. MS: nº 24631 DF, Relator: Min. JOAQUIM BARBOSA, Data de Julgamento: 09.08.2007, Tribunal Pleno, Data de Publicação: DJe-018 DIVULG 31.01.2008 PUBLIC 01.02.2008 EMENT VOL-02305-02 PP-00276 RTJ VOL-00204-01 PP-00250).

[350] DINIZ, Maria Helena. Reflexões epistemológicas sobre os artigos 20 a 30 da LINDB. *Revista Argumentum*, Marília/SP, v. 21, n. 1, p. 17-38, jan./abr. 2020. ISSN 2359-6889. Disponível em: http://ojs.unimar.br/index.php/revistaargumentum/article/view/1273. Acesso em 30 ago. 2020.

irregularidade de atos, contratos, ajustes, processos ou normas administrativas.[351] No entanto, a responsabilidade subjetiva não exclui a responsabilidade objetiva do Estado por ato do seu agente, prevista no art. 37, §6º, da Constituição Federal, que deverá indenizar o lesado e terá ação regressiva contra o servidor causador do dano.

Segundo o Enunciado nº 20, aprovado no Seminário de Direito Administrativo: "O art. 28 da LINDB para os casos por ele especificados (decisões e opiniões técnicas) disciplina o §6º do art. 37 da Constituição, passando a exigir dolo ou erro grosseiro (culpa grave), também para fins de responsabilidade regressiva do agente público".[352]

Esse dispositivo constitucional adotou conceito amplo ao se referir à culpa, mas não estabeleceu grau de intensidade de sua incidência para a configuração da responsabilidade do agente público. Por evidente, não existe vedação constitucional a que o legislador densifique o conceito de culpa. Para Gustavo Binenbojm e André Cyrino, "não há como pretender congelar um conceito específico de culpa, apenas por desejo da doutrina, impedindo a sua regulamentação legal dentro de certas balizas semânticas".[353]

De acordo com esses autores, o erro grosseiro é um código dogmático que exprime como a culpa deve ser valorada para que o agente público seja responsabilizado e atenda aos objetivos que o legislador pretendeu harmonizar: de um lado, a repressão aos casos de negligência, imprudência e imperícia (graves); e, de outro, a promoção da segurança jurídica e a abertura a soluções inovadoras pelo agente público. O dever de boa administração será cumprido pelo agente que alcançar o equilíbrio entre a prudência e a inovação.[354]

O que se verifica é a tentativa de erigir construção institucional na qual o agente público não se torne refém de órgãos de controle. A

---

[351] Decreto nº 9.830/2019, arts. 12, §§1º a 8º, e 13, §§1º e 2º.
[352] INSTITUTO BRASILEIRO DE DIREITO ADMINISTRATIVO – IBDA. *Seminário promovido pelo IBDA aprova enunciados sobre a LINDB*. Disponível em: http://ibda.com.br/noticia/seminario-promovido-pelo-ibda-aprova-enunciados-sobre-a-lindb. Acesso em 6 dez. 2020.
[353] BINENBOJM, Gustavo; CYRINO, André. O art. 28 da LINDB – A cláusula geral do erro administrativo. *Revista de Direito Administrativo*, Rio de Janeiro, Edição Especial: Direito Público na Lei de Introdução às Normas do Direito Brasileiro – LINDB (Lei nº 13.655/2018), p. 203-224, nov. 2018. Disponível em: http://bibliotecadigital.fgv.br/ojs/index.php/rda/article/view/77655. Acesso em 30 ago. 2020.
[354] BINENBOJM, Gustavo; CYRINO, André. O art. 28 da LINDB – A cláusula geral do erro administrativo. *Revista de Direito Administrativo*, Rio de Janeiro, Edição Especial: Direito Público na Lei de Introdução às Normas do Direito Brasileiro – LINDB (Lei nº 13.655/2018), p. 203-224, nov. 2018. Disponível em: http://bibliotecadigital.fgv.br/ojs/index.php/rda/article/view/77655. Acesso em 30 ago. 2020.

existência de receio pelos administradores, sobretudo quando sujeitos a elevado grau de insegurança jurídica na atuação dos órgãos de controle, tende a promover dois resultados indesejáveis: (i) a inibição da inovação, em clara inércia conservadora e (ii) a submissão acrítica e imediata às orientações dos controladores, em patente subserviência institucional. Esses efeitos colaterais, além de impedirem a inovação e o enfretamento da realidade cambiante, centralizam, em órgãos de controle, decisões de caráter técnico ou político que deveriam caber aos órgãos habilitados a produzi-las.[355]

Com a entrada em vigor das modificações da LINDB, houve ponto de conflito entre o seu art. 28 e o art. 10 da Lei nº 8.429/1992 (Lei de Improbidade Administrativa), considerando a previsão de que bastaria modalidade culposa de ação ou omissão para a constituição de ato de improbidade administrativa, nos moldes previstos na referida lei.[356] O art. 28, como lei posterior e norma de sobredireito, redefiniu as modalidades de ato ímprobo que admitem a modalidade culposa e passou a exigir a configuração de erro grosseiro.

Esse entendimento já havia sido firmado pela jurisprudência do Supremo Tribunal de Justiça, por meio do Agravo Interno no Recurso Especial nº 1585939/PB,[357] no qual considerou indispensável, para a

---

[355] BINENBOJM, Gustavo; CYRINO, André. O art. 28 da LINDB – A cláusula geral do erro administrativo. *Revista de Direito Administrativo*, Rio de Janeiro, Edição Especial: Direito Público na Lei de Introdução às Normas do Direito Brasileiro – LINDB (Lei nº 13.655/2018), p. 203-224, nov. 2018. Disponível em: http://bibliotecadigital.fgv.br/ojs/index.php/rda/article/view/77655. Acesso em 30 ago. 2020.

[356] "Art. 10. Constitui ato de improbidade administrativa que causa lesão ao erário qualquer ação ou omissão, dolosa ou culposa, que enseje perda patrimonial, desvio, apropriação, malbaratamento ou dilapidação dos bens ou haveres das entidades referidas no art. 1º desta lei [...]".

[357] ADMINISTRATIVO. IMPROBIDADE ADMINISTRATIVA. AGRAVO INTERNO NO RECURSO ESPECIAL. IRREGULARIDADES NA EXECUÇÃO DE CONVÊNIO. ACÓRDÃO QUE AFASTA A OCORRÊNCIA DE LESÃO AO ERÁRIO. ALEGADA VIOLAÇÃO AO ART. 10 DA LIA. IMPOSSIBILIDADE DE CONSIDERAÇÃO DO DANO PRESUMIDO. 1. A jurisprudência do STJ considera indispensável, para a caracterização de improbidade, que a atuação do agente seja dolosa, para a tipificação das condutas descritas nos artigos 9º e 11 da Lei nº 8.429/1992, ou pelo menos eivada de culpa grave, nas do artigo 10 (EREsp nº 479.812/SP, Rel. Ministro Teori Albino Zavascki, Primeira Seção, julgado em 25.8.2010, DJe 27.9.2010). 2. Nos termos da jurisprudência firmada no âmbito desta Corte, as condutas descritas no art. 10 da LIA demandam a comprovação de dano efetivo ao erário público, não sendo possível caracterizá-lo por mera presunção. 3. Na hipótese em exame, o Tribunal de origem consignou expressamente a ausência de demonstração da efetiva lesão ao patrimônio público, de modo que a alteração das conclusões adotadas, para o fim de verificar a existência de dano aos cofres públicos, demandaria, necessariamente, novo exame do acervo fático-probatório constante dos autos, providência vedada em recurso especial, conforme o óbice previsto na Súmula 7/STJ. 4. Agravo interno a que se nega provimento (STJ. AgInt no REsp: nº 1585939 PB

caracterização de improbidade, que a conduta do agente seja pelo menos eivada de culpa grave para a incidência do art. 10 da Lei de Improbidade Administrativa. Portanto, trata-se de válida opção legislativa efetuada de acordo com os princípios e regras constitucionais aplicáveis.[358]

O artigo afasta o alcunhado *crime de hermenêutica* – aquele em que o sujeito é penalizado por adotar interpretação diversa da escolhida por outrem. Como ressalta Marçal Justen Filho, não obstante rechaçada no mundo todo, tal criminalização vem sendo largamente praticada no Brasil contra servidores públicos. Nesse sentido, parece relevante que o art. 28 tenha exigido erro grosseiro para responsabilização.

Portanto, o art. 28 da LINDB constitui espécie de cláusula geral do erro administrativo, com intenção de oferecer segurança jurídica ao agente público com boas motivações, mas falível. Assim, criam-se os incentivos institucionais necessários à promoção da inovação e à atração de gestores capacitados. De um lado, a responsabilização do agente público tem o efeito de reprimir os casos de corrupção, fraude e culpa grave; de outro, admitir o erro, salvo quando grosseiro, viabiliza soluções inovadoras e impede que as carreiras públicas se tornem armadilhas para pessoas honestas, capazes e bem-intencionadas.

### IV.II.IX Art. 29

O art. 29 da LINDB determina que,

> em qualquer órgão ou Poder, a edição de atos normativos por autoridade administrativa, salvo os de mera organização interna, poderá ser precedida de consulta pública para manifestação de interessados, preferencialmente por meio eletrônico, a qual será considerada na decisão.[359]

---

2016/0044404-1, Relator: Ministro SÉRGIO KUKINA, Data de Julgamento: 26.06.2018, T1 – PRIMEIRA TURMA, Data de Publicação: DJe 02.08.2018 Disponível em: https://www.portaljustica.com.br/acordao/2118774. Acesso em 02 jan. 2021).

[358] BINENBOJM, Gustavo; CYRINO, André. O art. 28 da LINDB – A cláusula geral do erro administrativo. *Revista de Direito Administrativo*, Rio de Janeiro, Edição Especial: Direito Público na Lei de Introdução às Normas do Direito Brasileiro – LINDB (Lei nº 13.655/2018), p. 203-224, nov. 2018. Disponível em: http://bibliotecadigital.fgv.br/ojs/index.php/rda/article/view/77655. Acesso em 30 ago. 2020.

[359] "Art. 29. Em qualquer órgão ou Poder, a edição de atos normativos por autoridade administrativa, salvo os de mera organização interna, poderá ser precedida de consulta pública para manifestação de interessados, preferencialmente por meio eletrônico, a qual será considerada na decisão. (Incluído pela Lei nº 13.655, de 2018) §1º A convocação conterá a minuta do ato normativo e fixará o prazo e demais condições da consulta pública, observadas as normas legais e regulamentares específicas, se houver (Incluído pela Lei nº 13.655, de 2018)". (Art. 29. BRASIL. Decreto-Lei nº 4.657, de 4 de setembro de 1942. Lei de

A inovação legislativa constante do dispositivo refere-se ao alargamento da consulta pública para a atividade normativa da administração pública e ao possível emprego da consulta pública para a atividade normativa em geral – pois, em casos específicos, já era permitida pelo ordenamento pátrio, a exemplo da Lei nº 9.472/1997.

Os atos normativos sujeitos a essa regra são aqueles editados por autoridades administrativas, que tenham caráter geral e abstrato, tais como regulamentos, resoluções, circulares ou qualquer outra espécie de ato normativo que afete o direito de particulares. O foco da norma são todos os órgãos e entes compreendidos na administração direta e indireta de todas as esferas federativas.

Apesar do emprego do termo *poderá* em seu texto, o art. 29 traz um dever, e não uma faculdade. Isso porque o próprio dispositivo estabelece exceção, de maneira que só faria sentido falar-se em ressalva se houvesse um dever de realização de consulta pública prévia relativa aos atos administrativos normativos. Além disso, a LINDB trouxe uma única regra de transição, constante do art. 2º, segundo a qual a vigência do art. 29 se dará após decorridos 6 meses de sua publicação, a qual ocorreu em 25 de abril de 2018. Somente há sentido em postergar a vigência de artigo obrigatório.

Carlos Ari Sundfeld e Jacintho Arruda Câmara foram os primeiros a afirmar que a administração está obrigada a motivar seus atos normativos. Para eles, trata-se de decorrência do devido processo legal o direito de os administrados conhecerem a fundamentação dos atos normativos produzidos. Advertem não ser razoável que o poder público somente se sujeite à motivação quando profere decisões em caráter individual e concreto, e não quando profere decisões em caráter geral.[360]

Diante do dever de motivação dos atos administrativos normativos, a consulta pública é o procedimento por meio do qual ela se materializa. É o procedimento de divulgação prévia de minutas de atos normativos visando a que, no prazo determinado, todos os eventuais interessados ofereçam críticas, sugestões de aperfeiçoamento ou peçam informações e resolvam dúvidas a seu respeito. A Administração tem o

---

Introdução às Normas do Direito Brasileiro (redação dada pela Lei n º 12.376, de 2010). *Diário Oficial da União*, Rio de Janeiro, 09 set. 1942, retificado em 08 out. 1942 e 17 jun. 1943. Disponível em: http://www.planalto.gov.br/ccivil_03/decreto-lei/del4657compilado.htm. Acesso em 2 mar. 2020).

[360] SUNDFELD, Carlos Ari; CÂMARA, Jacintho Arruda. O dever de motivação na edição de atos normativos pela Administração Pública. *A&C-Revista de Direito Administrativo & Constitucional*, v. 11, n. 45, p. 55-74, 2011.

dever de documentar todas as consultas e respondê-las publicamente, antes de tomar a decisão final, a ensejar a instrução e fundamentação do processo decisório.

Ainda que existam outros instrumentos de participação popular, a consulta pública é instrumento fundamental de diálogo. Sem ela, a motivação do ato normativo seria unilateral, sem a possibilidade de os interessados garantirem seus interesses.

O art. 29 exclui, expressamente, a possibilidade de submissão, à consulta pública, de atos de mera organização interna – atos de disciplina interior da administração pública, como decorrentes de seu poder hierárquico, por exemplo – a fim de que não sofram interferências de interesses particulares, contrários à eficiência administrativa. A finalidade da lei é permitir a participação popular no processo de edição de atos normativos gerais. Ou seja, antes de editar um ato normativo geral (portaria, decreto etc.), com exceção dos atos de administração interna, a autoridade pode dar oportunidade de manifestação a todos aqueles que desejem opinar sobre seu teor.

O dispositivo não impõe requisitos específicos para o tipo de ato normativo que pode ser submetido à consulta pública e não exige que o assunto tratado seja de interesse geral, nos moldes do que já determinava a Lei nº 9.784/1999, em seu art. 31.[361] Assim, as alterações da LINDB dão grande margem de discricionariedade à autoridade administrativa.

---

[361] "Art. 31. Quando a matéria do processo envolver assunto de interesse geral, o órgão competente poderá, mediante despacho motivado, abrir período de consulta pública para manifestação de terceiros, antes da decisão do pedido, se não houver prejuízo para a parte interessada. §1º A abertura da consulta pública será objeto de divulgação pelos meios oficiais, a fim de que pessoas físicas ou jurídicas possam examinar os autos, fixando-se prazo para oferecimento de alegações escritas. §2º O comparecimento à consulta pública não confere, por si, a condição de interessado do processo, mas confere o direito de obter da Administração resposta fundamentada, que poderá ser comum a todas as alegações substancialmente iguais". (Art. 31. BRASIL. Lei nº 9.784, de 29 de janeiro de 1999. Regulamenta o processo administrativo no âmbito da Administração Pública Federal. *Diário Oficial da União*, Brasília, 01 fev. 1999, retificado em 11 mar. 1999. Disponível em: http://www.planalto.gov.br/ccivil_03/leis/l9784.htm. Acesso em 18 fev. 2020).

## IV.II.X Art. 30

Por sua vez, o art. 30[362] estimulou a estabilidade das interpretações jurídicas ao impor o dever de se tutelar a segurança jurídica na aplicação das normas. Para trabalhar com a incerteza jurídica decorrente da frequente necessidade de interpretação de conceitos jurídicos indeterminados, a LINDB prescreve a adoção de regulamentos, súmulas e respostas a consultas.

O dispositivo determina que os gestores atuem não só para garantir a segurança jurídica no sentido objetivo, mas também, na sua natureza subjetiva. Não quer a uniformização dos entendimentos, mas que os administrados criem expectativas legítimas na atuação do Estado, e que essas expectativas sejam, de fato, alcançadas.

Essa norma tem dois desdobramentos: por um lado, que os órgãos e entidades que decidam casos precisam desenvolver melhores esforços para criar e consolidar precedentes; por outro, que esses precedentes sejam aplicados em casos futuros.[363]

Este artigo determina que os julgamentos administrativos sobre casos semelhantes sejam isonômicos, sob pena de macular a própria validade das decisões. Do mesmo modo, prestigia o princípio da igualdade, da motivação e da publicidade.

Não basta, para a validade da fundamentação, a transcrição de um apanhado de julgados anteriores, sem demonstrar sua relação lógica com a decisão a que se pretende motivar. É necessária a diferenciação da hipótese de não aplicação da jurisprudência, indicando as diversidades entre as teses e o caso concreto.

Trata-se do dever de instauração da segurança jurídica por meio do aperfeiçoamento da ordem normativa. Convive com os fenômenos da indeterminação do direito, do impacto do constitucionalismo na atividade de decisão estatal e traz dois desdobramentos principais:

---

[362] "Art. 30. As autoridades públicas devem atuar para aumentar a segurança jurídica na aplicação das normas, inclusive por meio de regulamentos, súmulas administrativas e respostas a consultas. Parágrafo único. Os instrumentos previstos no caput deste artigo terão caráter vinculante em relação ao órgão ou entidade a que se destinam, até ulterior revisão". (Art. 30. BRASIL. Decreto-Lei nº 4.657, de 4 de setembro de 1942. Lei de Introdução às Normas do Direito Brasileiro (redação dada pela Lei n º 12.376, de 2010). *Diário Oficial da União*, Rio de Janeiro, 09 set. 1942, retificado em 08 out. 1942 e 17 jun. 1943. Disponível em: http://www.planalto.gov.br/ccivil_03/decreto-lei/del4657compilado.htm. Acesso em 02 mar. 2020).

[363] MOREIRA, Egon Bockmann; PEREIRA, Paula Pessoa. Art. 30 da LINDB. O dever público de incrementar a segurança jurídica. *Revista de Direito Administrativo*, Rio de Janeiro, Edição Especial: Direito Público na Lei de Introdução às Normas do Direito Brasileiro – LINDB (Lei nº 13.655/2018), p. 243-274, nov. 2018.

(i) a institucionalização do efetivo respeito às decisões, seja na dimensão horizontal (no próprio órgão ou entidade) ou vertical (a todos aqueles que se encontram abaixo na estrutura hierárquica), de modo a tratar todas as pessoas de forma igualitária perante o direito, com a formação de uma ordem jurídica estável e previsível; e (ii) a estabilização institucional das decisões, porque a sua aceitabilidade e cumprimento dependem muito da sua reputação interna e externa.

Nesse contexto, o dever de estabilização institucional dos regulamentos, súmulas, respostas às consultas, assume importância central na promoção do desenvolvimento do direito de forma coerente, consistente e estável. Além disso, favorece a relação harmônica entre os órgãos que compõem a estrutura do poder público, permite a previsibilidade e gera incentivos aos agentes, a fomentar desenvolvimento pessoal, social e econômico.

Os regulamentos podem tanto fixar o procedimento administrativo que operacionaliza a aplicação de conceitos abertos, quanto estabelecer conteúdos semânticos que reduzam a indeterminação da norma, de forma a proporcionar a aplicação isonômica por diversos órgãos e autoridades em casos semelhantes. As súmulas condensam, sinteticamente, os precedentes administrativos que espelhem reiterada interpretação de norma, dando publicidade às práticas que devam servir como modelo da atuação futura, a fim de garantir a igualdade e interditar a interpretação errática. As respostas às consultas também buscam afastar as incertezas jurídicas provocadas por normas incompletas, que dependem da atuação do intérprete na construção do significado completo. Trata-se de mecanismo que permite o diálogo entre a administração e o administrado, calibrando as expectativas da relação jurídica.[364]

O parágrafo único do art. 30 prescreve a autovinculação administrativa dos órgãos que produzirem regulamentos, súmulas ou respostas à consulta pública, até ulterior revisão. O texto legal afirma que as técnicas decisórias devem ser vinculantes em relação ao órgão ou à entidade a que se destinam, devendo ser implementadas sempre que possível pelas autoridades públicas.

Essa norma tutela tanto a estabilidade das práticas administrativas quanto a submissão do poder público ao princípio da igualdade,

---

[364] LUNARDELLI, José Marcos. Comentários Gerais ao Dispositivo. Art. 30 da LINDB – Comentário Geral. *In*: CUNHA FILHO, Alexandre Jorge Carneiro da; ISSA, Rafael Hamze; SCHWIND, Rafael Wallbach. *Lei de Introdução às Normas do Direito Brasileiro – Anotada*: Decreto-Lei nº 4.657, de 4 de setembro de 1942. São Paulo: Quartier Latin, 2019. v. II, p. 478.

e visa a assegurar a coerência e a estabilidade decisória, impedindo que casos ulteriores semelhantes sejam, arbitrariamente, decididos de modo diverso. Não se nega a necessidade de mudanças interpretativas a entendimentos jurídicos consolidados, porém, tais alterações não podem ser abruptas ou contraditórias, tampouco fruto do compromisso do intérprete com convicções pessoais.

Portanto, a LINDB trouxe inestimável avanço para o direito público e para a hermenêutica contemporânea. É evidente que já não existe mais o sistema monolítico, pretensamente estável, uma vez que não é possível se conceber (i) a positivação de todo o conhecimento necessário à resolução de conflitos; (ii) que a aplicação da lei seja mera atividade de interpretação do que o legislador quis dizer; tampouco (iii) a distinção do direito público e privado como realidades que não se interpenetram.

Diante de todas essas modificações há clara necessidade de revisitação de todo o Direito Público, mas, essencialmente, das matérias que tangem à responsabilização pessoal dos agentes. Nesse sentido, os tópicos seguintes serão voltados à imprescindível releitura da Lei de Improbidade Administrativa à luz das alterações havidas pela Lei nº 13.655/2018.

## IV.III A necessidade de releitura da Lei de Improbidade Administrativa à luz da Lei de Introdução às Normas do Direito Brasileiro

Do conceito doutrinário, advindo da lei, é possível perceber que a improbidade administrativa não alcança somente atos de corrupção pública, entendida como uso de poderes públicos para fins privados, mas também as distorções inerentes à desorganização administrativa, ao desgoverno e à ineficiência endêmica. Isso decorre da estreita relação histórica entre o dever de probidade e os crimes de responsabilidade, o que, talvez, constitua berço de confusões.[365]

---

[365] No Brasil, a Constituição de 1824, nos artigos 38 e 47 (responsabilidade dos Ministros do Rei), assim como a Lei Complementar de 15.10.1827, já contemplavam a responsabilidade de altos mandatários da nação por crimes de responsabilidade. Todas as Constituições brasileiras republicanas previram a improbidade como crime de responsabilidade do Presidente da República e dos altos mandatários da nação (1891, art. 54, 6; 1934, art. 57, f; 1937, art. 85, d; 1946, art. 89, V; 1967, art. 84, V; EC nº 01/1969, art. 82, V; 1988, art. 85, V. Para maior aprofundamento ver: BROSSARD, Paulo. *O Impeachment*. 3. ed. São Paulo: Saraiva, 1992.

Apesar de a Constituição Federal e a Lei nº 8.429/1992 tentarem romper com a tipicidade ampla dos casos de improbidade, de maneira a evitar arbítrio no uso de expressões vagas, essas normas ainda contemplam ilícitos culposos e dolosos, de modo ostensivo, tipos sancionadores extremamente abertos, bem como clássicas estruturas ético-normativas dos crimes de responsabilidade. Seu regime jurídico ainda se mostra nebuloso *prima facie*, oscilando entre o cível (natureza da ação ordinária) e o criminal (natureza das penalidades), de maneira que a vagueza de sua normatização dá abertura a arbítrios e inseguranças.

Ademais, a não delimitação da gravidade das infrações e a criação de tipos abertos caracterizaram a técnica legislativa da Lei nº 8.429/1992, de modo que seu compromisso com a segurança jurídica não parece ter sido elevado. Ao contrário, a ideia de eficiência punitiva estaria referenciada na abertura dos tipos sancionadores, para evitar o engessamento dos operadores jurídicos e, sobretudo, das instituições fiscalizadoras. A extensa gama de amplitude decorrente da tipificação aberta das condutas puníveis evidencia a possibilidade de realização do enquadramento de uma mesma conduta em diversas correntes interpretativas, de maneira a atribuir a ela várias aplicações legais.

Vozes respeitadas do direito, como a do Ministro Gilson Dipp, ressaltam a falta de parâmetros para a dosimetria das sanções nas ações de improbidade administrativa, o que pode resultar tanto em excessividade de pena quanto em ausência da punição adequada.[366][367]

A despeito de ser o objetivo principal das ações de improbidade administrativa, nota-se que há déficit no ressarcimento ao erário por intermédio desse instrumento, pois, nas palavras do Ministro Teori Zavascki, "o ponto de referência, aqui, já não é o de preservar ou recompor o patrimônio público ou os atos da administração (objetivo primordial da ação civil pública e da ação popular), mas sim, fundamentalmente, o de punir os responsáveis por atos de improbidade". Em estudo da Fundação Getulio Vargas sobre Transparência Internacional foi constatado

---

[366] DIPP, Gilson. A dosimetria das sanções por improbidade administrativa. *In*: *Doutrina*: edição comemorativa 30 anos. Brasília: Superior Tribunal de Justiça, 2019. p. 291. Disponível em: https://ww2.stj.jus.br/docs_internet/revista/eletronica/revista_doutrina_dos_30_anos.pdf. Acesso em 29 nov. 2020.

[367] Há precedentes do Superior Tribunal de Justiça no sentido de entender que "as sanções de perda do cargo e/ou função pública, assim como a de suspensão dos direitos políticos constituem as mais drásticas das penalidades estabelecidas na Lei de Improbidade Administrativa, devendo, por isso, ser aplicadas apenas em casos graves, sempre levando em conta a extensão do dano" (AREsp nº 1.013.434, Relator Ministro Og Fernandes, DJe 31.3.2017), contudo não foi adotado esse critério quantitativo nos julgamentos da Corte.

que "muitos magistrados deixam de aplicar o ressarcimento ou a perda de bens e valores, quando era para ser aplicado".[368]

Há também controvertidas questões de Direito Processual na Lei de Improbidade Administrativa e em sua aplicação. O STJ consolidou o entendimento de que "a presença de indícios de cometimento de atos ímprobos autoriza o recebimento fundamentado da petição inicial nos termos do art. 17, parágrafos 7º, 8º e 9º, da Lei nº 8.429/92, devendo prevalecer, no juízo preliminar, o princípio do *in dubio pro societate*".[369] No entanto, não existem informações empíricas sobre os critérios para o recebimento da ação.

Também se constata que a tramitação das ações de improbidade administrativa é lenta. No ano de 2018, o Conselho Nacional de Justiça estabeleceu cinco metas para o STJ, dentre as quais a de identificar e julgar, até 31.12.2019, ao menos 90% das ações de improbidade administrativa e crimes contra a administração pública, distribuídas em 2016, e 85% das ações distribuídas em 2017. No entanto, o tribunal apenas conseguiu atingir 86,9% dessa meta para as ações de 2016 e 99% para as demandas distribuídas de 2017.[370]

A Lei de Improbidade Administrativa trouxe importantes avanços na busca de uma administração pública mais proba, mas os seus ônus e as suas disfunções já se fazem visíveis aos direitos fundamentais dos jurisdicionados. Os efeitos dessa norma hoje se mostram contrários ao seu objetivo inicial, uma vez que, em virtude da abertura interpretativa de seus conceitos e da amplitude da eficiência punitiva, os administradores públicos se viram impossibilitados de tratar de assuntos que mudam de acordo com a realidade social, o que se agrava, ainda mais, com a vivência de situações excepcionais pelo Estado. As disposições sobre a improbidade administrativa se tornaram ainda mais evidentemente inseguras após a abertura da normatividade da LINDB para o Direito Público, porque isso mostrou que a visão contemporânea do Direito Administrativo não se mostra adequada aos ditames clássicos de que partiram a Lei de Improbidade Administrativa.

---

[368] MOHALLEM, Michael Freitas. Novas medidas contra a corrupção. *FGV Direito Rio*, mai. 2018. Disponível em: http://bibliotecadigital.fgv.br/dspace/handle/10438/23949. Acesso em 29 nov. 2020.

[369] Cf.: STJ divulga 14 teses sobre improbidade administrativa em seu site. *Consultor Jurídico*, 8 ago. 2015. Disponível em: https://www.conjur.com.br/2015-ago-08/fimde-editado-stj-divulga-14-teses-improbidade-administrativa#:~:text=5)%20A%20presen%C3%A7a%20de%20ind%C3%ADcios,do%20in%20dubio%20pro%20societate. Acesso em 29 nov. 2020.

[370] Dados extraídos do Relatório Estatístico 2019. (BRASIL. Superior Tribunal de Justiça. *Relatório Estatístico 2019*. Disponível em http://www.stj.jus.br/webstj/Processo/Boletim/. Acesso em 29 nov. 2020).

Segundo Rodrigo Valgas dos Santos, a Lei nº 8.429/1992 tem problemas no conceito de improbidade administrativa, nos seus tipos abertos, no dolo e na culpa nas ações de improbidade e na proporcionalidade da aplicação das sanções.[371] A gênese do Direito Administrativo, centrado em uma administração vertical em relação ao administrado, explica muitos dos problemas atuais da norma. Em razão das tensões entre burocracia e política, a ampliação dos poderes das estruturas burocráticas tende a aumentar o raio de punição.

> As razões disso em boa parte decorrem: i) da abertura da LIA a inúmeros conceitos jurídicos indeterminados e cláusulas gerais; ii) da falta de critérios adequados para a dosimetria das suas sanções; iii) da referência a violação a princípios (art. 11) como ato de improbidade; iv) da ampla discricionariedade dos órgãos acusadores no manejo das ações de improbidade; v) da radical repercussão nos direitos políticos fundamentais e nos direitos subjetivos dos acusados e; vi) dos arbítrios e abusos no seu uso, aspectos estes que fazem da Lei nº 8.429/92 um dos diplomas mais problemáticos de nossa história legislativa.[372]

Os preceitos da Lei de Improbidade Administrativa têm sido utilizados como uma *panaceia* contra todos os males que assolam o Poder Público, ainda que em sutil e questionável irregularidade. Ao adquirir dimensão tão ampla, torna-se disfuncional.

É evidente que todo fenômeno que implique consequências negativas para boa gestão pública pode ser espécie do gênero *má-gestão* – corrupção, ineficiência e improbidade são exemplos. Mas os contornos constitucionais que são dados à improbidade são muito diferentes da *má-gestão* ou de uma administração *ineficiente*. Trata-se de imoralidade qualificada que exige desonestidade. Nas palavras de Fábio Medina Osório: "A improbidade não se identifica com a mera imoralidade, mas requer, isto sim, uma imoralidade qualificada pelo direito administrativo".[373]

Portanto, má-gestão, corrupção, ineficiência e improbidade administrativa, apesar das consequências danosas que geram à

---

[371] SANTOS, Rodrigo Valgas dos. *Direito Administrativo do Medo*: risco e fuga da responsabilização dos agentes públicos. 1. ed. São Paulo: Thompson Reuters Brasil, 2020. p. 163.
[372] SANTOS, Rodrigo Valgas dos. *Direito Administrativo do Medo*: risco e fuga da responsabilização dos agentes públicos. 1. ed. São Paulo: Thompson Reuters Brasil, 2020. p. 163-164.
[373] OSÓRIO, Fábio Medina. *Improbidade administrativa na Constituição de 988*: uma ilegalidade qualificada. Disponível em: https://core.ac.uk/download/pdf/16050935.pdf. Acesso em 28 nov. 2020.

administração, são fenômenos ontologicamente distintos. A percepção da improbidade em um contexto amplo de má-gestão leva ao equívoco de acreditar que ineficiência signifique desonestidade. Para que ineficiência fosse improbidade, seria necessário que a ação ineficiente visasse a malferir a probidade administrativa. Essa discussão, ao contrário do que se possa imaginar, não tem apenas consequências teóricas, mas é o ponto fulcral de muitos dos equívocos nas condenações por improbidade administrativa, afinal, são frequentes as decisões em que se faz incidir as pesadas sanções da LIA quando não há o apontamento de qualquer ato desonesto do gestor, mas, meramente, inabilidade.[374]

No entanto, a jurisprudência pátria vem, aos poucos, amadurecendo o conceito de improbidade administrativa, na perspectiva de reconhecer elementos indispensáveis à sua configuração e de dissolver os valores centrados apenas no aparato burocrático e nos procedimentos, alçando-se a proeminência da legitimidade, da transparência e dos resultados esperados dentro de pautas objetivas de condutas. Não há mais como fazer uma assepsia dos valores necessários ao enfrentamento dos desafios pós-modernos referentes à eficiência administrativa na análise da improbidade.[375]

---

[374] SANTOS, Rodrigo Valgas dos. *Direito Administrativo do Medo*: risco e fuga da responsabilização dos agentes públicos. 1. ed. São Paulo: Thompson Reuters Brasil, 2020. p. 173-174.

[375] Como exemplo de influência de valores, o entendimento do Superior Tribunal de Justiça é pacífico no sentido de que, nos casos em que não há dano direto ao erário, o dolo deve ser elemento caracterizador dos atos de improbidade administrativa. É o que se observa do Recurso Especial nº 980.706: PROCESSUAL CIVIL. ADMINISTRATIVO. AÇÃO CIVIL PÚBLICA. IMPROBIDADE ADMINISTRATIVA. APROPRIAÇÃO INDEVIDA DE DIÁRIAS. ART. 10, CAPUT, DA LEI Nº 8.429/92. AUSÊNCIA DE DANO AO ERÁRIO. MÁ-FÉ. ELEMENTO SUBJETIVO. ESSENCIAL À CARACTERIZAÇÃO DO ATO DE IMPROBIDADE. SANÇÕES. DOSIMETRIA. CUMULATIVIDADE. PRINCÍPIOS DA PROPORCIONALIDADE E DA RAZOABILIDADE (ART. 12, PARÁGRAFO ÚNICO DA LEI Nº 8429/83). VIOLAÇÃO AO ART. 535. INOCORRÊNCIA. 1. O caráter sancionador da Lei nº 8.429/92 é aplicável aos agentes públicos que, por ação ou omissão, violem os deveres de honestidade, imparcialidade, legalidade, lealdade às instituições e notadamente: (a) importem em enriquecimento ilícito (art. 9º); (b) causem prejuízo ao erário público (art. 10); (c) atentem contra os princípios da Administração Pública (art. 11) compreendida nesse tópico a lesão à moralidade administrativa. 2. A má-fé, consoante cediço, é premissa do ato ilegal e ímprobo e a ilegalidade só adquire o status de improbidade quando a conduta antijurídica fere os princípios constitucionais da Administração Pública coadjuvados pela má-intenção do administrador. 3. A improbidade administrativa está associada à noção de desonestidade, de má-fé do agente público, do que decorre a conclusão de que somente em hipóteses excepcionais, por força de inequívoca disposição legal, é que se admite a sua configuração por ato culposo (artigo 10, da Lei nº 8.429/92). 4. O elemento subjetivo é essencial à caracterização da improbidade administrativa, sendo certo, ainda, que a tipificação da lesão ao patrimônio público (art. 10, caput, da Lei nº 8429/92) exige a prova de sua ocorrência, mercê da impossibilidade de condenação ao ressarcimento ao erário de dano hipotético ou presumido. Precedentes do

Nesse sentido, a interpretação da lei de improbidade à luz das alterações da LINDB pode trazer a solução adequada para que se alcance a segurança jurídica das relações *do Estado* e *com o Estado*, a fim de amenizar os efeitos nocivos dos conceitos jurídicos indeterminados e do excesso de punitivismo. Isso porque, ao cumprir as determinações da sobrenorma de direito, o julgador do ato administrativo terá que levar em consideração parâmetros racionais e legais para sua decisão. Trata-se da determinação de valoração objetiva, lógica e crítica dos argumentos que fundamentam a decisão e é decorrência inseparável do devido processo legal.[376]

---

[376] STJ: REsp nº 805.080/SP, PRIMEIRA TURMA, DJe 06.08.2009; REsp nº 939142/RJ, PRIMEIRA TURMA, DJe 10.04.2008; REsp nº 678.115/RS, PRIMEIRA TURMA, DJ 29.11.2007; REsp nº 285.305/DF, PRIMEIRA TURMA; DJ 13.12.2007; e REsp nº 714.935/PR, SEGUNDA TURMA, DJ 08.05.2006; 5. *In casu*, a ausência de má-fé (elemento subjetivo) dos demandados E.O. M. e L. M. M. representado por seu espólio, coadjuvada pela inexistência de obtenção de proveito patrimonial, conforme consta do voto condutor do acórdão recorrido, revela *error in judicando* a análise do ilícito apenas sob o ângulo objetivo. 6. Ademais, a exegese das regras insertas no art. 11 da Lei nº 8.429/92, considerada a gravidade das sanções e restrições impostas ao agente público, deve ser realizada com ponderação, máxime porque uma interpretação ampliativa poderá acoimar de ímprobas condutas meramente irregulares, suscetíveis de correção administrativa, posto ausente a má-fé do administrador público e preservada a moralidade administrativa e, a fortiori, ir além do que o legislador pretendeu. 7. [...] 13. Recurso Especial parcialmente provido para: (a) afastar as sanções impostas ao demandado C. P, quanto à perda da função pública e à suspensão dos direitos políticos, pelo prazo de quatro anos; mantendo incólume o ressarcimento do dano causado ao erário, na proporção de 1/6; e a multa civil correspondente a três vezes o valor das diárias apropriadas indevidamente; e (b) afastar as sanções impostas aos demandados E. O. M quanto ao ressarcimento do dano causado ao erário, na proporção de 1/6, e a multa de duas vezes do valor das diárias; e L. M. M., representado por seu espólio, quanto ao ressarcimento do dano causado ao erário, na proporção de 1/6. (REsp nº 980.706/RS, Rel. Ministro LUIZ FUX, PRIMEIRA TURMA, julgado em 03.02.2011, DJe 23.02.2011).

[376] A ideia de limitação da responsabilidade e de proteção do agente responsável pela decisão, seja ele público ou privado, está na base para a não ocorrência de fuga da responsabilização para preservação dos direitos subjetivos. No âmbito do Direito Privado, destaca-se o *Business Judment Rule* (BJR) ou *Regra do Bom Juízo Empresarial*, formulada pelo direito norte-americano no âmbito societário, incorporado a diversos ordenamentos legais pelo mundo, inclusive ao brasileiro. O BJR teve sua origem na constatação pragmática de que, quando um agente toma decisões em prol de interesses uma empresa, deve decidir com deveres de cuidado, se tornando responsável caso sua decisão seja tomada abaixo de *standarts* exigíveis ou com negligência. O surgimento do BJR decorreu da necessidade de assegurar proteção civil dos administradores privados quando tomam decisões em prol de uma empresa. No âmbito privado, considera-se que certo nível de risco e erro é perfeitamente admissível. Já na esfera pública, a perspectiva sempre foi muito distinta, em virtude da tutela do interesse público. O agente público parece fadado a responder por eventuais danos decorrentes da sua decisão, mesmo quando imbuído de boa-fé. Em um primeiro olhar, a interlocução entre a BJR e LINDB não é tão simples, mas é sustentável a afirmação de existência de correlações entre elas, visto que as razões para o desenvolvimento de ambas as regras são muito similares. A principal constatação é que tanto a BJR quanto a LINDB visam a algum nível de blindagem ou imunidade do agente tomador de decisões. No âmbito do Direito Privado, a BJR permite que o administrador decida com certo grau

De acordo com as alterações na LINDB, a aplicação da norma da improbidade deve se relacionar com a exigência de proporcionalidade – adequação, necessidade e proporcionalidade em sentido estrito – confrontando-se com possíveis alternativas. Isso visa a evitar que, em decorrência dos valores abstratos ali consagrados, sejam aplicadas sanções desprovidas de qualquer parametrização com a conduta praticada. Há, portanto, mitigação da influência irrestrita da legalidade da Lei de Improbidade Administrativa para se ajustar à realidade do agente, à luz da sobrenorma do direito brasileiro.

Há limitação, também, à invocação de valores jurídicos abstratos para avaliação da conduta administrativa como proba ou ímproba. Tal imposição se liga a outros limites, que vedam ao julgador a indicação ou a reprodução do ato normativo, sem explicar sua relação com a situação fática decidida.[377]

Sob a perspectiva da nova LINDB, percebe-se a necessidade de dissecção dos elementos da norma de improbidade para que seja possível enquadrar as condutas públicas nos tipos sancionadores. Para tanto, não pode haver conceito de improbidade articulado a partir da violação aos tipos abertos da própria Lei nº 8.429/1992. A lógica deve ser inversa àquela trilhada costumeiramente pela doutrina.

Segundo a lei, ao avaliar a conduta do agente público, é necessário que o julgador esmiúce o que de fato caracteriza ofensa à administração pública, de forma objetiva. Não se pode pautar, a título de se assegurar a *boa-fé*, a *lealdade administrativa*, a *dignidade humana*, em conceitos de natureza ampla para responsabilizar agente que, em virtude de sua função, tinha o dever de agir.

---

de proteção visando a maximizar os lucros da empresa. Diante disso, a regra visa a atrair administradores mais qualificados. No âmbito público, a LINDB parte da premissa de que decidir gera riscos e o gestor deve ter algum grau de proteção em prol do interesse público. Assim sendo, serve para atrair bons gestores públicos. Além disso, tanto a BJR quanto a LINDB procuram evitar que o Poder Judiciário possa se imiscuir no núcleo de conveniência e oportunidade do administrador, mormente quando a matéria exige alta especialização e expertise. Outro aspecto semelhante é o que a BJR está alicerçada na existência de boa-fé do administrador, desde que não decida com base em interesses pessoais, decida adequadamente informado e atue no interesse da empresa, enquanto a LINDB exige que sejam considerados os obstáculos e as dificuldades reais do gestor, o que, certamente, envolve aspectos das informações que tinha para decidir. Por fim, há a correlação de que nem toda negligência leva à responsabilização do administrador. Portanto, os principais aspectos que fundamentam a construção da BJR estão, também, na LINDB (SANTOS, Rodrigo Valgas dos. *Direito Administrativo do Medo*: risco e fuga da responsabilização dos agentes públicos. 1. ed. São Paulo: Thompson Reuters Brasil, 2020. p. 260-271).

[377] Tais limites estão previstos no art. 489, §1º, do Código de Processo Civil.

No aspecto prático, é possível, inclusive, o questionamento sobre a manutenção da existência de ação de improbidade administrativa pautada meramente em ofensa a princípios administrativos (art. 11 da LIA). Diante do tipo sancionador extremamente amplo, constata-se que as alterações da *sobrenorma* de direito impuseram-lhe sua não aplicação.

O poder que a LINDB exerce sobre a lei de improbidade – assim como sobre as demais normas de direito público –, dentre outros, é de prevenção contra a aplicação exagerada de sanções sem análise de circunstâncias. Para estipular o fim dos inúmeros casos de ações de improbidade ajuizadas genericamente com base nos arts. 9º, 10º e 11º da Lei nº 8.429/1992, com pedidos sucessivos e alternativos, a sobrenorma de direito exige que sejam considerados os danos efetivos e as circunstâncias fáticas, antes da aplicação de penalidades abstrusas que aniquilam o agente público.

---

[378] RECURSO ESPECIAL Nº 1.838.115 – SP (2019/0275369-6) [...] RECURSO ESPECIAL. ACP DE IMPROBIDADE ADMINISTRATIVA. NÃO OBSERVÂNCIA DO PERCENTUAL MÍNIMO EXIGIDO PELO ARTIGO 212 DA CONSTITUIÇÃO FEDERAL PARA APLICAÇÃO NO ENSINO. ART. 11 DA LEI Nº 8.429/1992. ELEMENTO SUBJETIVO (DOLO) NÃO CONFIGURADO. [...]. 1. [...] 7. Pois bem. A Lei da Improbidade Administrativa (Lei nº 8.429/1992) objetiva punir os praticantes de atos dolosos ou de má-fé no trato da coisa pública, tipificando como de improbidade administrativa o enriquecimento ilícito (art. 9º.), o prejuízo ao erário (art. 10) e a violação a princípios da Administração Pública (art. 11). 8. Ocorre que a Lei nº 8.429/1992 deixou de delimitar o ato ímprobo, o que pode levar a Administração a punir indiscriminadamente os atos apenas ilegais praticados por seus Servidores como se fossem atos de improbidade, alterando a essência da lei. 9. De fato, não se deve admitir que a conduta culposa renda ensejo à responsabilização do Agente Público por improbidade administrativa; com efeito, a negligência, a imprudência ou a imperícia, embora possam ser consideradas condutas irregulares e, portanto, passíveis de sanção, não são suficientes para ensejar a punição por improbidade administrativa. O elemento culpabilidade, no interior do ato de improbidade, se apurará sempre a título de dolo, embora o art. 10 da Lei nº 8.429/1992 aluda efetivamente a sua ocorrência de forma culposa; parece certo que tal alusão tendeu apenas a fechar por completo a sancionabilidade das ações ímprobas dos agentes públicos, mas se mostra mesmo impossível qualquer das condutas descritas nesse item normativo nas quais não esteja presente o dolo. 10. Quanto às condutas postas no art. 9º. da Lei nº 8.429/1992, os Professores Marino Pazzaglini Filho, Márcio Fernando Rosa e Waldo Fazzio Júnior dizem que os seus conteúdos não admitem a forma culposa; eis a lição desses especialistas: Ponto que merece atenção diz respeito ao elemento subjetivo necessário à caracterização das condutas elencadas naqueles dispositivos. Nenhuma das modalidades admite a forma culposa; são todas dolosas. É que todas as espécies de atuação suscetíveis de gerar enriquecimento ilícito pressupõem a consciência da antijuridicidade do resultado pretendido. Nenhum agente desconhece a proibição de se enriquecer às expensas do exercício de atividade pública ou de permitir que, por ilegalidade de sua conduta, outro o faça. Não há, pois, enriquecimento ilícito imprudente ou negligente. De culpa é que não se trata (PAZZAGLINI FILHO, Marino; ROSA, Márcio Fernando; FAZZIO JÚNIOR, Waldo. *Improbidade Administrativa*. São Paulo: Atlas, 1999. p. 124). 11. No que se refere às condutas gizadas no art. 11 da Lei nº 8.429/1992, esses mesmos doutrinadores fazem observações assemelhadas (PAZZAGLINI FILHO, Marino; ROSA, Márcio Fernando; FAZZIO JÚNIOR, Waldo. *Improbidade Administrativa*. São Paulo: Atlas, 1999. p. 125); o Professor José Armando

Todos os julgadores de condutas de agentes públicos estão agora obrigados a se atentar para a realidade local e para as possibilidades frente ao quadro de fatos apresentados, à época, ao administrador. Com isso, pretende-se evitar conclusões precipitadas sobre a aplicação do ordenamento legal, tachando com incorreções e falhas *erros* administrativos não grosseiros ou não dolosos. Consagra-se o entendimento contemporâneo da jurisprudência administrativa de que não ser bom administrador não significa, automaticamente, ser agente ímprobo.[378]

---

da Costa, para quem os atos de improbidade são espécies de infrações disciplinares, leciona o seguinte: Não sendo concebível que uma pessoa enriqueça ilicitamente, cause prejuízo ao erário ou transgrida os deveres de honestidade, imparcialidade, legalidade e de lealdade às instituições públicas, por ação ou omissão meramente culposa (negligência, imprudência ou imperícia), forçosamente haveremos de concluir que o elemento subjetivo do delito disciplinar da improbidade é o dolo (COSTA, José Armando da. *Contorno Jurídico da Improbidade Administrativa*. Brasília: Brasília Jurídica, 2002. p. 22). 12. Aceitando-se essa matriz analítica do ato de improbidade sugerida nessa ponderação, pode-se concluir de imediato que eventuais ilegalidades formais ou materiais cometidas pelos Servidores Públicos não se convertem automaticamente em atos de improbidade administrativa, se nelas não se identifica a vontade deliberada e consciente de agir, ou seja, excluindo-se a possibilidade de improbidade meramente culposa; essas limitações servem à finalidade de escoimar da prática administrativa a banalização das imputações vazias e para revelar a gravidade dessas mesmas imputações, que devem ser combatidas e intoleradas. 13. Por outro lado, a tipificação deficiente ou a falta de tipificação fechada do ato ímprobo – como é manifestamente desejável, por se tratar de requisito próprio do Direito Sancionador – pode levar a Administração a punir com a mesma sanção os atos simplesmente ilegais e os atos induvidosamente caracterizados como de improbidade administrativa praticados por Agentes Públicos, o que impõe a atuação moderadora e corretiva do Poder Judiciário para evitar os excessos e o tratamento uniforme de situações objetivas distintas e inconfundíveis, com infração ao princípio da reserva de proporcionalidade. 14. É intolerável, do ponto de vista jurídico, que a conduta administrativa reconhecidamente culposa enseje a aplicação ao Agente Público da mesma enérgica sanção que merece a repressão à conduta comprovadamente dolosa, caracterizadora do ato de improbidade administrativa, para não se infringir a regra de ouro da proporcionalidade das reprimendas legais, de tão antiga quanto respeitável exigência e tradição: o ato havido por negligente, imprudente ou imperito (culposo) não se alça ao nível de ato ímprobo, para ensejar a punição que a este último se comina, conforme valiosos precedentes desta colenda Corte Superior: [...] (REsp. nº 269.683-SC, Rel. Min. LAURITA VAZ, DJU 3.11.2004. p. 168). ADMINISTRATIVO. RECURSO ESPECIAL. IMPROBIDADE ADMINISTRATIVA. ART. 11, I, DA LEI Nº 8.429/92. AUSÊNCIA DE DANO AO ERÁRIO PÚBLICO. IMPROCEDÊNCIA DA AÇÃO. 1. O objetivo da Lei de Improbidade é punir o administrador público desonesto, não o inábil. Ou, em outras palavras, para que se enquadre o agente público na Lei de Improbidade é necessário que haja o dolo, a culpa e o prejuízo ao ente público, caracterizado pela ação ou omissão do administrador público (MATTOS, Mauro Roberto Gomes de. *O Limite da Improbidade Administrativa*. 2. ed. Rio de Janeiro: Ed. América Jurídica, 2005. p. 7-8). 2. A finalidade da lei de improbidade administrativa é punir o administrador desonesto (MORAES, Alexandre de. *Constituição do Brasil interpretada e legislação constitucional*. São Paulo: Atlas, 2002. p. 2.611). 3. De fato, a lei alcança o administrador desonesto, não o inábil, despreparado, incompetente e desastrado (REsp nº 213.994-0/MG, 1ª Turma, Rel. Min. Garcia Vieira, DOU de 27.9.1999). 4. [...] (STJ. REsp: nº 1838115 SP 2019/0275369-6, Relator: Ministro NAPOLEÃO NUNES MAIA FILHO, Data de Publicação: DJ 14.04.2020).

Além disso, estabelece a nova LINDB que um mesmo fato não pode ser apenado duas vezes ou com dosimetria que extrapole o conjunto dos atos ilegais realmente praticados. A tipicidade administrativa deve ser, portanto, conglobante, e não multiplicada por agregação e somatório de regras e órgãos sancionadores. Pela nova norma, passa a ser inválida a dosimetria exponencial que desconsidere a realidade material circunscrita por todos os órgãos de controle. Devem ser evitadas decisões irrealistas de quaisquer esferas de controle.[379]

Apesar de muito recentes, tais alterações no regramento jurídico são de extrema importância no cotidiano do Direito Administrativo e vêm sendo aplicadas na atividade pública, ainda com timidez e com vozes contrárias, desde sua implementação. É imperioso que os administradores e a população se sintam seguros para implementarem ações lícitas, a fim de superarem esse período de instabilidade, sem a possibilidade de ocorrência de futuros abusos, excessos e arbitrariedades.

Com isso não se pretende abrir margem para que o agente público seja legitimado a tomar atitudes como bem entender, ao desamparo do ordenamento jurídico como um todo. O que se busca é a não paralisação administrativa por receio do punitivismo exacerbado, que não leva em consideração as razões que fizeram o administrador a praticar tais condutas.

Diante disso, a LINDB se mostra um excelente parâmetro de delimitação de condutas, principalmente no que tange às normas voltadas ao Direito Público. Por intermédio de suas alterações, é possível que administrador e administrados guiem suas condutas, a fim de não se distanciarem da legalidade administrativa e, ao mesmo tempo, não se paralisarem diante do quadro ímpar.

Assim, a atividade administrativa continua a se efetivar segundo a lei – e com fundamento direto na Constituição Federal – independentemente da lei –, ou com fulcro em ponderação entre a legalidade e outros princípios constitucionais. Sob esse enfoque, leva-se em consideração, dentro do rol principiológico de conceitos indeterminados, a vontade – sempre limitada pela juridicidade – da administração.

---

[379] TOMELIN, Georghio. Interpretação consequencial e dosimetria conglobante na nova LINDB. *In*: CUNHA FILHO, Alexandre Jorge Carneiro da; ISSA, Rafael Hamze; SCHWIND, Rafael Wallbach. *Lei de Introdução às Normas do Direito Brasileiro – Anotada*: Decreto-Lei nº 4.657, de 4 de setembro de 1942. São Paulo: Quartier Latin, 2019. v. II, p. 173-175.

## IV.IV As interferências práticas da Lei de Introdução às Normas do Direito Brasileiro na Lei de Improbidade Administrativa

A Constituição Federal de 1988 destinou capítulo para tratar *Da organização do Estado*, com ampla abrangência de qualquer dos Poderes da União, dos Estados, do Distrito Federal e dos Municípios. Determinou, já no *caput* do artigo 37, a obediência aos princípios da legalidade, da impessoalidade, da moralidade, da publicidade e da eficiência. Esses princípios refletem a submissão dos governantes e demais agentes públicos ao direito e à atuação transparente e isonômica.

Dentre esses princípios, a moralidade é direcionada tanto à administração pública quanto aos seus agentes, e impõe o dever de observância das regras éticas objetivas, como já demonstrado neste estudo. A Constituição, portanto, explicitou preocupação com a atuação proba de seus agentes e a improbidade passou a ser tratada como ilícito de responsabilidade e ilícito extrapenal, num movimento inovador e desprendido da tradição constitucional.

Nos últimos anos, a atuação dos órgãos de controle e combate à corrupção no serviço público se tornou mais evidente, seja no âmbito das instâncias judiciárias ou no contexto do controle externo exercido pelas Cortes de Contas. Um dos fatores responsáveis por essa relevância da atuação controladora foi a Operação Lava-Jato, que rompeu barreiras e inaugurou um novo paradigma de justiça, ainda muito recente. Malgrado todas as críticas à operação, os resultados alcançados não têm precedentes e evidenciam momento de transformação na direção de uma mais consistente e inquebrantável atuação pública contra a corrupção.

Não obstante, o novo é sempre claudicante, tomado por avanços e retrocessos, como todo o processo de edificação. Trata-se de um curso contínuo de aperfeiçoamento, que, inevitavelmente, incide em erros e acertos.

Paralelamente à implementação dessa nova forma de controle, as leis já existentes, criadas em outro cenário do ordenamento jurídico brasileiro, muitas vezes se tornam insuficientes ou contraditórias diante dos avanços já feitos. Um exemplo desse anacronismo é a Lei de Improbidade Administrativa, que trouxe, no momento da sua promulgação, inúmeras possibilidades de punição aos agentes públicos e particulares, pautados em conceitos abertos e passíveis de perigosa interpretação, sem preceitos secundários relacionados aos tipos ímprobos de forma individualizada.

Há uma equivocada percepção, no Brasil, de que o controle dos agentes públicos deve ser tanto melhor quanto mais rígido. O controle é visto sempre como positivo aos interesses sociais, enquanto a liberdade é encarada como fonte de irregularidade e corrupção. O rigor dos órgãos de controle é encarado como eficiente mecanismo preventivo e corretivo.

Entende-se, ainda, que a incidência de controle forte sobre o gestor é instrumento capaz de dissuadir o cometimento de ilícitos. A perspectiva da punição serviria como estímulo para que o gestor adequasse o seu comportamento à lei.

Historicamente, todavia, pouco se discute acerca dos efeitos deletérios do excesso de controle nas atividades decisórias da administração. Não se pode ignorar que, a despeito de ser imprescindível para a boa e correta administração pública, o controle público é fonte de custos e de efeitos negativos. Sua sobrecarga pode gerar mais efeitos colaterais do que benefícios à sociedade, fenômeno identificado como *accountability overload* ou *excesso de controle*.[380]

A Lei nº 8.429/1992 não estabeleceu, de forma precisa, quais penas podem ser aplicadas a cada tipo específico e como podem ser individualizadas no caso concreto. Assim, o controle voltado ao combate à corrupção, quando integrado à aplicação de normas anacrônicas, gerou a avalanche de ações por atos de improbidade administrativa que chegaram ao Poder Judiciário, quase sempre com pedidos condenatórios extremamente amplos e genéricos, não raras vezes pugnando pela aplicação de todas as penas previstas no art. 12 da sobredita lei. Essas ações provocaram decisões judiciais completamente díspares, tanto nas absolvições quanto nas condenações, constatando-se assustadora falta de padronização.

Diante disso, no Brasil, o risco pela ordenação de despesas ou por tomada de decisões é muito mais elevado que em outros países, em virtude da disfuncionalidade dos sistemas de controle. A perspectiva punitivista dos agentes públicos gera um novo fenômeno em termos de responsabilização e passa-se a adotar parâmetros muito próximos ao da responsabilidade objetiva para sancioná-los, em clara violação ao art. 37, §6º, da Constituição Federal, que impõe a responsabilidade subjetiva para fins de regresso.

---

[380] DIONÍSIO, Pedro de Hollanda. *O direito ao erro do administrador público no Brasil*: contexto, fundamentos e parâmetros. Rio de Janeiro: Mundo Jurídico, 2019. p. 10.

Simplesmente toma-se a conduta (ou a omissão) do agente, aponta-se o dano e cria-se o nexo causal, desprezando parâmetros mais estreitos para a responsabilização subjetiva – dolo ou culpa. Há, dessa forma, alto risco no exercício da atividade administrativa.

Nesse cenário, gestores públicos ficaram temerosos na atuação administrativa, por medo de reação excessiva dos órgãos de controle, de maneira que deixaram de realizar atividades imprescindíveis ao interesse público em virtude do assombro da responsabilização desmedida. Com efeito, já sabendo das probabilidades de ser responsabilizado, o agente público atua de forma a gerir estratégias preventivas de fuga da responsabilidade. Cuida-se do que se convencionou chamar de *apagão das canetas*: gestores públicos devem decidir, mas não querem assinar atos e contratos por temerem ser pessoalmente responsabilizados, em virtude de o controlador fazer interpretação distinta da sua ao melhor ato a ser exercido no caso concreto.[381]

Essas estratégias de fuga consistem no fenômeno denominado *blame games* ou jogos de culpa, especialmente estudado pela doutrina estrangeira, que tem como finalidade desviar a responsabilidade do gestor por intermédio de estratégias adrede escolhidas. As decisões dos administradores no sentido de orientar a sua própria proteção têm efeitos drásticos na administração pública, porque o objetivo principal do gestor passa a ser de ordem pessoal, e não a busca do interesse público. Tal forma de administrar oblitera completamente o que se entende por boa administração pública, pois o verdadeiro objetivo do agente é esquivar-se da responsabilização, mesmo que isso importe em má administração.

Ao mesmo tempo que o medo é consequência do excesso de controle, também é causa. Isso porque produz disfunções visando à autoproteção dos agentes públicos, a exemplo do imobilismo decisório, que pode gerar uma postura mais firme dos órgãos de controle. É, portanto, um ciclo.

A situação é especialmente grave porque o medo não só inibe uma atuação criativa dos gestores, como também faz com que não apliquem o direito da forma que lhes parece adequado. Primeiro pensam em como os órgãos de controle agirão em sua fiscalização, para depois decidir, de modo a antever expectativas. Não se trata de receio

---

[381] BONA, Daniel Braga. Alteração da LINDB e seus reflexos na punição por atos de improbidade lesivos ao erário. *Consultor Jurídico*, 30 dez. 2019. Disponível em: https://www.conjur.com.br/2019-dez-30/mp-debate-alteracao-lindb-reflexos-punicao-atos-improbidade. Acesso em 05 jan. 2021.

salutar no exercício da decisão. Trata-se de grave percepção de que não importam o que decidam, os agentes estarão, de qualquer modo, sujeitos à responsabilização por suas decisões.

O risco que faz parte das decisões transmuta-se em medo quando, na percepção do gestor público, ele poderá ser punido pelo simples fato de decidir. O medo se revela na insegurança jurídica gerada pelas normas excessivamente abertas, pela hiperinflação legislativa e pela pouca deferência dos órgãos de controle às decisões administrativas tomadas pelos agentes públicos. O controle disfuncional, portanto, fomenta o medo.

Não é sequer necessário comportamento ousado ou inovador para que exista o medo. Mesmo que o agente se proponha a atuar de forma sóbria e cumprir estritamente a norma jurídica em sua atuação, estará sujeito a riscos e a prejuízos imaginários, a exemplo da responsabilidade presumida – *in re ipsa*.

Se, antes, assumir os riscos era algo desejável e esperado, hoje está associado a algo sujeito à desaprovação social. Assim, os decisores vêm adotando medidas de evasão de responsabilização para evitar expressivas condenações.

As interações entre o risco e o medo atingem todos os agentes públicos, mas especialmente os agentes políticos. Há um grande descrédito da sociedade na política e a tendência em encarar essa atuação como sendo suspeita. Por outro lado, os políticos têm receio do exercício disfuncional do controle, porque, além de estarem envoltos nesse cenário de descrença social, podem receber as mais diversas sanções.

Parte-se de um modelo idílico de administração, em que não pode haver falhas, equívocos ou erros. Uma vez constatada a irregularidade pelo órgão controlador, incide a pesada mão do Estado repressor, que sempre parte da premissa de que o descumprimento das normas deve levar à irremediável responsabilização, tal qual nas ações de improbidade.

O exame dos órgãos de controle ocorre, por vezes, de forma tardia, dificultando a aferição das dificuldades reais do gestor e não considerando as limitações estruturais do país, que conta com 5.570 municípios, tem grande variação do grau de instrução e formação dos seus administradores públicos e uma profusão de diplomas legais que desafia os próprios juristas.

O erro fundamental existente na legislação referente à responsabilização dos agentes públicos está na ausência de diferenciação entre agentes honestos e desonestos. Aqueles que cometeram irregularidade acreditando estar melhor zelando pelo interesse público estão sob a mesma régua da responsabilização daqueles que cometeram alguma irregularidade por equívoco ou por falta de melhores opções fáticas cabíveis ao caso.

Esse contexto estimulou a tentativa legal de limitação da responsabilidade dos agentes públicos pela Lei nº 13.655/2018, que fixou parâmetros para que o controle seja exercido. O principal argumento, para tanto, foi a busca da segurança jurídica, mas, para além disso, buscou-se dar um basta na responsabilização indiscriminada dos agentes públicos, impondo-se critérios mais objetivos para a aferição do controle.

A legislação não tutela o gestor público honesto. Gestores públicos honestos, que são a maioria na administração pública, constrangem-se em tomar decisões inovadoras ou que contrariam orientações controladoras, pois o efeito dissuasório gerado pela legislação não discrimina a intenção na ação administrativa. A intenção da LINDB, dentre outras, foi a de afastar a gestão pública (ainda) pautada pelo controlador, para aproximá-la a uma de construção de soluções mais criativas e eficientes, a partir do que os gestores honestos considerem mais apropriado.

A nova LINDB não está preocupada com o gestor de má-fé, uma vez que, para este, foi edificada toda uma legislação de controle, mas interessa-se pelo gestor de boa-fé, cujo comportamento honesto não é tutelado pelo direito e recebe o mesmo tratamento jurídico do sujeito que age de forma mal intencionada. Essa lei traz entendimentos que pretendem recompensar os comportamentos de honestidade como medida de incentivo para que se mantenha o padrão moral na gestão pública. É o primeiro passo, nesse sentido, fazer a dissociação necessária entre gestores públicos honestos e desonestos.

A limitação da responsabilidade dos agentes públicos não quer significar limitação da responsabilidade estatal perante terceiros. Nessa hipótese, os danos por estes sofridos devem ser ressarcidos pelo risco da atividade, se presentes os demais requisitos para responsabilização objetiva. Isso não significa a consequente e imediata responsabilização do agente público que causou o dano.

Os fins da tutela do agente público honesto vão muito além da pessoa do gestor e têm como primeiro foco de atenção o bom funcionamento da máquina pública. As decisões públicas são diretamente impactadas pelo modo como o direito disciplina a responsabilização dos seus gestores.

De forma a elucidar os aspectos práticos da improbidade administrativa que foram influenciados pelas alterações da LINDB, o presente trabalho propõe a divisão em dez, as principais interferências da Lei nº 13.655/2018 na LIA: (i) responsabilização por dolo ou erro grosseiro; (ii) consideração das consequências práticas da decisão do administrador para responsabilização; (iii) consideração da realidade fática do agente público; (iv) consideração das demais sanções na dosimetria das penas; (v) possibilidade de acordo; (vi) possibilidade de compensação dos danos; (vii) autovinculação das técnicas decisórias; (viii) implementação da gestão de riscos na administração pública; (ix) tolerabilidade do erro; (x) impossibilidade de responsabilização pautada exclusivamente em princípios, os quais serão melhor elucidados nos tópicos subsequentes.

### IV.IV.I A responsabilização por dolo ou erro grosseiro

Um dos pontos centrais de discussão da Lei nº 8.429/1992 é a possibilidade de improbidade culposa. Isso porque, da própria análise do conceito jurídico de improbidade, chega-se à conclusão de que é indecomponível o binômio *improbidade-desonestidade*. Não há como alguém ser desonesto sem desejar ou por acidente.

As condutas culposas praticadas por agentes públicos que gerem dano ao erário certamente devem ser objeto de ressarcimento civil ou administrativo, caso não incidam em alguma excludente de responsabilidade.[382] O que parece incontornável é que esses comportamentos culposos, apesar de indenizáveis, não são atos de improbidade administrativa.[383]

Nesse sentido, a LIA amplia e desnatura o conceito de improbidade em relação ao que determina a Constituição Federal, no art. 37, §4º, ao permitir condutas culposas, quer por culpa leve, quer por culpa grave, e faz a gradação da improbidade, desnaturando seu conceito jurídico-constitucional central, ao estabelecer, em seu art. 10, a modalidade culposa.[384]

---

[382] É importante não confundir a responsabilização civil dos agentes públicos que agem de forma culposa – ainda que por culpa grave ou erro grosseiro – com atos de improbidade administrativa. Não obstante haja a possibilidade de ações civis de rito ordinário visando ao ressarcimento de danos culposos, quase se desconhece seu manejo pelo Ministério Público que, em regra, cobra os danos culposos pela via da ação de improbidade administrativa.

[383] SANTOS, Rodrigo Valgas dos. *Direito Administrativo do Medo*: risco e fuga da responsabilização dos agentes públicos. 1. ed. São Paulo: Thompson Reuters Brasil, 2020. p. 178.

[384] O art. 10, *caput*, da Lei nº 8.429/1992, prevê expressamente a modalidade culposa. Os arts. 9º e 11 do diploma legal omitiram, de forma eloquente, a possibilidade de conduta culposa. (BRASIL. Lei nº 8.429, de 2 de junho de 1992. Dispõe sobre as sanções aplicáveis

Dessa forma, os tribunais têm que lidar com as perplexidades causadas pela modalidade culposa da improbidade administrativa e tendem a contornar a inconstitucionalidade existente na norma, exigindo a configuração da *má-fé*. Houve, recentemente, reorientação jurisprudencial, em consonância com o que a doutrina já vinha estabelecendo, no sentido de que o agente público deve ser responsabilizado nos casos em que agir com dolo ou culpa grave.

Essa virada interpretativa acerca da Lei de Improbidade Administrativa vem ocorrendo desde a decisão proferida pelo Supremo Tribunal Federal no Mandado de Segurança nº 24.631-6/DF, de relatoria do Ministro Joaquim Barbosa.[385] Nesse julgamento, o Pretório Excelso partiu da premissa de que nem toda ilegalidade pode ser considerada, de plano, como ato ímprobo, de forma a necessitar do agir doloso, da má-fé ou do erro grosseiro no atuar.

Para além da previsão legal, os Tribunais Superiores consolidaram o entendimento de que a improbidade lesiva aos cofres públicos prescinde da prova do dolo, bastando a demonstração de culpa simples, diferentemente das tipificações assentadas nos arts. 9º (enriquecimento

---

aos agentes públicos nos casos de enriquecimento ilícito no exercício de mandato, cargo, emprego ou função na administração pública direta, indireta ou fundacional e dá outras providências. *Diário Oficial da União*, Rio de Janeiro, 03 jun. 1992. Disponível em: http://www.planalto.gov.br/ccivil_03/LEIS/L8429.htm. Acesso em 8 fev. 2020).

[385] CONSTITUCIONAL. ADMINISTRATIVO. CONTROLE EXTERNO. AUDITORIA PELO TCU. RESPONSABILIDADE DE PROCURADOR DE AUTARQUIA POR EMISSÃO DE PARECER TÉCNICO-JURÍDICO DE NATUREZA OPINATIVA. SEGURANÇA DEFERIDA. I. Repercussões da natureza jurídico-administrativa do parecer jurídico: (i) quando a consulta é facultativa, a autoridade não se vincula ao parecer proferido, sendo que seu poder de decisão não se altera pela manifestação do órgão consultivo; (ii) quando a consulta é obrigatória, a autoridade administrativa se vincula a emitir o ato tal como submetido à consultoria, com parecer favorável ou contrário, e se pretender praticar ato de forma diversa da apresentada à consultoria, deverá submetê-lo a novo parecer; (iii) quando a lei estabelece a obrigação de decidir à luz de parecer vinculante, essa manifestação de teor jurídica deixa de ser meramente opinativa e o administrador não poderá decidir senão nos termos da conclusão do parecer ou, então, não decidir. II. No caso de que cuidam os autos, o parecer emitido pelo impetrante não tinha caráter vinculante. Sua aprovação pelo superior hierárquico não desvirtua sua natureza opinativa, nem o torna parte de ato administrativo posterior do qual possa eventualmente decorrer dano ao erário, mas apenas incorpora sua fundamentação ao ato. III. Controle externo: É lícito concluir que é abusiva a responsabilização do parecerista à luz de uma alargada relação de causalidade entre seu parecer e o ato administrativo do qual tenha resultado dano ao erário. Salvo demonstração de culpa ou erro grosseiro, submetida às instâncias administrativo-disciplinares ou jurisdicionais próprias, não cabe a responsabilização do advogado público pelo conteúdo de seu parecer de natureza meramente opinativa. Mandado de segurança deferido (STF. MS: nº 24631 DF, Relator: Min. JOAQUIM BARBOSA, Data de Julgamento: 09.08.2007, Tribunal Pleno, Data de Publicação: DJe-018 DIVULG 31-01-2008 PUBLIC 01-02-2008 EMENT VOL-02305-02 PP-00276 RTJ VOL-00204-01 PP-00250).

ilícito), 10-A (concessão, aplicação ou manutenção ilegais de benefício financeiro ou tributário) e 11 (violação de princípios administrativos) da Lei nº 8.429/1992, que exige a vontade consciente para a prática do ato.[386] Assim sendo, estabeleceu-se que o erro, seja leve, médio ou grave, jamais poderá ser sinônimo de má-fé, uma vez que seu próprio conceito

---

[386] ADMINISTRATIVO. AÇÃO DE IMPROBIDADE. LEI Nº 8.429/92. ELEMENTO SUBJETIVO DA CONDUTA. IMPRESCINDIBILIDADE. 1. A ação de improbidade administrativa, de matriz constitucional (art.37, §4º e disciplinada na Lei nº 8.429/92), tem natureza especialíssima, qualificada pela singularidade do seu objeto, que é o de aplicar penalidades a administradores ímprobos e a outras pessoas – físicas ou jurídicas – que com eles se acumpliciam para atuar contra a Administração ou que se beneficiam com o ato de improbidade. Portanto, se trata de uma ação de caráter repressivo, semelhante à ação penal, diferente das outras ações com matriz constitucional, como a Ação Popular (CF, art. 5º, LXXIII, disciplinada na Lei nº 4.717/65), cujo objeto típico é de natureza essencialmente desconstitutiva (anulação de atos administrativos ilegítimos) e a Ação Civil Pública para a tutela do patrimônio público (CF, art. 129, III e Lei nº 7.347/85), cujo objeto típico é de natureza preventiva, desconstitutiva ou reparatória. 2. Não se pode confundir ilegalidade com improbidade. A improbidade é ilegalidade tipificada e qualificada pelo elemento subjetivo da conduta do agente. Por isso mesmo, a jurisprudência dominante no STJ considera indispensável, para a caracterização de improbidade, que a conduta do agente seja dolosa, para a tipificação das condutas descritas nos artigos 9º e 11 da Lei nº 8.429/92, ou, pelo menos, culposa, nas do artigo 10 (v.g.: REsp nº 734.984/SP, 1 T., Min. Luiz Fux, DJe de 16.06.2008; AgRg no REsp nº 479.812/SP, 2ª T., Min. Humberto Martins, DJ de 14.08.2007; REsp nº 842.428/ES, 2ª T., Min. Eliana Calmon, DJ de 21.05.2007; REsp nº 841.421/MA, 1ª T., Min. Luiz Fux, DJ de 04.10.2007; REsp nº 658.415/RS, 2ª T., Min. Eliana Calmon, DJ de 03.08.2006; REsp nº 626.034/RS, 2ª T., Min. João Otávio de Noronha, DJ de 05.06.2006; REsp nº 604.151/RS, Min. Teori Albino Zavascki, DJ de 08.06.2006). 3. É razoável presumir vício de conduta do agente público que pratica um ato contrário ao que foi recomendado pelos órgãos técnicos, por pareceres jurídicos ou pelo Tribunal de Contas. Mas não é razoável que se reconheça ou presuma esse vício justamente na conduta oposta: de ter agido segundo aquelas manifestações, ou de não ter promovido a revisão de atos praticados como nelas recomendado, ainda mais se não há dúvida quanto à lisura dos pareceres ou à idoneidade de quem os prolatou. Nesses casos, não tendo havido conduta movida por imprudência, imperícia ou negligência, não há culpa e muito menos improbidade. A ilegitimidade do ato, se houver, estará sujeita a sanção de outra natureza, estranha ao âmbito da ação de improbidade. Recurso especial do Ministério Público parcialmente provido. Demais recursos providos. (STJ. Rel. Min. Teori Albino Zavascki, REsp nº 827445/SP, 1ª T., DJ de 2.02.2010).
ADMINISTRATIVO. RECURSO ESPECIAL. IMPUTAÇÃO DE ATO DE IMPROBIDADE ADMINISTRATIVA. IMPUTAÇÃO CALCADA NO ART. 10 DA LEI Nº 8.429/92. INDISPENSÁVEL A COMPROVAÇÃO DO EFETIVO PREJUÍZO AO ERÁRIO. PRECEDENTES STJ. TRIBUNAL A QUO QUE AFIRMOU AUSENTE A PROVA DA OCORRÊNCIA DE DANO AO ERÁRIO OU DE MÁ-FÉ DOS RECORRIDOS. REQUISITOS DA TIPICIDADE ÍMPROBA NÃO DEMONSTRADOS. RECURSO ESPECIAL DO MINISTÉRIO PÚBLICO DO ESTADO DE MINAS GERAIS AO QUAL SE NEGA PROVIMENTO. 1. Este colendo Superior Tribunal de Justiça já decidiu, reiteradamente, que nos atos de improbidade administrativa descritos no art. 10 da Lei nº 8.429/92, é indispensável a demonstração de efetivo dano ao erário. Precedentes: REsp. nº 1.233.502/MG, Rel. Min. CESAR ASFOR ROCHA, DJe 23.08.2012; REsp. nº 1.206.741, Rel. Min. BENEDITO GONÇALVES, DJe 23.05.2012. 2. [...] 4. Recurso Especial do MINISTÉRIO PÚBLICO DO ESTADO DE MINAS GERAIS ao qual se nega provimento. (STJ – REsp: nº 1173677 MG 2010/0003634-6, Relator: Ministro NAPOLEÃO NUNES MAIA FILHO, Data de Julgamento: 20.08.2013, T1 – PRIMEIRA TURMA, Data de Publicação: DJe 30.08.2013).

exclui esse elemento intrínseco de sua formação. Em contrapartida, a ciência prévia do autor do ato administrativo, de que sua conduta é ilícita, desnatura completamente a possibilidade de seu enquadramento em qualquer espécie de erro, sendo passível de ser elencada como conduta dolosa, especialmente se ele direcionou sua vontade para consecução do ato ilícito.

Em consonância com esse entendimento jurisprudencial, o art. 28 da LINDB, como já demonstrado neste estudo, passou a representar verdadeira antinomia à regra contida no art. 10 da Lei de Improbidade Administrativa, segundo a qual configura ato de improbidade que causa prejuízo ao erário a ação ou omissão, dolosa ou culposa, que resulta em perda patrimonial dos sujeitos apresentados no art. 1º, *caput*, do mesmo diploma. Nesse dispositivo da Lei nº 8.429/1992, a culpa simples é apta a ensejar a responsabilização do agente público por ato de improbidade administrativa por dano ao patrimônio público, no qual estão compreendidos os bens e direitos de valor econômico, artístico, estético, histórico ou turístico, nos termos do art. 1º, §1º, da Lei nº 4.717/65. Já o art. 28 da LINDB estabelece a necessidade de dolo ou de *erro grosseiro* para que o agente possa ser responsabilizado.[387]

É possível associar os conceitos de *erro grosseiro* à *culpa grave*, afinal, a culpa é erro de conduta cometido pelo agente que causa dano a alguém sem a intenção de prejudicar e sem a consciência de seu comportamento. Se o agente deixa de observar fielmente o cumprimento de uma norma jurídica, por imprudência, negligência ou imperícia, terá incidido em erro de conduta, agindo culposamente.

Segundo Cristiano Chaves de Farias e Nelson Rosenvald, a expressão *"erro grosseiro"* é sinônima de *"culpa grave"*, e representa a "conduta em que há uma imprudência ou imperícia extraordinária e inescusável, que consiste na omissão de um grau mínimo e elementar de diligência que todos observam".[388]

---

[387] O Acórdão nº 2.391/2018 do Tribunal de Contas da União, de relatoria do Ministro Benjamin Zymler, se utilizando do art. 138 do Código Civil, estabeleceu alguns parâmetros para que se possa identificar a ocorrência de erro grosseiro, com vistas à aplicação do art. 28 da Lei nº 13.655/2018: "83. Tomando como base esse parâmetro, o erro leve é o que somente seria percebido e, portanto, evitado por pessoa de diligência extraordinária, isto é, com grau de atenção acima do normal, consideradas as circunstâncias do negócio. O erro grosseiro, por sua vez, é o que poderia ser percebido por pessoa com diligência abaixo do normal, ou seja, que seria evitado por pessoa com nível de atenção aquém do ordinário, consideradas as circunstâncias do negócio. Dito de outra forma, o erro grosseiro é o que decorreu de uma grave inobservância de um dever de cuidado, isto é, que foi praticado com culpa grave".

[388] ROSENVALD, Nelson; DE FARIAS, Cristiano Chaves; NETTO, Felipe Braga. *Novo tratado de responsabilidade civil*. São Paulo: Saraiva, 2019. p. 201.

O art. 12 do Decreto nº 9.830/2019, que regulamentou o art. 28 da LINDB, associou diretamente o erro grosseiro à culpa grave, além de integrar o elevado grau de negligência, imprudência ou imperícia.[389] Igualmente ao dolo, o erro grosseiro demanda comprovação, nos autos, das circunstâncias que o caracterizam, e a vultuosidade do dano não é suficiente para sua caracterização.

Culpa grave é cometimento de níveis elevados de imprudência, imperícia ou negligência e se diferencia do dolo na medida em que é diferente se comportar como se tivesse querido determinado resultado e realmente querer. Pode ser definida como culpa crassa, magna, nímia e ressaltar a falta de cuidado e o descaso. O erro grosseiro não afasta a culpa porque nele estão abrangidas, portanto, a imprudência, a imperícia ou a negligência.

A culpa grave como gradação máxima da culpa não demanda análise do elemento anímico, psicológico ou subjetivo do agente. Trata-se de culpa normativa, objetiva, que para ser aferida depende de parâmetros abstratos exigíveis de qualquer pessoa que estivesse em iguais condições.[390]

O ordenamento jurídico brasileiro consagra limitações de responsabilidade pessoal de magistrados, promotores, ministros ou conselheiros dos tribunais de contas. A despeito de o texto da LIA trazer

---

[389] Responsabilização na hipótese de dolo ou erro grosseiro: Art. 12. O agente público somente poderá ser responsabilizado por suas decisões ou opiniões técnicas se agir ou se omitir com dolo, direto ou eventual, ou cometer erro grosseiro, no desempenho de suas funções. §1º Considera-se erro grosseiro aquele manifesto, evidente e inescusável praticado com culpa grave, caracterizado por ação ou omissão com elevado grau de negligência, imprudência ou imperícia. §2º Não será configurado dolo ou erro grosseiro do agente público se não restar comprovada, nos autos do processo de responsabilização, situação ou circunstância fática capaz de caracterizar o dolo ou o erro grosseiro. §3º O mero nexo de causalidade entre a conduta e o resultado danoso não implica responsabilização, exceto se comprovado o dolo ou o erro grosseiro do agente público. §4º A complexidade da matéria e das atribuições exercidas pelo agente público serão consideradas em eventual responsabilização do agente público. §5º O montante do dano ao erário, ainda que expressivo, não poderá, por si só, ser elemento para caracterizar o erro grosseiro ou o dolo. §6º A responsabilização pela opinião técnica não se estende de forma automática ao decisor que a adotou como fundamento de decidir e somente se configurará se estiverem presentes elementos suficientes para o decisor aferir o dolo ou o erro grosseiro da opinião técnica ou se houver conluio entre os agentes. §7º No exercício do poder hierárquico, só responderá por culpa in vigilando aquele cuja omissão caracterizar erro grosseiro ou dolo. §8º O disposto neste artigo não exime o agente público de atuar de forma diligente e eficiente no cumprimento dos seus deveres constitucionais e legais.

[390] O ordenamento jurídico brasileiro consagra limitações de responsabilidade pessoal de magistrados, promotores, ministros ou conselheiros dos tribunais de contas. No mesmo sentido, entende-se possível que o art. 28 da LINDB limite a responsabilidade pessoal de agente que exerça típica função administrativa.

redação em sentido contrário, após o advento das alterações da LINDB, entende-se possível também a limitação de responsabilidade pessoal do agente que exerça típica função administrativa.

Dessa incompatibilidade legislativa, duas correntes de pensamento já se mostram existentes: a primeira, majoritária, e a que também adotamos, defende que o art. 28 da LINDB revogou parcialmente o art. 10 da Lei de Improbidade Administrativa, em função da aplicação do critério da incompatibilidade para a solução da controvérsia. Isso porque há previsão no art. 2º, §1º, da LINDB, de que "a lei posterior revoga a anterior quando expressamente o declare, quando seja com ela incompatível ou quando regule inteiramente a matéria de que tratava a lei anterior".[391] Dessa forma, deixar-se-ia de punir os atos ímprobos praticados com culpa *stricto sensu*, para punir aqueles praticados com dolo ou culpa grave.

A segunda corrente, minoritária, se posiciona no sentido de que não houve a derrogação do art. 10 da LIA, porquanto a antinomia presente pode ser suprida pela aplicação do critério da especialidade, elencado no art. 2º, §2º, da LINDB, cuja redação dispõe que "a lei nova, que estabeleça disposições gerais ou especiais a par das já existentes, não revoga nem modifica a lei anterior".[392] Assim, diante da norma geral abstrata, deve prevalecer a aplicação da Lei de Improbidade Administrativa, em virtude de sua especialidade.[393]

Para essa segunda corrente, o art. 28 da LINDB não é aplicável a qualquer agente público, mas somente àqueles que praticam atos decisórios ou emitem opiniões técnicas. Nessa esteira, a novidade legislativa

---

[391] FERRAZ, Luciano. Alteração da LINDB revoga parcialmente Lei de Improbidade Administrativa. *Consultor Jurídico*, 10 mai. 2018. Disponível em: https://www.conjur.com.br/2018-mai-10/interesse-publico-alteracao-lindb-revoga-parcialmente-lei-improbidade. Acesso em 05 jan. 2021.

[392] É possível encontrar, ainda, tribunais se posicionando de modo mais divergente, ao considerar que os atos de improbidade administrativa que importam em dano ao erário, elencados no rol exemplificativo do art. 10 da LIA, não são mais punidos quando praticados na modalidade culposa, independentemente do grau de culpa, como se verifica do Enunciado nº 10 do TJPR: "O artigo 10 da Lei nº 8.429/92 foi alterado pela Lei nº 13.655/18, não mais sendo admitida a caracterização de ato de improbidade administrativa que cause lesão ao erário na modalidade culposa".

[393] BEM, Vitória Valente Dal. As alterações na LINDB e a LIA: os reflexos do art. 28 da LINDB quanto à responsabilização de agentes públicos por atos de improbidade administrativa que importam em danos ao erário. *Migalhas*, 25 set. 2019. Disponível em: https://www.migalhas.com.br/depeso/311655/as-alteracoes-na-lindb-e-a-lia-os-reflexos-do-art-28-da-lindb-quanto-a-responsabilizacao-de-agentes-publicos-por-atos-de-improbidade-administrativa-que-importam-em-danos-ao-erario#:~:text=A%20segunda%20corrente%2C%20minorit%C3%A1ria%2C%20se,da%20especialidade%2C%20elencado%20no%20art. Acesso em 31 ago. 2020.

viria ao encontro do respaldo ao gestor em sua atuação baseada em conhecimentos e critérios técnicos, sem vinculação legal, porquanto não é razoável que a simples diferença de opinião gere punição.

Dessa feita, ainda que a Lei nº 13.665/18 tenha sido editada a fim de conferir maior credibilidade e segurança jurídica aos gestores públicos e tenha sido um avanço jurídico na tratativa dos agentes públicos, para que possam atuar sem o temor de serem responsabilizados pessoalmente, de forma discricionária, livrando-se da chamada *administração pública do medo*, ainda subsiste discussão e divergência na jurisprudência quanto à possibilidade de aplicação de sanção para os atos ímprobos praticados com erro grave, porquanto consistente em um conceito jurídico indefinido.

Recentemente, as críticas ao dispositivo do art. 28 da LINDB voltaram à tona com a edição da Medida Provisória nº 966, de 13 de maio de 2020, que dispôs acerca da responsabilização dos agentes públicos por atos relacionados à pandemia de Covid-19.[394] Essa MP foi criada no contexto de necessárias medidas emergenciais de combate à pandemia, para proteger o gestor público por suas decisões, em uma tentativa de contornar o entendimento do Tribunal de Contas da União, que estabeleceu, no Acórdão nº 2.768/2018, de relatoria do Ministro Benjamin Zymler, que a responsabilização por dolo ou erro grosseiro

---

[394] Baseada no art. 28 da LINDB e editada no contexto do combate à pandemia causada pelo novo coronavírus (Sars-Cov-2), a Medida Provisória nº 966, de 13 de maio de 2020, estabeleceu que, no que tange à prática de atos relacionados, direta ou indiretamente, com as medidas de enfrentamento da emergência de saúde pública e com o combate aos efeitos econômicos e sociais decorrentes da pandemia, os agentes públicos somente poderiam ser responsabilizados, nas esferas civil e administrativa, se agissem ou se omitissem com dolo ou erro grosseiro. Essa medida provisória surge no cenário de medo de responsabilização dos gestores públicos (apagão das canetas) e de necessidade de atuação emergencial da administração pública no combate à pandemia. Diante da grande polêmica gerada, questionou-se a constitucionalidade da medida perante o Supremo Tribunal Federal, por meio do ajuizamento de uma série de ações diretas de inconstitucionalidade. Julgou a Suprema Corte, em voto conduzido pelo Ministro Luís Roberto Barroso, pela interpretação conforme dos dispositivos questionados, pelo qual foram fixadas importantes diretrizes hermenêuticas: para que haja a responsabilização do agente público é necessário que esse tenha agido com dolo ou erro grosseiro, culpa grave. O STF considerou que erro grosseiro é aquele que não leva em consideração a observância, pelas autoridades: a) de standards, normas e critérios científicos e técnicos, tal como estabelecidos por organizações e entidades internacional e nacionalmente conhecidas; b) dos princípios constitucionais da precaução e da prevenção (FERNANDES, Felipe Gonçalves; SANTANA, Fabio Paulo Reis. O contributo da medida provisória nº 966 como elemento de objetivação do direito disciplinas dos servidores públicos. *Brazilian Journals*, v. 6, n. 10, 2020. Disponível em: https://www.brazilianjournals.com/index.php/BRJD/article/view/18072. Acesso em 20 out. 2020). Ao final, a MP nº 966 perdeu sua validade, porque não foi tempestivamente votada.

não se aplica ao particular contratado e que o art. 28 refere-se, exclusivamente, à aplicação de sanções, permanecendo a responsabilização por dano ao erário sujeita a qualquer nível de culpa.

A MP nº 966/2020 foi objeto de diversas ações diretas de constitucionalidade (ADIs nºs 6.421/DF; 6.422/DF; 6.424/DF; 6.425/DF; 6.427/DF; 6.431/DF), as quais foram relatadas pelo Ministro Luís Roberto Barroso, cujo voto foi acompanhado pelos demais ministros da corte. No julgamento, entenderam que os arts. 1º e 2º da referida MP deveriam ser interpretados conforme a Constituição. Restou estabelecido que configura erro grosseiro o ato administrativo que ensejar violação ao direito à vida, à saúde ou ao meio ambiente, por inobservância de normas e critérios científicos e técnicos; e dos princípios constitucionais da precaução e da prevenção. A autoridade que compete decidir deve exigir que as opiniões técnicas em que baseará suas decisões tratem, expressamente, das normas científicas aplicáveis à matéria e da observância dos princípios constitucionais da precaução e da prevenção.[395]

---

[395] DIREITO ADMINISTRATIVO. AÇÕES DIRETAS DE INCONSTITUCIONALIDADE. RESPONSABILIDADE CIVIL E ADMINISTRATIVA DE AGENTES PÚBLICOS. ATOS RELACIONADOS À PANDEMIA DE COVID-19. MEDIDA PROVISÓRIA Nº 966/2020. DEFERIMENTO PARCIAL DA CAUTELAR. 1. Ações diretas de inconstitucionalidade que questionam a limitação da responsabilidade civil e administrativa dos agentes públicos às hipóteses de "erro grosseiro" e de "dolo", com base no art. 28 da Lei de Introdução às Normas do Direito Brasileiro e na Medida Provisória nº 966/2020. Alegação de violação aos arts. 37, §§4º, 5º e 6º da Constituição, ao princípio republicano e ao princípio da probidade e da eficiência administrativa. Exame, em sede cautelar, limitado à MP nº 966/2020, em relação à qual, efetivamente, se configura o perigo na demora, diante do contexto da pandemia. 2. Decisões administrativas relacionadas à proteção à vida, à saúde e ao meio ambiente devem observar standards, normas e critérios científicos e técnicos, tal como estabelecidos por organizações e entidades internacional e nacionalmente reconhecidas. Precedentes: ADI nº 4066, Rel. Min. Rosa Weber, j. 24.08.2017; e RE nº 627189, Rel. Min. Dias Toffoli, j. 08.06.2016. No mesmo sentido, a Lei nº 13.979/2020 (art. 3º, §1º), que dispôs sobre as medidas para o enfrentamento da pandemia de COVID-19, norma já aprovada pelo Congresso Nacional, previu que as medidas de combate à pandemia devem ser determinadas "com base em evidências científicas e em análises sobre as informações estratégicas em saúde". 3. Tais decisões administrativas sujeitam-se, ainda, aos princípios constitucionais da precaução e da prevenção, que impõem juízo de proporcionalidade e a não adoção, a priori, de medidas ou protocolos a respeito dos quais haja dúvida sobre impactos adversos a tais bens jurídicos. Nesse sentido: ADI nº 5592, Rel. p/ acórdão Min. Edson Fachin, j. 11.02.2019; RE nº 627189, Rel. Min. Dias Toffoli, j. 08.06.2016. 4. Cautelar parcialmente deferida, para conferir interpretação conforme a Constituição ao art. 2º da MP nº 966/2020, no sentido de estabelecer que, na caracterização de erro grosseiro, leva-se em consideração a observância, pelas autoridades: (i) de standards, normas e critérios científicos e técnicos, tal como estabelecidos por organizações e entidades internacional e nacionalmente reconhecidas; bem como (ii) dos princípios constitucionais da precaução e da prevenção. 5. Confere-se, igualmente, interpretação conforme a Constituição ao art. 1º da MP nº 966/2020, para explicitar que, para os fins de tal dispositivo, a autoridade a quem compete decidir deve exigir que a opinião técnica trate expressamente: (i) das normas e critérios científicos e técnicos aplicáveis à matéria, tal como estabelecidos por organizações

O julgamento das ADIs manteve hígida a constitucionalidade da Lei nº 13.655/2018 e do Decreto nº 9.830/2019. Contudo, é preocupante a manifestação dos ministros, durante o julgamento, quanto à eventual inconstitucionalidade da limitação de responsabilidade dos agentes por norma infraconstitucional, especialmente em face do art. 37, §6º da Constituição Federal, o que indica que o STF revisitará o tema para enfrentá-lo de forma mais direta. De toda a sorte, a MP propiciou amplo debate, pelo STF e por juristas, sobre o erro grosseiro e a culpa grave, especialmente no contexto de tomada de decisão em tempos de pandemia.

### IV.IV.II A consideração das consequências práticas da decisão do administrador para responsabilização

A LINDB agrega um novo elemento, até então pouco considerado: deverão ser levadas em conta as consequências práticas da decisão. Com isso, a norma pretendeu, expressamente, reduzir o grau de abstração dos valores jurídicos por intermédio da integração da juridicidade das consequências que podem ser antevistas pela sua adoção.

Conforme expressou Marçal Justen Filho, não se pode adotar uma concepção mecanicista da aplicação do direito, como se todas as circunstâncias da realidade estivessem previamente contidas nas normas legais.[396] As consequências da prática de um ato devem pautar a adoção do próprio ato, eis que são as decisões que produzem, em alguma medida, os direitos.[397]

Com base nesse entendimento de consideração da realidade para avaliação da decisão do administrador, a LINDB, de maneira

---

e entidades internacional e nacionalmente reconhecidas; e (ii) da observância dos princípios constitucionais da precaução e da prevenção. 6. Teses: "1. Configura erro grosseiro o ato administrativo que ensejar violação ao direito à vida, à saúde, ao meio ambiente equilibrado ou impactos adversos à economia, por inobservância: (i) de normas e critérios científicos e técnicos; ou (ii) dos princípios constitucionais da precaução e da prevenção. 2. A autoridade a quem compete decidir deve exigir que as opiniões técnicas em que baseará sua decisão tratem expressamente: (i) das normas e critérios científicos e técnicos aplicáveis à matéria, tal como estabelecidos por organizações e entidades internacional e nacionalmente reconhecidas; e (ii) da observância dos princípios constitucionais da precaução e da prevenção, sob pena de se tornarem corresponsáveis por eventuais violações a direitos". (STF. ADI: nº 6424 DF 0092696-68.2020.1.00.0000, Relator: Roberto Barroso. Data de Julgamento: 21.05.2020, Tribunal Pleno, Data de Publicação: 12.11.2020).

[396] JUSTEN FILHO, Marçal. Art. 20 da LINDB – Dever de transparência, concretude e proporcionalidade nas decisões públicas. In: *Revista de Direito Administrativo, edição especial LINDB*, p. 13-41, 2018.

[397] Como dizem os americanos: *remedies precede rights*.

inovadora, transformou a antecipação das consequências futuras em causa da adoção ou não adoção de um ato administrativo e também na avaliação de legalidade ou ilegalidade do ato praticado. Isso significa que ao administrador público não é dado tomar decisões fundadas em valores abstratos, sem ponderar as consequências práticas da sua decisão, e aos órgãos de controle não é permitido decidir sem avaliar as opções existentes, de maneira concreta, para o gestor.

Valores como o da *supremacia do interesse público*, do qual derivam os juízos de conveniência e oportunidade que compõem o núcleo dos atos administrativos discricionários, devem ser definidos no contexto das diversas alternativas possíveis. Para tanto, é imprescindível estabelecer, caso a caso, o que é interesse público, porque esse é, inescapavelmente, um conceito de elevadíssimo grau de abstração.

Em outras palavras, as alterações feitas na LINDB removeram, expressamente, aquilo que se convencionava chamar de núcleo da discricionariedade: entre duas opções igualmente lícitas, cabia ao administrador a escolha da que realizava o interesse público, de acordo com as suas concepções pessoais. Agora, entre duas concepções igualmente lícitas, o administrador deverá investigar as consequências práticas da adoção de cada uma delas e, por via de consequência, excluir aquela que implique consequências práticas menos benéficas à coletividade, ainda que amparada pela legalidade. Em tal contexto, não pode mais existir, no ordenamento jurídico, ato discricionário que esteja fundado unicamente na prerrogativa do administrador de definir o que é o interesse público.[398]

A motivação dos atos administrativos discricionários, como se baseia em juízo de conveniência e oportunidade, deve sempre conter fundamentação específica acerca da análise das consequências práticas da decisão. O valor jurídico abstrato desses atos, segundo a LINDB, deve ser valorado à luz de suas consequências práticas e essa valoração só pode ser reputada existente se constar da motivação do ato praticado. Disso deriva a percepção de que a norma elegeu um parâmetro para a concretização dos valores abstratos, contidos no ordenamento jurídico: as consequências práticas da decisão.

---

[398] VITORELLI, Edilson. A Lei de Introdução às Normas do Direito Brasileiro e a ampliação dos parâmetros de controle dos atos administrativos: um novo paradigma. *A&C Revista de Direito Administrativo & Constitucional*, Belo Horizonte, a. 19, n. 78, p. 195-219, out./dez. 2019. DOI: 10.21056/aec.v19i78.1150. Disponível em: http://www.revistaaec.com/index.php/revistaaec/article/view/1150/834. Acesso em 18 out. 2020.

Ao se deparar com um valor abstrato, o administrador deve projetar para o futuro as possíveis consequências práticas, demonstrar que o ato produzido é o que melhor se enquadra na produção de resultados sociais desejáveis e motivá-lo de forma a demonstrar as opções disponíveis e os benefícios do ato escolhido para o interesse público específico daquele caso concreto. Isso permite aos órgãos de controle a verificação da existência de motivação suficiente, acerca das consequências práticas do ato, bem como das suas possíveis alternativas.

O controle, nesse passo, é de legalidade, não de conveniência, e, por isso, está franqueado aos Tribunais de Contas, ao Ministério Público e ao Poder Judiciário. Não obstante, se as alternativas disponíveis para o administrador, na situação específica, tiverem potencial para gerar consequências piores do que as verificadas, o ato praticado deve ser considerado consonante com o ordenamento jurídico, impassível de responsabilização do administrador que o praticou.

O sistema de justiça também não deve punir o gestor público por consequências que eram imprevisíveis no momento em que o ato foi praticado. Deve-se levar em conta, como menciona o art. 22, §1º, da LINDB, "as circunstâncias práticas que houverem imposto, limitado ou condicionado a ação do agente" e "as dificuldades reais do gestor e as exigências das políticas públicas a seu cargo".

Cabe ao administrador responsável pelo ato o ônus da demonstração das circunstâncias que o levaram a praticar aquela determinada conduta. Ou seja, as circunstâncias fáticas reais não precisam ser intuídas pelo juiz, pelo Ministério Público ou pelos órgãos de controle. O administrador deve demonstrar que, no momento em que o ato foi praticado, as possíveis alternativas foram consideradas e, dentre elas, foi eleita aquela que, de acordo com o contexto fático, se dispunha naquele momento para os melhores resultados.

Adequadamente aplicadas, as alterações da LINDB representam o nascimento de um novo paradigma de gestão pública, o qual implica ampliação do controle de legalidade, mitigação da discricionariedade e realização de atividade administrativa pautada pelos bons resultados e pela responsabilidade na produção de resultados sociais significativos e eficientes.

### IV.IV.III A consideração da realidade fática do agente público

A partir das alterações ocorridas na LINDB em relação ao Direito Público, principalmente em seus arts. 22 e 24, consagrou-se o *primado da realidade* como exigência de empatia com o gestor público e com suas dificuldades práticas. Segundo essa lógica trazida pelas novas normas, se o controlador quer se colocar na posição de tomar decisões administrativas ou de substituí-las, é preciso que enfrente também os ônus do administrador. Isso não é reduzir o controle, mas aproximá-lo da realidade.[399]

A nova lei quer evitar que os enunciados normativos sejam aplicados de forma indiferente aos fatos. Pretende, assim, que se leve em consideração os *obstáculos e as dificuldades reais* e as *circunstâncias práticas impostas ao agente*.

Está subjacente aos dispositivos que há um número considerável de gestores bem intencionados, os quais podem até adotar medidas que não correspondam às preferências dos controladores, mas, sendo essas medidas razoáveis, merecem proteção do direito, no sentido de considerar as circunstâncias em que a decisão foi tomada.

Essa orientação destina-se tanto às instâncias controladora e judicial quanto aos gestores que exercem a autotutela administrativa, em atividade prospectiva à regularidade dos atos que vão adotar, e aos administrados. Isso quer dizer que tanto o órgão controlador deve levar em consideração a realidade fática daquele administrador que praticou a conduta, quanto as políticas públicas implementadas pelos gestores devem considerar os obstáculos e dificuldades reais existentes, sejam elas quais forem. Diante disso, não são admitidas ações meramente populistas, impensadas, que tenham efeitos prejudiciais à coletividade.

Exige-se que, nas decisões sobre regularidade de conduta ou validade de ato, contrato, ajuste, processo ou norma, sejam consideradas as circunstâncias práticas que houverem condicionado as ações dos gestores e dos administrados.

Parece evidente que todos esses aspectos devem estar presentes na motivação do ato administrativo, de forma que o gestor apresente, à sociedade e ao controlador, o contexto em que tomou sua decisão e as alternativas de que dispunha no momento da prática. Segundo Eduardo Jordão, seria benéfico, inclusive, que o gestor deixasse claro, na motivação, as dúvidas que teve e os dilemas que circundaram sua atuação.[400]

---

[399] JORDÃO, Eduardo. Art. 22 da LINDB - Acabou o romance: reforço do pragmatismo no direito público brasileiro. *Revista de Direito Administrativo*, p. 63-92, 2018. Disponível em: bibliotecadigital.fgv.br. Acesso em 20 out. 2020.
[400] JORDÃO, Eduardo. Art. 22 da LINDB - Acabou o romance: reforço do pragmatismo no direito público brasileiro. *Revista de Direito Administrativo*, p. 63-92, 2018. Disponível em: bibliotecadigital.fgv.br. Acesso em 20 out. 2020.

A consequência disso é a necessidade de gestor e controlador se envolverem em um diálogo, em atenção às dificuldades vivenciadas. Caso tais dificuldades não tenham sido demonstradas na motivação do ato, ou caso haja alguma omissão, cabe ao controlador requerer a elucidação ao gestor para aplicar de forma adequada o controle.

Dessa maneira, e em atendimento à análise aos obstáculos *reais* do gestor, os empecilhos a serem levados em consideração não ficam exclusivamente adstritos àqueles que tenham sido mencionados pelo gestor em sua motivação, porque o controlador pode adicionar circunstâncias por ele conhecidas ou desconsiderar alguma dificuldade que não julgue relevante. A lei não buscou criar um salvo-conduto ao gestor, a quem bastaria mencionar os obstáculos para ver-se livre do controle, mas exigiu a *consideração* dessas dificuldades para julgamento das condutas praticadas. A última palavra sobre a validade do ato sujeito a controle continua sendo, irrestritamente, do controlador, mas dependerá da consideração das circunstâncias fáticas do gestor.

Críticas recorrentes foram feitas no sentido de que a consideração de circunstâncias fáticas na aplicação do direito seria irrazoável, uma vez que transfere ao controlador as obrigações precípuas do gestor.[401] Contudo, tais argumentos são improcedentes, tendo em vista que as normas não eliminam do administrador nenhuma carga, nem transferem responsabilidades para o controlador.

Pretende-se, com as normas, que o controlador se coloque abstratamente na condição do gestor no momento de sua conduta e, assim, compreenda as circunstâncias que motivaram e limitaram suas escolhas. Trata-se de julgamento com o maior conhecimento de causa possível.

A fim de afastar críticas no sentido de que a norma determina *vista grossa* às ilegalidades em função do caso concreto, a LINDB busca ser sensata ao definir que, nos casos de dificuldade jurídicas, permitir-se-ão interpretações igualmente razoáveis e lícitas. Nas hipóteses relativas às dificuldades fáticas, o controlador deve definir o direito aplicável ao caso concreto, não se limitando à enunciação simples, mas levando em consideração as circunstâncias relevantes.

---

[401] Argumento utilizado pela Procuradoria-Geral da República, no parecer técnico que requeria veto integral ao projeto de alteração da Lei de Introdução às Normas do Direito Brasileiro. Segundo esse parecer, haveria transferência de responsabilidades do gestor para o controlador. Chegou-se a afirmar que haveria o risco de se converter órgãos de controle em consultorias jurídicas da administração. (MINISTÉRIO PÚBLICO FEDERAL. *Nota técnica conjunta nº 1/2018*. Disponível em: http://www.mpf.mp.br/atuacao-tematica/ccr5/notas-tecnicas/docs/Nota%20Tecnica%201_2018.pdf. Acesso em 20 out. 2020).

Portanto, o que a lei faz é exigir atenção à *textura aberta* dos enunciados normativos, que podem recomendar que os fatos analisados sejam considerados lícitos. Não se trataria de violar a lei, mas de interpretá-la de maneira adequada.

Se bem aplicados, os dispositivos da LINDB produzirão efeito de promover interpretação e aplicação mais realista e contextualizada, ao tempo que possibilita o controle de atos *realmente* contrários ao ordenamento jurídico, gerando, como consequência, a necessidade de explicitação de critérios, ainda mínimos que sejam, para a dosimetria das sanções. Do ponto de vista substancial, os novos dispositivos da lei exigem a contextualização lógica também das sanções administrativas.[402]

Parte da doutrina sempre denunciou a falta de atenção à dosimetria no direito administrativo sancionador,[403] uma vez que a Lei da Ação Civil Pública não traz qualquer critério de dosimetria e a Lei de Improbidade Administrativa se limita a estabelecer como parâmetros decisórios a *extensão do dano* e o *proveito patrimonial do agente*. A preocupação subjacente a essa crítica é particularmente relevante, porque as sanções interferem de maneira grave na esfera pessoal dos cidadãos e dão-se de forma retrospectiva e temporalmente distante das circunstâncias práticas que determinação sua adequação.

Os dispositivos da LINDB demonstram que se associam à corrente do Direito Administrativo que entende as sanções administrativas como técnicas de gestão e regulação, e não como retribuição. Nas palavras de Floriano de Azevedo Marques Neto e de Rafael Véras de Freitas, autores da lei, a sanção "tem por objetivo, antes, dissuadir e conformar a conduta do administrado e conformá-la a determinada pauta regulatória – uma das facetas de uma regulação responsiva, por assim dizer. Punir é apenas uma das formas de disciplinar".[404]

---

[402] JORDÃO, Eduardo. Art. 22 da LINDB-Acabou o romance: reforço do pragmatismo no direito público brasileiro. *Revista de Direito Administrativo*, p. 63-92, 2018. Disponível em: bibliotecadigital.fgv.br. Acesso em 20 out. 2020.

[403] Como exemplo, Juliana Bonacorsi de Palma e Irene Nohara.

[404] MARQUES NETO, Floriano de Azevedo Marques; FREITAS, Rafael Véras. O artigo 28 da nova LINDB: um regime jurídico para o administrador honesto. *Consultor Jurídico*, v. 25, 2018. Disponível em: https://www.conjur.com.br/2018-mai-25/opiniao-lindb-regime-juridico-administrador-honesto#:~:text=Bem%2Dvindo%2C%20pois%2C%20o,de%20dolo%20ou%20erro%20grosseiro%E2%80%9D. Acesso em 22 dez. 2020.

## IV.IV.IV A consideração das demais sanções na dosimetria das penas

Como já demonstrado, a administração pública é norteada, dentre outros princípios, pela moralidade administrativa, prevista no art. 37 da Constituição, segundo a qual os agentes estatais devem atuar de forma proba, em conformidade com a lei. Outrossim, também a supremacia do interesse público sobre o privado e a indisponibilidade do interesse público são parâmetros clássicos para atuação administrativa.

Dessa forma, de acordo com o ordenamento jurídico brasileiro, os agentes públicos, quando agem em desconformidade ao que preceituam tais princípios, podem responder tanto por atos de improbidade administrativa, quanto pelos crimes previstos no Código Penal, além de também serem responsabilizados na esfera cível pelos danos ocasionados.

Portanto, o Direito Administrativo permite a cumulação de sanções, ao mesmo sujeito, pelo mesmo fato. Não obstante, essa é uma das polêmicas mais relevantes da matéria e esteve na justificativa da elaboração das alterações da Lei de Introdução às Normas do Direito Brasileiro.[405]

Ao contemplar o princípio da moralidade e as sanções a serem aplicadas àquele que agisse de maneira ímproba, a Constituição Federal abriu espaço para um controle mais amplo sobre os atos dos agentes públicos, o que alarga o controle jurisdicional em áreas de difícil acesso, como as tradicionalmente ocupadas pelo desvio de poder, pelo abuso do poder e desvio de finalidade. Nesse sentido, deixou as portas abertas para que a Lei de Improbidade Administrativa regulasse a punição dos agentes que atuassem em dissonância com os princípios da administração.

Contudo, a redação inconsistente da LIA não fez a adequada correlação entre os tipos e a dosimetria das penas, deixando na mão do intérprete a tarefa de fixar sanções a serem aplicadas, o que gera diversos problemas em relação à segurança jurídica por violação ao princípio da tipicidade. O resultado disso é que a dosimetria das ações de improbidade fica à livre disposição dos magistrados, em uma

---

[405] Não previstos na redação original do projeto da Lei nº 13.655/2018, os §§2º e 3º foram acrescentados na Comissão de Constituição, Justiça e Cidadania (CCJC), no Senado Federal, pela Senadora Simone Tebet, como forma de aperfeiçoar o dispositivo original no tocante à dosimetria das sanções. A Senadora demonstrou preocupação com o *bis in idem* na justificativa para inclusão dos dois dispositivos que sugeriu, inspirados no art. 128 da Lei nº 8.112/1990.

inglória tarefa de justificar a incidência das sanções conforme melhor lhes aprouver.

Dessa forma, um julgador mais conservador e legalista apenas fará incidir penas mais severas se a conduta for de extrema gravidade, enquanto um magistrado mais punitivista aplicará as sanções de forma mais rigorosa para os mesmos fatos. A lei possibilita ambas as posturas, porque carece de parâmetros normativos seguros.[406]

Por vezes, é possível que o sancionamento por violação a princípios seja mais duro que por enriquecimento ilícito ou por dano ao erário. Isso porque, na hipótese de condenação por improbidade em virtude do art. 11 da lei (ofensa a princípios), é possível a aplicação de multa civil de até cem vezes a remuneração do agente, enquanto na hipótese do art. 9º da lei (enriquecimento ilícito), além do ressarcimento integral do dano, a multa não passa de três vezes o valor do acréscimo patrimonial, e na hipótese do art. 10 (lesão ao erário), a multa não pode ultrapassar duas vezes o seu valor.[407]

Mesmo com a correção feita pela Lei nº 12.120/2009, que modificou o art. 12 da LIA para exigir que as cominações sejam aplicadas isoladas ou cumulativamente, não foi resolvido o problema da proporcionalidade das sanções. Pelo *caput* do art. 12 da LIA, há menção de que as sanções por improbidade são independentes das penais, civis e administrativas previstas em legislação específica e, em virtude dessa independência das esferas sancionatórias, há controvérsia sobre sua natureza jurídica. A doutrina majoritária sustenta que se trata de natureza híbrida.[408] Assim, há sanção política, político-administrativa, administrativa e civil.

Outra parcela da doutrina adapta a noção clássica do Direito Administrativo Sancionador, sustentando que ele deve tutelar ilícitos tipicamente administrativos – que têm como figurante no polo passivo da agressão a Administração Pública.[409] Em outras palavras, para essa parcela dos estudiosos, "as relações jurídicas que decorrem do ato de improbidade administrativa se resumem àquelas em que o Estado seja vitimado".[410]

---

[406] SANTOS, Rodrigo Valgas dos. *Direito Administrativo do Medo*: risco e fuga da responsabilização dos agentes públicos. 1. ed. São Paulo: Thompson Reuters Brasil, 2020. p. 181.

[407] SANTOS, Rodrigo Valgas dos. *Direito Administrativo do Medo*: risco e fuga da responsabilização dos agentes públicos. 1. ed. São Paulo: Thompson Reuters Brasil, 2020. p. 181-182.

[408] FAZZIO JÚNIOR, Waldo. *Improbidade Administrativa*: doutrina, legislação e jurisprudência. 4. ed. rev. atual. ampl. São Paulo: Atlas, 2016. p. 487.

[409] OSÓRIO, Fábio Medina. *Teoria da Improbidade Administrativa*: má gestão pública, corrupção, ineficiência. 4. ed. rev. atual. São Paulo: Thomson Reuters Brasil, 2018. p. 201.

[410] SIMÃO, Calil. *Improbidade Administrativa*: teoria e prática. 3. ed. rev. atual. Leme: J. H. Mizuno, 2017. p. 72.

Uma terceira tese afirma que não se deve analisar a natureza de uma sanção a partir da relação jurídico material, isto é, se é uma relação entre particulares ou com o Estado, mas deve se pautar pelo bem jurídico a ser tutelado e pelo sistema utilizado para aplicar a sanção. Considerando que as sanções previstas na LIA atingem, em sua maioria – com exceção da sanção de suspensão de direitos políticos –, o patrimônio dos ímprobos, somado ao fato de que o sistema para aplicar tais sanções é o processual civil, segundo esses autores, pode-se dizer que a natureza jurídica de tais sanções é civil.[411]

A última tese aponta que as sanções previstas na Lei de Improbidade Administrativa podem ser mais gravosas ao indivíduo do que as penas previstas para a punição de alguns crimes no Direito Penal. Para os autores partidários desse entendimento, "a interpretação a ser dada à lei de improbidade é equivalente à das leis penais",[412] razão pela qual se defende a aplicação da teoria da imputação objetiva à LIA como "um 'dique' de contenção da arbitrária punição estatal, principalmente quando se constata o terreno 'arenoso', 'movediço' em que se situam os atos de improbidade administrativa".[413]

Portanto, verifica-se que, como acontece em relação ao conceito de improbidade administrativa, a natureza das sanções previstas na LIA é bastante controversa, o que impõe um olhar cético sobre possíveis certezas em relação ao assunto.

Ademais, há diferença de base informacional utilizada nas esferas criminal, cível e administrativa no controle de atos administrativos, o que tem grande pertinência na assimetria de informações das questões decididas. Isso pode gerar deferência das esferas controladoras e judicial a decisões administrativas em temas específicos. Fica evidente a possibilidade de que juízos baseados em prognose e ranqueamento de alternativas, feitos por órgãos com diferentes expertises, tendem a gerar decisões conflitantes.

Parte da doutrina entende que a duplicidade de sanções – permitida, na prática, no Direito Administrativo – não deve ser tolerada ou legitimada por violar princípios básicos do direito brasileiro e da Constituição Federal. Apesar de não constar, de forma expressa, na Constituição Federal, o *non bis in idem* integra o rol de direitos funda-

---

[411] GARCIA, Emerson; ALVES, Rogério Pacheco. *Improbidade Administrativa*. 9. ed. São Paulo: Saraiva, 2017. p. 625-626.
[412] HARGER, Marcelo. *Improbidade administrativa*: comentários à Lei nº 8.429/92. São Paulo: Atlas, 2015. p. 36.
[413] CAPEZ, Fernando. *Improbidade Administrativa*: limites constitucionais. 2. ed. São Paulo: Saraiva, 2015. p. 219.

mentais pela extensão constitucionalmente prevista no art. 5º, §2º. A partir dele incorporam-se o art. 14.7 do Pacto Internacional de Direitos Civis e Políticos[414] e o art. 8.4 da Convenção Americana de Direitos Humanos – Pacto de São José da Costa Rica, ratificado no Brasil pelo Decreto nº 678, de 1992.[415] Dessa forma, contra a independência de punições utilizam-se argumentos de natureza constitucional, que implicariam a inconstitucionalidade de diversos dispositivos legais, dentre eles, o art. 22, §3º, da Lei Anastasia.[416]

Isso porque, apesar da preocupação com o *bis in idem*, a redação proposta pela LINDB nesse dispositivo não proibiu a responsabilização independente, do mesmo agente, nas searas cível, criminal e administrativa, contudo, previu que as sanções aplicadas ao agente devem ser levadas em consideração na dosimetria das demais penas de mesma natureza e sobre o mesmo fato. De acordo com a lei, a sanção anterior impacta a posterior, mas não a impede.[417] Além disso, segundo a norma, deverá ser demonstrada a necessidade e a adequação da medida imposta e devem ser sopesadas a natureza e a gravidade da infração, os danos que dela advieram e as circunstâncias do caso.[418]

Esses dispositivos da norma, apesar de não darem cabo à discussão sobre a possibilidade de *bis in idem* no ordenamento jurídico brasileiro, servem como medidas paliativas para as duplicações de sanções, que são a realidade. A partir de agora, caso haja duplicação de sanções, a segunda deverá considerar a primeira.

---

[414] 7. Ninguém poderá ser processado ou punido por um delito pelo qual já foi absolvido ou condenado por sentença passada em julgado, em conformidade com a lei e os procedimentos penais de cada país.

[415] 4. O acusado absolvido por sentença passada em julgado não poderá ser submetido a novo processo pelos mesmos fatos.

[416] Art. 22, §3º As sanções aplicadas ao agente serão levadas em conta na dosimetria das demais sanções de mesma natureza e relativas ao mesmo fato. (Art. 22. BRASIL. Decreto-Lei nº 4.657, de 4 de setembro de 1942. Lei de Introdução às Normas do Direito Brasileiro (redação dada pela Lei n º 12.376, de 2010). *Diário Oficial da União*, Rio de Janeiro, 09 set. 1942, retificado em 08 out. 1942 e 17 jun. 1943. Disponível em: http://www.planalto.gov.br/ccivil_03/decreto-lei/del4657compilado.htm. Acesso em 27 out. 2020).

[417] JORDÃO, Eduardo. Art. 22 da LINDB-Acabou o romance: reforço do pragmatismo no direito público brasileiro. *Revista de Direito Administrativo*, p. 63-92, 2018. Disponível em: bibliotecadigital.fgv.br. Acesso em 20 out. 2020.

[418] "Art. 22, §2º Na aplicação de sanções, serão considerandas a natureza e a gravidade da infração cometida, os danos que dela provierem para a administração pública, as circunstâncias agravantes ou atenuantes e os antecedentes do agente". (Art. 22. BRASIL. Decreto-Lei nº 4.657, de 4 de setembro de 1942. Lei de Introdução às Normas do Direito Brasileiro (redação dada pela Lei n º 12.376, de 2010). *Diário Oficial da União*, Rio de Janeiro, 09 set. 1942, retificado em 08 out. 1942 e 17 jun. 1943. Disponível em: http://www.planalto.gov.br/ccivil_03/decreto-lei/del4657compilado.htm. Acesso em 27 out. 2020).

Portanto, é possível antecipar duas características da LINDB em relação às sanções: (i) institucionalizou o *bis in idem*, por meio do reconhecimento de que é possível a aplicação de mais de uma penalidade à mesma pessoa; e (ii) deu uma solução intermediária de mitigação dessa duplicidade de punições, por intermédio da proporcionalidade e da compensação. Em outras palavras, por um lado, a lei reconhece a possibilidade de múltipla penalização, inclusive em diferentes âmbitos administrativos (administrativo e controlador); e, por outro, estabelece regra de dosimetria, para que as sanções dessas esferas se compensem.

Os dispositivos da LINDB têm uma importância substancial e procedimental, porque preocupam-se com as circunstâncias do caso no momento de realizar a dosimetria, e exigem motivação reforçada ou qualificada da atuação pública ao especificarem aspectos que devem ser objeto de menção particular. Não é mais suficiente que as circunstâncias concretas sejam consideradas implicitamente, devendo ser expressas na motivação do ato sancionador.

As alterações consagram uma lógica de que a sanção administrativa não possui um caráter redistributivo, mas sim, instrumental. Têm por objetivo dissuadir a conduta do administrado e conformá-la a determinada pauta regulatória.

Segundo Alice Voronoff, a sanção

> [...] é vista como medida de gestão, que deve estar integrada às atividades materiais a cargo do administrador a título de ferramenta a mais – ao lado de outras, como estratégias de fomento, persuasivas e preventivas – em busca da efetividade e eficiência.[419]

Isso exige que se avalie se a sanção é resposta correta no contexto específico em que foi inserida.

Nas ações de improbidade administrativa, caso o mesmo agente ocupe também o polo passivo no âmbito disciplinar, de acordo com o novel diploma, o magistrado terá de levar em consideração, em eventual sentença condenatória, punição pretérita. O que se pretende, com isso, é atenuar os efeitos deletérios do *bis in idem*, já consagrado, para os administrados.

> Em outras palavras, a aplicação sucessiva ou concomitante de duas ou mais sanções (com igual natureza) decorrentes de um mesmo fato não poderá representar nem a simples somatória entre elas e tampouco a

---

[419] VORONOFF, Alice. *Direito Administrativo Sancionador no Brasil*. Belo Horizonte: Fórum, 2018. p. 318.

inaplicação ou o afastamento de algumas dessas sanções. Ao contrário: pelo teor do §3º, se um único fato corresponde a hipótese legal cuja ocorrência está atrelada à consequente aplicação de duas ou mais sanções, nenhuma dessas sanções deve ser desconsiderada em sua inteireza, mas a aplicação da segunda deve considerar a cumulatividade entre elas como circunstância atenuante em sede de dosimetria.[420]

Tal entendimento se deu em virtude da ausência de demonstração, nas decisões condenatórias, principalmente na seara das improbidades administrativas, dos parâmetros para o estabelecimento das sanções. Em regra, a dosimetria é reservada a um pequeno espaço da decisão, sem qualquer fundamentação quanto ao motivo que se chegou à determinada pena. Segundo Maíra Rocha Machado, "a sanção tem assumido a forma de uma mera consequência da decisão sobre a imputação. Trata-se de uma mera consequência sem material para refletir e discutir o caso concreto [...]".[421]

Isso significa que, após identificar a conduta, a decisão simplesmente aplica as sanções que entende cabíveis, sem qualquer tipo de justificação dos motivos para tanto, de forma que casos semelhantes podem ter penalidades muito discrepantes e casos diferentes podem ter penalidades iguais. Poucas decisões fazem remissões a outros precedentes no momento de fixar as sanções.[422]

Esse *déficit* argumentativo das sanções não pode ser imputado somente aos julgadores, uma vez que a Lei de Improbidade Administrativa, da forma como está redigida, em nada contribui para a previsibilidade, uma vez que não estabelece o que é mais ou menos grave. A lei fixa-se no ideal de proporcionalidade como vetor principal para a aplicação das sanções, sem levar em consideração que esses parâmetros são deveras subjetivos.[423]

---

[420] HENRIQUES, Diana Carolina Bisco; BORGES, Jéssica Suruagy Amaral. A aplicação de sanções ao agente público à luz do art. 22, §3º da LINDB. *In*: VALIATI, Thiago Priess; HUNGARO, Luis Alberto; CASTELLA, Gabriel Morettini (Coord.). *A lei de introdução e o direito administrativo brasileiro*. Rio de Janeiro: Lumen Juris, 2019. p. 505.

[421] MACHADO, Maíra Rocha. Entre a lei e o juiz: os processos decisórios na definição de penas. *Revista Brasileira de Ciências Criminais*, São Paulo, v. 126, p. 181-223, dez. 2016.

[422] KANAYAMA, Ricardo Alberto. *Improbidade por violação aos princípios da Administração Pública*: um diagnóstico da fundamentação das decisões do Tribunal de Justiça de São Paulo. Escola de Direito de São Paulo. São Paulo: Fundação Getulio Vargas, 2020. Disponível em: https://bibliotecadigital.fgv.br/dspace/bitstream/handle/10438/28949/Ricardo%20A.%20Kanayama%20-%20Dissertac%cc%a7a%cc%83o%20versa%cc%83o%20final%20definitiva.pdf?sequence=5&isAllowed=y. Acesso em 26 out. 2020.

[423] Em recente dissertação sobre o tema, Ricardo Alberto Kanayama demonstra, em estudo de casos, com a análise de 524 casos concretos do Tribunal de Justiça de São

As alterações da Lei de Introdução às Normas do Direito Brasileiro deixaram nas mãos do seu aplicador o poder de avaliar a adequação das medidas sancionatórias, em função das circunstâncias do caso concreto. Caberá ao sancionador verificar se, diante de uma sanção já aplicada, há espaço para outra. As novas normas não quiseram retirar a contextualização do caso concreto, tão importante em todos os seus dispositivos, nem mesmo da avaliação das sanções.

Constatado o ato de improbidade administrativa, o magistrado não fica obrigado a aplicar todas as sanções previstas nos incisos do art. 12 da Lei de Improbidade, sendo-lhe autorizado realizar dosimetria da pena, deixando de aplicar determinadas sanções – o que já era o entendimento jurisprudencial firme.[424] Não obstante, com as alterações da LINDB, é imperioso que o julgador faça um juízo de análise das sanções já aplicadas e da gravidade da conduta e realize a dosimetria da pena, de maneira motivada e justificada, para que, assim, as decisões se tornem menos discrepantes umas das outras e da seriedade do ato praticado.

As alterações da LINDB relativas às sanções são certamente o primeiro passo para que a fundamentação das decisões seja aperfeiçoada e vêm ao encontro do que parcela da doutrina defende, isto é, que sejam usados como parâmetros para a LIA os *antecedentes*, as *circunstâncias atenuantes* e as *circunstâncias agravantes*, a exemplo do que acontece no Direito Penal.

## IV.IV.V A possibilidade de acordo

A redação original da Lei de Improbidade Administrativa, especificamente em seu art. 17, parágrafo 1º,[425] encontrava-se na contramão

---

Paulo, a subjetividade e a ausência de parâmetros objetivos das decisões. Para maior aprofundamento ver: KANAYAMA, Ricardo Alberto. *Improbidade por violação aos princípios da Administração Pública*: um diagnóstico da fundamentação das decisões do Tribunal de Justiça de São Paulo. Escola de Direito de São Paulo. São Paulo: Fundação Getulio Vargas, 2020. Disponível em: https://bibliotecadigital.fgv.br/dspace/bitstream/handle/10438/28949/Ricardo%20A.%20Kanayama%20-%20Dissertac%cc%a7a%cc%83o%20versa%cc%83o%20final%20definitiva.pdf?sequence=5&isAllowed=y. Acesso em 26 out. 2020.

[424] Enunciado 11 da Jurisprudência em Tese nº 40 do Superior Tribunal de Justiça: 11) O magistrado não está obrigado a aplicar cumulativamente todas as penas previstas no art. 12 da Lei nº 8.429/92, podendo, mediante adequada fundamentação, fixá-las e dosá-las segundo a natureza, a gravidade e as consequências da infração.

[425] O art. 17, §1º, da LIA, previa a vedação à transação, acordo ou conciliação nas ações de improbidade administrativa, e foi revogado pela Medida Provisória nº 703/2015. Contudo, o prazo de vigência da referida MP foi encerrado no dia 29 de maio de 2016, sem conversão em lei, conforme dispôs o Ato Declaratório do Presidente da Mesa do Congresso Nacional nº 27, de 27 de maio 2016. Por isso, o Superior Tribunal de Justiça se manifestou

das evoluções legislativas que passaram a admitir instrumentos de consensualidade administrativa na prevenção e solução de litígios: os termos de ajuste de conduta (TAC),[426] os termos de ajustamento de gestão (TAG),[427] os acordos substitutivos (AS)[428] e outros métodos de solução de controvérsia baseados no princípio da consensualidade. Esse dispositivo foi considerado inconstitucional por parte da doutrina, porque conflitava com o preâmbulo da Constituição, que propõe compromisso do Brasil com a solução pacífica dos conflitos, e com o art. 4º, que orienta a atuação do Estado, na ordem internacional, à solução pacífica dos conflitos. Para essa parcela da doutrina, a regra também guardava potencial de confronto com os princípios constitucionais da eficiência e da economicidade.

Além disso, havia discussão doutrinária sobre a possibilidade de transação, acordo ou conciliação no curso dos *inquéritos civis*, tendo em vista que o dispositivo legal somente vedava a autocomposição nas *ações judiciais de improbidade*.

A despeito das demais normas que trataram desse tema, a Lei nº 13.964, de 24 de dezembro de 2019 (Lei Anticrime), ao alterar a redação do §1º do art. 17 da Lei nº 8.429/1992, resolveu, literal e definitivamente, a questão da possibilidade de aplicação de instrumentos de controle consensual no âmbito da ação de improbidade administrativa, porque passou a dispor que "as ações de que trata este artigo admitem a

---

desfavoravelmente à possibilidade de suspensão do processo para tentativa de realização de acordo em ação de improbidade administrativa (REsp nº 1.217.554/SP, Rel. Ministra Eliana Calmon, Segunda Turma, DJe 22.08.2013). Contudo, o Supremo Tribunal Federal, recentemente, reconheceu a repercussão geral da validade de transação em improbidade administrativa, no ARE nº 1.175.650/PR, Rel. Min. Alexandre de Moraes, 25.4.2019, tema 1.043, ainda pendente de julgamento.

[426] O termo de ajustamento de conduta (TAC) consiste em instrumento, à disposição dos legitimados para a propositura da ação civil pública (art. 5º, §6º, da Lei nº 7.347/1985), para a concretização das técnicas autocompositivas. Por esse instrumento de ajuste, o responsável pela lesão ou ameaça a direitos deve reconhecer que a conduta ofendeu interesse difuso ou coletivo e assumir o compromisso de eliminar a ofensa, por meio da adequação de seu comportamento às exigências jurídicas. O TAC dever prever cominação de sanção, para a reparação dos danos causados, e viés pedagógico, voltado à prevenção de futuras reincidências. O compromissário estabelece condições de tempo, modo e lugar para o cumprimento das obrigações, de modo que não há disposição/cessão do conteúdo do ilícito praticado (bem jurídico material). Há divergência doutrinária sobre sua natureza jurídica, no sentido de tratar-se de transação, acordo, reconhecimento jurídico do pedido, negócio jurídico ou, ainda, equivalente jurisdicional.

[427] O Termo de Ajustamento de Gestão (TAG) busca a solução consensual diante de uma irregularidade no campo do controle externo exercido pelos Tribunais de Contas.

[428] Os acordos substitutivos são atos bilaterais, celebrados entre a administração e particulares, com efeito impeditivo ou extintivo de processo administrativo sancionador e excludente da sanção administrativa.

celebração de acordo de não persecução cível, nos termos desta lei". O §10-A da norma acrescentou que "havendo a possibilidade de solução consensual, poderão as partes requerer ao juiz a interrupção do prazo para a contestação, por prazo não superior a 90 (noventa) dias".[429]

Ficou patenteado, portanto, que, tanto na etapa extrajudicial quanto na etapa judicial, é possível a solução do conflito com aplicação do princípio da consensualidade nas ações de improbidade administrativa. A legitimidade para firmar tais *acordos de não persecução cível* é das mesmas partes que possuem legitimidade para a propositura das ações de improbidade administrativa, nos termos do art. 17, *caput*, da Lei nº 8.429/1992:[430] o Ministério Público – que quando não for parte, deverá intervir como fiscal da lei –, ou a pessoa jurídica interessada.

Pelo texto da norma, o *acordo de não persecução cível* somente poderá ser firmado até a contestação, contudo, isso não significa, em definitivo, que estejam as partes impedidas de extinguir a ação de improbidade administrativa pelo uso de outros instrumentos de consensualidade, que visam ao mesmo fim.

As alterações legislativas dos últimos tempos[431] têm levado a administração pública brasileira, na sintética expressão de João Batista Gomes Moreira, "da rigidez autoritária à flexibilidade democrática".[432]

---

[429] §10-A. BRASIL. Lei nº 13.964, de 24 de dezembro de 2019. Aperfeiçoa a legislação penal e processual penal. *Diário Oficial da União*, Brasília, 30 abr. 2021. Disponível em: http://www.planalto.gov.br/ccivil_03/_ato2019-2022/2019/lei/L13964.htm. Acesso em 27 out. 2020.

[430] "Art. 17. A ação principal, que terá o rito ordinário, será proposta pelo Ministério Público ou pela pessoa jurídica interessada, dentro de trinta dias da efetivação da medida cautelar". (BRASIL. Lei nº 8.429, de 2 de junho de 1992. Dispõe sobre as sanções aplicáveis aos agentes públicos nos casos de enriquecimento ilícito no exercício de mandato, cargo, emprego ou função na administração pública direta, indireta ou fundacional e dá outras providências. *Diário Oficial da União*, Rio de Janeiro, 03 jun. 1992. Disponível em: http://www.planalto.gov.br/ccivil_03/LEIS/L8429.htm. Acesso em 27 out. 2020).

[431] Diversas foram as legislações trazendo inovações no campo da autocomposição, podendo-se destacar, como pioneiras, a Lei dos Juizados Especiais Cíveis e Criminais (Lei nº 9.099/1995) e a Lei de Arbitragem (Lei nº 9.307/1996), na qual foi enaltecida a autonomia privada na resolução de conflitos. Com o advento das Leis nºs 12.846 e 12.850, ambas de 2013, iniciou-se processo de mudança de mentalidade na doutrina, embora a jurisprudência do STJ continuasse firme no sentido do não cabimento do TAC em matéria de improbidade (REsp nº 1.217.554/SP, Rel. Ministra Eliana Calmon, Segunda Turma, DJe 22.08.2013). A Lei de Mediação (Lei nº 13.140/2015) passou a prever, em seu art. 36, §4º, o acordo, mesmo em casos de improbidade administrativa, sujeito à homologação judicial. A Resolução nº 179/2017 do CNMP autorizou expressamente o uso do TAC em casos de improbidade. A Lei nº 13.964/2019 modificou completamente o sentido do §1º do art. 17 da Lei de Improbidade, sem, no entanto, se referir ao TAC. Essa mesma lei inseriu o §10-A no art. 17 da Lei de Improbidade e utilizou a expressão genérica "havendo a possibilidade de solução consensual", sem repetir a denominação "acordo de não persecução cível", o que permitiria a possibilidade de utilização de outras ferramentas de resolução de conflitos.

[432] MOREIRA, João Batista Gomes. *Direito Administrativo*: da rigidez autoritária à flexibilidade democrática. 3. ed. Belo Horizonte: Fórum, 2016.

O próprio Código de Processo Civil de 2015 passou a adotar, preferencialmente, a solução consensual dos conflitos. E a consensualidade como instituto de maximização do interesse público na atividade de controle da administração já foi reconhecida pelo Supremo Tribunal Federal desde 2002.[433]

O Processo Civil e o Processo Administrativo devem estar interligados para que os limites da vedação de possibilidades de autocomposição não sejam sedimentados no ordenamento jurídico. A forte influência do Novo Código de Processo Civil na resolução de conflitos por meios autocompositivos é evidente fundamento para as novas legislações administrativas, em busca da eficiência das suas atividades e no combate à morosidade.

Os defensores da possibilidade de realização de acordos em ação de improbidade administrativa já sustentavam que o art. 17, §1º, da LIA, havia sofrido revogação pelo art. 2º, §1º, da LINDB, pelo art. 36, §4º, da Lei nº 13.140/2015, que dispõe sobre a autocomposição de conflitos no âmbito da administração pública – por esta ser norma posterior e incompatível com aquela.

Com as recentes alterações da LINDB, principalmente em seu art. 26 e 27,[434] ficou clara a desnecessidade de qualquer outra previsão em

---

[433] PODER PÚBLICO. TRANSAÇÃO. VALIDADE. Em regra, os bens e o interesse público são indisponíveis porque pertencem à coletividade. É por isso que o Administrador, mero gestor da coisa pública, não tem disponibilidade sobre os interesses confiados à sua guarda e realização. Todavia, há casos em que o princípio da indisponibilidade do interesse público deve ser atenuado, mormente quando se tem em vista que a solução adotada pela Administração é a que melhor atenderá à ultimação deste interesse. Assim, tendo o acórdão recorrido concluído pela não onerosidade do acordo celebrado, decidir de forma diversa implicaria o reexame da matéria fático-probatória, o que é vedado nesta instância recursal (Súmula nº 279/STF). Recurso extraordinário não conhecido. (STF. RE: nº 253885 MG, Relator: ELLEN GRACIE, Data de Julgamento: 4.6.2002, Primeira Turma, Data de Publicação: DJ 21.6.2002 PP-00118 EMENT VOL-02074-04 PP-00796).

[434] "Art. 26. Para eliminar irregularidade, incerteza jurídica ou situação contenciosa na aplicação do direito público, inclusive no caso de expedição de licença, a autoridade administrativa poderá, após oitiva do órgão jurídico e, quando for o caso, após realização de consulta pública, e presentes razões de relevante interesse geral, celebrar compromisso com os interessados, observada a legislação aplicável, o qual só produzirá efeitos a partir de sua publicação oficial. §1º O compromisso referido no caput deste artigo: I – buscará solução jurídica proporcional, equânime, eficiente e compatível com os interesses gerais; III – não poderá conferir desoneração permanente de dever ou condicionamento de direito reconhecidos por orientação geral; IV – deverá prever com clareza as obrigações das partes, o prazo para seu cumprimento e as sanções aplicáveis em caso de descumprimento. Art. 27. A decisão do processo, nas esferas administrativa, controladora ou judicial, poderá impor compensação por benefícios indevidos ou prejuízos anormais ou injustos resultantes do processo ou da conduta dos envolvidos. §1º A decisão sobre a compensação será motivada, ouvidas previamente as partes sobre seu cabimento, sua forma e, se for o caso, seu valor. §2º Para prevenir ou regular a compensação, poderá ser celebrado compromisso

legislação específica para a possibilidade de realização desses acordos no direito público e, consequentemente, nas ações de improbidade administrativa. Alinhando-se com os outros sistemas jurídicos que dispõem sobre os acordos na administração pública, esses artigos conferiram competência consensual para que qualquer ente administrativo celebre compromisso, não sendo necessária a edição de qualquer outra lei específica para tanto.

Os dispositivos constituem cláusulas gerais autorizadoras de acordos substitutivos, termos de ajustamento, compromissos processuais e instrumentos semelhantes para resolução de controvérsias, o que não existia no direito brasileiro até então, em decorrência do pleito contemporâneo por um diálogo institucionalizado entre o Estado e os particulares e os atores do aparato administrativo.[435] Trata-se de um novo estilo de administração, participativo e flexível, marcado, fundamentalmente, pela noção de consenso.

Por esse dispositivo, foi incluído novo regime geral que autoriza o administrador público a promover negociações com particulares visando ao fim de situações de litígio. De certa forma, esse artigo estrutura o que as normas esparsas já tratavam e consagra a dinâmica de atuação consensual ao estabelecer permissivo para que toda a administração celebre compromissos.

Assim, estabeleceu a LINDB que, para eliminar irregularidade, incerteza jurídica ou situação contenciosa na aplicação do Direito Público, a autoridade administrativa poderá celebrar compromissos com os interessados, posteriormente à oitiva do órgão jurídico e, quando for o caso, depois de realização de consulta pública. Para evitar abusos e distorções, houve a edição do Enunciado nº 9 de Interpretação do Instituto Brasileiro de Direito Administrativo – IBDA, no sentido de que "a expressão 'interesse geral' prevista na LINDB significa 'interesse público', conceito que deve ser extraído do ordenamento jurídico".[436]

---

processual entre os envolvidos". (Art. 26. BRASIL. Decreto-Lei nº 4.657, de 4 de setembro de 1942. Lei de Introdução às Normas do Direito Brasileiro (redação dada pela Lei n º 12.376, de 2010). *Diário Oficial da União*, Rio de Janeiro, 09 set. 1942, retificado em 08 out. 1942 e 17 jun. 1943. Disponível em: http://www.planalto.gov.br/ccivil_03/decreto-lei/del-4657compilado.htm. Acesso em 29 mar. 2020).

[435] FARIA, Luzardo. O art. 26 da LINDB e a legalidade dos acordos firmados pela Administração Pública. In: VALIATI, Thiago Priess; HUNGARO, Luis Alberto; CASTELLA, Gabriel Morettini. *A lei de introdução e o direito administrativo brasileiro*. Rio de Janeiro: Lumen Juris, 2019. p. 159.

[436] INSTITUTO BRASILEIRO DE DIREITO ADMINISTRATIVO – IBDA. *Seminário promovido pelo IBDA aprova enunciados sobre a LINDB*. Disponível em: http://ibda.com.br/noticia/seminario-promovido-pelo-ibda-aprova-enunciados-sobre-a-lindb. Acesso em 6 dez. 2020.

Esse desdobramento advém do descabimento da concepção da supremacia do interesse público de forma absoluta sobre o particular. Nesse sentido, a resolução consensual de conflitos é lógica que deve fazer parte da atividade administrativa, constituindo-se imperativo democrático de diálogo com a sociedade em prol da eficiência.[437]

Quanto à indisponibilidade do interesse público, Celso Antônio Bandeira de Mello assevera que: "Os bens e os interesses não se acham entregues à livre disposição da vontade do administrador. Antes, para este, coloca-se a obrigação, o dever de curá-los, nos termos da finalidade a que estão adstritos. É a ordem legal que dispõe sobre ela".[438] Logo, se o ordenamento jurídico dispõe que alguém tem um direito em face da administração, não pode ela fazer outra coisa senão o satisfazer.

Deve-se combater a invocação de que o interesse público pode ser utilizado como pretexto para a administração não cumprir os valores fundamentais do ordenamento.

> Sustentar que, uma vez instaurado o processo, o Estado não teria mais o dever de reconhecer que está errado – significaria imaginar que a litispendência imuniza a Administração de seu dever maior, de submeter-se à legalidade. Significaria supor que o processo, fenômeno eminentemente instrumental, teria o condão jurídico-material de mudar os parâmetros de legalidade, os critérios do correto agir público. É por isso que, mesmo com um processo em curso, permanece a possibilidade de o ente público reconhecer sua falta de razão e pôr fim ao litígio.[439]

Conforme aduz Odete Medauar, a submissão total da administração à lei é irrealizável e o princípio da legalidade não pressupõe que o Estado somente pode realizar atos ou medidas que a lei ordena.[440] Se assim fosse, o significado geral do princípio da legalidade paralisaria a administração, porque seria necessário comando específico para

---

[437] Neste sentido já dispôs o STF, no julgamento do RE nº 253885, em que entendeu que, em alguns casos, é necessário atenuar o princípio da indisponibilidade do interesse público quando a atuação adotada pela própria administração pública é a que melhor atende estes interesses.

[438] MELLO, Celso Antônio Bandeira de. *Curso de direito administrativo*. 20. ed. São Paulo: Malheiros, 2006. p. 46.

[439] TALAMINI, Eduardo. A (in)disponibilidade do interesse público: consequências processuais (composições em juízo, prerrogativas processuais, arbitragem e ação monitória). *Academia. Edu*, 2004. Disponível em: https://www.academia.edu/231461/A_in_disponibilidade_do_interesse_p%C3%BAblico_consequ%C3%AAncias_processuais_2005. Acesso em 2 nov. 2020.

[440] MEDAUAR, Odete. *O direito administrativo em evolução*. 2. ed. rev. atual. e ampl. São Paulo: RT, 2003. p. 144-145.

cada ato ou medida editada, tornando-a inviável. Nesse enfoque, a legalidade a que a administração está vinculada é aquela que deflui do sistema jurídico do Estado Democrático de Direito, feita a partir de uma interpretação conforme a Constituição.

Não é o Poder Legislativo o mais apto a escolher alternativas concretas, mas é a administração pública que pode avaliar as nuances e sutilezas de cada caso concreto e adotar solução otimizada. Nessa ótica, o interesse público seria alcançado observando-se o princípio da legalidade e também os da eficiência e da economicidade. É inadmissível ao gestor público adotar postura omissiva, a gerar, na prática, prejuízo aos cofres ou à sociedade, sob a alegação de inexistência de lei que o autorize a agir com métodos contemporâneos para evitar tal prejuízo.

> Isso significa que a atividade administrativa continua a realizar-se, via de regra, (i) segundo a lei, quando esta for constitucional (atividade *secundum legem*), (ii) mas pode encontrar fundamento direto na Constituição, independente ou para além da lei (atividade *praeter legem*), ou, eventualmente, (iii) legitimar-se perante o direito, ainda que contra a lei, porém com fulcro numa ponderação da legalidade com outros princípios constitucionais (atividade *contra legem*, mas com fundamento numa otimizada aplicação da Constituição).[441]

A administração, dentre os seus poderes, pode intervir na vontade do particular para fazer cumprir sua decisão, por intermédio do poder de polícia. A decisão regulatória se impõe e, caso o administrado não cumpra a ordem voluntariamente, e não tenha qualquer decisão cautelar que retire o efeito da imperatividade, estará descumprindo o ordenamento setorial.

Após a decisão reguladora judicante, é justo concluir pela adoção de ajustamento da sanção, de modo a satisfazer, com igual contentamento, os interesses envolvidos. Por meio do instrumento de transação, a administração renuncia à imposição unilateral e persegue um ponto de equilíbrio entre os interesses públicos e privados, à luz dos princípios constitucionais.

A transação realizada por ente público não se trata de livre disposição de bens e interesses públicos, mas sim, de disposição vinculada aos termos das normas jurídicas. Como regra geral, não há roteiro nem

---

[441] BINENBOJM, Gustavo. Da supremacia do interesse público ao dever de proporcionalidade: um novo paradigma para o Direito Administrativo. *In*: SARMENTO, Daniel (Org.) *Interesses públicos 'versus' interesses privados*: desconstruindo o princípio da supremacia do interesse público. Rio de Janeiro: Lúmen Júris, 2005. p. 38.

prestações determinadas acerca do que fazer em substituição às sanções e aos acordos que podem ser firmados por provocação do interessado ou da administração pública. Devem estar presentes sempre que a resolução consensual for mais vantajosa ao interesse público do que a penalização pelo poder estatal.

Isso não quer dizer que o interesse público passou a ser disponível, apenas que, observada a existência do direito do administrado, está a administração pública autorizada a transacionar sobre ele. Caso o interesse público fosse disponível, poderia o poder público transacionar indiscriminadamente, ainda que sabedor da inviabilidade ou improcedência da pretensão ou até mesmo ceder bens públicos a quem não faz jus.[442]

Assim sendo, a LINDB trouxe o consenso de que é possível transacionar tanto o interesse público primário quanto o interesse público secundário nas ações de improbidade administrativa, assim como em todo o Direito Público, com as devidas cautelas e sempre com base na finalidade legal. Trata-se de forma de mitigação do princípio da indisponibilidade do interesse público, fundamentado em princípios constitucionais e na regra de ponderação de valores.

Consagrou-se o entendimento que já vinha sendo adotado pelas normas mais recentes, pela jurisprudência e pela doutrina: a de que a indisponibilidade do interesse público não inviabiliza a realização de transações pela administração pública e é plenamente compatível com o Direito Público brasileiro.

Portanto, o grande mérito do art. 26 da LINDB foi o de superar, de modo claro e contundente, dúvida jurídica sobre permissivo genérico para a administração transacionar. Para tanto, criou nova espécie de acordo – o *compromisso* – e trouxe o mínimo regulamentar para essa figura, com os requisitos de validade necessários à efetividade e à garantia dos interesses gerais.[443]

Assim, duas grandes ordens de interpretação se abrem: (i) o art. 26 da LINDB figura como permissivo genérico da celebração de acordos, e o art. 5º, §6º, da Lei da Ação Civil Pública, fica adstrito à fase do inquérito ou do pós-ajuizamento da ação; e (ii) o ordenamento

---

[442] FIORENZA, Fábio Henrique Rodrigues de Moraes. Conciliação e administração pública. *Revista Jus Navigandi*, Teresina, a. 15, n. 2594, 8 ago. 2010. ISSN 1518-4762. Disponível em: https://jus.com.br/artigos/17131. Acesso em 2 nov. 2020.

[443] GUERRA, Sérgio; PALMA, Juliana Bonacorsi de. Art. 26 da LINDB – Novo regime jurídico de negociação com a Administração Pública. *Revista de Direito Administrativo*, p. 135-169, 23 nov. 2018. Disponível em: http://bibliotecadigital.fgv.br/ojs/index.php/rda/article/view/77653. Acesso em 2 nov. 2020.

jurídico brasileiro passa a contar com dois permissivos genéricos – o art. 5º, §6º, da Lei da Ação Civil Pública, e o art. 26 da LINDB. Porém, como o dispositivo da Lei da Ação Civil Pública não dispõe do mínimo regulamentar, como a LINDB, é imprescindível a edição de regulamento específico sobre a consensualidade nesse caso.[444]

Esse compromisso consiste em *acordo administrativo*, o que presume negociação do exercício de prerrogativa do poder público com o particular e a celebração, por acordo de vontades, no âmbito de processo administrativo. A respeito da polêmica existente sobre esse tema – se ato administrativo bilateral, contrato ou acordo – a LINDB tentou suplantar essa questão por meio de disciplina regulamentar suficiente, sem aplicação subsidiária de outras normas.

De qualquer modo, é incontroverso que outras leis especiais podem dispor sobre acordos, de forma a afastar parcialmente a aplicação da LINDB, a despeito de sua qualidade de lei geral. Por isso ressalvou a aplicação de seu art. 26 à observação da legislação aplicável.

O art. 26, §1º, III, da LINDB,[445] traz vedações ao desenho de cláusulas nos compromissos e corresponde à proibição de desoneração permanente de dever, o que ocorre na renúncia de competência. Afastar a sanção no caso específico pelo compromisso não significa desoneração de dever.

O ajuste também não pode impactar plena efetivação dos direitos do compromissário. Ou seja, as obrigações não podem condicionar direitos que poderão ser plenamente exercidos independentemente do conteúdo do compromisso.

O *acordo substitutivo*, portanto, é importante instrumento de justiça distributiva, e não retributiva a ser aplicado nas ações de improbidade administrativa. Por esse mecanismo, pode-se substituir uma sanção por uma determinada prestação de proveito generalizado, resultando em uma otimização do benefício geral.

---

[444] GUERRA, Sérgio; PALMA, Juliana Bonacorsi de. Art. 26 da LINDB – Novo regime jurídico de negociação com a Administração Pública. *Revista de Direito Administrativo*, p. 135-169, 23 nov. 2018. Disponível em: http://bibliotecadigital.fgv.br/ojs/index.php/rda/article/view/77653. Acesso em 2 nov. 2020.

[445] "Art. 26, §1º, III – não poderá conferir desoneração permanente de dever ou condicionamento de direito reconhecidos por orientação geral". (Art. 26. BRASIL. Decreto-Lei nº 4.657, de 4 de setembro de 1942. Lei de Introdução às Normas do Direito Brasileiro (redação dada pela Lei n º 12.376, de 2010). *Diário Oficial da União*, Rio de Janeiro, 09 set. 1942, retificado em 08 out. 1942 e 17 jun. 1943. Disponível em: http://www.planalto.gov.br/ccivil_03/decreto-lei/del4657compilado.htm. Acesso em 29 mar. 2020).

## IV.IV.VI A possibilidade de compensação dos danos

Em geral, o objetivo dos processos é a realização do direito material pelos sujeitos públicos e privados nele envolvidos. Contudo, o ato de instauração do processo não é feito sem custos e, dependendo de sua natureza, pode representar medida gravosa para quem o suporta. Sua instauração envolve custos diretos, a exemplo das custas processuais, e custos indiretos, como o pagamento de honorários advocatícios.

Os processos também são capazes de gerar externalidades, prejuízos e benefícios para o Estado ou para os agentes envolvidos. Além disso, é sempre fruto de uma decisão por parte de quem o deflagra, não sendo consequência automática ou neutra do exercício do poder público.

Vários aspectos do ordenamento jurídico brasileiro servem à garantia dos direitos subjetivos e fundamentais no processo. Para tanto, regras constitucionais, legais e regulamentares, em seus diversos âmbitos, buscam realizar essa tarefa de maneira que os processos gerem os menores danos e os maiores benefícios possíveis aos envolvidos. Contudo, há, no processo, um problema prático inevitável: "Revela-se inviável assegurar, ao longo de sua tramitação, o alinhamento perfeito entre, de um lado, eventual oneração com custos e externalidades e, de outro, a situação concreta de direito material".[446] O fato é que não há como evitar a distribuição de custos processuais dissociada do direito material, a exemplo da oneração dos cofres públicos com medidas liminares a quem não tem o direito para tanto.

As autoridades públicas, apesar de serem competentes para adotar medidas processuais graves capazes de afetar a fruição do direito material por outrem, não estão sujeitas a suportar os danos daí decorrentes. Há algumas regras que limitam o exercício dessas competências públicas,[447] mas não existem meios práticos para impedir que os agentes se excedam a prejudicar terceiros, os quais têm que arcar com os ônus de se defender. Quando o prejuízo da violação vem a ser

---

[446] SUNDFELD, Carlos Ari; VORONOFF, Alice. Art. 27 da LINDB – Quem paga pelos riscos dos processos? *Revista de Direito Administrativo*, Rio de Janeiro, p. 171-201, nov. 2018. Disponível em: http://bibliotecadigital.fgv.br/ojs/index.php/rda/article/view/77654/74317. Acesso em 6 dez. 2020.

[447] Um exemplo são as regras civis que asseguram indenização no cumprimento da obrigação cuja compensação pode ser requerida no mesmo processo judicial de cumprimento da obrigação principal. Outro exemplo são as regras previdenciárias relativas ao RGPS que preveem que, no caso de excesso de prazo, serão garantidos os benefícios e a correção monetária.

superado, com o encerramento do processo e a modificação da decisão processual, a não compensação dos custos realizados faz com que essa superação seja apenas parcial.

Para preservar a integridade do sistema processual e dos direitos materiais, o ordenamento jurídico deve levar em consideração a possibilidade de compensação por custos e externalidades indevidos. Autoridades públicas estão passíveis ao erro quanto ao direito material cuja fruição dependa de ato público e, quando isso ocorre, o prejudicado tem de suportar as externalidades – os custos – para corrigi-lo. Se a decisão final não impõe a compensação adequada, ainda que reconhecida em sua substância, isso corresponderá à privação do direito material. Se o poder público não tiver que suportar compensações pelos erros dos atos das autoridades públicas, faltarão incentivos para evitá-los.[448]

Paralelamente a isso, tendo em vista a tendência à abertura do processo administrativo à justiça negocial, a exemplo da previsão dos acordos de leniência (Lei nº 12.846/2013), nota-se que o sopesamento das sanções é mensurado de acordo com o grau de colaboração que o destinatário demonstra. Se houver cessação imediata da prática danosa e a colaboração da empresa com as investigações, esse comportamento deve ser levado em consideração no momento da aplicação das sanções. Assim, já se entende pela legalidade do sopesamento de diversos fatores na aplicação das penalidades.

Como uma das decorrências da autocomposição – mas não exclusivamente em virtude dela – a LINDB estabelece a possibilidade de compensação de danos causados por benefícios indevidos ou prejuízos anormais ou injustos resultantes do processo ou da conduta dos envolvidos, principalmente em seu art. 27.[449] Nesse sentido, o órgão ou sujeito lesado poderá formular pedido indenizatório ao órgão competente, com

---

[448] SUNDFELD, Carlos Ari; VORONOFF, Alice. Art. 27 da LINDB – Quem paga pelos riscos dos processos? *Revista de Direito Administrativo*, Rio de Janeiro, p. 171-201, nov. 2018. Disponível em: http://bibliotecadigital.fgv.br/ojs/index.php/rda/article/view/77654/74317. Acesso em 6 dez. 2020.

[449] "Art. 27. A decisão do processo, nas esferas administrativa, controladora ou judicial, poderá impor compensação por benefícios indevidos ou prejuízos anormais ou injustos resultantes do processo ou da conduta dos envolvidos. §1º A decisão sobre a compensação será motivada, ouvidas previamente as partes sobre seu cabimento, sua forma e, se for o caso, seu valor. §2º Para prevenir ou regular a compensação, poderá ser celebrado compromisso processual entre os envolvidos". (Art. 27. BRASIL. Decreto-Lei nº 4.657, de 4 de setembro de 1942. Lei de Introdução às Normas do Direito Brasileiro (redação dada pela Lei n º 12.376, de 2010). *Diário Oficial da União*, Rio de Janeiro, 09 set. 1942, retificado em 08 out. 1942 e 17 jun. 1943. Disponível em: http://www.planalto.gov.br/ccivil_03/decreto-lei/del4657compilado.htm. Acesso em 29 mar. 2020).

o fim de evitar procedimentos contenciosos para o ressarcimento de danos, conforme estabelece o art. 9º do Decreto nº 9.830/2019.[450]

A novidade das alterações da LINDB foi autorizar o negócio jurídico, para fins de prevenir ou regular a compensação de prejuízos na seara não judicial. Agora, mesmo quando não houver cabimento de consensualidade na questão de fundo, o negócio processual é possível para impedir a obtenção de vantagens indevidas. O pressuposto lógico que inspira o dispositivo legal é a ideia de que as decisões e os processos estatais envolvem atividade de risco para os envolvidos, que não pode servir como instrumento de obtenção de vantagens indevidas ou para a imposição de prejuízos anormais e injustos.

Trata-se de lógica intrínseca às regras do novo Código de Processo Civil, amparada no princípio geral do art. 927, parágrafo único, do Código Civil[451] e refere-se à possibilidade de identificação de possíveis efeitos negativos ou positivos, injustos ou dissociados do direito material, gerados para os envolvidos. Dessa forma, se houver prejuízos ou excessos, em vez de judicializar a questão, o que geraria morosidade e nem sempre a certeza de impactos justos, a administração deve estar aberta para soluções negociais de compensações resultantes do

---

[450] "Art. 9º A decisão do processo administrativo poderá impor diretamente à pessoa obrigada compensação por benefícios indevidos ou prejuízos anormais ou injustos resultantes do processo ou da conduta dos envolvidos, com a finalidade de evitar procedimentos contenciosos de ressarcimento de danos. §1º A decisão do processo administrativo é de competência da autoridade pública, que poderá exigir compensação por benefícios indevidamente fruídos pelo particular ou por prejuízos resultantes do processo ou da conduta do particular. §2º A compensação prevista no caput será motivada na forma do disposto nos art. 2º, art. 3º ou art. 4º e será precedida de manifestação das partes obrigadas sobre seu cabimento, sua forma e, se for o caso, seu valor. §3º A compensação poderá ser efetivada por meio do compromisso com os interessados a que se refere o art. 10". (BRASIL. Decreto nº 9.830, de 10 de junho de 2019. Regulamenta o disposto nos art. 20 ao art. 30 do Decreto-Lei nº 4.657, de 4 de setembro de 1942, que institui a Lei de Introdução às normas do Direito brasileiro. *Diário Oficial da União*, Brasília, 11 jun. 2019. Disponível em: http://www.planalto.gov.br/ccivil_03/_Ato2019-2022/2019/Decreto/D9830.htm. Acesso em 6 dez. 2020). (Art. 20 ao 30. BRASIL. Decreto-Lei nº 4.657, de 4 de setembro de 1942. Lei de Introdução às Normas do Direito Brasileiro (redação dada pela Lei n º 12.376, de 2010). Diário Oficial da União, Rio de Janeiro, 09 set. 1942, retificado em 08 out. 1942 e 17 jun. 1943. Disponível em: http://www.planalto.gov.br/ccivil_03/decreto-lei/del4657compilado.htm. Acesso em 06 dez. 2020).

[451] "Art. 927. Aquele que, por ato ilícito (arts. 186 e 187), causar dano a outrem, fica obrigado a repará-lo. Parágrafo único. Haverá obrigação de reparar o dano, independentemente de culpa, nos casos especificados em lei, ou quando a atividade normalmente desenvolvida pelo autor do dano implicar, por sua natureza, risco para os direitos de outrem". (Art. 927. BRASIL. Lei nº 10.406, de 10 de janeiro de 2002. Institui o Código Civil. *Diário Oficial da União*, Brasília, 11 jan. 2002. Disponível em: http://www.planalto.gov.br/ccivil_03/leis/2002/l10406compilada.htm. Acesso em 6 dez. 2020).

processo. Nessa perspectiva, é imprescindível o diálogo entre as partes e o monitoramento dos conflitos de interesses que possam existir.

A compensação será determinada quando houver benefícios indevidos ou prejuízos injustos e anormais resultantes da conduta dos sujeitos envolvidos e será motivada, sendo ouvidas previamente as partes sobre o seu cabimento, a sua forma e o seu valor. A decisão sobre sua viabilidade será sempre tomada pela autoridade pública.[452]

A compensação de danos traz uma perspectiva negocial de justiça para a administração pública à medida que se insere em um meio de recomposição de uma situação que gerou benefícios ou prejuízos indevidos. Abre margem para uma decisão ponderada que recomponha os danos e resolva o conflito que, por vezes, provoca mais danos jurídicos do que soluções.

Para tanto, é importante que haja ambiente institucional capaz de assegurar a validade do ato convencionado, conforme as diretrizes e regras jurídicas.[453] A ideia substitutiva de processos sancionatórios implica substituição da instauração de procedimento que visa a aplicar sanções pelo compromisso de reparação de danos e alterações de comportamentos, sendo acompanhado de medidas compensatórias.

Sob a ótica subjetiva, o dispositivo alcança as esferas administrativa, controladora e judicial em todos os níveis federativos, no âmbito do Direito Público, sob tutela primária da administração pública. Os dispositivos são abrangentes e envolvem situações de criação e aplicação do Direito Público cuja tutela tenha como foco as autoridades administrativas, embora sob fiscalização e participação de controladores externos e juízes, o que exclui o Direito Penal, que tem como aplicação primária a judicial, e não a administrativa.

Para além dos processos administrativos, os dispositivos abarcam a esfera controladora, ou seja, os órgãos autônomos de controle, como os tribunais de contas, o Poder Legislativo – ao atuar como controlador – e o Ministério Público. Também está incluído no âmbito de incidência do art. 27 da LINDB o Poder Judiciário, nos casos em

---

[452] Giuseppe Giamundo Neto exemplifica a possível aplicação do dispositivo: em decisão cautelar proferida por órgão de controle, calcada em indícios de irregularidades que interfiram na execução de determinado contrato administrativo, não ficaram confirmadas as suspeitas de irregularidade, levando à revogação da medida cautelar. Nessa hipótese, se a pessoa jurídica contratada sofrer prejuízos, considerando que o contrato foi prestado de forma regular, será devida a compensação por esses prejuízos resultantes do processo. (GIAMUNDO NETO, Giuseppe. *Lei de Introdução às Normas do Direito Brasileiro Anotada*. São Paulo: Quartier Latins, 2019 p. 369-370).

[453] MOTTA, Fabrício; NOHARA, Irene Patrícia. *LINDB no Direito Público*; Lei nº 13.655/2018. São Paulo: Thomson Reuters Brasil, 2019. (Livro eletrônico).

que a controvérsia se tratar de questão de Direito Público sob a tutela primária da administração. Os Tribunais Arbitrais também se inserem em tais dispositivos, nos procedimentos cujo objeto envolva o Direito Público, porque a Lei de Arbitragem estabelece, em seu art. 31, que a sentença arbitral produz, entre as partes e seus sucessores, os mesmos efeitos da sentença proferida pelos órgãos do Poder Judiciário e, sendo condenatória, constitui título executivo.[454]

No que tange à compensação do vencedor por ônus decorrentes do processo em geral, a legislação processual já contém regras para a sua retribuição ao final. O que o art. 27 da LINDB regula é a correção de externalidades que não estavam cobertas por essas regras, permitindo a compensação, mediante prova de prejuízos ou benefícios anormais ou injustos. Nesse sentido, trata-se de uma norma que soma os preceitos sobre a sucumbência, a reponsabilidade por danos processuais e por prejuízos e amplia a proteção.

Por se tratar de matéria de Direito Público, esse entendimento pode ser estendido aos casos de improbidade administrativa, tanto no que tange à fase administrativa de investigação, tanto no que tange à fase judicial. É incontroverso que as ações de improbidade administrativa podem dar ensejo a prejuízos, especialmente se divulgadas ao público. Podem afetar reputações e credibilidade empresarial, configurando exatamente o prejuízo anormal a que se refere o art. 27 da LINDB. A instauração de uma ação dessa natureza configura fato grave, longe de ser mero ônus corriqueiro da vida.

Assim, é ilegal que a administração acuse sem justa causa e sem elementos consistentes e robustos. Diferentemente de meros procedimentos de fiscalização, que não causam, em regra, prejuízo anormal, nas ações de improbidade é necessário levar em consideração os riscos de, ao final, não se confirmar a suspeita de ilegalidade e de o processo causar prejuízo grave aos acusados.

Como já demonstrado, a instauração de um processo gravoso não é um poder-dever automático, sempre alinhado com o interesse público. Ao contrário, constitui uma decisão a ser tomada pela autoridade competente. Cabe, então, a essa autoridade, atuar com responsabilidade, sob pena de o ente público se sujeitar à compensação demandada pelo prejudicado. Quando a administração decide pela instauração desse

---

[454] "Art. 31. A sentença arbitral produz, entre as partes e seus sucessores, os mesmos efeitos da sentença proferida pelos órgãos do Poder Judiciário e, sendo condenatória, constitui título executivo". (Art. 31. BRASIL. Lei nº 9.307, de 23 de setembro de 1996. Dispõe sobre a arbitragem. *Diário Oficial da União*, Brasília, 24 set. 1996. Disponível em: http://www.planalto.gov.br/ccivil_03/leis/l9307.htm. Acesso em 6 dez. 2020).

tipo de processo, dá causa a expediente que não existiria de outro modo e assume os riscos correspondentes.

Para fins do art. 27 da LINDB, a regularidade da conduta que deflagra o processo de ação de improbidade e a extensão de sua responsabilidade podem ser aferidas tanto por referências tradicionais do Código de Processo Civil sobre o dano processual quanto pela noção de abuso de direito definido pelo art. 187 do Código Civil.

Em relação às medidas cautelares, sabe-se que elas existem para interferirem de modo significativo no fluxo de atividades do atingido e anteciparem ou preservarem o possível resultado do processo. São medidas onerosas e de elevado risco para os direitos dos envolvidos. O risco associado a essas medidas é o desfecho do processo se dar em sentido contrário a essa primeira decisão. Nesse caso, é necessário arcar com os prejuízos que tiveram os acusados.

Por óbvio, se o acusado em uma ação de improbidade administrativa não for o responsável por aquele ato, o Estado deve se responsabilizar pelos prejuízos que causou. O fundamento para tanto está no art. 37, §6º, da Constituição, que assevera que "as pessoas jurídicas de direito público e as de direito privado prestadoras de serviços públicos responderão pelos danos que seus agentes, nessa qualidade, causarem a terceiros, assegurado o direito de regresso contra o responsável nos casos de dolo ou culpa".[455] No mesmo sentido, o art. 302 do Código de Processo Civil que aduz que a parte responderá pelo prejuízo que a efetivação da tutela de urgência causar à parte adversa, se a sentença lhe for desfavorável; se ocorrer a cessação da eficácia da medida em qualquer hipótese legal; ou se o juiz acolher a alegação de decadência ou prescrição da pretensão do autor.[456]

Tendo chamado a atenção para o risco de responsabilidade do Estado, o dispositivo da LINDB coloca nas mãos dos agentes públicos o negócio processual, quando viabiliza a adoção de medidas de prevenção de danos que podem ocorrer em virtude do processo. Como conteúdo desse acordo admite-se o sigilo do processo, a opção cautelar menos gravosa, a aceleração do procedimento, a busca de solução jurídica proporcional, equânime e compatível com o interesse público etc.[457]

---

[455] Art. 37, §6º. BRASIL. Constituição da República Federativa do Brasil de 1988. *Diário Oficial da União*, Brasília, 05 out. 1988. Disponível em: http://www.planalto.gov.br/ccivil_03/constituicao/constituicao.htm. Acesso em 18 out. 2020.

[456] BRASIL. Lei nº 13.105, de 16 de março de 2015. Código de Processo Civil. *Diário Oficial da União*, Brasília, 17 mar. 2015. Disponível em: http://www.planalto.gov.br/ccivil_03/_ato2015-2018/2015/lei/l13105.htm. Acesso em 6 dez. 2020.

[457] SUNDFELD, Carlos Ari; VORONOFF, Alice. Art. 27 da LINDB – Quem paga pelos ris-

Como o dispositivo confere a possibilidade de prevenir certos danos processuais, aumentou a responsabilidade pessoal daqueles que instauram processos sensíveis, de risco, que onerem a situação jurídica de outrem. A autoridade que negar a solução menos gravosa estará assumindo risco de gerar responsabilidade ao Estado, que poderia ser evitada.

Outra novidade legislativa foi a previsão de conhecimento de pedido de reparação de dano formulado pela parte no próprio processo administrativo que responder, podendo buscar reparação judicial em caso de negativa. Destaque-se que as autoridades responsáveis pelos prejuízos não serão partes no processo, motivo pelo qual elas próprias não podem ser responsabilizadas no mesmo procedimento.

Todos esses incentivos da LINDB são bem-vindos para promover a justiça e coibir irracionalidades geradas pelo comodismo e pela busca da solução mais fácil. As alterações dos dispositivos visam a diminuir o descompasso entre os custos assumidos por quem processa e decide e os custos suportados pelos afetados.

### IV.IV.VII A autovinculação das técnicas decisórias

Como já demonstrado neste estudo, o parágrafo único do art. 30 da LINDB estabelece a necessidade de autovinculação da administração e dos seus controladores em relação aos atos de orientação que editarem. Essa autovinculação é decorrência lógica da natureza normativa que apresentam os atos de orientação, embora, formalmente, não sejam normas. O objetivo desse dispositivo é aumentar a segurança jurídica na aplicação das normas e a transparência da atuação do Estado.

Nessa perspectiva, o dispositivo do art. 30 tem duas interpretações possíveis: (i) a primeira, de necessidade de autovinculação da administração em suas decisões, de maneira que os administrados tenham um mínimo de segurança jurídica e estabilidade nas suas relações com o Estado; e (ii) a segunda, da necessidade de autovinculação das decisões de controle administrativo, para que sejam coerentes com o padrão que é utilizado pelos próprios julgadores em casos semelhantes.

Dessa forma, autovinculação administrativa significa redução da discricionariedade administrativa, no âmbito dos atos concretos,

---

cos dos processos? *Revista de Direito Administrativo*, Rio de Janeiro, p. 171-201, nov. 2018. Disponível em: http://bibliotecadigital.fgv.br/ojs/index.php/rda/article/view/77654/74317. Acesso em 6 dez. 2020.

para impedir atuações arbitrárias ou alterações repentinas do padrão decisório do poder público, bem como a redução da liberdade decisória sancionadora, que precisa de parâmetros precisos, claros e padronizados para a sua expressão. A doutrina é pacífica no sentido de que a reiteração de um mesmo modo de decidir impõe que esse padrão seja adotado nas demandas futuras de mesma natureza, em face do princípio da igualdade, da boa-fé e da segurança jurídica, ressalvados os motivos especiais, de circunstâncias completamente novas, e a necessidade de reforma do atendimento anterior em face do interesse público.[458]

A administração pública, mesmo diante da discricionariedade que lhe é própria, deve se considerar autovinculada ao precedente decisório. Por isso, está, em regra, predeterminada na escolha de determinada decisão dentre as possíveis, em razão da reiterada adoção, por ela mesma, de um padrão, para se evitar discriminação desarrazoada em face de situações concretas, ou sujeitos concretos.

Como demonstrado neste estudo, constata-se discriminação desarrazoada entre casos análogos ou equivalentes nas ações de improbidade administrativa. Nesse sentido, existe uma demanda por coerência no padrão decisório da administração pública e aplicação concreta desse dispositivo da LINDB.

Os princípios da boa-fé e da igualdade demandam censura jurídica ao comportamento contraditório, sem fundamentação razoável. É imperioso que se mantenha o padrão decisório reiteradamente assumido, escolhido entre os vários admitidos pela regra, para que exista uma fundamentação congruente em um ou em outro sentido nas ações de improbidade administrativa.[459]

---

[458] MODESTO, Paulo. Autovinculação da Administração Pública. *Revista Eletrônica de Direito do Estado*, Salvador, n. 24, out./nov./dez. 2010. ISSN 1981-187X. Disponível em: https://d1wqtxts1xzle7.cloudfront.net/6507582/REDE-24-OUTUBRO-2010-PAULO-MODESTO-AUTOVINCULACAO_ADMINISTRATIVA.pdf?response-content-disposition=inline%3B+filename%3DAUTOVINCULACAO_DA_ADMINISTRACAO_PUBLICA.pdf&Expires=1607293335&Signature=dDIkOhblO18z0repqE4lz6j0U~wBEmhvFFrlTaJ6FCXv4IislB9Cz8yBnnM83EgogkU~nH0n5TLjV8e7~TeE3WxKc8tuVixqSMDAKFVIILSEmZdEyCglcy--OPJSj2hqYeLFIU2EJx5dROJbSObn~rycdL-vEW4kylyGRGghLDpDcwk~GQrr7nmeRWCOU8eyt~smHXG5HTRfHliRKI-p7IjdHoSLksce-~z0IlcIDa1jU5O0kfrhuZL-msuzNzrZChQVWy4LOUxC8a18sqcRFzOLPaxqqdvpEVn5bfy9ZA9cbluHGSXuz93D~q~eD6G8nrXd3ZWSZZbUfsv7iqqvOQ__&Key-Pair-Id=APKAJLOHF5GGSLRBV4ZA. Acesso em 6 dez. 2020.

[459] Na jurisprudência tributária entende-se que a administração não deve praticar atos em desconformidade com seus precedentes: TRIBUTÁRIO. IMPOSTO DE RENDA. DOCUMENTAÇÃO FISCAL PARCIALMENTE DESTRUÍDA. ENCHENTE. ARBITRAMENTO.1. As decisões administrativas devem guardar um mínimo de coerência, não se admitindo, por isso, tratamento diferenciado para hipóteses rigorosamente idênticas. Se duas empresas, da mesma localidade, sofreram a inutilização parcial de sua documentação em

É evidente que a administração pública não está impedida de alterar seu comportamento decisório ou seu padrão de condutas, mas é imprescindível que, caso o faça, motive e justifique essa alteração de critérios, de forma razoável, afastando qualquer elucubração sobre arbitrariedades e ausência de boa-fé. Essa determinação já era constante no art. 50 da Lei nº 9.784/99, que estabelece que devem ser motivados os atos administrativos que deixem de aplicar jurisprudência sobre a questão "ou discrepem de pareceres, laudos, propostas e relatórios oficiais".

Essa lei, além de proibir nova interpretação com efeitos retroativos, exige que a administração observe, nos processos administrativos, a "atuação segundo padrões éticos de probidade, decoro e boa-fé", estabelecendo "a interpretação da norma administrativa da forma que melhor garanta o atendimento do fim público a que se dirige, vedada aplicação retroativa de nova interpretação".[460] No entanto, é importante destacar que não se devem estender decisões ilegais, mesmo para casos idênticos, com fundamento na vinculatividade.[461]

---

decorrência de uma inundação, não é lícito ao Fisco, isentando uma, servir-se do arbitramento de lucro para outra com base na própria declaração de rendimento apresentada. 2. Incidência da Súmula nº 76, do TRF. 3. Apelação parcialmente provida para reduzir o percentual da verba de patrocínio. 4. Remessa improvida. (TRF 1, Apelação Cível nº 9101166930, Rel. Juiz Fernando Gonçalves, Terceira Turma, DJ, p. 38.220, 19.11.1992. No mesmo sentido, a AC nº 91.01.16693-0/GO e a AC nº 92.01.23038-9/GO).

[460] "Art. 50. Os atos administrativos deverão ser motivados, com indicação dos fatos e dos fundamentos jurídicos, quando: I – neguem, limitem ou afetem direitos ou interesses; II – imponham ou agravem deveres, encargos ou sanções; III – decidam processos administrativos de concurso ou seleção pública; IV – dispensem ou declarem a inexigibilidade de processo licitatório; V – decidam recursos administrativos; VI – decorram de reexame de ofício; VII – deixem de aplicar jurisprudência firmada sobre a questão ou discrepem de pareceres, laudos, propostas e relatórios oficiais; VIII – importem anulação, revogação, suspensão ou convalidação de ato administrativo. §1º A motivação deve ser explícita, clara e congruente, podendo consistir em declaração de concordância com fundamentos de anteriores pareceres, informações, decisões ou propostas, que, neste caso, serão parte integrante do ato. §2º Na solução de vários assuntos da mesma natureza, pode ser utilizado meio mecânico que reproduza os fundamentos das decisões, desde que não prejudique direito ou garantia dos interessados. §3º A motivação das decisões de órgãos colegiados e comissões ou de decisões orais constará da respectiva ata ou de termo escrito". (Art. 50. BRASIL. Lei nº 9.784, de 29 de janeiro de 1999. Regulamenta o processo administrativo no âmbito da Administração Pública Federal. *Diário Oficial da União*, Brasília, 01 fev. 1999, retificado em 11 mar. 1999. Disponível em: http://www.planalto.gov.br/ccivil_03/leis/l9784.htm. Acesso em 18 fev. 2020).

[461] Nesse sentido, alguns precedentes sobre o tema: APOSENTADORIA DUPLA. FERROVIÁRIO, QUE É SERVIDOR AUTÁRQUICO, INDEFERIMENTO. INVOCAÇÃO DE PRECEDENTES ADMINISTRATIVOS EM CONTRADIÇÃO COM O ATO AQUI IMPUGNADO. Cabe notar que *non exemplis sed legibus judicandum*, e aqueles precedentes não estão sujeitos agora ao nosso exame. A função do Poder Judiciário é corrigir, quando provocado, atos ilegais da administração, e não

Com a incorporação do art. 30 da LINDB no ordenamento jurídico brasileiro,[462] esse entendimento ganha ainda mais força e estabelece o dever de coerência nas decisões administrativas, buscando a uniformização de jurisprudência. Não obstante, esse dispositivo foi criticado por ser entendido como obstáculo ao poder de decisão do gestor público, retirando-lhes o seu poder discricionário, dentro dos limites legais estabelecidos. Maria Helena Diniz questiona: "Dar obrigatoriedade a esses instrumentos não seria colocá-los no mesmo patamar das leis? Não retiraria das autoridades públicas a liberdade de apreciação, engessando entendimentos, apesar de haver possibilidade de sua ulterior revisão?".[463]

Contudo, o cerne da questão não é se o dispositivo fere ou não a autonomia decisória do gestor, mas constatar que o real obstáculo para a sua concretização é o medo do gestor de criar e de editar novos normativos, por receio de futura responsabilização. O hiperativismo do controle, embora compreensível, gera efeito de paralisia administrativa e, certas vezes, a substituição do administrador pelo controlador.[464]

Por conseguinte, a efetivação do art. 30 da LINDB não representaria um entrave à autonomia decisória, mas sim, a possibilidade de

---

estender a outros as ilegalidades porventura cometidas por ela em favor de alguns. Segurança negada. (STF. MS nº 15.816, 1966, AUD: 09.03.1966, DF)
ADMINISTRATIVO – CONSTITUCIONAL – AÇÃO CIVIL PÚBLICA – INTERRUPÇÃO DE CONSTRUÇÃO – ÁREA DE PRESERVAÇÃO AMBIENTAL – EXISTÊNCIA DE TERMO DE COMPROMISSO COM O IBAMA – QUESTIONAMENTO DA ATUAÇÃO ADMINISTRATIVA DA AUTARQUIA – POTENCIAL DE DEGRADAÇÃO AMBIENTAL – DILAÇÃO PROBATÓRIA INCOMPATÍVEL COM O RECURSO DE AGRAVO DE INSTRUMENTO (...) O simples fato de próximo ao local da construção já existirem empreendimentos potencialmente poluidores, que eventualmente tenham deixado de observar a legislação ambiental, não exime outros interessados de se submeterem ao procedimento adequado, uma vez que, por óbvio, não se admitem precedentes administrativos legitimadores da extensão de ilegalidades. (TRF 2, AGV 200402010126870, Relator Desembargador Federal Sergio Schwaitzer, Sétima Turma, DJU, p. 355, 30.05.2007).

[462] "Art. 30. As autoridades públicas devem atuar para aumentar a segurança jurídica na aplicação das normas, inclusive por meio de regulamentos, súmulas administrativas e respostas a consultas. Parágrafo único. Os instrumentos previstos no caput deste artigo terão caráter vinculante em relação ao órgão ou entidade a que se destinam, até ulterior revisão". (Art. 30. BRASIL. Decreto-Lei nº 4.657, de 4 de setembro de 1942. Lei de Introdução às Normas do Direito Brasileiro (redação dada pela Lei n º 12.376, de 2010). *Diário Oficial da União*, Rio de Janeiro, 09 set. 1942, retificado em 08 out. 1942 e 17 jun. 1943. Disponível em: http://www.planalto.gov.br/ccivil_03/decreto-lei/del4657compilado.htm. Acesso em 06 dez. 2020).

[463] DINIZ, Maria Helena. Artigos 20 a 30 da LINDB como novos paradigmas hermenêuticos do Direito Público, voltados à segurança jurídica e eficiência administrativa. *Revista Argumentum*, Marília/SP, v. 19, n. 2, p. 305-318, mai./ago. 2018.

[464] OLIVEIRA, Gustavo Justino de. Hiperativismo do controle versus inércia administrativa. *JotaInfo*, 2018. Disponível em: https://www.jota.info/opiniao-e-analise/artigos/hiperativismo-do-controle-versus-inercia-administrativa-18042018. Acesso 6 dez. 2020.

que o bom gestor consiga atuar de maneira respaldada, com segurança ao decidir. Nas palavras de Alexandre dos Santos Aragão:

> Note-se: em todas essas medidas propostas pelo PL e apenas dependentes da sanção presidencial não se trata de impedir que administradores, juízes e controladores possam interpretar o direito, cada um dentro de suas competências, mas apenas que as suas interpretações não prejudiquem particulares que confiaram em interpretações anteriores do próprio Estado e que eles próprios consolidem a sua interpretação. Não se trata de impedir a interpretação por quem quer que seja, mas apenas de racionalizá-la em prol da segurança jurídica. O PL coloca, assim, o cidadão em um patamar menos inseguro e mais horizontalizado diante da Administração Pública, consolidando os novos paradigmas do Direito Administrativo.[465]

No Poder Judiciário, a criação de súmulas vinculantes e orientações normativas não tem a intenção de limitar a autonomia decisória do juiz, mas sim, respaldar o seu trabalho, a fim de trazer maior eficiência, isonomia, segurança jurídica e proteção da confiança. Na administração pública, o entendimento deve ser o mesmo, fomentando maior segurança aos administrados e aos administradores ao gerir a coisa pública, frente ao rigoroso controle exercido pelos Tribunais de Contas e pelo Ministério Público.

O art. 927, §4º, do Código de Processo Civil,[466] prevê a possibilidade de modificação de "enunciado de súmula, de jurisprudência pacificada ou de tese adotada em julgamento de casos repetitivos" observando-se a necessidade de fundamentação adequada. No mesmo sentido, o próprio parágrafo único do art. 30 estabelece a viabilidade de revisão dos entendimentos, o que reforça o argumento de que o dispositivo não quer enrijecer a administração, mas ampliar a segurança jurídica.

---

[465] ARAGÃO, Alexandre Santos de. Alterações na LINDB modernizam relações dos cidadãos com Estado. *Conjur*, 2018. Disponível em: https://www.conjur.com.br/2018-abr-13/alexandre-aragao-alteracoes-lindb-modernizam-relacoes-estado. Acesso em 6 dez. 2020.

[466] Art. 927, §4º – A modificação de enunciado de súmula, de jurisprudência pacificada ou de tese adotada em julgamento de casos repetitivos observará a necessidade de fundamentação adequada e específica, considerando os princípios da segurança jurídica, da proteção da confiança e da isonomia. (Art. 927. BRASIL. Lei nº 13.105, de 16 de março de 2015. Código de Processo Civil. *Diário Oficial da União*, Brasília, 17 mar. 2015. Disponível em: http://www.planalto.gov.br/ccivil_03/_ato2015-2018/2015/lei/l13105.htm. Acesso em 6 dez. 2020).

Especificamente no que tange às ações de improbidade administrativa, a LIA não estabeleceu as penas que podem ser aplicadas a cada tipo específico de conduta. Por esse motivo, nota-se a aplicação assimétrica das normas, tanto em relação aos pedidos condenatórios extremamente amplos e genéricos, não raras vezes pugnando pela aplicação de todas as penas previstas no art. 12 da lei, quanto em decisões judiciais completamente díspares, nas absolvições e nas condenações, constatando-se assustadora falta de padronização.

Por esse motivo, parece ser razoável que o art. 30 da LINDB seja aplicado desde o início da análise de uma conduta de improbidade. Primeiramente, torna-se indispensável a análise das ações e omissões dos gestores à luz de tal dispositivo, para avaliar se as decisões tomadas por eles e imputadas como incorretas pelos órgãos de controle foram tomadas com base nos padrões decisórios da administração.

É certo que os administradores, no exercício da sua função, procuram se pautar em decisões tomadas por seus antecessores, a fim de não inovarem e causarem estranheza no cenário político. A despeito disso, muitas vezes há assincronia entre as análises e decisões de controle que condenam atos não considerados ilegais anteriormente. À luz das alterações da sobrenorma de direito, caso fique demonstrado que a conduta do gestor, imputada como improba, decorre da sincronia de decisões semelhantes tomadas pelo poder público em casos similares, sem que haja a patente ilegalidade na reprodução da decisão, é possível levar esse padrão decisório em consideração na análise do caso concreto, para não considerar indevida a decisão tomada.

Ademais, também sob o enfoque da LINDB, todo o procedimento administrativo de investigação preparatório para as ações de responsabilização, a exemplo das ações de improbidade, devem ter em vista a necessidade de padronização dos critérios de acusação e análise de casos. É imprescindível que haja critério objetivo para avaliar as condutas, medindo os pedidos de sancionamento e de apuração em parâmetros equivalentes entre casos semelhantes. Com isso, procura-se evitar que, para um mesmo tipo de ação do administrador público, sejam requeridas penas extremamente diversas, em ofensa direta ao princípio da isonomia.

Por fim, é também necessário que no momento da decisão das ações de improbidade administrativa sejam avaliados os critérios utilizados anteriormente pela administração para decisões de gestores públicos que antecederam o acusado, para que, só assim, possa-se verificar se o ato cometido realmente se tratou de conduta desleal contra a administração. Além disso, faz-se mais relevante do que nunca que as decisões judiciais também sejam padronizadas para estabelecer penalidades semelhantes a casos análogos e evitar disparidades que têm sido tão comuns na prática.

Busca-se, com todas essas medidas, dar o mínimo de segurança jurídica ao gestor, que pode se pautar nos padrões exitosos de decisões administrativas sem a necessidade de focar, exclusivamente, no que decidem os órgãos de controle, ficando, assim, paralisado e ausente de qualquer criatividade em suas disposições. Também se assegura a confiança daquele que analisa e julga, *a posteriori*, um ato administrativo, tendo em vista as inúmeras possibilidades que as alterações da LINDB também trazem para a responsabilização dos controladores que excederem nessa função.

Dessa maneira, tanto quem decide quanto quem julga, administrativamente e judicialmente, está protegido por exemplos anteriores de êxito e de correta avaliação, para realizar seu trabalho sem interferências políticas, arbitrariedades ou incertezas.

## IV.IV.VIII A implementação da gestão de riscos na administração pública

O fenômeno do risco é antigo conhecido do direito que, cada vez mais, tem se ocupado do seu conceito, em virtude das novas facetas que apresenta. Em importante trabalho sobre o tema, o sociólogo Ulrich Beck contextualizou aquilo que chamou de *sociedade do risco* e revelou não só o lado progressista, mas também ameaçador da modernidade, com o aumento dos perigos que a sociedade se depara cotidianamente.[467]

O conceito jurídico de risco é indeterminado, pois seu conteúdo e sua extensão não são identificáveis em um primeiro momento, em virtude da polissemia e ambiguidade de significações. Trata-se de um conceito que pode ser preenchido e esvaziado, a depender do caso concreto.

Carla Amado Gomes assevera que o conceito de risco passa pela probabilidade de sua ocorrência e por seu potencial lesivo. Segundo ela, "o risco é um perigo pressentido, mas não comprovado; o perigo é um risco de altíssima probabilidade. A fronteira entre os dois é,

---

[467] BECK, Ulrich. *Risk Society*: towards a new modernity. (Trad. Mark Ritter). New York: Sage Publications, 1992.

teoricamente, a da previsibilidade, que se debate com o inelimitável obstáculo da finitude do conhecimento humano".[468]

Risco é, pois, incerteza geradora de imprevisibilidade, convertida em problema jurídico, e se desdobra em probabilidade de ocorrência de um evento, por um lado, e potencial lesivo, por outro.[469] Richard Posner distingue risco e incerteza aduzindo que o primeiro pode ser estimado tendo por base a frequência em que pode acontecer, enquanto a incerteza não pode ser estimada em nenhum termo probabilístico. A incerteza, segundo o autor, gera paralisia decisória.[470]

Em face da enorme incerteza gerada pelos vastos domínios administrativos e da escassez de recursos, a responsabilização pela atividade pública impõe grandes desafios aos juristas na atualidade. Portanto, nas palavras de Rodrigo Valgas dos Santos, "risco da administração pública é toda incerteza que pode afetar a atividade administrativa, tendo por consequência impactos negativos ou positivos nos objetivos por ela pretendidos".[471] Ou seja, embora haja maior ocupação do direito nos aspectos negativos do risco, é possível que haja efeitos positivos ou favoráveis, de maneira a maximizar oportunidades.

É certo que as decisões administrativas geram riscos a elas inerentes por adotarem determinada política pública. Há riscos, também, na implementação de medidas preventivas para a sociedade. Além disso, existe o risco de responsabilização dos agentes públicos envolvidos nessas decisões, que é a incerteza da responsabilização pelo exercício de suas funções, especialmente da atividade decisória. Com efeito, a adequada identificação dos riscos pode evitar a responsabilização da organização e dos agentes envolvidos no processo decisório.

Para se enquadrar uma ação que gerou danos à administração em responsabilização daquele que decidiu é necessário que a decisão tenha sido tomada descurada de aspectos essenciais da avaliação e de gestão dos seus resultados ou em teorias implausíveis, sob pena de não se conseguir provar a inconsistência manifesta da solução escolhida pelo gestor.[472]

---

[468] GOMES, Carla Amado. *Risco e modificação do acto autorizativo concretizador de deveres de proteção do ambiente*. Coimbra: Almedina, 2007. p. 226.

[469] Segundo o ISO 31.000, risco é o efeito da incerteza em determinada atividade, traduzindo-se no binômio probabilidade *versus* impacto. Risco envolve a quantificação e a qualificação da incerteza, tanto para perdas quanto para ganhos.

[470] POSNER, Richard Allen. *Catastrophe*: risk and response. New York: Oxford University Press, 2004. p. 171-172.

[471] SANTOS, Rodrigo Valgas dos. *Direito Administrativo do Medo*: risco e fuga da responsabilização dos agentes públicos. 1. ed. São Paulo: Thompson Reuters Brasil, 2020. p. 323.

[472] IOKEN, Sabrina Nunes. *Controle compartilhado das políticas públicas*. Belo Horizonte: Fórum, 2018. p. 141.

Dessa forma, ao menos na teoria, é imprescindível a análise dos aspectos que levaram a determinada decisão, para, só então, analisar se ela foi correta ou não. Essa análise dos aspectos utilizados no processo decisório do administrador nada mais é do que *gestão de riscos*.

Cada novo ator inserido na tomada de decisões influencia o resultado do processo. A partir dessa compreensão, é possível identificar a forma como o agente define a política em termos de problemas e soluções, implementação e avaliação. Essa abordagem direcionada ao ator central da decisão ajuda a compreender melhor esse momento e os padrões de interações que são utilizados. Segundo Iocken, "tal perspectiva põe em evidência a multiplicidade que envolve uma tomada de decisão. Diversas arenas políticas, momentos distintos e autores diversos contribuem para a *construção* de uma decisão".[473]

No Direito Administrativo, a gestão de riscos envolve aspectos mais amplos que os tradicionais domínios da responsabilidade civil e implica definição de políticas, práticas, estratégias e procedimentos visando a monitorar, analisar e tratar os riscos. Dessa forma, preserva e agrega valor à organização, de maneira a contribuir para a realização das metas de desempenho, objetivos e cumprimento da missão institucional, representando mais que um mero conjunto de políticas de controle.

É, pois, instrumento indispensável para se evitar impactos negativos decorrentes de atividades administrativas e protege o gestor da responsabilização pela tomada de decisão.[474] A vantagem da gestão de riscos é o aprimoramento do planejamento e a antecipação dos problemas, fazendo com que a gestão seja mais preparada e qualificada a atingir seus objetivos.[475]

Apesar de ainda não ser tema em utilização irrestrita pela administração, a gestão de riscos teve início com a Lei nº 11.079/2004 (Lei das Parcerias Público-Privadas), que exigia a repartição objetiva dos riscos entre as partes, inclusive referentes ao caso fortuito, à força maior, ao fato do príncipe e à álea econômica extraordinária. No plano normativo aplicável ao setor público, destaca-se a Lei nº 13.303/2016, que estabeleceu a *matriz de riscos* e definiu conceitos de alocação de riscos, a Instrução Normativa Conjunta nº 01/2016 e a Instrução Normativa nº 5/2016 do

---

[473] IOKEN, Sabrina Nunes. *Controle compartilhado das políticas públicas*. Belo Horizonte: Fórum, 2018. p. 141.

[474] SANTOS, Rodrigo Valgas dos. Direito Administrativo do Medo: risco e fuga da responsabilização dos agentes públicos. 1. ed. São Paulo: Thompson Reuters Brasil, 2020. p. 296-297.

[475] SANTOS, Rodrigo Valgas dos. *Direito Administrativo do Medo*: risco e fuga da responsabilização dos agentes públicos. 1. ed. São Paulo: Thompson Reuters Brasil, 2020. p. 312.

Ministério do Planejamento, que adotaram medidas para sistematizar práticas relacionadas à gestão de risco, controle e governança. Contudo, há pouca ou nenhuma aplicação na seara das responsabilizações pessoais, a exemplo da improbidade administrativa.

Rodrigo Fontenelle explica a gestão de riscos como "a identificação, a avaliação e a priorização dos riscos, seguida de uma aplicação coordenada e econômica de recursos para minimizar, monitorar e controlar a probabilidade e o impacto de efeitos negativos, ou maximizar o aproveitamento de oportunidades".[476] No mesmo sentido, José Figueiredo Faria:

> A gestão do risco da função em apreço exige uma estratégia e a definição anual de objetivos das diferentes "áreas de negócio" das autarquias locais, determinando o apetite ao risco, estabelecendo uma cultura e valores, desenvolvendo políticas e procedimentos internos de controle, monitorização e avaliação do risco. Exigirá a implementação de sistemas de medição e avaliação de risco como instrumentos de análise de danos e de informações estratégicas de suporte às decisões do todo organizacional. Tal surge, normalmente, como uma consequência natural do processo de planejamento estratégico e da gestão por objetivos, tendo como finalidade alimentar este processo através da escolha de dados e construção de indicadores de desempenho do risco organizacional. É pela análise dos resultados obtidos, medidos pelos indicadores de desempenho do risco, que as organizações buscam o alinhamento dos objetivos estratégicos com os objetivos individuais e com a execução prática de suas atividades.[477]

Assim, segurança alimentar, controle de epidemias, incêndio, poluição ambiental, segurança pública, segurança no trabalho, entre outros, enquadram-se em riscos próprios da atividade administrativa e devem ser aspectos levados em consideração na análise da conduta do administrador.[478] Não é possível esterilizar a conduta do agente dos riscos a que ele está submetido e responsabilizá-lo de forma asséptica aos cálculos e às análises práticas que ele teve que fazer para tomar determinada decisão.

---

[476] MIRANDA, Rodrigo Fontenelle de Araújo. *Implementando a gestão de riscos no setor público*. Belo Horizonte: Fórum, 2017. p. 38.

[477] FARIA, José Figueiredo. Gestão de risco na aplicação da legislação. In: RALHA, João. *Princípios de gestão para município*. Lisboa: Universidade Católica Editora, 2015. p. 93-106.

[478] SANTOS, Rodrigo Valgas dos. *Direito Administrativo do Medo: risco e fuga da responsabilização dos agentes públicos*. 1. ed. São Paulo: Thompson Reuters Brasil, 2020. p. 298.

José Emanuel de Matos Torres define as seguintes fases para a gestão de risco administrativa: (i) a identificação e a valoração dos ativos críticos que precisam de proteção; (ii) a avaliação das ameaças; (iii) a identificação das vulnerabilidades; (iv) a avaliação dos riscos; e (v) a incorporação dos riscos na decisão.[479] Evidentemente, a adoção de certas medidas estará adstrita ao custo-benefício, de modo que a adoção de contramedidas não deve ser superior aos ganhos. Dessa maneira, somente levando em consideração essa gama de fatores, é possível avaliar a probidade, a honestidade e a boa-fé da conduta do agente que tomou a decisão pelo poder público.

O risco de responsabilização do agente público – que implica a perda de seu cargo, condenações patrimoniais, a perda de sua reputação, a privação de liberdade – não pode ser desconsiderado no momento de tomada de decisão. É impossível que o administrador decida qualquer coisa sem sopesar esses riscos.

A efetiva utilização da gestão de risco na administração para a verificação da responsabilidade certamente poderá ser importante ferramenta na proteção do gestor. Isso porque riscos bem definidos e limitados evitam problemas não só para o poder público, mas para o próprio administrador.

Quando se toma como exemplo as contratações públicas no Brasil, percebe-se que a deficiência no planejamento pode gerar consequências na qualidade das aquisições. A causa do planejamento deficiente pode ser, portanto, a urgência da contratação, a falta de estudos preliminares e a ausência de coordenação entre as áreas. Os resultados danosos podem ser o não atingimento das necessidades da administração, o excesso de aditivos contratuais, o incremento de custos, o desperdício e a responsabilização do agente. O tratamento desses riscos está na formalização do processo de trabalho e gestão.

A gestão de riscos é fundamental para que uma gestão seja eficiente, atenda ao cumprimento do interesse público e sirva como blindagem para o gestor. Se as decisões forem precedidas de processo de gestão de riscos, as chances de responsabilização do administrador serão reduzidas e a administração ficará menos exposta a riscos. Caso esses riscos sejam inevitáveis, será possível um melhor enfrentamento de forma transparente.[480]

---

[479] TORRES, José Emanuel de Matos. *Gestão de riscos*: no planejamento, execução e auditoria de segurança. Lisboa: Instituto Superior de Ciências Policiais e Segurança Interna, 2015. p. 24-107.

[480] SANTOS, Rodrigo Valgas dos. Direito Administrativo do Medo: risco e fuga da responsabilização dos agentes públicos. 1. ed. São Paulo: Thompson Reuters Brasil, 2020. p. 312.

Segundo Irene Nohara, "para que a gestão de riscos saia dos textos normativos e passe a ser realidade na administração pública, é necessário que haja adaptação da cultura organizacional às novas diretrizes da governança pública".[481] Se é inerente à gestão de riscos o processo de tomada de decisão, é evidente que as razões que levaram a esta ou àquela medida poderão ser objeto de fiscalização pelos órgãos de controle. Se as razões utilizadas pelo gestor, de modo transparente e honesto, forem entendidas contra ele, especialmente porque o controle é exercido *a posteriori*, isso poderá desencorajá-lo a exteriorizar suas razões de decidir e tratar riscos adequadamente.

Nesse diapasão, para adoção do gerenciamento de riscos, é fundamental que os órgãos julgadores estejam imbuídos de outra mentalidade: que se coloquem no lugar do gestor ao tempo da tomada de sua decisão, tal como preconizado pelo art. 22 da LINDB.[482]

O desafio é implementar e adaptar a gestão de riscos às peculiaridades de cada ambiente interno ou externo, no intuito de melhorar a qualidade da gestão pública e do processo de tomada de decisão, bem como a eficiência. Nem sempre isso será suficiente, porque carecemos do ajuste do controle no sentido de flexibilizar certo grau de risco inerente a qualquer decisão. Isso decorre das inseguranças ainda existentes no sistema brasileiro de controle, que não oferece certezas ao gestor de como suas decisões serão avaliadas e de como serão impostas as sanções.

Por fim, é imperioso atentar para o fato de que a implementação da gestão de riscos, por paradoxal que seja, não pressupõe a exigência de um processo mais rigoroso de análise das decisões do administrador, alegando que, diante dos elementos e informações que detinha, deveria ter adotado outra decisão. Analisar algo que já aconteceu é sempre mais fácil do que fazê-lo em tempo real.

### IV.IV.IX A tolerabilidade do erro

Como visto, o elemento subjetivo na conduta não se confunde com a prática por mero erro do gestor. Contudo, para que haja responsabilização, é necessário que ao menos a culpa grave seja demonstrada.

---

[481] NOHARA, Irene Patrícia. Governança Pública e gestão de riscos: transformações no direito administrativo. *In*: CASTRO, Rodrigo Pironti Aguirre de; GONÇALVES, Francine Silva Pacheco. *Compliance e gestão de riscos nas empresas estatais*. Belo Horizonte: Fórum, 2018. p. 327-342.

[482] SANTOS, Rodrigo Valgas dos. *Direito Administrativo do Medo*: risco e fuga da responsabilização dos agentes públicos. 1. ed. São Paulo: Thompson Reuters Brasil, 2020. p. 312-313.

A formação imperfeita da vontade do sujeito, em decorrência de uma equivocada compreensão da realidade, é tema de estudo no Direito – principalmente no Direito Penal e no Direito Civil. Não obstante, os estudos são escassos na seara do Direito Administrativo.

Diante dessa constatação, utiliza-se do Direito Penal e do Direito Civil para delimitar o âmbito da culpa do sujeito. No âmbito criminal, uma das teorias da culpa – a teoria abstrata – sustenta que, para sua determinação, é preciso estabelecer qual é o cuidado abstratamente exigível. Deve-se buscar quais precauções teriam sido seguidas caso a conduta fosse adotada por indivíduo cuidadoso. Se os cuidados adotados, no caso concreto, forem semelhantes ou superiores aos assumidas por um sujeito comum, não será verificada culpa. Caso contrário, estará demonstrada a existência do elemento subjetivo.[483]

Em contraposição a essa teoria abstrata da culpa, também no Direito Penal defende-se que o comportamento culposo do agente deve ser aferido na medida de suas capacidades individuais. É preciso, portanto, que sejam considerados aspectos subjetivos do indivíduo para determinar a natureza culposa de seu comportamento. Do agente com habilidade exige-se mais do que daquele inabilidoso, e a lógica se mantém na hipótese inversa. Por esse método concreto, a conclusão acerca da presença do elemento subjetivo pode ser diferente para condutas idênticas, desde que realizadas por indivíduos diferentes.[484]

No Direito Privado, a noção subjetiva da culpa surgiu sob a inspiração de ideais de moral e ética. Em tal contexto, a culpa é entendida como a violação de um valor superior imposto. A demonstração do elemento subjetivo depende, portanto, da análise das circunstâncias objetivas e psicológicas que condicionaram a conduta do ofensor.

Outra corrente do Direito Privado defende que a culpa deve ser aferida por meio da comparação com um modelo ideal de comportamento. Trata-se, pois, de uma incompatibilidade entre a conduta do ofensor e um padrão estabelecido de conduta. Assim sendo, a culpa não se relaciona mais com uma condição psicológica reprovável, mas com um *erro de conduta*.

Traçadas essas linhas gerais sobre os sistemas jurídicos civil e penal, é necessário investigar o método adotado pelo Direito Administrativo. A culpa do agente público e a tolerabilidade do erro do

---

[483] BITENCOURT, Cezar Roberto. *Erro de tipo e erro de proibição*: uma análise comparativa. São Paulo: Saraiva, 2013. p. 67.

[484] DIONÍSIO, Pedro de Hollanda. O direito ao erro do administrador público no Brasil: contexto, fundamentos e parâmetros. Rio de Janeiro: Mundo Jurídico, 2019. p. 115.

administrador devem ser avaliadas em abstrato – tendo como parâmetro um modelo único de bom gestor – ou em concreto – de acordo com suas capacidades individuais?

O erro é uma desconformidade fática ou jurídica em que o administrador baseou sua conduta. Por definição, é imprescindível que a configuração dessa má avaliação não tenha sido intencional, ou seja, sem dolo ou malícia.

Caso fossem consideradas características pessoais internas do indivíduo, como suas condições intelectuais, estar-se-ia prestigiando o gestor incompetente e penalizando aquele com capacidades acima do normal. A imposição de um grau de diligência maior daqueles que tiveram boa formação escolar e vastas experiências práticas anteriores tem o efeito contraditório de exigir menos daqueles que tenham deficiente formação. Por isso, não parece razoável a adoção de um método puramente subjetivo para a avaliação da culpa administrativa, além de, por esse método, haver um afastamento de bons profissionais da administração pública.[485]

Ainda em desfavor desse método totalmente subjetivo, é importante elucidar que, nos regimes civil e penal, as normas aplicam-se de forma indistinta a todos os cidadãos, enquanto o administrador público sujeita-se de forma voluntária a normas especiais de responsabilização. A ampliação do espaço de tolerância a equívocos cometidos por administradores pouco qualificados desconsidera a imprudência de aceitar uma função incompatível com sua capacidade intelectual. Além disso, é extremamente difícil a análise do estado anímico do sujeito que comete determinada conduta administrativa.

O Tribunal de Contas da União, em sua atual jurisprudência, condiciona a responsabilização do agente público ao comportamento esperado de um *administrador médio*. Havendo incompatibilidade entre essas condutas, entende-se necessária a responsabilização e a penalização do sujeito. Espera-se que o comportamento do gestor seja ao menos semelhante a um modelo de conduta social leal, cautelosa e diligente.[486] Contudo, a jurisprudência do TCU não apresenta de forma segura os requisitos que devem ser apresentados pelo *administrador médio*.[487]

---

[485] DIONÍSIO, Pedro de Hollanda. O direito ao erro do administrador público no Brasil: contexto, fundamentos e parâmetros. Rio de Janeiro: Mundo Jurídico, 2019. p. 120-125.

[486] TCU. Acórdão nº 243/1010, Plenário, Rel. Min. Aroldo Cedraz, julgamento de 24.10.2010.

[487] PALMA, Juliana Bonacorsi de. Quem é o 'administrador médio' do TCU? *Jota*, 22 ago. 2018. Disponível em: https://www.jota.info/opiniao-e-analise/colunas/controle-publico/quem-e-o-administrador-medio-do-tcu-22082018. Acesso em 22 dez. 2020.

Também são direcionadas objeções ao modelo abstrato de verificação da culpa administrativa, sobretudo diante do art. 22 da LINDB, que dispõe que os órgãos de controle considerem os obstáculos e as dificuldades enfrentadas pelo gestor, inclusive eventuais circunstâncias concretas que tenham limitado ou condicionado sua conduta, e as exigências políticas de seu cargo. Nesse contexto, um parâmetro único de *administrador médio* desconsidera a realidade enfrentada pelo sujeito. Não é possível aferir a culpa pelos mesmos critérios de administradores que enfrentam realidades diferentes, sob pena de idealização dos fatos (reais) a que estão sujeitos esses gestores públicos.[488]

Diante da limitação dos dois critérios para aferição da culpa administrativa, entende-se que a análise deve ser feita por meio de aspectos sensíveis à realidade concreta e objetiva, mas também aos aspectos estritamente subjetivos. Além disso, demanda-se uma retrospectiva da conduta do agente, pelos órgãos de controle, para se aferir o contexto da tomada da decisão. "Afinal, se, no Direito, vigora, com predominante aceitação, o brocardo *tempus regit actum*, no que respeita a vigência da lei no tempo, outro não pode ser o viés interpretativo que deve nortear aqueles que aplicam a norma ao apreciarem os atos dos agentes públicos".[489]

Estudos apontam que, no Brasil, as ações de improbidade administrativa demoram, em média, mais de seis anos para serem julgadas.[490] Portanto, uma retrospectiva para que se analise o contexto da tomada de decisão é imprescindível para investigação da reprovabilidade da conduta.

---

[488] DIONÍSIO, Pedro de Hollanda. O direito ao erro do administrador público no Brasil: contexto, fundamentos e parâmetros. Rio de Janeiro: Mundo Jurídico, 2019. p. 125.

[489] MARQUES NETO, Floriano de Azevedo; FREITAS, Rafael Véras de. O artigo 22 da LINDB e os novos contornos do Direito Administrativo sancionador. *Consultor Jurídico*, 25 jul. 2018. Disponível em: https://www.conjur.com.br/2018-jul-25/opiniao-artigo-22-lindb-direito-administrativo-sancionador#:~:text=O%20artigo%2022%20da%20LINDB%20e%20os%20novos%20contornos%20do%20Direito%20Administrativo%20sancionador&text=O%20exerc%C3%ADcio%20do%20poder%20extroverso,sobretudo%20pelo%20seu%20vi%C3%A9s%20repressivo.&text=Cuida%2Dse%20de%20prescri%C3%A7%C3%A3o%20que,%C3%A2mbito%20do%20Direito%20Administrativo%20sancionador. Acesso em 22 dez. 2020.

[490] COSTA, Flávio. Brasil leva 6 anos para julgar improbidade; demora dificulta recuperação de dinheiro público. *UOL*, São Paulo, 29 ago. 2017. Disponível em: https://noticias.uol.com.br/politica/ultimas-noticias/2017/08/29/brasil-leva-6-anos-para-julgar-improbidade-demora-dificulta-recuperacao-de-dinheiro-publico.htm?cmpid=copiaecolahttps://noticias.uol.com.br/politica/ultimas-noticias/2017/08/29/brasil-leva-6-anos-para-julgar-improbidade-demora-dificulta-recuperacao-de-dinheiro-publico.htm. Acesso em 22 dez. 2020.

Ademais, é importante levar em consideração, para análise da conduta do sujeito, que a Constituição Federal vedou a responsabilidade objetiva do administrador público, sendo necessária a constatação do dolo ou da culpa. O art. 5º, XLV, e o art. 37, §6º, da Carta Magna impõem a responsabilidade subjetiva do administrador que comete atos ilícitos. Assim sendo, o ordenamento jurídico reconhece a existência de um espaço de tolerância para o erro.

O art. 28 da LINDB, além de confirmar a existência desse espaço que tolera o equívoco, inovou o sistema jurídico nesse ponto, uma vez que exigiu dolo ou erro grosseiro para que o agente possa ser responsabilizado. O dispositivo elevou o grau de culpa exigente para que haja responsabilização, civil ou administrativa, pela prática de um ato na função pública. Essa tolerabilidade já foi reconhecida pelo TCU, em *leading case* sobre o tema:[491]

> 79. Quanto à alegação de que não existem indícios de que o defendente tenha agido dolosamente, destaco que a responsabilidade dos jurisdicionados perante o TCU é de natureza subjetiva, caracterizada mediante a presença de simples culpa stricto sensu, sendo desnecessária a caracterização de conduta dolosa ou má-fé do gestor para que este seja instado a ressarcir os prejuízos que tenha causado ao erário (Acórdãos nº 9004/2018- 1ª Câmara, 635/2017-Plenário, 2781/2016-Plenário, dentre outros).
> 80. Neste ponto, cabe ressaltar que a Lei nº 13.655/2018 introduziu vários dispositivos na Lei de Introdução às Normas do Direito Brasileiro – LINB, que diretamente alcançam a atividade jurisdicional desta Corte de Contas, em especial a atividade de aplicação de sanções administrativas e de correção de atos irregulares.
> 81. Segundo os arts. 22 e 28 da LINB, recém introduzidos pela referida norma:
> "Art. 22. Na interpretação de normas sobre gestão pública, serão considerados os obstáculos e as dificuldades reais do gestor e as exigências das políticas públicas a seu cargo, sem prejuízo dos direitos dos administrados.
> §1º Em decisão sobre regularidade de conduta ou validade de ato, contrato, ajuste, processo ou norma administrativa, serão consideradas as circunstâncias práticas que houverem imposto, limitado ou condicionado a ação do agente.
> §2º Na aplicação de sanções, serão consideradas a natureza e a gravidade da infração cometida, os danos que dela provierem para a administração pública, as circunstâncias agravantes ou atenuantes e os antecedentes do agente.

---

[491] DIONÍSIO, Pedro de Hollanda. O direito ao erro do administrador público no Brasil: contexto, fundamentos e parâmetros. Rio de Janeiro: Mundo Jurídico, 2019. p. 127.

§3º As sanções aplicadas ao agente serão levadas em conta na dosimetria das demais sanções de mesma natureza e relativas ao mesmo fato.
(...)
Art. 28. O agente público responderá pessoalmente por suas decisões ou opiniões técnicas em caso de dolo ou erro grosseiro". (Grifos acrescidos).
82. Dito isso, é preciso conceituar o que vem a ser erro grosseiro para o exercício do poder sancionatório desta Corte de Contas. Segundo o art. 138 do Código Civil, o erro, sem nenhum tipo de qualificação quanto à sua gravidade, é aquele "que poderia ser percebido por pessoa de diligência normal, em face das circunstâncias do negócio" (Grifos acrescidos). Se ele for substancial, nos termos do art. 139, torna anulável o negócio jurídico. Se não, pode ser convalidado.
83. Tomando como base esse parâmetro, o erro leve é o que somente seria percebido e, portanto, evitado por pessoa de diligência extraordinária, isto é, com grau de atenção acima do normal, consideradas as circunstâncias do negócio. O erro grosseiro, por sua vez, é o que poderia ser percebido por pessoa com diligência abaixo do normal, ou seja, que seria evitado por pessoa com nível de atenção aquém do ordinário, consideradas as circunstâncias do negócio. Dito de outra forma, o erro grosseiro é o que decorreu de uma grave inobservância de um dever de cuidado, isto é, que foi praticado com culpa grave.[492]

O art. 28 da LINDB unificou os critérios para definição da responsabilidade de todos os agentes públicos. Portanto, apenas erros grosseiros, em que seja constatada culpa grave, autorizam a responsabilização pessoal do agente.

Diante disso, Pedro de Hollanda Dionísio estabeleceu parâmetros para aferição da tolerabilidade jurídica do erro do agente. Segundo ao autor, é necessária a verificação (i) da diligência; (ii) da urgência da decisão; (iii) da relevância da decisão; e (iv) dos obstáculos materiais à obtenção de informações relevantes, para, só assim, delimitar o âmbito de responsabilidade do gestor público e estabelecer o grau de tolerabilidade de seu erro.[493]

É imprescindível que para aferição do erro seja considerada, em primeiro lugar, a diligência da decisão tomada. Quanto maior for o nível de cuidado do gestor na instrução de seu procedimento decisório, mais espaço terá de tolerância ao cometimento de erros. Sob pena de

---

[492] TCU. Acórdão nº 2391/2018 – Plenário. Relator: Benjamin Zymler. Disponível em: https://pesquisa.apps.tcu.gov.br/#/redireciona/acordao-completo/%22ACORDAO-COMPLETO-2287602%22. Acesso em 02 jan. 2021. Art. 28.
[493] DIONÍSIO, Pedro de Hollanda. *O direito ao erro do administrador público no Brasil*: contexto, fundamentos e parâmetros. Rio de Janeiro: Mundo Jurídico, 2019. p. 130-142.

incorrer em culpa, o cumprimento desse dever de cuidado depende da coleta de uma quantidade mínima de dados técnicos e jurídicos para a tomada da decisão.

Também se faz imprescindível analisar a urgência da decisão. Quanto mais imediata é a solução da administração, menor é o nível de diligência a ser exigido do gestor. O excesso de planejamento, em casos urgentes, pode impedir que o agente aja de maneira célere e evite desastres e prejuízos. A incidência de erros costuma ser mais frequente em decisões tomadas de maneiras mais céleres, uma vez que são mais intuitivas e menos racionais.[494]

Na hipótese de decisões urgentes, determinados erros podem ser justificados pela necessidade de agilidade, motivo pelo qual a tolerância jurídica deve ser ampliada. Não se quer dizer, com isso, que a urgência da situação isentará o administrador de quaisquer responsabilidades que tenha incorrido em suas funções, mas somente que a análise do caso concreto poderá mitigar sua responsabilidade em virtude da emergência da tomada de decisão. O nível de incerteza e imprevisibilidade é essencial para a verificação da escusabilidade do erro.

> Ora, desastres naturais e grandes catástrofes não podem receber, do intérprete e aplicador das normas, um tratamento idêntico ao de demandas quotidianas e rotineiras do setor público, e mesmo ao de demandas que sejam emergenciais, porém não relacionadas a risco à vida e a periclitação de outros direitos fundamentais das pessoas.[495]

O terceiro fator que influencia o grau de diligência exigido do gestor é a relevância da decisão administrativa em questão. Quanto maior a relevância da escolha do administrador, maior deve ser o nível de exigência e menor o grau de tolerância a erros. O grau de cautela deve ser justificado pelo objeto da decisão, devendo o administrador ser ainda mais diligente nas escolhas muito relevantes.[496]

Como último fator de influência no nível de diligência exigido do gestor público, à luz do art. 22 da LINDB, consta a existência de

---

[494] DIONÍSIO, Pedro de Hollanda. *O direito ao erro do administrador público no Brasil*: contexto, fundamentos e parâmetros. Rio de Janeiro: Mundo Jurídico, 2019. p. 142.

[495] MOREIRA NETO, Diogo de Figueiredo; GARCIA, Flávio Amaral. Desastres naturais e as contratações emergenciais. *Revista de Direito Administrativo (RDA)*, Rio de Janeiro: Fundação Getúlio Vargas, v. 265, p. 152-167, 2014.

[496] A própria legislação impõe diligências e precauções mínimas de acordo com o grau de relevância da decisão a ser tomada. A título de exemplo, o art. 39 da Lei nº 8.666/1993 exige a realização de audiências públicas antes da publicação de editais de licitações que tenham valor estimado acima de trezentos e trinta milhões de reais.

obstáculos materiais à obtenção de informações relevantes, que tem o condão de ampliar o espaço de tolerância ao cometimento de equívocos decisórios. Deficiências na infraestrutura administrativa, carência de recursos financeiros, excesso de trabalho, escassez de tempo, déficit de recursos humanos, existência de condições precárias são limitações materiais que fazem parte da realidade do gestor público brasileiro que, a despeito das exigências de isonomia, fazem com que haja patente heterogeneidade entre os entes que compõem a Federação. A presença desses obstáculos pertinentes à tomada de decisão deve ser levada em consideração na análise da conduta do gestor para tolerabilidade dos equívocos cometidos.

A incidência dos princípios constitucionais da economicidade e da eficiência também são fundamentos para a não responsabilização pessoal do administrador. O temor decorrente da intolerância com o erro gera um ambiente de imprevisibilidade que causa prejuízos ao processo decisório, de forma que a possibilidade de ser responsabilizado passa a ser o principal critério de escolha do administrador – e não o interesse público. O medo de cometer erros incentiva a inércia e o excesso de formalismos.[497]

A intolerância ao erro ainda é um desincentivo a inovações, que são fundamentais para o enfrentamento de casos complexos. Soluções inovadoras reduzem custos e podem transformar a atuação do Estado em mais eficaz.

A existência de um espaço para o erro é vital para a celeridade, em uma ponderação entre rapidez e precisão. A absoluta intolerância ao cometimento de equívocos afasta dos quadros da administração os bons gestores, na medida em que os torna excessivamente temerosos em comprometer sua reputação e seu patrimônio ao exercer tal função.

## IV.IV.X A impossibilidade de responsabilização pautada exclusivamente em princípios

Como demonstrado nos tópicos anteriores, propósito tradicionalmente aceito no Direito Administrativo Sancionador é o uso abundante de princípios, termos jurídicos indeterminados e cláusulas gerais. Revestidas dessas peculiaridades, as normas criam ambiente semanticamente vago e impreciso, indeterminado ou indeterminável,

---

[497] DIONÍSIO, Pedro de Hollanda. *O direito ao erro do administrador público no Brasil*: contexto, fundamentos e parâmetros. Rio de Janeiro: Mundo Jurídico, 2019. p. 145.

essencial para o deslinde de controvérsias pautadas na rápida evolução das relações sociais, mas com graves riscos à segurança jurídica, em que predominam os poderes dos intérpretes.[498] A Lei de Improbidade Administrativa, como exemplo desse propósito, optou pelo modelo punitivo baseado em princípios, fundamentando-se em racionalidade legislativa que delega poderes aos operadores do direito.

São notáveis as vantagens desse ambiente, que permite grande mobilidade ao intérprete na atualização dos textos legais, diante dos velozes acontecimentos e mutações da sociedade, de tal forma a coibir manobras formalistas conducentes à impunidade. Contudo, o mesmo ambiente de flexibilidade é também o das incertezas, o das arbitrariedades, o das injustiças, o das inseguranças e o do voluntarismo político desprovido de legitimidade.[499]

Assim, esse modelo sancionatório estabelecido na Lei de Improbidade Administrativa abre espaço para a discricionariedade dos órgãos de controle (acusadores e julgadores) e permite amplo espaço aos abusos acusatórios, com manobras que podem violar o direito constitucional da ampla defesa dos imputados, consagrando-se em um terreno de prerrogativas abusivas e arbitrárias, com prevalência da vontade do intérprete, maculada, muitas vezes, por razões estranhas ao interesse público.[500]

Proliferam vários questionamentos sobre o alcance da Lei de Improbidade Administrativa, tanto em decorrência dos tipos abertos, quanto da grave insegurança jurídica e da instabilidade de determinadas posturas interpretativas. Isso porque é sabido que o manejo irresponsável dessa norma é capaz de gerar desequilíbrios políticos, institucionais e econômicos. No entanto, não há, atualmente, estatísticas qualitativas para medir a eficácia dessa lei e a eficiência em seu manuseio, o que, por si só, fragiliza sua operacionalidade e um debate mais aprofundado sob a perspectiva dos interesses sociais.[501]

Nesse cenário de insegurança jurídica, a falta de critérios uniformes de sancionamento e a ausência de estatísticas qualificadas para aferir a atuação fiscalizadora são fatores que concorrem negativamente

---

[498] OSÓRIO, Fábio Medina. *Teoria da Improbidade Administrativa*: má gestão pública, corrupção, ineficiência. 4. ed. rev. atual. São Paulo: Thomson Reuters Brasil, 2018. p. 332.

[499] OSÓRIO, Fábio Medina. *Teoria da Improbidade Administrativa*: má gestão pública, corrupção, ineficiência. 4. ed. rev. atual. São Paulo: Thomson Reuters Brasil, 2018. p. 333.

[500] OSÓRIO, Fábio Medina. *Teoria da Improbidade Administrativa*: má gestão pública, corrupção, ineficiência. 4. ed. rev. atual. São Paulo: Thomson Reuters Brasil, 2018. p. 333.

[501] OSÓRIO, Fábio Medina. *Conceito e tipologia dos atos de improbidade administrativa*. Disponível em: https://core.ac.uk/download/pdf/16038245.pdf. Acesso em 22 dez. 2020.

para um debate superficial sobre a eficácia da lei e das instituições controladoras. A despeito de a legislação ter trazido avanço no campo do direito repressivo, é certo que a Lei de Improbidade, por diversas causas, vem vivenciando crise que não deixa de representar, também, uma tensão para o próprio Ministério Público e demais órgãos de controle.

Os atos de improbidade administrativa encontram-se descritos em três seções da Lei nº 8.429/1992: os atos que importem em enriquecimento ilícito (art. 9º), os que causem prejuízos ao erário (art. 10) e os que atentem contra princípios da administração pública (art. 11).[502] Para tratar da tipicidade dos atos ímprobos, é imprescindível que o conceito de improbidade não esteja vinculado somente a tipos abertos, mas que seja feito o correto enquadramento nos mencionados tipos sancionadores.

Segundo Fábio Medina Osório, "o conceito de improbidade está ligado a dois pilares fundamentais da ética pública na pós-modernidade: as noções de grave ineficiência funcional e grave desonestidade".[503] Dessa forma, a lei não engloba apenas os atos de corrupção pública – entendida como o uso do poder público para a garantia de interesses privados –, mas também inclui distorções inerentes à desorganização e à ineficiência.

Uma das premissas provenientes do campo ético normativo estabelece que a improbidade não pode se confundir com ilícitos dolosos nem com ilegalidades em geral. O legislador desempenha papel crucial nessas definições, uma vez que recolhe material de um universo ético e o transforma em jurídico. Assim, a lei não reprime apenas atos desonestos, mas ineficientes também, tendo em vista que a ineficiência endêmica é ambiente fértil às desonestidades funcionais.

A LIA, ao regulamentar o art. 37, §4º, da Constituição Federal, contemplou ilícitos culposos e dolosos, de modo ostensivo, com tipos sancionadores extremamente abertos, tanto quanto as clássicas estruturas ético-normativas dos crimes de responsabilidade ou dos códigos de conduta. Seu regime jurídico se mostrou nebuloso, de forma a oscilar entre o cível e o criminal. Isso porque, apesar de tratar-se de uma ação civil pública, as penalidades são muito próximas do Direito Penal.

Além disso, os poderes das instituições controladoras aparentemente seriam do mesmo porte daquelas que julgam os crimes de

---

[502] GARCIA, Emerson; ALVES, Rogério Pacheco. *Improbidade Administrativa*. 9. ed. São Paulo: Saraiva, 2017.

[503] OSÓRIO, Fábio Medina. *Conceito e tipologia dos atos de improbidade administrativa*. Disponível em: https://core.ac.uk/download/pdf/16038245.pdf. Acesso em 23 dez. 2020.

responsabilidade, no que diz respeito à extensão política e discricionária. Por isso, o enquadramento de condutas proibidas, para fins de sancionamento, pressupõe a noção do conceito de devido processo legal, de legalidade, de culpabilidade, de presunção de inocência entre outros.

> A lei não pune tão somente os atos desonestos *stricto sensu*. No plano infraconstitucional, desde o Decreto nº 30, de 08 de janeiro de 1892, a improbidade, na categoria de crime de responsabilidade, abarcava, além de uma série de desonestidades, a inaptidão notória ou a desídia habitual no exercício das funções. Parece relevante sublinhar tais características, inclusive para que se explorem potencialidades mais profundas dessa categoria jurídica, observados seus pressupostos. Isso revela a vocação histórica do dever para abarcar deveres correlatos e vinculados à eficiência e à honestidade funcionais. Poder-se-ia traçar um histórico ainda mais amplo da expressão *probitas* para mostrar que, mesmo na origem mais remota, o dever em exame guardaria uma relação com a honra funcional do setor público.[504]

Não obstante, ainda que sejam admitidas as modalidades culposas de improbidade administrativa, não se pode aniquilar o direito ao erro. É imperioso que se reconheça que os agentes públicos têm direito ao cometimento de erros juridicamente toleráveis.

Para além do reconhecimento do direito ao erro, é importante registrar que nem toda ilegalidade configura improbidade, e as infrações devem ser classificadas de acordo com critérios hierárquicos. Existe um catálogo hierárquico de transgressões, desde aquelas toleráveis juridicamente até as que são absorvidas por outras categorias jurídicas.

A não delimitação da gravidade das infrações e a criação de tipos abertos parece ter caracterizado a técnica legislativa da norma, de modo que seu compromisso com a segurança jurídica não teria sido elevado. Ao contrário, a eficiência punitiva estaria justamente na abertura dos tipos sancionadores, a fim de evitar o engessamento dos operadores jurídicos e, sobretudo, das instituições fiscalizadoras.

Nesse sentido, a norma que sanciona a violação dos princípios administrativos exerce estratégico papel de natureza residual ou de *norma de reserva*. Assim, o art. 11 da LIA cumpre função de ampliar a abrangência da lei para atingir mais condutas passíveis de julgamento e responsabilização, que não somente as que configuram enriquecimento ilícito ou dano ao erário.[505]

---

[504] OSÓRIO, Fábio Medina. *Conceito e tipologia dos atos de improbidade administrativa*. Disponível em: https://core.ac.uk/download/pdf/16038245.pdf. Acesso em 22 dez. 2020.

[505] Segundo estudo realizado por Ricardo Alberto Kanayama sobre a improbidade por violação aos princípios da administração pública no estado de São Paulo, dos 353 casos,

Anderson Schreiber, no trabalho intitulado *Novos Paradigmas da Responsabilidade Civil: da erosão dos filtros da reparação à diluição dos danos*, procura demonstrar como os três pilares da responsabilidade civil – a culpa, o nexo causal e o dano – foram sendo abandonados ou flexibilizados ao longo do tempo.[506] De forma semelhante ao que ocorreu na responsabilidade civil, na improbidade administrativa houve erosão dos filtros, porque algumas decisões simplesmente ignoram a necessidade de verificar o elemento subjetivo, pelo uso do dolo genérico, que possibilita o aproveitamento de presunções, a tornar a responsabilização objetiva. Salta-se, diretamente, da conduta ilegal ou equivocada para o ato de improbidade administrativa.

Portanto, a Lei nº 8.429/1992 tem como característica o embasamento de seu sancionamento em *normas em branco*. Contudo, em sentido contrário às razões empregadas na origem da Lei de Improbidade Administrativa, hoje já se observa que as legislações têm evoluído para definir as pautas com clareza, segurança jurídica e previsibilidade. Dessa forma, ao abrigo da legalidade, evitam-se juízos puramente discricionários, uma vez que a intermediação de uma legislação mais densa e menos discricionária assegura, inclusive, a potencial consciência da ilicitude dos destinatários das normas.

Diante disso, o fenômeno da responsabilização por princípios levanta algumas preocupações de ordem processual, uma vez que, a

---

em pelo menos 102 (28,9%) houve o que se chama de desclassificação da conduta, isto é, o reenquadramento do tipo de enriquecimento ilícito (art. 9º) ou dano ao erário (art. 10) para a violação aos princípios da Administração (art. 11). Isso significa que em quase um terço dos casos houve a tentativa do autor da ação em punir o agente público pelos tipos de improbidade mais graves, mas, diante do insucesso na comprovação do enriquecimento ilícito ou do dano ao erário, a condenação final foi pela violação aos princípios. Em virtude dessa análise, o autor assevera que o art. 11 é um curinga para a responsabilização por improbidade administrativa, no sentido de que, caso não se consiga o enquadramento da conduta nos arts. 9º ou 10 da lei, certamente se conseguirá no art. 11, tendo em vista os conceitos jurídicos indeterminados que permeiam o dispositivo. Portanto, os resultados que comprovam o artigo 11 como um tipo curinga trazem à tona importante discussão sobre o devido processo. Em complemento, não é incomum encontrar decisões que não deixam claro qual é o tipo de improbidade violado e que aplicam, de modo descuidado, sanções dos diversos incisos do art. 12, não se atentando aos limites da dosimetria previstos em lei. (KANAYAMA, Ricardo Alberto. *Improbidade por violação aos princípios da Administração Pública*: um diagnóstico da fundamentação das decisões do Tribunal de Justiça de São Paulo. Escola de Direito de São Paulo. São Paulo: Fundação Getúlio Vargas, 2020. Disponível em: https://bibliotecadigital.fgv.br/dspace/bitstream/handle/10438/28949/Ricardo%20A.%20Kanayama%20-%20Dissertac%cc%a7a%cc%83o%20versa%cc%83o%20final%20definitiva.pdf?sequence=5&isAllowed=y. Acesso em 26 out. 2020).

[506] SCHREIBER, Anderson. Responsabilidade civil e direito de família: a proposta da reparação não pecuniária. *In*: MADALENO, Rolf; BARBOSA, Eduardo (Coords.). *Responsabilidade Civil no Direito de Família*. São Paulo: Atlas, 2015. p. 32-49.

despeito de a jurisprudência entender que o réu deve se defender dos fatos, e não da qualificação deles, é inegável que isso dificulta sobremaneira a defesa do acusado, que tem que rebater os argumentos jurídicos usados pelo autor. Assim, a situação do acusador torna-se cômoda, porque não tem qualquer ônus de sucumbência pelos seus pedidos.[507]

Em decorrência do próprio Estado Democrático de Direito, as condutas não podem ser proibidas de forma arbitrária e, exatamente por isso, considera-se relevante a funcionalidade das leis no sistema jurídico. Em decorrência dessa limitação inerente ao sistema normativo brasileiro, a Lei de Improbidade Administrativa merece revisitação para refazimento de seus preceitos originais.

A permeabilidade do sistema jurídico a normas de interpretação de caráter aberto e o balizamento por princípios é uma realidade no direito brasileiro. Contudo, decisões baseadas em valores jurídicos abstratos, não apoiadas em normas concretas, não podem se prestar como argumento de autoridade e servir como cláusula mágica e transcendente, à luz das evoluções que o Direito Administrativo vem sofrendo ao longo dos anos.

É imprescindível que o decisor analise os efeitos de sua decisão, em homenagem à responsividade, além do enredo fático em que estava inserido o tomador da decisão, as possibilidades existentes, o desenho político e as normas concretas sobre a conduta. De acordo com Floriano Azevedo Marques Neto, "exigir motivação robusta e compromisso com os efeitos é, no Estado Democrático de Direito, nada menos do que o mínimo essencial".[508]

Diante do vasto quadro de insegurança jurídica delineado nos últimos anos, a legislação administrativa – e referente ao Direito Público como um todo – vem evoluindo e se modificando para reduzir incertezas, arbitrariedades e decisionismos. Os dispositivos alterados pela Lei nº 13.655/2018 trouxeram justamente esse intuito de diminuir vicissitudes e aumentar certezas, afastando decisões baseadas somente em conceitos jurídicos indeterminados, subjetivismos do julgador,

---

[507] KANAYAMA, Ricardo Alberto. *Improbidade por violação aos princípios da Administração Pública*: um diagnóstico da fundamentação das decisões do Tribunal de Justiça de São Paulo. Escola de Direito de São Paulo. São Paulo: Fundação Getúlio Vargas, 2020. p. 140. Disponível em: https://bibliotecadigital.fgv.br/dspace/bitstream/handle/10438/28949/Ricardo%20A.%20Kanayama%20-%20Dissertac%cc%a7a%cc%83o%20versa%cc%83o%20final%20definitiva.pdf?sequence=5&isAllowed=y. Acesso em 26 out. 2020.

[508] MARQUES NETO, Floriano de Azevedo; FREITAS, Rafael Véras de. *Comentários à Lei nº 13.655/2018 (Lei da Segurança para a Inovação Pública)*. 1. Reimp. Belo Horizonte: Fórum, 2019. 43-45.

que o permita enquadrar qualquer atitude como reprovável, para dar parâmetros claros à responsabilização e ao sancionamento daqueles que lidam com a coisa pública.

Assim, não parece mais cabível a existência de improbidade por mera violação direta a princípios da Lei nº 8.429/1992, porque, sendo assim, haverá delegação intolerável do legislador aos juízes, sem limites e sem possibilidade de rastreamento da conduta vedada, em grave degradação da segurança jurídica. Segundo Fábio Medina Osório, "é necessária a violação às regras e aos princípios para que se reconheça um ato ímprobo, vale dizer, sem essa simultânea violação não há falar-se na improbidade".[509]

Ou seja, vigora o entendimento que somente a ofensa a princípios, sem que haja a instrumentalização deles por regras balizadores, é insuficiente para o reconhecimento dos atos ímprobos. Caso haja a violação de um preceito com conceito jurídico indeterminado, é imprescindível que a regra concreta parametrize a ilicitude da atuação, para que, só assim, haja responsabilização do agente.

Luís Roberto Barroso afirma que o direito deve estar alicerçado em dois grandes valores, justiça e segurança, por isso é imprescindível equilibrar adequadamente a aplicação dos princípios e das regras:

> Como o Direito gravita em torno desses dois grandes valores – justiça e segurança –, uma ordem jurídica democrática e eficiente deve trazer em si o equilíbrio necessário entre regras e princípios. Um modelo exclusivo de regras supervalorizaria a segurança, impedindo, pela falta de abertura e flexibilidade, a comunicação do ordenamento com a realidade, frustrando, em muitas situações, a realização da justiça. Um modelo exclusivo de princípios aniquilaria a segurança jurídica, pela falta de objetividade e previsibilidade das condutas e, consequentemente, de uniformidade nas soluções interpretativas. Como intuitivo, os dois extremos seriam ruins. A advertência é importante porque, no Brasil, a trajetória que levou à superação do positivismo jurídico – para o qual apenas as regras possuiriam status normativo – foi impulsionada por alguns exageros principialistas, na doutrina e na jurisprudência.[510]

Nas ações de improbidade administrativa, a preocupação com a insegurança jurídica situa-se exatamente na falta de padronização das

---

[509] OSÓRIO, Fábio Medina. *Conceito e tipologia dos atos de improbidade administrativa*. Disponível em: https://core.ac.uk/download/pdf/16038245.pdf. Acesso em 22 dez. 2020.

[510] BARROSO, Luís Roberto Barroso. *Curso de direito constitucional contemporâneo*: os conceitos fundamentais e a construção do novo modelo. 2. ed. São Paulo: Saraiva, 2010, p. 206-207.

decisões e no desalinho das orientações jurisprudenciais emanadas dos Tribunais, mormente das Cortes Superiores. Isso gera um cenário de incertezas, redundando em excesso de burocracia nos processos administrativos.

Nota-se que cada julgador se utiliza de seus critérios subjetivos para decidir o que considera ímprobo. Dessa forma, não há critérios objetivos que norteiem as decisões, além de claras incongruências nos julgamentos, que, às vezes, são muito punitivistas e, às vezes, excessivamente brandos.

O objetivo da Lei de Improbidade Administrativa certamente não foi penalizar o gestor público por eventual erro ou equívoco acidental, mas punir aquele que age de forma direcionada à prática do ilícito. A punição por improbidade administrativa deve abarcar a conduta desonesta, de deslealdade, mas eventuais erros que estejam desvestidos dessas características devem ser objeto de apuração sem a utilização da LIA.[511]

Nesse sentido, a doutrina entende que o grau decisório da regra é maior quando comparado ao do princípio, por isso, a proximidade daquela na definição da conduta proibida atende de forma mais satisfatória o postulado da segurança jurídica. Por isso, as regras devem ser consideradas na delimitação de um ato ilícito, enquanto os princípios devem cumprir funções de embasamento do ordenamento jurídico, de forma que um ato ímprobo, definido pela regra, agrida também os princípios constitucionais. É imperiosa, pois, a junção da ofensa à regra e ao princípio para que exista improbidade.

Sob esse enfoque, atenção especial deve ser dada ao art. 11 da LIA, uma vez que esse dispositivo trata especificamente da tipificação de atos de improbidade administrativa por violação aos princípios da administração, o que o torna extremamente aberto a interpretações e hipóteses punitivas. A doutrina tem se preocupado sobremaneira com essa temática, principalmente após as alterações feitas pela LINDB.

As alterações feitas em 2018 na sobrenorma de direito trouxeram importante freio à decisão pessoal de autoridade – que se camuflaria nos conceitos jurídicos abertos, vagos ou indeterminados, e que se utiliza de valores jurídicos abstratos para legitimar decisões. Evidentemente

---

[511] MEZZAROBA, Orides; DIAS, Jean Colbert; FERREIRA, Anderson. Uma nova concepção sobre a lei de Improbidade Administrativa e seu alcance. O dolo e a má-fé como elementos fundantes da responsabilização. *Revista Relações Internacionais do Mundo Atual*, 2019. Disponível em: http://revista.unicuritiba.edu.br/index.php/RIMA/article/view/3925/371372255. Acesso em 24 dez. 2020.

não se pretende a descrição exaustiva de todas as infrações administrativas, sobretudo, porque é inviável a descrição da realidade e das diversas possibilidades concretas com base em termos determinados e descritivos. Contudo, a utilização do conceito aberto não pode tornar incompreensível o comportamento vedado, a causar insegurança em quem atua mesmo de boa-fé. É imprescindível a possibilidade de compreensão da norma pelo agente, de maneira a conferir clareza e certeza acerca dos deveres impostos.

Sob o enfoque na LINDB, quis estabelecer o legislador que norma que tipifique como infração o comportamento de agir contra a moralidade administrativa, ou contra qualquer outro princípio, não fornece elementos suficientes para a caracterização da conduta e gera insegurança ao ordenamento jurídico como um todo.

A utilização indiscriminada da ação de improbidade e a insegurança de seus preceitos incutem no gestor público o medo de decidir, de modo que gestores preferem não contratar um serviço, com receio de serem cobrados pelo Ministério Público ou pelo Tribunal de Contas depois. Preferem que alguém consiga liminar na justiça, que o obrigue a determinada conduta, a ter que decidir por si só, ainda que entenda como proba e lícita tal decisão.[512]

O indeferimento, o engessamento e a paralisação administrativas têm sido os únicos portos seguros dos administradores públicos, que se negam até mesmo a tomar decisões comezinhas – o que dizer, então, das decisões criativas e revolucionárias? Com isso, há o aumento da burocracia, da ineficiência e da celeridade da administração e o fomento da deslegitimação política, em um verdadeiro círculo vicioso em que se confia pouco e se age aquém do necessário.[513]

O medo do gestor público e a insegurança jurídica causados pela LIA já foram constatados pelo Tribunal de Contas da União, para quem "o voluntarismo de alguns integrantes dos órgãos de controle, aliado à campanha de criminalização da política, tem levado à 'infantilização da gestão pública".[514] No mesmo sentido, o Superior Tribunal de Justiça já alertou para o fato de que a banalização do conceito de

---

[512] Cf. "Incompetência não pode ser tratada como improbidade", diz ministro do TCU. Consultor Jurídico, 30 mai. 2019. Disponível em: https://www.conjur.com.br/2019-mai-30/incompetencia-nao-improbidade-ministro-tcu. Acesso em 24 dez. 2020.

[513] Para maior aprofundamento, ver tópico sobre as interferências práticas da Lei de Introdução às Normas do Direito Brasileiro na Lei de Improbidade Administrativa.

[514] Cf. "Incompetência não pode ser tratada como improbidade", diz ministro do TCU. Consultor Jurídico, 30 mai. 2019. Disponível em: https://www.conjur.com.br/2019-mai-30/incompetencia-nao-improbidade-ministro-tcu. Acesso em 24 dez. 2020.

improbidade administrativa é prejudicial para a administração, por resultar em incertezas e suspeitas de desonestidade sobre todos os atos administrativos, sendo, por isso, prejudicial à própria sociedade, que perde o referencial de gravidade, deixando de diferenciar a má-fé de atos ímprobos.[515]

Essa análise foi corroborada por estudo realizado por Rafael Carneiro, que, analisando oitocentos acórdãos do Superior Tribunal de Justiça sobre improbidade administrativa, compreendidos entre os anos de 2005 e 2018, verificou que metade das decisões envolvem apenas lesão a princípios administrativos. Nota-se, pois, a abrangência excessiva do art. 11 que, de fato, parece servir como curinga nas penalizações dessa seara.[516]

Esse dispositivo da Lei de Improbidade fomenta a maior abstração e a maior capacidade de interpretação que se pode conferir a uma determinada norma. Como a lei tem textura mais aberta, faz com que qualquer conduta possa ser violadora da moralidade administrativa em um sentido amplo.

Sendo a improbidade a forma de responsabilização mais grave na perspectiva do direito administrativo brasileiro, tratando-se de regime jurídico qualificado para punição de ilícitos, é imprescindível a absoluta observância da tipicidade, da segurança jurídica, da legalidade, e de outros princípios ínsitos ao núcleo constitucional sancionador. A condenação por improbidade administrativa com base somente no art. 11 viola tais princípios previstos na Constituição Federal, haja vista que eles não possuem densidade, *per se*, para fundamentar a condenação.

Não se nega a importância e a força normativa dos princípios, todavia, é inquestionável que a fluidez dos seus conceitos é inerente, de forma a causar insegurança em condenações embasadas nesses termos jurídicos indeterminados. O Supremo Tribunal Federal já se debruçou sobre o tema na ADC nº 12, de relatoria do Ministro Ayres Britto,[517] e

---

[515] DIPP, Gilson; CARNEIRO, Rafael Araripe. Banalização do conceito de improbidade administrativa é prejudicial a todos. *Consultor Jurídico*, 19 mar. 2017. Disponível em: https://www.conjur.com.br/2017-mar-19/banalizacao-conceito-improbidade-prejudicial-todos. Acesso em 24 dez. 2020.

[516] COELHO, Gabriela. Pesquisa mostra que sanções por improbidade são muito amplas e geram insegurança. *Consultor Jurídico*, 20 mai. 2019. Disponível em: https://www.conjur.com.br/2019-mai-20/pesquisa-mostra-sancoes-improbidade-sao-amplas. Acesso em 25 jul. 2019.

[517] "AÇÃO DECLARATÓRIA DE CONSTITUCIONALIDADE, AJUIZADA EM PROL DA RESOLUÇÃO Nº 07, de 18.10.05, DO CONSELHO NACIONAL DE JUSTIÇA. ATO NORMATIVO QUE "DISCIPLINA O EXERCÍCIO DE CARGOS, EMPREGOS E FUNÇÕES POR PARENTES, CÔNJUGES E COMPANHEIROS DE MAGISTRADOS E

na ADI nº 1521, de relatoria do Ministro Marco Aurélio,[518] em que foi estabelecido que princípios são mandamentos de otimização que têm como característica poderem ser satisfeitos em graus variados. De acordo com os julgados, a medida de sua satisfação não depende somente das possibilidades fáticas, mas também das possibilidades jurídicas.

Nem mesmo a exigência de dolo sana a insubsistência de condenação por improbidade exclusivamente por princípios, à luz da LINDB,

---

DE SERVIDORES INVESTIDOS EM CARGOS DE DIREÇÃO E ASSESSORAMENTO, NO ÂMBITO DOS ÓRGÃOS DO PODER JUDICIÁRIO E DÁ OUTRAS PROVIDÊNCIAS". PROCEDÊNCIA DO PEDIDO. 1. Os condicionamentos impostos pela Resolução nº 07/05, do CNJ, não atentam contra a liberdade de prover e desprover cargos em comissão e funções de confiança. As restrições constantes do ato resolutivo são, no rigor dos termos, as mesmas já impostas pela Constituição de 1988, dedutíveis dos republicanos princípios da impessoalidade, da eficiência, da igualdade e da moralidade. 2. Improcedência das alegações de desrespeito ao princípio da separação dos Poderes e ao princípio federativo. O CNJ não é órgão estranho ao Poder Judiciário (art. 92, CF) e não está a submeter esse Poder à autoridade de nenhum dos outros dois. O Poder Judiciário tem uma singular compostura de âmbito nacional, perfeitamente compatibilizada com o caráter estadualizado de uma parte dele. Ademais, o art. 125 da Lei Magna defere aos Estados a competência de organizar a sua própria Justiça, mas não é menos certo que esse mesmo art. 125, caput, junge essa organização aos princípios "estabelecidos" por ela, Carta Maior, neles incluídos os constantes do art. 37, cabeça. 3. Ação julgada procedente para: a) emprestar interpretação conforme à Constituição para deduzir a função de chefia do substantivo "direção" nos incisos II, III, IV, V do artigo 2º do ato normativo em foco; b) declarar a constitucionalidade da Resolução nº 07/2005, do Conselho Nacional de Justiça". (STF. ADC: nº 12 DF, Relator: Min. CARLOS BRITTO, Data de Julgamento: 20.08.2008, Tribunal Pleno, Data de Publicação: DJe-237 DIVULG 17.12.2009 PUBLIC 18.12.2009 EMENT VOL-02387-01 PP-00001 RT v. 99, n. 893, p. 133-149, 2010).

[518] "Ementa: AÇÃO DIRETA DE INCONSTITUCIONALIDADE. EMENDA CONSTITUCIONAL Nº 12/1995 DO ESTADO DO RIO GRANDE DO SUL. CARACTERIZAÇÃO DOS CARGOS EM COMISSÃO. PROIBIÇÃO DA PRÁTICA DE NEPOTISMO. ADI JULGADA PARCIALMENTE PROCEDENTE. I – A vedação a que cônjuges ou companheiros e parentes consanguíneos, afins ou por adoção, até o segundo grau, de titulares de cargo público ocupem cargos em comissão visa a assegurar, sobretudo, cumprimento ao princípio constitucional da isonomia, bem assim fazer valer os princípios da impessoalidade e moralidade na Administração Pública. II – A extinção de cargos públicos, sejam eles efetivos ou em comissão, pressupõe lei específica, dispondo quantos e quais cargos serão extintos, não podendo ocorrer por meio de norma genérica inserida na Constituição. III – Incabível, por emenda constitucional, nos Estados-membros, que o Poder Legislativo disponha sobre espécie reservada à iniciativa privativa dos demais Poderes da República, sob pena de afronta ao art. 61 da Lei Maior. Precedentes. IV – O poder constituinte derivado decorrente tem por objetivo conformar as Constituições dos Estados-membros aos princípios e regras impostas pela Lei Maior. Necessidade de observância do princípio da simetria federativa. V – ADI julgada parcialmente procedente, para declarar inconstitucional o art. 4º, as expressões "4º e" e "inclusive de extinção de cargos em comissão e de exoneração", constante do art. 6º e, por arrastamento, o art. 7º, a, todos da EC Nº 12/1995, do Estado do Rio Grande do Sul. VI – Confere-se, ainda, interpretação conforme ao parágrafo único do art. 6º, para abranger apenas os cargos situados no âmbito do Poder Executivo". (STF. ADI: Nº 1521 RS, Relator: Min. Marco Aurélio, Data de Julgamento: 19.06.2013, Tribunal Pleno, Data de Publicação: DJe-157 DIVULG 12.08.2013 PUBLIC 13.08.2013 EMENT VOL-02697-01 PP-00001).

porque a vontade do agente, embora seja absolutamente importante para configuração do ilícito, não corrige o problema da incerteza quanto às condutas vedadas. Ou seja, não há como o gestor público dimensionar o que pode fazer diante de comandos vagos, estando, ainda assim, sujeito a pesadas sanções.

Com base na jurisprudência da Suprema Corte dos Estados Unidos (*void for vagueness*),[519] é possível concluir que a ilicitude determinada apenas com base em princípios viola o devido processo legal, uma vez que deixa os julgadores livres para decidir, sem qualquer fundamento fixo legal, ensejando, muitas vezes, decisionismos.[520]

A inconstitucionalidade por vagueza excessiva já foi reconhecida pelo Supremo Tribunal Federal, no julgamento da ADPF nº 46, de relatoria do Ministro Marco Aurélio, em que se conferiu interpretação conforme a Constituição ao art. 42 da Lei nº 6.538/78. A conclusão, expressa no voto do Min. Gilmar Mendes, aduziu que, para se ter como certa a existência de delito, é necessário saber se a conduta do agente não estava autorizada por alguma das hipóteses legais.[521]

---

[519] U.S. Supreme Court. *Giaccio v. Pennsylvania*, 382 U.S. 399 (1966). Giaccio v. Pennsylvania. Nº 47. Argued December 6, 1965. Decided January 19, 1966.

[520] Um exemplo que causou perplexidade à doutrina administrativa foi o julgamento do EREsp nº 1193248, Rel.: Min. Og Fernandes, Rel. p/ Ac.: Min. Herman Benjamin, finalizado em 26.6.2019, em que entendeu ser possível a condenação por improbidade administrativa por nomeação de parente anteriormente à edição da Súmula Vinculante nº 13.

[521] "ARGUIÇÃO DE DESCUMPRIMENTO DE PRECEITO FUNDAMENTAL. EMPRESA PÚBLICA DE CORREIOS E TELÉGRAFOS. PRIVILÉGIO DE ENTREGA DE CORRESPONDÊNCIAS. SERVIÇO POSTAL. CONTROVÉRSIA REFERENTE À LEI FEDERAL Nº 6.538, DE 22 DE JUNHO DE 1978. ATO NORMATIVO QUE REGULA DIREITOS E OBRIGAÇÕES CONCERNENTES AO SERVIÇO POSTAL. PREVISÃO DE SANÇÕES NAS HIPÓTESES DE VIOLAÇÃO DO PRIVILÉGIO POSTAL. COMPATIBILIDADE COM O SISTEMA CONSTITUCIONAL VIGENTE. ALEGAÇÃO DE AFRONTA AO DISPOSTO NOS ARTIGOS 1º, INCISO IV; 5º, INCISO XIII, 170, CAPUT, INCISO IV E PARÁGRAFO ÚNICO, E 173 DA CONSTITUIÇÃO DO BRASIL. VIOLAÇÃO DOS PRINCÍPIOS DA LIVRE CONCORRÊNCIA E LIVRE INICIATIVA. NÃO-CARACTERIZAÇÃO. ARGUIÇÃO JULGADA IMPROCEDENTE. INTERPRETAÇÃO CONFORME À CONSTITUIÇÃO CONFERIDA AO ARTIGO 42 DA LEI Nº 6.538, QUE ESTABELECE SANÇÃO, SE CONFIGURADA A VIOLAÇÃO DO PRIVILÉGIO POSTAL DA UNIÃO. APLICAÇÃO ÀS ATIVIDADES POSTAIS DESCRITAS NO ARTIGO 9º, DA LEI. 1. O serviço postal --- conjunto de atividades que torna possível o envio de correspondência, ou objeto postal, de um remetente para endereço final e determinado --- não consubstancia atividade econômica em sentido estrito. Serviço postal é serviço público. 2. A atividade econômica em sentido amplo é gênero que compreende duas espécies, o serviço público e a atividade econômica em sentido estrito. Monopólio é de atividade econômica em sentido estrito, empreendida por agentes econômicos privados. A exclusividade da prestação dos serviços públicos é expressão de uma situação de privilégio. Monopólio e privilégio são distintos entre si; não se os deve confundir no âmbito da linguagem jurídica, qual ocorre no vocabulário vulgar. 3. A Constituição do Brasil confere à União, em caráter exclusivo, a exploração do serviço postal e o correio aéreo nacional [artigo 20, inciso X]. 4. O serviço postal é prestado pela

Importante e solitário precedente do Superior Tribunal de Justiça acolheu o entendimento de que, para a configuração dos atos de improbidade dispostos no art. 11 da LIA, exige-se que a conduta seja praticada por agente público, em atuação em *munus* público, com a necessidade do preenchimento dos seguintes requisitos: "(a) conduta ilícita; (b) improbidade do ato, configurada pela tipicidade do comportamento, ajustado em algum dos incisos do art. 11 da LIA; (c) elemento volitivo, consubstanciado no dolo de cometer a ilicitude e causar prejuízo ao Erário; (d) ofensa aos princípios da Administração Pública".[522]

Em outras palavras, esse entendimento do STJ parece querer esboçar critérios objetivos para a aplicação do art. 11 da LIA, delimitando a necessidade de estar caracterizada alguma das condutas dispostas nos incisos desse dispositivo, além da ilicitude, do elemento volitivo e da ofensa a princípios. Com isso, pretende-se afastar, ao menos, o entendimento de que esse dispositivo se trata de norma exemplificativa, podendo enquadrar condutas que não estejam expressamente dispostas em seus incisos.

Da análise feita no presente trabalho, sob as orientações da LINDB, é evidente a conclusão de que considerar o rol do art. 11 como exemplificativo – o que vem sendo aceito de forma irrestrita pela jurisprudência – viola frontalmente a tipicidade, na medida em que não confere clareza acerca das condutas ímprobas, nem dos deveres impostos ao gestor público. A vagueza da responsabilização e a consideração do rol do art. 11 como meramente exemplificativo faz com que, na realidade, não haja lei definindo as condutas como delituosas, pois, em última análise, essa identificação fica a cargo do julgador.

---

Empresa Brasileira de Correios e Telégrafos – ECT, empresa pública, entidade da Administração Indireta da União, criada pelo Decreto-Lei nº 509, de 10 de março de 1.969. 5. É imprescindível distinguirmos o regime de privilégio, que diz com a prestação dos serviços públicos, do regime de monopólio sob o qual, algumas vezes, a exploração de atividade econômica em sentido estrito é empreendida pelo Estado. 6. A Empresa Brasileira de Correios e Telégrafos deve atuar em regime de exclusividade na prestação dos serviços que lhe incumbem em situação de privilégio, o privilégio postal. 7. Os regimes jurídicos sob os quais em regra são prestados os serviços públicos importam em que essa atividade seja desenvolvida sob privilégio, inclusive, em regra, o da exclusividade. 8. Arguição de descumprimento de preceito fundamental julgada improcedente por maioria. O Tribunal deu interpretação conforme à Constituição ao artigo 42 da Lei n. 6.538 para restringir a sua aplicação às atividades postais descritas no artigo 9º desse ato normativo". (STF. ADPF: nº 46 DF, Relator: Min. MARCO AURÉLIO, Data de Julgamento: 05.08.2009, Tribunal Pleno, Data de Publicação: DJe-035 DIVULG 25.02.2010 PUBLIC 26.02.2010 EMENT VOL-02391-01 PP-00020).

[522] AgRg no REsp nº 1306817, Rel.: Min. Napoleão Nunes Maia Filho, DJe 19.05.2014.

Para além da definição da taxatividade da norma, é imperiosa a revisitação do dispositivo para aplicação das regras norteadoras trazidas pelas alterações da LINDB, a fim de impedir que condutas semelhantes sejam penalizadas de forma tão diversa, e também de solucionar a paralisação administrativa – o *apagão das canetas* – em que se insere hoje a administração pública. Em um primeiro olhar, a sobrenorma de direito quis vedar sancionamentos pautados em subjetivismos e ausência de paradigmas objetivos, justamente o que se observa do art. 11 da LIA, de maneira que, ao menos, faz-se imprescindível a profunda avaliação dessa norma para adequação aos ditames das evoluções do Direito Público consubstanciadas nas alterações legislativas recentes.

Há, em trâmite, a proposição legislativa de alteração da LIA. Trata-se do Projeto de Lei nº 10.887/2018, apresentado pelo Deputado Federal Roberto de Lucena, e de relatoria do Deputado Federal Carlos Zarattini, o qual apresenta diversas mudanças em relação à norma original, de forma a estabelecer a existência de improbidade administrativa exclusivamente por atos dolosos; prever, expressamente, a aplicação da lei aos agentes políticos; a escalonar sanções; a prever a legitimidade privativa do Ministério Público para a propositura da ação de improbidade; a prever a celebração de acordo de não persecução cível; a determinar regras mais claras acerca da prescrição, a título de exemplo. A elaboração do PL seguiu três premissas básicas:

> 1. Incorporar ao projeto a jurisprudência consolidada dos Tribunais Superiores na interpretação da LIA; 2. Compatibilizar a lei com leis posteriores (novo CPC, Lei Anticorrupção e Lei de Introdução às normas de Direito Brasileiro – LINDB; e 3. Sugerir novidades, novos institutos, novas premissas, que corrijam os pontos mais sensíveis da LIA.[523]

O que se observou ao longo dos diversos debates na discussão do projeto de lei foi a necessidade de adequação do texto legal, de forma a afastar presunções acerca de elementos essenciais para a configuração da improbidade – por exemplo, a ocorrência de dano, de dolo na conduta e a extensão dos efeitos a terceiros. Isso, porque o desejo da sociedade por justiça deve ser sempre orientado sob o enfo-

---

[523] O projeto de lei resultou do trabalho de uma Comissão de Juristas criada pelo presidente da Câmara dos Deputados, coordenada pelo ministro Mauro Campbell. Segundo o ministro do STJ, a preocupação do grupo foi trazer mecanismos de contenção a abusos, incluindo a análise dos casos por órgãos de controle interno antes de serem levados à Justiça (BRASIL. *Projeto de Lei nº 10887/2018*. Disponível em: https://www.camara.leg.br/proposicoesWeb/fichadetramitacao?idProposicao=2184458. Acesso em 05 jan. 2021).

que das garantias fundamentais, de forma a racionalizar a moralidade administrativa. Busca-se, por intermédio da afirmação de um sólido conceito de improbidade, criar um ambiente de segurança jurídica e previsibilidade, de maneira a conservar a esfera de responsabilidades e os encargos dos gestores públicos.

# CONCLUSÃO

O presente estudo buscou fazer uma análise aprofundada das alterações havidas pela Lei nº 13.655/2018 na Lei de Introdução às Normas do Direito Brasileiro e seus impactos no Direito Público, especialmente no que diz respeito às ações de improbidade administrativa. Em virtude de se tratar de modificações muito recentes, que ainda demandarão sistematização e consolidação jurisprudencial, é precoce qualquer conclusão terminativa sobre a matéria. Faz-se indispensável que a doutrina se debruce sobre os impactos que a sobrenorma de direito causou e ainda tem o condão de causar no ordenamento jurídico como um todo.

A despeito disso, as principais ideias desenvolvidas neste trabalho podem ser concluídas por meio das seguintes proposições:

1 Em virtude da erosão dogmática causada pela passagem do jusnaturalismo e do juspositivismo para o novo contexto de maior relevância do texto constitucional, de seus princípios, valores, regras e normas, o direito passou a ser entendido a partir de valores éticos e morais, concepção que é própria do que se convencionou chamar de pós-positivismo. Nesse ambiente em que os princípios constitucionais ganham força normativa mesmo sem a intermediação da lei, revela-se a possibilidade de excessos hermenêuticos e o desequilíbrio entre os poderes. Isso porque expropriam-se as funções do legislador ordinário em prol do administrador público e do Poder Judiciário, em enfraquecimento do Poder Legislativo. A transferência de responsabilidades ao Judiciário priorizou a justiça subjetiva, em que há o afastamento de legislação que não se compatibilize com os critérios pessoais do julgador, o qual baseia sua fundamentação em princípios constitucionais. Para a administração pública, essa transferência de

responsabilidades, feita pelo enfoque constitucional principiológico, trouxe como consequência o excesso de punitivismo.

2 O Direito Administrativo e os parâmetros clássicos sobre o qual foi fundado – quais sejam: a supremacia e a indisponibilidade do interesse público, a legalidade, a impessoalidade, a moralidade, a publicidade, a eficiência, a proporcionalidade e a razoabilidade – vêm evoluindo ao longo do tempo para se adequar às mudanças sociais e aos anseios de maior horizontalidade nas relações com a administração e de mais segurança jurídica. A doutrina sugere essas alterações evolutivas ao se deparar com resultados pouco satisfatórios à luz da verticalidade das relações. Assim, entende-se que a adequação de todo o Direito Público para trazer maior transparência, segurança, lisura e paridade de armas é medida fundamental para melhores resultados do Estado. A legislação mais recente tem sido elaborada com a missão de parametrizar e tornar mais objetiva e fundamentada a aplicação dos princípios constitucionais, e decorre, exatamente, da revisitação do direito em seus vários sistemas, com afastamento das antigas bases segregadoras e aproximação da sociedade do Estado na resolução de controvérsias.

3 Para a parametrização da legislação infraconstitucional às evoluções do Direito Público se faz necessário aprofundamento na diferenciação entre regras e princípios, para definição da medida de cada norma jurídica e de sua aplicação. Isso pois, a despeito da multiplicidade de concepções sobre as teorias das regras e dos princípios, a doutrina majoritária se debruça sobre o fato de que ambos tratam de normas jurídicas que integram o ordenamento jurídico sem hierarquia. À luz dos estudos mais aprofundados sobre o tema, conclui-se pela impossibilidade de redução do alcance dos princípios à mera função assessória das regras, uma vez que as funções normativas desempenham diferentes atributos. Não obstante, as regras devem ser normas instrumentalizadoras dos princípios, de forma que, se houver regra infraconstitucional considerada constitucional sobre determinada matéria, esta não pode ser afastada em prol da aplicação única e exclusiva de um princípio. Torna-se imprescindível que as regras sejam ferramentas de aplicação dos princípios e jamais sejam desconsideradas em favor de um valor com conceito jurídico indeterminado.

4   A moralidade administrativa, que teve sua gênese na indissociável relação entre a moral e a existência humana, traduz grande imprecisão, amplitude e fluidez, exigindo fatores exógenos para sua densificação. Apesar disso, a Constituição Federal de 1988, em resposta aos anseios sociais e após um processo de consolidação positiva da autonomia dogmática da moralidade, deu a ela uma normatividade plástica própria dos princípios, com aplicação direta e autônoma. O princípio da moralidade administrativa afirma que a supremacia existente no Direito Administrativo não é a supremacia da autoridade pública, mas sim, a supremacia do interesse público. A desonestidade, do latim *improbitate*, é uma imoralidade qualificada e mereceu consideração especial da Constituição, sujeitando a sancionamento aqueles que agem de forma contrária aos preceitos da boa-fé, da lealdade e da honestidade.

5   Para sujeitar quem quer que seja às sanções por improbidade, é imperioso elencar quais tipos de comportamentos são qualificados como ímprobos, a fim de atender ao primado da segurança jurídica, corolário do Estado Democrático de Direito. A Lei nº 8.429, de 2 de junho de 1992, conhecida como Lei de Improbidade Administrativa, regulamentou o art. 37, parágrafo 4º, da Constituição, dispondo sobre as penalidades a serem aplicadas a agentes públicos e a terceiros responsáveis por atos de improbidade. Nessa esteira, procurou tipificar as condutas violadoras desse plexo de princípios, congregando sob a denominação de atos de improbidade administrativa as ações ou omissões que atentam contra os princípios da administração pública e que violam os deveres de honestidade, imparcialidade, legalidade e lealdade às instituições. Como é inviável que a legislação preveja um arcabouço normativo para cada tipo de conduta tomada, mormente em virtude da rápida evolução política e social em que se insere o mundo contemporâneo, a lei buscou abarcar a maior quantidade possível de ilícitos e possibilidades de sancionamento. Por isso, a Lei de Improbidade possui normas sancionadoras em branco que se complementam por outras regras ou princípios, a partir da integração de legislações setoriais. A não delimitação da gravidade das infrações e a criação de tipos abertos caracterizaram a técnica legislativa da Lei nº 8.429/1992, de modo que seu compromisso com a segurança jurídica não parece ter sido elevado. Ao contrário, a ideia de eficiência punitiva

estaria referenciada na abertura dos tipos sancionadores, para evitar o engessamento dos operadores jurídicos e, sobretudo, das instituições fiscalizadoras. A extensa gama de amplitude decorrente da tipificação aberta das condutas puníveis evidencia a possibilidade de realização do enquadramento de uma mesma conduta em diversas correntes interpretativas, de maneira a atribuí-la várias aplicações legais.

6 Nos últimos anos, a atuação dos órgãos de controle e combate à corrupção no serviço público se tornou mais contundente, seja no âmbito das instâncias judiciárias ou no contexto do controle externo exercido pelas Cortes de Contas. Um dos fatores responsáveis por essa relevância da atuação controladora foi a Operação Lava-Jato, que rompeu barreiras e inaugurou um novo paradigma de justiça, ainda muito recente. Malgrado todas as críticas à operação, os resultados alcançados não têm precedentes e evidenciam o momento de transformação, na direção de uma mais consistente e inquebrantável atuação pública contra a corrupção. Paralelamente à implementação dessa nova forma de controle, as leis já existentes, criadas em outro cenário do ordenamento jurídico brasileiro, muitas vezes se tornam insuficientes ou contraditórias diante dos avanços já feitos. Um exemplo desse anacronismo é a Lei de Improbidade Administrativa, que trouxe, no momento de sua promulgação, inúmeras possibilidades de punição aos agentes públicos e particulares, pautados em conceitos abertos e passíveis de perigosa interpretação, sem preceitos secundários relacionados aos tipos ímprobos de forma individualizada. Há uma equivocada percepção, no Brasil, de que o controle dos agentes públicos deve ser tanto melhor quanto mais rígido. O controle é visto sempre como positivo aos interesses sociais, enquanto a liberdade é encarada como fonte de irregularidade e corrupção. O rigor dos órgãos de controle é encarado como eficiente mecanismo preventivo e corretivo. A Lei nº 8.429/1992 não estabeleceu, de forma precisa, quais penas podem ser aplicadas a cada tipo específico e como podem ser individualizadas no caso concreto. Assim, o controle voltado ao combate à corrupção, quando integrado à aplicação de normas anacrônicas, gerou uma avalanche de ações por atos de improbidade administrativa que chegaram ao Poder Judiciário, quase sempre com pedidos condenatórios extremamente amplos e genéricos, não raras vezes pugnando pela

aplicação de todas as penas previstas no art. 12 da lei. Essas ações provocaram decisões judiciais completamente díspares, tanto nas absolvições quanto nas condenações, constatando-se assustadora falta de padronização. A crise causada por opções legislativas de maior amplitude e indeterminação gerou ineficiência e arbítrio no exercício das competências e fragilizou a gestão pública brasileira. Passados 28 anos de sua vigência, a Lei de Improbidade Administrativa ainda é alvo de críticas, em virtude da própria incerteza de seu conteúdo jurídico e da ausência de dados empíricos sobre sua aplicação.

7 Bem por isso, encontra-se em trâmite no Congresso Nacional o Projeto de Lei nº 10.887/2018, apresentado pelo Deputado Federal Roberto de Lucena e relatado pelo Deputado Federal Carlos Zarattini, que traz proposição de alteração da norma hoje vigente, de forma a estabelecer a existência de improbidade administrativa exclusivamente por atos dolosos; a prever, expressamente, a aplicação da lei aos agentes políticos; a escalonar sanções; a prever a legitimidade privativa do Ministério Público para a propositura da ação de improbidade; a prever a celebração de acordo de não persecução cível; e a determinar regras mais claras acerca da prescrição, a título de exemplo. A elaboração do PL seguiu as premissas de incorporar a jurisprudência consolidada dos Tribunais Superiores na interpretação da LIA; compatibilizar a lei com normas posteriores a ela, a exemplo do novo CPC, da Lei Anticorrupção e da LINDB; e sugerir novidades, novos institutos, novas premissas, que corrijam os pontos mais sensíveis da LIA.

8 Diante disso, o descomedimento do sancionamento e a ausência de parâmetros claros, objetivos e seguros causou a paralisação de muitos setores da administração, em virtude do medo dos gestores, naquilo que se chamou de *apagão das canetas*. Nesse cenário, gestores públicos ficaram temerosos na atuação administrativa, por medo de reação excessiva dos órgãos de controle, de maneira que deixaram de realizar atividades imprescindíveis ao interesse público em virtude do assombro da responsabilização desmedida. Com efeito, já sabendo das probabilidades de ser responsabilizado, o agente público atua de forma a gerir estratégias preventivas de fuga deliberada da responsabilidade.

9 Hoje, o Direito Administrativo começa a trabalhar com a noção de que, para respeitar os valores do ordenamento jurídico,

não são necessárias hipergeneralizações vazias, perigosas ou inúteis. A fim de reduzir esses fatores de distorção, surgiu a necessidade de se fixar objetivas balizas interpretativas, processuais e de controle a serem observadas. Por isso, recentemente, a Lei de Introdução às Normas do Direito Brasileiro foi alterada pela Lei nº 13.655/2018 e incorporou regras de interpretação para, efetivamente, guiar o Direito Público. As mudanças ocorridas não representam, em sua totalidade, novidade no sistema jurídico brasileiro, uma vez que o aplicador do Direito Administrativo já está habituado a fazer aquilo que está escrito na lei. Contudo, a norma busca levar em consideração, também no Direito Público, os resultados e a realidade para delimitação do interesse da coletividade.

10 As regras da LINDB configuram normas gerais de criação, interpretação e aplicação do ordenamento jurídico como um todo, indistintamente, aos segmentos do Direito Público e do Direito Privado, e possuem três principais eixos: (i) a segurança jurídica de cidadãos e empresas diante do Estado; (ii) a segurança na atuação dos administradores públicos; (iii) a democratização e o aumento da transparência da administração; e (iv) a valorização das consequências de cada decisão tomada, bem como a realidade prática de quem decide. A nova LINDB tem o intuito de reverter a tendência voluntarista do direito que vem sendo praticado e o foco das novas regras é impedir arbitrariedades do Estado e proteger agentes públicos que agem de boa-fé, pessoas, organizações e empresas. As medidas incorporadas pela Lei nº 13.655/2018 não têm por intuito impedir que administradores, juízes e controladores interpretem o direito, mas apenas que suas interpretações não prejudiquem particulares e agentes públicos que confiaram em entendimentos anteriores. Trata-se de racionalizar a interpretação em prol da segurança jurídica e colocar o cidadão em patamar menos inseguro e mais horizontal perante a administração. Sob a perspectiva atual de hipervalorização dos princípios, que, em alguns casos, conduz ao desprezo do Direito Positivo, a importância das normas incluídas na LINDB está na positivação do direito, que lhe confere regras de conteúdo determinado, com maior grau de certeza na aplicação. Dessa forma, a utilidade de suas regras se relaciona, em primeiro lugar, à extensão de sua aplicação. São regras de sobredireito, que devem ser observadas por todos

os entes da Federação, pelos órgãos de controle e pelo Poder Judiciário, porque indicam o direito substantivo aplicável à solução material dos litígios – seja na dimensão temporal, seja na dimensão espacial.

11 Com a nova LINDB, percebe-se a necessidade de dissecção dos elementos da norma de improbidade para que seja possível enquadrar as condutas públicas nos tipos sancionadores. Para tanto, não pode haver conceito de improbidade articulado a partir da violação aos tipos abertos da própria Lei nº 8.429/1992. A lógica deve ser inversa àquela trilhada costumeiramente pela doutrina. O poder que a LINDB exerce sobre a lei de improbidade – assim como sobre as demais normas de direito público –, dentre outros, é de prevenção contra a aplicação exagerada de sanções sem análise de circunstâncias. Para estipular o fim dos inúmeros casos de ações de improbidade ajuizadas genericamente com base nos arts. 9º, 10º e 11º da Lei nº 8.429/1992, com pedidos sucessivos e alternativos, a sobrenorma de direito exige que sejam considerados os danos efetivos e as circunstâncias fáticas, antes da aplicação de penalidades abstrusas que aniquilam o agente público.

12 Dentre os aspectos práticos de interferência da LINDB na LIA, destacam-se dez principais consequências: (i) a responsabilização do agente público somente por dolo ou por erro grosseiro, afastando, completamente, a culpa simples; (ii) a necessidade de consideração das consequências práticas da decisão do administrador para responsabilização do gestor; (iii) a necessidade de consideração da realidade fática do agente público; (iv) a necessidade de consideração das demais sanções na dosimetria das penas; (v) a possibilidade de acordo em ações que visem à responsabilização do administrador público; (vi) a possibilidade de compensação dos danos; (vii) a autovinculação das técnicas decisórias; (viii) a implementação da gestão de riscos na administração pública; (ix) a necessidade de tolerabilidade do erro; e (x) a impossibilidade de responsabilização por improbidade administrativa pautada exclusivamente em princípios.

13 Portanto, as alterações da Lei nº 13.655/2018 interferem diretamente nas ações de improbidade administrativa para impedir a responsabilização de agentes que tenham agido com culpa. Na medida em que a LINDB exige dolo ou erro grosseiro para responsabilizar agentes públicos em geral, se

faz imprescindível a modificação hermenêutica da LIA para afastar qualquer forma de condenação por culpa simples.

14 É imperioso que se considerem a realidade fática do administrador, em caso de sua responsabilização pessoal, assim como das consequências práticas da sua decisão. Isso porque as diversas realidades de um país de dimensões continentais não podem ser desprezadas na análise do contexto da decisão e de seus impactos políticos, sociais e de desenvolvimento. A LINDB, em prol da segurança jurídica, traduz essas necessidades no Direito Público de forma a atingir, também, as ações de improbidade administrativa.

15 Tendo em vista que a LIA não faz a adequada correlação entre os tipos e a dosimetria das penas, deixando o intérprete responsável pela tarefa de fixar as sanções, os dispositivos da LINDB preocupam-se com as circunstâncias do caso e exigem a motivação reforçada dos aspectos que determinam a pena. As alterações consagram a lógica de que a sanção tem caráter instrumental e tem por objetivo dissuadir a conduta do administrado, a fim de conformá-la com a pauta regulatória. Assim, constatada a improbidade administrativa, o magistrado não fica obrigado a aplicar todas as sanções do art. 12 da LIA, sendo-lhe autorizado realizar a dosimetria da pena.

16 A despeito das demais normas que tratam da possibilidade de acordos decorrentes das ações de improbidade administrativa, com as alterações da LINDB ficou clara a desnecessidade de quaisquer outras previsões legislativas específicas para a realização desses termos. Dessa forma, afastou-se a antiga discussão a respeito da revogação do art. 17, §1º, da LIA, para alinhar essa norma aos outros sistemas jurídicos que dispõem sobre acordos na administração pública.

17 Como decorrência da autocomposição, a LINDB estabelece a possibilidade de compensação de danos causados por benefícios indevidos ou prejuízos anormais ou injustos resultantes do processo ou da conduta dos envolvidos. Nesse sentido, o órgão ou o sujeito lesado poderá formular pedido indenizatório ao órgão competente, com o fim de evitar procedimentos contenciosos para o ressarcimento de danos. A novidade das alterações da LINDB foi autorizar o negócio jurídico, para fins de prevenir ou regular a compensação de prejuízos na seara não judicial. Agora, mesmo quando não houver cabimento de

consensualidade na questão de fundo, o negócio processual é possível para impedir a obtenção de vantagens indevidas.

18 Como a LIA não estabeleceu as penas que podem ser aplicadas a cada tipo específico de conduta, nota-se a aplicação assimétrica das suas normas, tanto em relação aos pedidos condenatórios extremamente amplos e genéricos quanto em decisões judiciais completamente díspares, nas absolvições e nas condenações, constatando-se assustadora falta de padronização. Por esse motivo, torna-se indispensável a análise das ações e omissões dos gestores à luz da LINDB para avaliar se as decisões tomadas por eles, e imputadas como incorretas pelos órgãos de controle, foram tomadas com base nos padrões decisórios da administração. É certo que os administradores, no exercício da sua função, procuram se pautar em decisões tomadas por seus antecessores, a fim de não inovarem e causarem estranheza no cenário político. A despeito disso, muitas vezes há assincronia entre as análises e decisões de controle, que condenam atos anteriormente não considerados ilegais. À luz das alterações da sobrenorma de direito, caso fique demonstrado que a conduta do gestor, imputada como ímproba, decorre da sincronia de decisões semelhantes tomadas pelo poder público em casos semelhantes, sem que haja a patente ilegalidade na reprodução da decisão, é possível levar esse padrão decisório em consideração na análise do caso concreto, para não considerar indevida a decisão tomada. Também sob o enfoque da LINDB, todo o procedimento administrativo de investigação preparatório para as ações de responsabilização deve ter em vista a necessidade de padronização dos critérios de acusação e análise de casos. É imprescindível que haja critério objetivo para avaliar as condutas, medindo os pedidos de sancionamento e de apuração em parâmetros equivalentes entre casos semelhantes. Com isso, procura-se evitar que, para um mesmo tipo de ação do administrador público, sejam requeridas penas extremamente diversas, em ofensa direta ao princípio da isonomia. Além disso, se faz mais relevante do que nunca que as decisões judiciais também sejam padronizadas para estabelecerem penalidades semelhantes a casos análogos e evitarem disparidades que têm sido tão comuns na prática.

19 A gestão de riscos é fundamental para que uma gestão seja eficiente, atenda ao cumprimento do interesse público e

sirva como blindagem para o gestor. Se as decisões forem precedidas de processo de gestão de riscos, as chances de responsabilização do administrador serão reduzidas e a administração ficará menos exposta. Caso esses riscos sejam inevitáveis, será possível um melhor enfrentamento de forma transparente. Para que a gestão de riscos passe a ser realidade na administração pública, é necessário que haja adaptação da cultura organizacional às novas diretrizes da governança pública. Nesse diapasão, para adoção do gerenciamento de riscos, é fundamental que os órgãos julgadores se coloquem no lugar do gestor ao tempo da tomada de sua decisão, tal como preconizado pela LINDB. O desafio é implementar e adaptar a gestão de riscos às peculiaridades de cada ambiente interno ou externo, no intuito de melhorar a qualidade da gestão pública e do processo de tomada de decisão, bem como a eficiência.

20 O nível de incerteza e imprevisibilidade é essencial para a verificação da escusabilidade do erro. É imprescindível que para aferição do erro seja considerada, em primeiro lugar, a diligência da decisão tomada. Quanto maior for o nível de cuidado do gestor na instrução de seu procedimento decisório, mais espaço terá de tolerância ao cometimento de erros. Também se faz imprescindível analisar a urgência da decisão. Quanto mais imediata é a solução da administração, menor é o nível de diligência a ser exigido do gestor. O excesso de planejamento, em casos urgentes, pode impedir que o agente aja de maneira célere e evite desastres e prejuízos. Na hipótese de decisões urgentes, determinados erros podem ser justificados pela necessidade de agilidade, motivo pelo qual a tolerância jurídica deve ser ampliada. Não se quer dizer, com isso, que a urgência da situação isentará o administrador de quaisquer responsabilidades que tenha incorrido em suas funções, mas somente que a análise do caso concreto poderá mitigar sua responsabilidade em virtude da emergência da tomada de decisão. O terceiro fator que influencia no grau de diligência exigido do gestor é a relevância da decisão administrativa em questão. Quanto maior a relevância da escolha do administrador, maior deve ser o nível de exigência e menor o grau de tolerância a erros. Como último fator de influência no nível de diligência exigido do gestor público, à luz da LINDB, consta a existência de obstáculos materiais à obtenção de informações relevantes, que tem o condão de ampliar o espaço de tolerância

ao cometimento de equívocos decisórios. A incidência dos princípios constitucionais da economicidade e da eficiência também são fundamentos para a não responsabilização pessoal do administrador. Soluções inovadores reduzem custos e podem transformar a atuação do Estado em mais eficaz.

21 Com as alterações da LINDB, não parece mais cabível a existência de improbidade por mera violação direta a princípios da Lei nº 8.429/1992, porque, sendo assim, haverá delegação intolerável do legislador aos juízes, sem limites e sem possibilidade de rastreamento da conduta vedada, em grave degradação da segurança jurídica. Nem mesmo a exigência de dolo sana a insubsistência de condenação por improbidade exclusivamente por princípios, à luz da LINDB, porque a vontade do agente, embora seja absolutamente importante para configuração do ilícito, não corrige o problema da incerteza quanto às condutas vedadas. Ou seja, não há como o gestor público dimensionar o que pode fazer diante de comandos vagos, estando, ainda assim, sujeito a pesadas sanções. Sob esse enfoque, atenção especial deve ser dada ao art. 11 da LIA, uma vez que esse dispositivo trata especificamente da tipificação de atos de improbidade administrativa por violação aos princípios da administração, o que o torna extremamente aberto a interpretações e a hipóteses punitivas. A doutrina tem se preocupado sobremaneira com essa temática, principalmente após as alterações feitas pela LINDB. As alterações feitas em 2018 na sobrenorma de direito trouxeram importante freio à decisão pessoal de autoridade – que se camuflaria nos conceitos jurídicos abertos, vagos ou indeterminados, e que se utiliza de valores jurídicos abstratos para legitimar decisões. Evidentemente não se pretende a descrição exaustiva de todas as infrações administrativas, sobretudo, porque é inviável a descrição da realidade e das diversas possibilidades concretas com base em termos determinados e descritivos. Contudo, a utilização do conceito aberto não pode tornar incompreensível o comportamento vedado, a causar insegurança em quem atua mesmo de boa-fé. É imprescindível a possibilidade de compreensão da norma pelo agente, de maneira a conferir clareza e certeza acerca dos deveres impostos. Sob o enfoque na LINDB, quis estabelecer o legislador que norma que tipifique como infração o comportamento de agir contra a moralidade administrativa, ou contra qualquer outro princípio, não

fornece elementos suficientes para a caracterização da conduta e gera insegurança ao ordenamento jurídico como um todo. Para além da definição da taxatividade da norma, é imperiosa a revisitação do dispositivo para aplicação das regras norteadoras trazidas pelas alterações da LINDB, a fim de impedir que condutas semelhantes sejam penalizadas de forma tão diversa, e também de solucionar a paralisação administrativa – o *apagão das canetas* – em que se insere hoje a administração pública. Em um primeiro olhar, a sobrenorma de direito quis vedar sancionamentos pautados em subjetivismos e ausência de paradigmas objetivos, justamente o que se observa do art. 11 da LIA, de maneira que, ao menos, faz-se imprescindível a profunda avaliação dessa norma para adequação aos ditames das evoluções do Direito Público consubstanciadas nas alterações legislativas recentes.

22 Ainda se faz necessária a consolidação prática, doutrinária e jurisprudencial da matéria, que é muito recente, mas já é possível perceber os impactos que as alterações da LINDB, voltadas ao Direito Público, são capazes de fazer no ordenamento jurídico administrativo, a fim de trazer maior segurança jurídica, objetividade e parametrização nas decisões, especialmente nas de responsabilização por improbidade administrativa.

# REFERÊNCIAS

AARNIO, Aulis. Taking rules seriously. *Arsp*, v. 42, p. 180-192, 1990.

AGRA, Walber de Moura. *Comentários sobre a lei de improbidade administrativa*. Belo Horizonte: Fórum, 2017.

ALEXANDER, Larry; SHERWIN, Emily. *Demystitying Legal Reasoning*. Cambridge: CUP, 2008.

ALEXY, Robert. *El concepto y la validez del derecho*. Barcelona: Gedisa Editorial, 1997.

ALEXY, Robert. *Theorie der Grundrechte*. Berlin: Suhrkamp, 1994.

ALEXY, Robert. *Teoria dos direitos fundamentais*. (Trad. Virgílio Afonso da Silva). São Paulo: Malheiros, 2008.

ALMEIDA, Fernando Menezes. Comentários gerais ao dispositivo. Comentário ao art. 24. *In*: CUNHA FILHO, Alexandre Jorge Carneiro da; ISSA, Rafael Hamze; SCHWIND, Rafael Wallbach. *Lei de Introdução às Normas do Direito Brasileiro – Anotada*: Decreto-Lei nº 4.657, de 4 de setembro de 1942. São Paulo: Quartier Latin, 2019. v. II.

ALVARENGA, Aristides Junqueira. Reflexões sobre Improbidade Administrativa no Direito Brasileiro. *In*: BUENO, Cassio Scarpinella; PORTO FILHO, Pedro Paulo de Rezende. *Improbidade administrativa*: questões polêmicas e atuais. São Paulo: Malheiros, 2001.

ANDERSON, Perry. *Origens da Pós-Modernidade*. Rio de Janeiro: Jorge Zahar, 1999.

ANDRADE, José Carlos Vieira de. *O dever da fundamentação expressa de actos administrativos*. Coimbra: Almedina, 2003.

ARAGÃO, Alexandre dos Santos de. *A concepção pós-positivista do princípio da legalidade*. Rio de Janeiro: Renovar, 2004.

ARAGÃO, Alexandre Santos de. Alterações na LINDB modernizam relações dos cidadãos com Estado. *Conjur*, 2018. Disponível em: https://www.conjur.com.br/2018-abr-13/alexandre-aragao-alteracoes-lindb-modernizam-relacoes-estado. Acesso em 6 dez. 2020.

ARAGÃO, Alexandre Santos de. *Curso de direito administrativo*. Rio de Janeiro: Forense, 2012.

ARAGÃO, Alexandre dos Santos de. Legalidade e regulamentos administrativos no direito contemporâneo. *In*: DI PIETRO, Maria Sylvia Zanella; SUNDFELD, Carlos Ari. *Direito Administrativo. Fundamentos e princípios do direito administrativo*. São Paulo: Revista dos Tribunais, 2012.

ARAÚJO, Alexandra Fuchs de. Comentários ao artigo 26 da Lei de Introdução às Normas de Direito Brasileiro. *In*: CUNHA FILHO, Alexandre Jorge Carneiro da; ISSA, Rafael Hamze; SCHWIND, Rafael Wallbach. *Lei de Introdução às Normas do Direito Brasileiro – Anotada*: Decreto-Lei nº 4.657, de 4 de setembro de 1942. São Paulo: Quartier Latin, 2019. v. II.

ASCARELLI, Tulio. *Studi di diritto comparato e in tema di interpretazione*. Milão: Giuffrè, 1952.

ATALIBA, Geraldo. *República e Constituição*. 3. ed. São Paulo: Malheiros, 2004.

ÁVILA, Humberto. *Teoria dos Princípios*. São Paulo: Malheiros Editores, 2013.

ÁVILA, Humberto. "Neoconstitucionalismo": Entre a "ciência do direito" e o "direito da ciência". *Revista Eletrônica de Direito do Estado*, Salvador, n. 17, p. 2-17, jan./fev./mar. 2009. ISSN 1981-187X

ÁVILA, Humberto. *Segurança jurídica*: entre permanência, mudança e realização no direito tributário. São Paulo: Malheiros, 2012.

ÁVILA, Humberto. *Teoria da segurança jurídica*. 5. ed. São Paulo: Malheiros, 2019.

BACELLAR FILHO, Romeu Felipe. A estabilidade do ato administrativo criador de direitos à luz dos princípios da moralidade, da segurança jurídica e da boa-fé. A&C *Revista de Direito Administrativo & Constitucional*, n. 40, 2010. Disponível em: http://www.revistaaec.com/index.php/revistaaec/article/view/533. Acesso em 02 jan. 2021.

BARCELLOS, Ana Paula de. *A eficácia jurídica dos princípios constitucionais*: o princípio da dignidade da pessoa humana. Rio de Janeiro: Renovar, 2002.

BARROSO, Luís Roberto. A constitucionalização do direito e suas repercussões no âmbito administrativo. *In*: ARAGÃO, Alexandre Santos de; MARQUES NETO, Floriano de Azevedo. *Direito administrativo e seus novos paradigmas*. Belo Horizonte: Fórum, 2012.

BARROSO, Luís Roberto. *A judicialização da vida e o papel do Supremo Tribunal Federal*. Belo Horizonte: Fórum, 2018.

BARROSO, Luís Roberto Barroso. *Curso de direito constitucional contemporâneo*: os conceitos fundamentais e a construção do novo modelo. 2. ed. São Paulo: Saraiva, 2010.

BARROSO, Luís Roberto. Em algum lugar do passado: segurança jurídica, direito intertemporal e o novo Código Civil. *In*: ROCHA, Cármen Lúcia Antunes. *Constituição e segurança jurídica*: direito adquirido, ato jurídico perfeito e coisa julgada. Estudos em homenagem a José Paulo Sepúlveda Pertence. Belo Horizonte: Fórum, 2005.

BARROSO, Luís Roberto. *Interpretação e aplicação da Constituição*. 6. ed. São Paulo: Saraiva, 2008.

BARROSO, Luís Roberto. *O novo direito constitucional brasileiro*: contribuições para a construção teórica e prática da jurisdição constitucional no Brasil. Belo Horizonte: Fórum, 2012.

BECK, Ulrich. *Risk Society*: towards a new modernity. (Trad. Mark Ritter). New York: Sage Publications, 1992.

BEM, Vitória Valente Dal. As alterações na LINDB e a LIA: os reflexos do art. 28 da LINDB quanto à responsabilização de agentes públicos por atos de improbidade administrativa que importam em danos ao erário. *Migalhas*, 25 set. 2019. Disponível em: https://www.migalhas.com.br/depeso/311655/as-alteracoes-na-lindb-e-a-lia-os-reflexos-do-art-28-da-lindb-quanto-a-responsabilizacao-de-agentes-publicos-por-atos-de-improbidade-administrativa-que-importam-em-danos-ao-erario#:~:text=A%20segunda%20corrente%2C%20minorit%C3%A1ria%2C%20se,da%20especialidade%2C%20elencado%20no%20art. Acesso em 31 ago. 2020.

BINENBOJM, Gustavo. Da supremacia do interesse público ao dever de proporcionalidade: um novo paradigma para o Direito Administrativo. *In*: SARMENTO, Daniel (Org.) *Interesses públicos 'versus' interesses privados*: desconstruindo o princípio da supremacia do interesse público. Rio de Janeiro: Lúmen Júris, 2005.

BINENBOJM, Gustavo. *Uma teoria do direito administrativo. Direitos fundamentais, democracia e constitucionalização*. 2. ed. Rio de Janeiro: Renovar, 2008.

BINENBOJM, Gustavo. *Uma teoria do direito administrativo. Direitos fundamentais, democracia e constitucionalização. A crise dos paradigmas do direito administrativo*. São Paulo: Saraiva, 2014.

BINENBOJM, Gustavo; CYRINO, André. O art. 28 da LINDB – A cláusula geral do erro administrativo. *Revista de Direito Administrativo*, Rio de Janeiro, Edição Especial: Direito Público na Lei de Introdução às Normas de Direito Brasileiro – LINDB (Lei nº 13.655/2018), p. 203-224, nov. 2018. Disponível em: http://bibliotecadigital.fgv.br/ojs/index.php/rda/article/view/77655. Acesso em 30 ago. 2020.

BITENCOURT, Cezar Roberto. *Erro de tipo e erro de proibição*: uma análise comparativa. São Paulo: Saraiva, 2013.

BOBBIO, Norberto. *O Positivismo Jurídico – Lições de Filosofia do Direito*. São Paulo: Ícone, 2006.

BONA, Daniel Braga. Alteração da LINDB e seus reflexos na punição por atos de improbidade lesivos ao erário. *Consultor Jurídico*, 30 dez. 2019. Disponível em: https://www.conjur.com.br/2019-dez-30/mp-debate-alteracao-lindb-reflexos-punicao-atos-improbidade. Acesso em 05 jan. 2021.

BORGES, Alice Gonzalez. Supremacia do interesse público: desconstrução ou reconstrução? *In: Revista Eletrônica de Direito Administrativo Econômico*, Salvador, n. 26, p. 10, mai./jun./jul. 2011. Disponível em: http://www.direitodoestado.com.br/codrevista.asp?cod=587. Acesso em 30 ago. 20.

BRANDÃO, Antônio José. Moralidade administrativa. *Revista de Direito Administrativo*, Rio de Janeiro, v. 25, p. 454-467, jul. 1951. ISSN 2238-5177. Disponível em: http://bibliotecadigital.fgv.br/ojs/index.php/rda/article/view/12140. Acesso em 1 jun. 2020. Doi: http://dx.doi.org/10.12660/rda.v25.1951.12140.

BRASIL. Constituição da República Federativa do Brasil de 1988. *Diário Oficial da União*, Brasília, 05 out. 1988. Disponível em: http://www.planalto.gov.br/ccivil_03/constituicao/constituicao.htm. Acesso em 18 out. 2020.

BRASIL. *Constituição da República Federativa do Brasil*: promulgada em 5 de outubro de 1988. 4. ed. São Paulo: Saraiva, 1990.

BRASIL. Decreto-Lei nº 4.657, de 4 de setembro de 1942. Lei de Introdução às Normas do Direito Brasileiro (redação dada pela Lei n º 12.376, de 2010). *Diário Oficial da União*, Rio de Janeiro, 09 set. 1942, retificado em 08 out. 1942 e 17 jun. 1943. Disponível em: http://www.planalto.gov.br/ccivil_03/decreto-lei/del4657compilado.htm. Acesso em 18 fev. 2020.

BRASIL. Lei nº 4.717, de 29 de junho de 1965. Regula a ação popular. *Diário Oficial da União*, Brasília, 05 jul. 1965, republicado em 08 abr. 1974. Disponível em: http://www.planalto.gov.br/ccivil_03/leis/l4717.htm. Acesso em 02 jan. 2020.

BRASIL. Lei nº 8.429, de 2 de junho de 1992. Dispõe sobre as sanções aplicáveis aos agentes públicos nos casos de enriquecimento ilícito no exercício de mandato, cargo, emprego ou função na administração pública direta, indireta ou fundacional e dá outras providências. *Diário Oficial da União*, Rio de Janeiro, 03 jun. 1992. Disponível em: http://www.planalto.gov.br/ccivil_03/LEIS/L8429.htm. Acesso em 8 fev. 2020.

BRASIL. Lei nº 9.307, de 23 de setembro de 1996. Dispõe sobre a arbitragem. *Diário Oficial da União*, Brasília, 24 set. 1996. Disponível em: http://www.planalto.gov.br/ccivil_03/leis/l9307.htm. Acesso em 6 dez. 2020.

BRASIL. Lei nº 9.784, de 29 de janeiro de 1999. Regulamenta o processo administrativo no âmbito da Administração Pública Federal. *Diário Oficial da União*, Brasília, 01 fev. 1999, retificado em 11 mar. 1999. Disponível em: http://www.planalto.gov.br/ccivil_03/leis/l9784.htm. Acesso em 18 fev. 2020.

BRASIL. Lei nº 10.406, de 10 de janeiro de 2002. Institui o Código Civil. *Diário Oficial da União*, Brasília, 11 jan. 2002. Disponível em: http://www.planalto.gov.br/ccivil_03/leis/2002/l10406compilada.htm. Acesso em 6 dez. 2020.

BRASIL. Lei nº 13.105, de 16 de março de 2015. Código de Processo Civil. *Diário Oficial da União*, Brasília, 17 mar. 2015. Disponível em: http://www.planalto.gov.br/ccivil_03/_ato2015-2018/2015/lei/l13105.htm. Acesso em 6 dez. 2020.

BRASIL. Decreto nº 9.830, de 10 de junho de 2019. Regulamenta o disposto nos art. 20 ao art. 30 do Decreto-Lei nº 4.657, de 4 de setembro de 1942, que institui a Lei de Introdução às normas do Direito brasileiro. *Diário Oficial da União*, Brasília, 11 jun. 2019. Disponível em: http://www.planalto.gov.br/ccivil_03/_Ato2019-2022/2019/Decreto/D9830.htm. Acesso em 6 dez. 2020.

BRASIL. Lei nº 13.964, de 24 de dezembro de 2019. Aperfeiçoa a legislação penal e processual penal. *Diário Oficial da União*, Brasília, 30 abr. 2021. Disponível em: http://www.planalto.gov.br/ccivil_03/_ato2019-2022/2019/lei/L13964.htm. Acesso em 27 out. 2020.

BRASIL. *Projeto de Lei nº 10887/2018*. Disponível em: https://www.camara.leg.br/proposicoesWeb/fichadetramitacao?idProposicao=2184458. Acesso em 05 jan. 2021.

BRASIL. Superior Tribunal de Justiça. *Relatório Estatístico 2019*. Disponível em http://www.stj.jus.br/webstj/Processo/Boletim/. Acesso em 29 nov. 2020.

BRASIL. Supremo Tribunal Federal. *AI nº 529.733-1-RS*. Relator: Ministro Gilmar Mendes, publicado no DJ de 01.12.2006. Disponível em: https://jurisprudencia.stf.jus.br/pages/search/sjur7060/false. Acesso em 05 jan. 2021.

BRASIL. Supremo Tribunal Federal. *RE nº 405386*. CONSTITUCIONAL. PENSÃO ESPECIAL DE VIÚVA DE PREFEITO. LEI MUNICIPAL DE EFEITOS CONCRETOS. VALIDADE. ISONOMIA E PRINCÍPIO DA MORALIDADE (CF. ART. 37). IMUNIDADE MATERIAL DE VEREADORES (CF. ART. 29, VIII). EXTENSÃO QUANTO À RESPONSABILIDADE CIVIL. Relatora: Ministra Ellen Gracie, Relator(a) p/ Acórdão: Ministro TEORI ZAVASCKI, Segunda Turma, julgado em 26.02.2013. Disponível em: https://stf.jusbrasil.com.br/jurisprudencia/23085782/recurso-extraordinario-re-405386-rj-stf. Acesso em 02 jan. 2021.

BROSSARD, Paulo. *O Impeachment*. 3. ed. São Paulo: Saraiva, 1992.

CAMMAROSANO, Márcio. *O princípio constitucional da moralidade e o exercício da função administrativa*. Belo Horizonte: Fórum, 2006.

CANOTILHO, José Joaquim Gomes. *Direito constitucional*. Coimbra: Livraria Almedina, 1996.

CANOTILHO, J. J. Gomes; MOREIRA, Vital. *Fundamentos da constituição*. Coimbra: Editora Coimbra, 1991.

CAPEZ, Fernando. *Improbidade Administrativa*: limites constitucionais. 2. ed. São Paulo: Saraiva, 2015.

CAPEZ, Fernando. *Limites constitucionais à Lei de Improbidade*. São Paulo: Saraiva, 2010.

CARNEIRO, Rafael Araripe. *STJ em números*: Improbidade Administrativa. Parte I. Disponível em: https://www.jota.info/paywall?redirect_to=//www.jota.info/opiniao-e-analise/artigos/stj-em-numeros-improbidade-administrativa-06062020. Acesso em 29 nov. 20.

CARRAZA, Roque Antonio. Segurança jurídica e eficácia temporal das alterações jurisprudenciais. Competência dos Tribunais Superiores para fixá-la. Questões conexas. *In*: FERRAZ JUNIOR, Tércio Sampaio. *Efeito "ex nunc" e as decisões do STF*. São Paulo: Manole, 2008.

CARVALHO NETO, Tarcisio Vieira de. *O princípio da impessoalidade nas decisões administrativas*. Brasília: Gazeta Jurídica, 2015.

CARVALHO NETO, Tarcisio Vieira de. O princípio da *non reformatio in pejus* e o controle de legalidade no processo administrativo. *In*: ALMEIDA, Fernando Dias Menezes *et al*. *Direito público em evolução. Estudos em homenagem à professora Odete Medauar*. Belo Horizonte: Fórum, 2013.

CARVALHO NETO, Tarcisio Vieira de; FERNANDES, Lília Maria da Cunha. Improbidade administrativa e inelegibilidades à luz da atual jurisprudência do Tribunal Superior Eleitoral. *Revista eletrônica de direito eleitoral e sistema político-REDESP*, n. 1, jul./dez. 2017.

CLÈVE, Clèmerson Merlin. *O controle de constitucionalidade e a efetividade dos direitos fundamentais. Jurisdição constitucional e direitos fundamentais*. Belo Horizonte: Del Rey, 2003.

COELHO, Gabriela. Pesquisa mostra que sanções por improbidade são muito amplas e geram insegurança. *Consultor Jurídico*, 20 mai. 2019. Disponível em: https://www.conjur.com.br/2019-mai-20/pesquisa-mostra-sancoes-improbidade-sao-amplas. Acesso em 25 jul. 2019.

CONSULTOR JURÍDICO. *"Incompetência não pode ser tratada como improbidade"*, diz ministro do TCU. 30 mai. 2019. Disponível em: https://www.conjur.com.br/2019-mai-30/incompetencia-nao-improbidade-ministro-tcu. Acesso em 24 dez. 2020.

CONSULTOR JURÍDICO. *STJ divulga 14 teses sobre improbidade administrativa em seu site*. 08 ago. 2015. Disponível em: https://www.conjur.com.br/2015-ago-08/fimde-editado-stj-divulga-14-teses-improbidade-administrativa#:~:text=5)%20A%20presen%C3%A7a%20de%20ind%C3%ADcios,do%20in%20dubio%20pro%20societate. Acesso em 29 nov. 2020.

CORTÊS, Osmar Mendes Paixão. *Súmula vinculante e segurança jurídica*. São Paulo: Editora Revista dos Tribunais, 2008.

COSTA, Flávio. Brasil leva 6 anos para julgar improbidade; demora dificulta recuperação de dinheiro público. *UOL*, São Paulo, 29 ago. 2017. Disponível em: https://noticias.uol.com.br/politica/ultimas-noticias/2017/08/29/brasil-leva-6-anos-para-julgar-improbidade-demora-dificulta-recuperacao-de-dinheiro-publico.htm?cmpid=copiaecolahttps://noticias.uol.com.br/politica/ultimas-noticias/2017/08/29/brasil-leva-6-anos-para-julgar-improbidade-demora-dificulta-recuperacao-de-dinheiro-publico.htm. Acesso em 22 dez. 2020.

COSTA, José Armando da. *Contorno Jurídico da Improbidade Administrativa*. Brasília: Brasília Jurídica, 2002.

CRETELLA JÚNIOR, José. *Comentários à Constituição Brasileira de 1988*. Rio de Janeiro: Forense Universitária, 1991. v. IV, arts. 23 a 37.

CUNHA FILHO, Alexandre Jorge Carneiro da; ISSA, Rafael Hamze; SCHWIND, Rafael Wallbach. *Lei de Introdução às Normas do Direito Brasileiro – Anotada*: Decreto-Lei nº 4.657, de 4 de setembro de 1942. São Paulo: Quartier Latin, 2019. v. I.

CUNHA FILHO, Alexandre Jorge Carneiro da; ISSA, Rafael Hamze; SCHWIND, Rafael Wallbach. *Lei de Introdução às Normas do Direito Brasileiro – Anotada*: Decreto-Lei nº 4.657, de 4 de setembro de 1942. São Paulo: Quartier Latin, 2019. v. II.

DE OLIVEIRA, André Henrique Mendes Viana. Habermas e Lyotard: um debate sobre a pós-modernidade. *Cadernos Cajuína*. v. 4, n. 3, p. 20-29, 2019.

DI PIETRO, Maria Sylvia Zanella. Da constitucionalização do direito administrativo – Reflexos sobre o princípio da legalidade e a discricionariedade administrativa. *Atualidades Jurídicas – Revista do Conselho Federal da Ordem dos Advogados do Brasil*, Belo Horizonte, p. 3-4, 2012.

DINAMARCO, Cândido Rangel; LOPES, Bruno Vasconcelos Carrilho. *Teoria geral do novo processo civil*. São Paulo: Malheiros, 2017.

DINIZ, Maria Helena. Reflexões epistemológicas sobre os artigos 20 a 30 da LINDB. *Revista Argumentum*, Marília/SP, v. 21, n. 1, p. 17-38, jan./abr. 2020. ISSN 2359-6889. Disponível em: http://ojs.unimar.br/index.php/revistaargumentum/article/view/1273. Acesso em 30 ago. 2020.

DINIZ, Maria Helena. Artigos 20 a 30 da LINDB como novos paradigmas hermenêuticos do Direito Público, voltados à segurança jurídica e eficiência administrativa. *Revista Argumentum*, Marília/SP, v. 19, n. 2, p. 305-318, mai./ago. 2018.

DIONÍSIO, Pedro de Hollanda. *O direito ao erro do administrador público no Brasil*: contexto, fundamentos e parâmetros. Rio de Janeiro: Mundo Jurídico, 2019.

DI PIETRO, Maria Sylvia Zanella. *Direito Administrativo*. 31. ed. São Paulo: Atlas, 2018.

DIPP, Gilson. A dosimetria das sanções por improbidade administrativa. *In*: *Doutrina*: edição comemorativa 30 anos. Brasília: Superior Tribunal de Justiça, 2019. Disponível em: https://ww2.stj.jus.br/docs_internet/revista/eletronica/revista_doutrina_dos_30_anos.pdf. Acesso em 29 nov. 2020.

DIPP, Gilson; CARNEIRO, Rafael Araripe. Banalização do conceito de improbidade administrativa é prejudicial a todos. *Consultor Jurídico*, 19 mar. 2017. Disponível em: https://www.conjur.com.br/2017-mar-19/banalizacao-conceito-improbidade-prejudicial-todos. Acesso em 24 dez. 2020.

DWORKIN, Ronald. *Taking rights seriously*. Cambridge, Massachussetts: Harvard University Press, 1977; e ALEXY, Robert. *Teoria dos direitos fundamentais*. São Paulo: Malheiros, 2017.

DWORKIN, Ronald. *O império do direito*. São Paulo: Martins Fontes, 2003.

ENGISCH, Karl. *Introdução ao pensamento jurídico*. Lisboa: Calouste Gulbenkian, 1997.

ESTORNINHO, Maria João. *A fuga para o direito privado*: contributo para o estudo da actividade de direito privado da administração pública. Coimbra: Editora Coimbra, 1999.

FACHIN, Luiz Edson. Um breve balanço da impermanência. *Consultor Jurídico*, 30 dez. 2020. Disponível em: https://www.conjur.com.br/2020-dez-30/luiz-edson-fachin-breve-balanco-impermanencia. Acesso em 04 jan. 2021.

FARIA, José Figueiredo. Gestão de risco na aplicação da legislação. *In*: RALHA, João. *Princípios de gestão para município*. Lisboa: Universidade Católica Editora, 2015.

FARIA, Luzardo. O art. 26 da LINDB e a legalidade dos acordos firmados pela Administração Pública. *In*: VALIATI, Thiago Priess; HUNGARO, Luis Alberto; CASTELLA, Gabriel Morettini. *A lei de introdução e o direito administrativo brasileiro*. Rio de Janeiro: Lumen Juris, 2019.

FAVOREU, Louis. *El bloque de la constitucionalidad*. Madrid: Civitas, 1991.

FAZZIO JÚNIOR, Waldo. *Improbidade Administrativa*: doutrina, legislação e jurisprudência. 4. ed. rev. atual. ampl. São Paulo: Atlas, 2016.

FERRAZ JÚNIOR; Tércio Sampaio. *Introdução ao estudo do direito. Técnica, decisão, dominação*. São Paulo: Atlas, 2010.

FERRAZ, Luciano. Alteração da LINDB revoga parcialmente Lei de Improbidade Administrativa. *Consultor Jurídico*, 10 mai. 2018. Disponível em: https://www.conjur.com.br/2018-mai-10/interesse-publico-alteracao-lindb-revoga-parcialmente-lei-improbidade. Acesso em 05 jan. 2021.

FERNANDES, Felipe Gonçalves; SANTANA, Fabio Paulo Reis. O contributo da medida provisória nº 966 como elemento de objetivação do direito disciplinas dos servidores públicos. *Brazilian Journals*, v. 6, n. 10, 2020. Disponível em: https://www.brazilianjournals.com/index.php/BRJD/article/view/18072. Acesso em 20 out. 2020.

FIGUEIREDO, Lúcia Valle. *Curso de Direito Administrativo*. São Paulo: Malheiros, 2008.

FIGUEIREDO, Marcelo. *Probidade Administrativa*. 4. ed. São Paulo: Malheiros, 2000.

FIORENZA, Fábio Henrique Rodrigues de Moraes. Conciliação e administração pública. *Revista Jus Navigandi*, Teresina, a. 15, n. 2594, 8 ago. 2010. ISSN 1518-4862. Disponível em: https://jus.com.br/artigos/17131. Acesso em 2 nov. 2020.

FREITAS, Juarez. Controle dos atos administrativos e o princípio da precaução. *Revista Gestão Pública e Controle, TCE do Estado da Bahia*, v. 1, n. 3, 2007.

FREY, Katja. Legitimacy in administrative law: reform and reconstruction. *DVBl*, p. 704, 2010.

GARCIA, Emerson. A moralidade administrativa e sua densificação. *Revista EMERJ*, v. 6, n. 21, p. 224-227, 2003.

GARCIA, Emerson. Dignidade da Pessoa Humana: referenciais metodológicos e regime jurídico. *Revista de Direito Privado*, São Paulo: Revista dos Tribunais, v. 21, p. 85, 2005.

GARCIA, Emerson; ALVES, Rogério Pacheco. *Improbidade Administrativa*. 5. ed. rev e ampl. Rio de Janeiro: Editora Lumen Juris, 2010.

GARCIA, Emerson; ALVES, Rogério Pacheco. *Improbidade Administrativa*. 9. ed. São Paulo: Saraiva, 2017.

GARCIA, Fábio Henrique Falcone. Apontamentos sobre a (ir)racionalidade jurídica e a reforma da Lei de Introdução às Normas do Direito Brasileiro. *In*: CUNHA FILHO, Alexandre Jorge Carneiro da; ISSA, Rafael Hamze; SCHWIND, Rafael Wallbach. *Lei de Introdução às Normas do Direito Brasileiro – Anotada*: Decreto-Lei nº 4.657, de 4 de setembro de 1942. São Paulo: Quartier Latin, 2019. v. II.

GAROFANO, Rafael Roque; STEIN, Daniel Almeida; ZABLITH, Marc Bujnicki. Relevante interesse geral, requisito para o acordo e vetos. *In*: CUNHA FILHO, Alexandre Jorge Carneiro da; ISSA, Rafael Hamze; SCHWIND, Rafael Wallbach. *Lei de Introdução às Normas do Direito Brasileiro – Anotada*: Decreto-Lei nº 4.657, de 4 de setembro de 1942. São Paulo: Quartier Latin, 2019. v. II.

GUERRA, Sérgio; PALMA, Juliana Bonacorsi de. Art. 26 da LINDB – Novo regime jurídico de negociação com a Administração Pública. *Revista de Direito Administrativo*, p. 135-169, 23 nov. 2018. Disponível em: http://bibliotecadigital.fgv.br/ojs/index.php/rda/article/view/77653. Acesso em 2 nov. 2020.

GIACOMUZZI, José Guilherme. *A moralidade administrativa e a boa-fé da administração pública*. São Paulo: Malheiros, 2002.

GIAMUNDO NETO, Giuseppe. *Lei de Introdução às Normas do Direito Brasileiro Anotada*. São Paulo: Quartier Latins, 2019.

GIAMUNDO NETO, Giuseppe. Novos Horizontes no Direito Público: Comentários ao Artigo 27 da Lei de Introdução às Normas do Direito Brasileiro. *In*: CUNHA FILHO, Alexandre Jorge Carneiro da; ISSA, Rafael Hamze; SCHWIND, Rafael Wallbach. *Lei de Introdução às Normas do Direito Brasileiro – Anotada*: Decreto-Lei nº 4.657, de 4 de setembro de 1942. São Paulo: Quartier Latin, 2019. v. II.

GOMES, Carla Amado. *Risco e modificação do acto autorizativo concretizador de deveres de proteção do ambiente*. Coimbra: Almedina, 2007.

GRAU, Eros Roberto. *O direito posto e o direito pressuposto*. 7. ed. São Paulo: Malheiros, 2008.

GRAU, Eros Roberto. *Por que tenho medo dos juízes (a interpretação/aplicação do direito e os princípios)*. São Paulo: Malheiros, 2018.

HARGER, Marcelo. *Improbidade administrativa*: comentários à Lei nº 8.429/92. São Paulo: Atlas, 2015.

HART, Herbert. *O conceito de direito*. 5. ed. Lisboa: Fundação Calouste Gulbenkian, 2007.

HAURIOU, Maurice. *Précis de droit administratif et de droit public*. 11. ed. Paris: Sirey, 1927.

HENRIQUES, Diana Carolina Bisco; BORGES, Jéssica Suruagy Amaral. A aplicação de sanções ao agente público à luz do art. 22, §3º da LINDB. *In*: VALIATI, Thiago Priess; HESSE, Konrad. *A força normativa da constituição*. Porto Alegre: Sérgio Antônio Fabris Editor, 1991. Disponível em: https://edisciplinas.usp.br/pluginfile.php/4147570/mod_resource/content/0/A%20Forca%20Normativa%20da%20Constituicao%20%20-%20Hesse.pdf. Acesso em 9 dez. 2019.

HENRIQUES, Diana Carolina Bisco; BORGES, Jéssica Suruagy Amaral. A aplicação de sanções ao agente público à luz do art. 22, §3º da LINDB. *In*: VALIATI, Thiago Priess; HUNGARO, Luis Alberto; CASTELLA, Gabriel Morettini (Coord.). *A lei de introdução e o direito administrativo brasileiro*. Rio de Janeiro: Lumen Juris, 2019.

HESSE, Konrad. *A força normativa da constituição*. Porto Alegre: Sérgio Antônio Fabris Editor, 1991. Disponível em: https://edisciplinas.usp.br/pluginfile.php/4147570/mod_resource/content/0/A%20Forca%20Normativa%20da%20Constituicao%20%20-%20Hesse.pdf. Acesso em 9 dez. 2019.

HOBBES, Thomas. *Leviatã*. São Paulo: Abril Cultural, 1979.

HUNGARO, Luis Alberto; CASTELLA, Gabriel Morettini (Coord.). *A lei de introdução e o direito administrativo brasileiro*. Rio de Janeiro: Lumen Juris, 2019.

INSTITUTO BRASILEIRO DE DIREITO ADMINISTRATIVO – IBDA. *Seminário promovido pelo IBDA aprova enunciados sobre a LINDB*. Disponível em: http://ibda.com.br/noticia/seminario-promovido-pelo-ibda-aprova-enunciados-sobre-a-lindb. Acesso em 6 dez. 2020.

IOKEN, Sabrina Nunes. *Controle compartilhado das políticas públicas*. Belo Horizonte: Fórum, 2018.

JORDÃO, Eduardo. Art. 22 da LINDB-Acabou o romance: reforço do pragmatismo no direito público brasileiro. *Revista de Direito Administrativo*, p. 63-92, 2018. Disponível em: bibliotecadigital.fgv.br. Acesso em 20 out. 2020.

JUSTEN FILHO, Marçal. Art. 20 da LINDB – Dever de transparência, concretude e proporcionalidade nas decisões públicas. In: *Revista de Direito Administrativo, edição especial LINDB*, p. 13-41, 2018.

JUSTEN FILHO, Marçal. *Curso de direito administrativo*. São Paulo: Saraiva, 2003.

JUSTEN FILHO, Marçal. Contratação temporária e a configuração de ato de improbidade administrativa. In: MARQUES, Mauro Campbell. *Improbidade administrativa. Temas atuais e controvertidos*. Rio de Janeiro: Forense, 2016.

KANAYAMA, Ricardo Alberto. *Improbidade por violação aos princípios da Administração Pública*: um diagnóstico da fundamentação das decisões do Tribunal de Justiça de São Paulo. Escola de Direito de São Paulo. São Paulo: Fundação Getúlio Vargas, 2020. Disponível em: https://bibliotecadigital.fgv.br/dspace/bitstream/handle/10438/28949/Ricardo%20A.%20Kanayama%20-%20Dissertac%cc%a7a%cc%83o%20versa%cc%83o%20final%20definitiva.pdf?sequence=5&isAllowed=y. Acesso em 26 out. 2020.

KELSEN, Hans. *Teoria Pura do Direito*. 6. ed. São Paulo: Martins Fontes, 1998.

KELSEN, Hans. *Teoria geral do direito e do Estado*. São Paulo: Martins Fontes, 1992.

LAURENTTIS, Lucas C. Comentários gerais ao dispositivo. In: CUNHA FILHO, Alexandre Jorge Carneiro da; ISSA, Rafael Hamze; SCHWIND, Rafael Wallbach. *Lei de Introdução às Normas do Direito Brasileiro – Anotada*: Decreto-Lei nº 4.657, de 4 de setembro de 1942. São Paulo: Quartier Latin, 2019. v. II.

LOPES, Camila Laurentino. *A Moralidade Administrativa no Contexto Democrático Brasileiro*: desencontros da doutrina administrativista e da jurisprudência do STF. Recife: Dissertação de mestrado, UFPE, 2017.

LUHMANN, Niklas. *Sociologia do Direito I*. Rio de Janeiro: Tempo Brasileiro, 1983.

LUNARDELLI, José Marcos. Comentários Gerais ao Dispositivo. Art. 30 da LINDB – Comentário Geral. In: CUNHA FILHO, Alexandre Jorge Carneiro da; ISSA, Rafael Hamze; SCHWIND, Rafael Wallbach. *Lei de Introdução às Normas do Direito Brasileiro – Anotada*: Decreto-Lei nº 4.657, de 4 de setembro de 1942. São Paulo: Quartier Latin, 2019. v. II.

MACHADO, Maíra Rocha. Entre a lei e o juiz: os processos decisórios na definição de penas. *Revista Brasileira de Ciências Criminais*, São Paulo, v. 126, p. 181-223, dez. 2016.

MADRAZO, Francisco. *Orden jurídico y derecho judicial*. Buenos Aires: Depalma, 1985.

MAIA, Alexandre da. *Ontologia jurídica*: o problema de sua fixação teórica com relação ao garantismo jurídico. Porto Alegre: Liv. do Advogado, 2000.

MALMESBURY, Thomas Hobbes de. *Leviatã*. Roma: Editora Laterza, 2001.

MARRARA, Thiago. Comentários Gerais ao Dispositivo. Artigo 23 da LINDB. In: CUNHA FILHO, Alexandre Jorge Carneiro da; ISSA, Rafael Hamze; SCHWIND, Rafael Wallbach. *Lei de Introdução às Normas do Direito Brasileiro – Anotada*: Decreto-Lei nº 4.657, de 4 de setembro de 1942. São Paulo: Quartier Latin, 2019. v. II.

MARRARA, Tiago. O conteúdo do princípio da moralidade: probidade, razoabilidade e cooperação. *Revista Digital de Direito Administrativo*, v. 3, n. 1, p. 104-120, 11 jan. 2016.

MARRARA, Thiago. *Princípios do Direito Administrativo*. São Paulo: Atlas, 2012.

MARQUES NETO, Floriano Peixoto. *Regulação estatal e interesses públicos*. São Paulo: Malheiros, 2002.

MARQUES NETO, Floriano de Azevedo; FREITAS, Rafael Véras de. *Comentários à Lei nº 13.655/2018 (Lei da Segurança para a Inovação Pública)*. 1. Reimp. Belo Horizonte: Fórum, 2019.

MARQUES NETO, Floriano de Azevedo; FREITAS, Rafael Véras de. O artigo 22 da LINDB e os novos contornos do Direito Administrativo sancionador. *Consultor Jurídico*, 25 jul. 2018. Disponível em: https://www.conjur.com.br/2018-jul-25/opiniao-artigo-22-lindb-direito-administrativo-sancionador#:~:text=O%20artigo%2022%20da%20LINDB%20e%20os%20novos%20contornos%20do%20Direito%20Administrativo%20sancionador&text=O%20exerc%C3%ADcio%20do%20poder%20extroverso,sobretudo%20pelo%20seu%20vi%C3%A9s%20repressivo.&text=Cuida%2Dse%20de%20prescri%C3%A7%C3%A3o%20que,%C3%A2mbito%20do%20Direito%20Administrativo%20sancionador. Acesso em 22 dez. 2020.

MARQUES NETO, Floriano de Azevedo Marques; FREITAS, Rafael Véras. O artigo 28 da nova LINDB: um regime jurídico para o administrador honesto. *Consultor Jurídico*, v. 25, 2018. Disponível em: https://www.conjur.com.br/2018-mai-25/opiniao-lindb-regime-juridico-administrador-honesto#:~:text=Bem%2Dvindo%2C%20pois%2C%20o,de%20dolo%20ou%20erro%20grosseiro%E2%80%9D. Acesso em 22 dez. 2020.

MASCARENHAS, Rodrigo Tostes de Alencar. O Medo e o Ato Administrativo. *Revista Colunistas – Direito do Estado*, n. 289, 2016.

MATTOS, Mauro Roberto Gomes de. *O Limite da Improbidade Administrativa*. 2. ed. Rio de Janeiro: Ed. América Jurídica, 2005.

MAYER, Otto. *Contributo para uma teoria do estado de direito*. Coimbra: Faculdade de Direito da Universidade de Coimbra, 1987.

MEDAUAR, Odete. Administração pública: do ato ao processo. *In*: ARAGÃO, Alexandre Santos de; MARQUES NETO, Floriano de Azevedo. *Direito administrativo e seus novos paradigmas*. Belo Horizonte: Fórum, 2012.

MEDAUAR, Odete. *Direito administrativo moderno*. Belo Horizonte: Fórum, 2018.

MEDAUAR, Odete. *O direito administrativo em evolução*. São Paulo: RT, 2003.

MEDAUAR, Odete. *O direito administrativo em evolução*. 2. ed. rev. atual. e ampl. São Paulo: RT, 2003.

MEDINA, José Miguel Garcia. Ação Civil Pública. Improbidade Administrativa. Possibilidade de Indeferimento da Petição Inicial ante a Ausência de Ato de Improbidade. Inteligência do art. 17, §§8º e 11, da Lei nº 8.429/1992, c/c art. 295 do CPC. *Revista dos Tribunais*, São Paulo, v. 92, n. 815, p 123-136, set. 2003. Disponível em: https://dspace.almg.gov.br/handle/11037/35951. Acesso em: 21 maio 2019.

MEERHOLZ, André Leonardo. Interpretação e Realidade – Consequencialismo, Proporcionalidade e Motivação. *In*: CUNHA FILHO, Alexandre Jorge Carneiro da; ISSA, Rafael Hamze; SCHWIND, Rafael Wallbach. *Lei de Introdução às Normas do Direito Brasileiro – Anotada*: Decreto-Lei nº 4.657, de 4 de setembro de 1942. São Paulo: Quartier Latin, 2019. v. II.

MEGNA, Bruno Lopes. O "Compromisso" para Prevenir ou Regular a Compensação a Irregularidades: um "Negócio Jurídico Administrativo – Processual". *In*: CUNHA FILHO, Alexandre Jorge Carneiro da; ISSA, Rafael Hamze; SCHWIND, Rafael Wallbach. *Lei de Introdução às Normas do Direito Brasileiro – Anotada*: Decreto-Lei nº 4.657, de 4 de setembro de 1942. São Paulo: Quartier Latin, 2019. v. II.

MEIRELLES, Hely Lopes. *Direito Administrativo Brasileiro*. 37. ed. São Paulo: Malheiros, 2011.

MELLO, Celso Antônio Bandeira de. *Curso de direito administrativo*. 20. ed. São Paulo: Malheiros, 2006.

MELLO, Celso Antônio Bandeira de. *Discricionariedade e controle jurisdicional*. São Paulo: Malheiros, 2017.

MELLO, Claudio Ari. Fragmentos teóricos sobre a moralidade administrativa. *Revista de Direito Administrativo*. v. 235, p. 93-116, 2004. Disponível em: http://bibliotecadigital. fgv.br/ojs/index.php/rda/article/view/45127. Acesso em 1 jun. 2020.

MERKL, Adolf. *Teoria general del derecho administrativo*. Madrid: Editorial Revista de Derecho Privado/Belo Horizonte: Fórum, 2013.

MEZZAROBA, Orides; DIAS, Jean Colbert; FERREIRA, Anderson. Uma nova concepção sobre a lei de Improbidade Administrativa e seu alcance. O dolo e a má-fé como elementos fundantes da responsabilização. *Revista Relações Internacionais do Mundo Atual*, 2019. Disponível em: http://revista.unicuritiba.edu.br/index.php/RIMA/article/view/3925/371372255. Acesso em 24 dez. 2020.

MINISTÉRIO PÚBLICO FEDERAL. *Nota técnica conjunta nº 1/2018*. Disponível em: http://www.mpf.mp.br/atuacao-tematica/ccr5/notas-tecnicas/docs/Nota%20Tecnica%201_2018.pdf. Acesso em 20 out. 2020.

MIRAGEM, Bruno. *A nova Administração Pública e o Direito Administrativo*. São Paulo: Editora Revista dos Tribunais, 2011.

MIRANDA, Rodrigo Fontenelle de Araújo. *Implementando a gestão de riscos no setor público*. Belo Horizonte: Fórum, 2017.

MODESTO, Paulo. Autovinculação da Administração Pública. *Revista Eletrônica de Direito do Estado*, Salvador, n. 24, out./nov./dez. 2010. ISSN 1981-187X. Disponível em: https://d1wqtxts1xzle7.cloudfront.net/6507582/REDE-24-OUTUBRO-2010-PAULO-MODESTO-AUTOVINCULACAO_ADMINISTRATIVA.pdf?response-content-disposition=inline%3B+filename%3DAUTOVINCULACAO_DA_ADMINISTRACAO_PUBLICA.pdf&Expires=1607293335&Signature=dDIkOhblO18z0repqE4lz6j0U~wBEmhvFFrlTaJ6FCXv4IislB9Cz8yBnnM83EgogkU~nH0n5TLjV8e7~TeE3WxKc8tuVixqSMDAKFVIILSEmZdEyCglcy--OPJSj2hqYeLFlU2EJx5dROJbSObn~rycdL-vEW4kylyGRGghLDpDcwk~GQrr7nmeRWCOU8eyt~smHXG5HTRfHliRKI-p7IjdHoSLksce-~z0IlcIDa1jU5O0kfrhuZL-msuzNzrZChQVWy4LOUxC8a18sqcRFzOLPaxqqdvpEVn5bfy9ZA9cbluHGSXuz93D~q~eD6G8nrXd3ZWSZZbUfsv7iqqvOQ__&Key-Pair-Id=APKAJLOHF5GGSLRBV4ZA. Acesso em 6 dez. 2020.

MOHALLEM, Michael Freitas. Novas medidas contra a corrupção. *FGV Direito Rio*, mai. 2018. Disponível em: http://bibliotecadigital.fgv.br/dspace/handle/10438/23949. Acesso em 29 nov. 2020.

MORAES, Alexandre de. *Constituição do Brasil interpretada e legislação constitucional*. São Paulo: Atlas, 2002.

MOREIRA, João Batista Gomes. *Direito Administrativo*: da rigidez autoritária à flexibilidade democrática. 3. ed. Belo Horizonte: Fórum, 2016.

MOREIRA NETO, Diogo de Figueiredo. *Direito regulatório*. Rio de janeiro: Renovar, 2003.

MOREIRA NETO, Diogo de Figueiredo. O direito administrativo do século XXI: um instrumento de realização da democracia substantiva. *Revista de Direito Administrativo & Constitucional*, Belo Horizonte, a. 3, n. 11, p. 20-21, jan./mar. 2003.

MOREIRA NETO, Diogo de Figueiredo; GARCIA, Flávio Amaral. Desastres naturais e as contratações emergenciais. *Revista de Direito Administrativo (RDA)*, Rio de Janeiro: Fundação Getúlio Vargas, v. 265, p. 152-167, 2014.

MOREIRA NETO, Diogo de Figueiredo. *Legitimidade e discricionariedade*. Rio de Janeiro: Forense, 2001.

MOREIRA NETO, Diogo Figueiredo. *Legitimidade e discricionariedade – novas reflexões sobre os limites e controle da discricionariedade*. 4. ed. Rio de Janeiro: Forense, 2001.

MOREIRA, Egon Bockmann; PEREIRA, Paula Pessoa. Art. 30 da LINDB. O dever público de incrementar a segurança jurídica. *Revista de Direito Administrativo*, Rio de Janeiro, Edição Especial: Direito Público na Lei de Introdução às Normas de Direito Brasileiro – LINDB (Lei nº 13.655/2018), p. 243-274, nov. 2018.

MOTTA, Fabrício; NOHARA, Irene Patrícia. *LINDB no Direito Público*; Lei nº 13.655/2018. São Paulo: Thomson Reuters Brasil, 2019. (Livro eletrônico).

NEVES, Marcelo. *Entre a Hidra e Hércules*: princípios e regras constitucionais como diferença paradoxal do sistema jurídico. São Paulo: WMF Martins Fontes, 2013.

NIEBUHR, Kalin Olbertz. O Alcance do Art. 26 da LINDB. *In*: CUNHA FILHO, Alexandre Jorge Carneiro da; ISSA, Rafael Hamze; SCHWIND, Rafael Wallbach. *Lei de Introdução às Normas do Direito Brasileiro – Anotada*: Decreto-Lei nº 4.657, de 4 de setembro de 1942. São Paulo: Quartier Latin, 2019. v. II.

NOBRE JÚNIOR, Edilson Pereira. *As normas de Direito Público na Lei de Introdução ao Direito brasileiro*: paradigmas para interpretação e aplicação do Direito Administrativo. São Paulo: Contracorrente, 2019.

NOHARA, Irene Patrícia. Governança Pública e gestão de riscos: transformações no direito administrativo. *In*: CASTRO, Rodrigo Pironti Aguirre de; GONÇALVES, Francine Silva Pacheco. *Compliance e gestão de riscos nas empresas estatais*. Belo Horizonte: Fórum, 2018.

NOHARA, Irene Patrícia. *LINDB*: Lei de Introdução às Normas no Direito Brasileiro, hermenêutica e novos parâmetros ao direito público. Curitiba: Juruá, 2018.

OLIVEIRA, Gustavo Justino de. Hiperativismo do controle versus inércia administrativa. *JotaInfo*, 2018. Disponível em: https://www.jota.info/opiniao-e-analise/artigos/hiperativismo-do-controle-versus-inercia-administrativa-18042018. Acesso 6 dez. 2020.

OLIVEIRA, Rafael Carvalho Rezende. *Princípios do Direito Administrativo*. São Paulo: Método, 2013.

OSÓRIO, Fábio Medina. *Conceito e tipologia dos atos de improbidade administrativa*. Disponível em: https://core.ac.uk/download/pdf/16038245.pdf. Acesso em 22 dez. 2020.

OSÓRIO, Fábio Medina. *Improbidade administrativa na Constituição de 988*: uma ilegalidade qualificada. Disponível em: https://core.ac.uk/download/pdf/16050935.pdf. Acesso em 28 nov. 2020.

OSÓRIO, Fábio Medina. *Teoria da Improbidade Administrativa*: má gestão pública, corrupção, ineficiência. 4. ed. rev. atual. São Paulo: Thomson Reuters Brasil, 2018.

OTERO, Paulo. *Legalidade e administração pública*: o sentido da vinculação administrativa à juricidade. Coimbra: Edições Almedina, 1963.

OTERO, Paulo. *Manual de Direito Administrativo*. Coimbra: Edições Almedina, 2013.

PALMA, Juliana Bonacorsi de. Quem é o 'administrador médio' do TCU? *Jota*, 22 ago. 2018. Disponível em: https://www.jota.info/opiniao-e-analise/colunas/controle-publico/quem-e-o-administrador-medio-do-tcu-22082018. Acesso em 22 dez. 2020.

PAZZAGLINI FILHO, Marino; ROSA, Márcio Fernando; FAZZIO JÚNIOR, Waldo. *Improbidade Administrativa*. São Paulo: Atlas, 1999.

PERELMAN, Chaim. *Ética e direito*. São Paulo: Martins Fontes, 2000.

PIERUCCI, Antonio Flávio. Secularização segundo Max Weber. *In*: SOUZA, Jessé. *A atualidade de Max Weber*. Brasília: Editora Universidade de Brasília, 2000.

POSNER, Richard Allen. *Catastrophe*: risk and response. New York: Oxford University Press, 2004.

RAWLS, John. *Uma teoria da justiça*. São Paulo: Martins Fontes, 2000.

REALE, Miguel. *Lições preliminares de direito*. São Paulo: Saraiva, 2000.

RIBEIRO, Leonardo Coelho. Comentários gerais ao art. 21 da Lei de Introdução às Normas do Direito Brasileiro (Decreto-Lei nº 4.657/1942, alterado pela Lei nº 13.655/2018). *In*: CUNHA FILHO, Alexandre Jorge Carneiro da; ISSA, Rafael Hamze; SCHWIND, Rafael Wallbach. *Lei de Introdução às Normas do Direito Brasileiro – Anotada*: Decreto-Lei nº 4.657, de 4 de setembro de 1942. São Paulo: Quartier Latin, 2019. v. II.

ROCHA, Cármen Lúcia. *O princípio da coisa julgada e o vício da inconstitucionalidade*. *Constituição e segurança jurídica*: direito adquirido, ato jurídico perfeito e coisa julgada. Estudos em homenagem a José Paulo Sepúlveda Pertence. Belo Horizonte: Fórum, 2005.

ROCHA, Cármen Lúcia Antunes. *Princípios constitucionais da administração pública*. Belo Horizonte: Del Rey, 1994.

RODRIGUEZ-ARANA, Jaime. Derecho administrativo y derechos fundamentales. El derecho administrativo constitucional. *INAP/Global Law Press-Editorial Derecho Global*, p. 24, 2015.

RIBEIRO, Carlos Vinícius Alves. *Restrições estatais a direitos individuais*. Rio de Janeiro: Lumen Juris, 2019.

RIBEIRO, Leonardo Coelho. "Na dúvida, dorme tranquilo quem indefere", e o Direito Administrativo como caixa de ferramentas. *Direito do Estado*, a. 2016, n. 149, 20 abr. 2016. Disponível em: http://www.direitodoestado.com.br/colunistas/leonardo-coelho-ribeiro/na-duvida-dorme-tranquilo-quem-indefere-e-o-direito-administrativo-como-caixa-de-ferramentas. Acesso em 28 dez. 2020.

ROSENVALD, Nelson; DE FARIAS, Cristiano Chaves; NETTO, Felipe Braga. *Novo tratado de responsabilidade civil*. São Paulo: Saraiva, 2019.

SANTOS, Rodrigo Valgas dos. *Direito Administrativo do Medo*: risco e fuga da responsabilização dos agentes públicos. 1. ed. São Paulo: Thompson Reuters Brasil, 2020.

SARMENTO, Daniel. *Direitos fundamentais e relações privadas*. Rio de Janeiro: Lumen Juris, 2004.

SILVEIRA, Marilda de Paula. *Segurança jurídica, regulação, ato*: mudança, transição e motivação. Belo Horizonte: Fórum, 2016.

SCHREIBER, Anderson. Responsabilidade civil e direito de família: a proposta da reparação não pecuniária. *In*: MADALENO, Rolf; BARBOSA, Eduardo (Coords.). *Responsabilidade Civil no Direito de Família*. São Paulo: Atlas, 2015.

SCHWIND, Rafael Wallbach. Processo administrativo em evolução. *In*: ALMEIDA, Fernando Dias Menezes *et al*. *Direito público em evolução*. Estudos em homenagem à professora Odete Medauar. Belo Horizonte: Fórum, 2013.

SIMÃO, Calil. *Improbidade Administrativa*: teoria e prática. 3. ed. rev. atual. Leme: J. H. Mizuno, 2017.

SILVA, Virgílio Afonso da. *A constitucionalização do direito. Os direitos fundamentais nas relações entre particulares*. São Paulo: Malheiros, 2011.

SILVA, José Afonso da. *Curso de Direito Constitucional Positivo*. São Paulo: Malheiros, 2006.

STRECK, Lenio Luiz. Entre o ativismo e a judicialização da política: a difícil concretização do direito fundamental a uma decisão judicial constitucionalmente adequada. *EJJL*, Joaçaba, v. 17, n. 3, p. 721-732, set./dez. 2016. Disponível em: http://professor.pucgoias.edu.br/SiteDocente/admin/arquivosUpload/7771/material/ENTRE%20O%20ATIVISMO%20E%20A%20JUDICIALIZA%C3%87%C3%83O%20POL%C3%8DTICA%20-%20STRECK.pdf. Acesso em 19 ago. 2020.

STRECK, Lenio Luiz. *Verdade e Consenso. Constituição, Hermenêutica e Teorias Discursivas*. Rio de Janeiro: Lumen Juris, 2006.

SUNDFELD, Carlos Ari. *Direito administrativo para céticos*. São Paulo: Malheiros, 2014.

SUNDFELD, Carlos Ari. A Lei de Introdução às Normas do Direito Brasileiro e sua Renovação. *In*: CUNHA FILHO, Alexandre Jorge Carneiro da; ISSA, Rafael Hamze; SCHWIND, Rafael Wallbach. *Lei de Introdução às Normas do Direito Brasileiro – Anotada*: Decreto-Lei nº 4.657, de 4 de setembro de 1942. São Paulo: Quartier Latin, 2019. v. I.

SUNDFELD, Carlos Ari; CÂMARA, Jacintho Arruda. O dever de motivação na edição de atos normativos pela Administração Pública. *A&C-Revista de Direito Administrativo & Constitucional*, v. 11, n. 45, p. 55-74, 2011.

SUNDFELD, Carlos Ari; VORONOFF, Alice. Art. 27 da LINDB – Quem paga pelos riscos dos processos? *Revista de Direito Administrativo*, Rio de Janeiro, p. 171-201, nov. 2018. Disponível em: http://bibliotecadigital.fgv.br/ojs/index.php/rda/article/view/77654/74317. Acesso em 6 dez. 2020.

SUSTEIN, Case; VERMEULE, Adrian. Interpretations and institutions. *Michigan law Review*, v. 101, n. 4, p. 885-951, 2003.

TÁCITO, Caio. Moralidade administrativa. *Revista de Direito Administrativo*, n. 218, a. 9, 1999.

TALAMINI, Eduardo. A (in) disponibilidade do interesse público: consequências processuais (composições em juízo, prerrogativas processuais, arbitragem e ação monitória). *Academia. Edu*, 2004. Disponível em: https://www.academia.edu/231461/A_in_disponibilidade_do_interesse_p%C3%BAblico_consequ%C3%AAncias_processuais_2005. Acesso em 2 nov. 2020.

TOMAZ, Carlos Alberto Simões de; CALDAS, Roberto Correia da Silva Gomes. A cooriginariedade entre Direito e moral, e a conformação da moralidade administrativa no sistema jurídico brasileiro. *Revista Brasileira de Estudos Políticos*, Belo Horizonte, n. 117, p. 159-191, jul./dez. 2018.

TOMELIN, Georghio. Interpretação consequencial e dosimetria conglobante na nova LINDB. *In*: CUNHA FILHO, Alexandre Jorge Carneiro da; ISSA, Rafael Hamze; SCHWIND, Rafael Wallbach. *Lei de Introdução às Normas do Direito Brasileiro – Anotada*: Decreto-Lei nº 4.657, de 4 de setembro de 1942. São Paulo: Quartier Latin, 2019. v. II.

TORRES, José Emanuel de Matos. *Gestão de riscos*: no planejamento, execução e auditoria de segurança. Lisboa: Instituto Superior de Ciências Policiais e Segurança Interna, 2015.

TOURINHO, Rita. A discricionariedade administrativa perante os conceitos jurídicos indeterminados. *Revista de Direito Administrativo*, Rio de Janeiro, n. 237, p. 317-326, jul./set. 2004.

TUSHNET, Mark. Marbury v. Madison and the theory of judicial supremacy. In: *Great cases in constitucional law*. Edited by Robert P. George. Princeton: Princeton University Press, 2000.

U.S. Supreme Court. *Giaccio v. Pennsylvania*, 382 U.S. 399 (1966). Giaccio v. Pennsylvania. Nº 47. Argued December 6, 1965. Decided January 19, 1966.

VEDEL, Georges; DELVOLVÉ, Pierre. *Droit administratif*. Paris: Presses Universitaires de France, 1964.

VICTOR, Sérgio Antônio Ferreira. *Linha de pesquisa acadêmica*: diálogo institucional e controle de constitucionalidade: debate entre o STF e o Congresso Nacional. São Paulo: Saraiva, 2015.

VITORELLI, Edilson. A Lei de Introdução às Normas do Direito Brasileiro e a ampliação dos parâmetros de controle dos atos administrativos: um novo paradigma. *A&C Revista de Direito Administrativo & Constitucional*, Belo Horizonte, a. 19, n. 78, p. 195-219, out./dez. 2019. DOI: 10.21056/aec.v19i78.1150. Disponível em: http://www.revistaaec.com/index.php/revistaaec/article/view/1150/834. Acesso em 18 out. 2020.

VORONOFF, Alice. *Direito Administrativo Sancionador no Brasil*. Belo Horizonte: Fórum, 2018.

WALDRON, Jeremy. *A dignidade da legislação*. São Paulo: Martins Fontes, 2003.

WALINE, Marcel. *Traité élémentaire de droit administratif*. Paris: Librairie du Recueil Sirey, 1951.

WEBER, Max. *Economia e Sociedade*: fundamentos da sociologia compreensiva. Brasília: Editora Universidade de Brasília, 2000. v. II.

ZAGREBELSKY, Gustavo. *El derecho dúctil*. Madrid: Editorial Trotta, 1997.

ZAGREBELSKY, Gustavo. *El derecho dúctil*. 2. ed. Madrid: Editorial Trotta, 1997.

Esta obra foi composta em fonte Palatino Linotype, corpo 10
e impressa em papel Pólen Bold 70g (miolo) e Supremo 250g (capa)
pela Gráfica Paulinelli.